DIE GRÜNEN

10 bewegte Jahre

Herausgegeben von
Michael Schroeren

Ueberreuter

CIP-Titelaufnahme der deutschen Bibliothek

Die *Grünen:* 10 bewegte Jahre /
Michael Schroeren (Hrsg.).-
ISBN 3-8000-3352-6
NE: Schroeren, Michael [Hrsg.]

AU 145/1

Umschlag von Beate Dorfinger unter Verwendung
eines Fotos der Fotoagentur Sven Simon

Gesamtherstellung: SRZ und Carl Ueberreuter
Druckerei Ges.m.b.H., Korneuburg
Printed in Austria

INHALT

Dank

Allen, die sich die Zeit zu ausführlichen Gesprächen für dieses Buch nahmen, möchte ich an dieser Stelle danken, insbesondere Baldur Springmann, Heiner Ohmstedt, Jürgen Reents, Alexander Schubart und Manfred Zieran, deren Interviews aus Platz- und Zeitgründen hier nicht veröffentlicht werden können.

VORWORT

»Basement tapes« und Schnipsel-Jagd

Eine politische Spurensuche nach dem Gründungsakt der GRÜNEN

Carl Amery erbittet, »wenn möglich, ein Wort«; Otto Schily schlägt vor, wer grünes Mitglied werden darf; Dr. med. Beyer aus Kassel kritzelt seine Wortmeldung auf ein Rezept, während Dr. phil. Gruhl MdB seine Visitenkarte dazu hergibt; Waltraud Zschorsch vom Kreisverband Breisgau-Hochschwarzwald schlägt vor, daß »bei permanenten Störversuchen alle Delegierten ein frohes Lied anstimmen«; Gerd P. Werner aus Nordfriesland, einige Jahre später MdB in Bonn, erkundigt sich viermal und ziemlich unwirsch nach dem Verbleib seines Geschäftsordnungsantrags, und ein namenloser Delegierter mahnt in krickeliger Handschrift das Präsidium: »Ihr dürft nicht so werden wie Komeni« – Beispiele aus einer bunten Zettelwirtschaft, entstanden auf dem Gründungsparteitag der GRÜNEN vor zehn Jahren in Karlsruhe. Eilig auf Schnipsel und Blätter gekritzelte Wortmeldungen, Anträge, Rügen für das Präsidium, Appelle und Botschaften ans Plenum: Zeugnisse ernsthafter Debatten, aber auch Belege unfreiwilliger Komik und Skurrilität. Im GRÜNEN-Archiv in der Bundesgeschäftsstelle stauben sie vor sich hin. Aber sie sind wenigstens noch alle da.

Das läßt sich von den zwölf Tonbändern, auf denen DIE GRÜNEN ihren Gründungskongreß von der ersten bis zur letzten Minute mitschneiden ließen, nicht mehr behaupten. Wer sich heute »live« anhören möchte, wie DIE GRÜNEN über Präambel und Satzung, über »Basisdemokratie« und »Gewaltfreiheit«, über Doppelmitgliedschaft und Geschäftsordnung stritten, dem droht eine herbe Enttäuschung: Statt spannungsreicher Parteitagsdebatten erlebt er womöglich den langjährigen GRÜNEN-Geschäftsführer Lukas Beckmann beim Diktat, hört den früheren Moderator des »ZDF-Magazins«, Gerhard Löwenthal, bei einer seiner Attacken gegen die Friedensbewegung oder vernimmt den O-Ton einer Pressekonferenz mit einem grünen Bundesvorstand, der erst Monate nach Karlsruhe gewählt wurde. Rund vier von 18 aufgezeichneten Parteitagsstunden gingen unwiederbringlich verloren, weil einige der Kassetten gleich in den ersten Monaten nach der Parteigründung überspielt worden waren.

Vielleicht war es argloses Versehen, vielleicht fehlte es der Parteizentrale in der Hektik des Anfangs auch nur am nötigen Kleingeld für neue Kassetten. Vielleicht legte man nicht mehr so viel Wert auf die Erhaltung der Tonbänder, nachdem sie unmittelbar nach der Versammlung einmal abgeschrieben worden waren – eine Abschrift, die freilich nie auf Vollständigkeit oder Übertragungsfehler überprüft wurde.

Unter solchen Umständen kann man wohl von Glück reden, daß diesen »basement tapes« der GRÜNEN über all die Jahre nicht noch mehr zugestoßen ist.
Oder gruselt's den GRÜNEN gar vor ihrer eigenen Geschichte? Daß sie besonders liebevoll oder achtsam mit den Dokumenten ihrer Gründung umgingen, läßt sich angesichts verstaubender Aktenordner, gelöschter Tonbänder und unkorrigierter Protokolle jedenfalls nicht behaupten. Was sie in ihrem Archiv aufbewahrt haben, ist zwar zugänglich für jeden Interessenten, aber ausgewertet haben sie es selber nie, geschweige denn veröffentlicht. Ein trockenes und dazu noch ungenaues Verlaufsprotokoll ihres Gründungsakts haben sie pflichtgemäß angefertigt, wohl geeignet zur Vorlage beim Bundeswahlleiter, aber kaum dazu, den Trubel und Jubel ihrer Geburtsstunde zu überliefern.
Zum zehnten Geburtstag der Partei ist viel vom Karlsruher Gründungskongreß die Rede. Aber was geschah eigentlich genau in der alten Stadthalle der badischen Metropole an jenem 12. und 13. Januar 1980, als sich DIE GRÜNEN gründeten – »ephemeres Ereignis« für die einen (Genscher), »Jahrhundertereignis« für die anderen (Gruhl)? Wie war das, als das grüne Spektrum noch von Springmann bis Ebermann und von Gruhl bis Bahro reichte? Wie waren DIE GRÜNEN gedacht? Was ist, in den Augen ihrer GründerInnen, aus ihnen geworden?
Diese Fragen standen Pate bei der Konzeption dieses Buchs, und der Versuch, sie zu beantworten, geriet zu einer Arbeit, vergleichbar dem Vorgehen eines Kriminalisten, der Spuren sichert, Zeugen vernimmt und den Tathergang rekonstruiert: Die Tonbänder wurden ausgewertet, die gelöschten Passagen (anhand der alten Abschrift von 1980) ergänzt, unbekannte RednerInnen identifiziert, Stimmen miteinander verglichen, TeilnehmerInnen befragt, schriftliche Quellen zu Rate gezogen. Auch wenn einige Ereignisse am Rande des Parteitags (etwa der Auftritt von »Stadtindianern« und der »Nebenparteitag« der Bunten und Alternativen) nur grob in Erfahrung gebracht werden konnten, kam ein vollständiges und authentisches Wortprotokoll der Gründungsversammlung zustande. Es wird hier zum ersten Mal veröffentlicht, wobei die entscheidenden Debattenteile meist ungekürzt wiedergegeben und die übrigen Passagen zusammengefaßt werden. Karlsruhe, der vergessene Parteitag: in diesem Buch wird er wieder lebendig, mit all seinem Chaos, seinem Pathos, seiner Aufbruchstimmung.
Das Chaos von Karlsruhe: Eine viel zu kleine Stadthalle, die unter dem Andrang von 1 004 gemeldeten Delegierten, 254 VertreterInnen bunter Listen und mehreren hundert Gästen und Journalisten aus allen Nähten platzt; eine Tagesordnung, die völlig aus den Fugen gerät; Kinder und Jugendliche aus der Nürnberger »Indianerkommune«, die die Versammlung immer wieder unterbrechen; Frauen, die sich das Mikrofon erkämpfen, um den »Anti-Feminismus« der GRÜNEN anzuprangern; eine Versammlungsleitung, die angesichts der Flut von Geschäftsordnungsanträgen und Abstimmungswiederholungen den Überblick verliert; ein Schelm, der die große Uhr im Saal heimlich anhalten läßt, damit nur ja keine Delegierten vor dem Gründungsakt in allerletzter Minute zu den Zügen eilen; ein Plenum, dessen Anspannung sich

am Ende, als »es« doch noch geklappt hat, im rhythmischen Sprechchor »Weg mit dem Atomprogramm!« entlädt.

Das Pathos von Karlsruhe: Januar 1980: Eben erst waren die Sowjets in Afghanistan einmarschiert, hatte die NATO ihren »Doppelbeschluß« zur Aufrüstung mit neuen Mittelstreckenraketen verkündet, war die SPD auf ihrem Berliner Parteitag stramm auf Atom- und Rüstungskurs geblieben. Da fehlte es nicht an überschwenglichen Beschwörungen des historischen Augenblicks. Die Apokalypse fest vor Augen, rief August Haußleiter, der im Juli 1989 verstorbene Altvordere der grünen Bewegung, den Delegierten zu: »Wir erleben in diesem Augenblick den Aufmarsch, das Vorstadium zum dritten Weltkrieg, und da wollen wir uns nicht um Formalitäten differenzieren!« – was dann aber doch geschah. Und sein innerparteilicher Rivale, der von der CDU herübergewechselte Herbert Gruhl, glaubte zu spüren, »daß der Geist der Geschichte in unsere Richtung weht, daß die große Wende sich anbahnt« – die zwei Jahre später in der Tat eintraf, aber anders als erwartet.

Der Aufbruch von Karlsruhe: Die Etablierten haben sich samt ihren Atomraketen, Kühltürmen und Schornsteinen im »Modell Deutschland« verschanzt. Aus sämtlichen Ritzen und Kanälen der Festung ergießen sich der Müll und das Gift der Industriegesellschaft in die Kloake des Burggrabens. Den weist ein Schild als »Wasserschutzgebiet von HOECHSTer Rheinheit« aus. Erhard Eppler, der Öko-Dissident der SPD, seilt sich an der hinteren Mauer klammheimlich ab und hofft, daß es »noch nicht zu Späth« ist. Derweil verfolgen hinter den Zinnen der Bundeskanzler, sein Außenminister und der Oppositionsführer mit besorgter Miene, was sich zu Füßen ihrer Festung tut: Dort setzen Petra Kelly, Herbert Gruhl und Rudolf Bahro, denen bärtige Gestalten von links zu Hilfe eilen, mit Rammbock, Leiter und frohem Mut zum Sturm auf das »Modell Deutschland« an: »Es grünt so grün . . .«

So wie Hanno Engler es damals im »Stern« karikierte, sahen es viele: DIE GRÜNEN als rebellische Herausforderung für das Machtkartell der etablierten Parteien, Anziehungspunkt für die versprengten Gruppen der politischen Protestszene von links bis rechts, außerparlamentarische Koalition von Spontis und Naturschützern, Christen und Sozialisten, Pazifisten und Feministinnen, Radikaldemokraten und Kommunisten, Bürgerinitiativlern und frustrierten Sozialdemokraten. Noch nie zuvor in der deutschen Nachkriegsgeschichte hatte sich ein derart breites Spektrum zur Gründung einer neuen politischen Partei zusammengefunden. »Wir gründen hier die erste neue Partei auf deutschem Boden seit 1945«, so August Haußleiter in Karlsruhe. »SPD, FDP und CDU/CSU hatten Vorgängerorganisationen mit vorgefertigten Programmvorstellungen und Funktionärskadern, die sich über die wesentlichen Dinge einig waren. Hier entsteht die erste völlig neue Bewegung. Und das«, so fügte er hinzu, »setzt eine ungeheure Integrationsbemühung voraus.«

Dürfen GRÜNE gleichzeitig einer anderen politischen Partei angehören? Daß die Gründung der GRÜNEN in Karlsruhe nicht an dieser vor allem auf die kommunistischen Splittergruppen gemünzten Frage scheiterte, ist nicht zuletzt der enormen Integrationsleistung August Haußleiters zu verdanken, der es verstand, zwischen

Bürgerlichen und Bunt-Alternativen zu vermitteln. Nachdem die aus bunt-alternativen Listen stammenden Delegierten erklärt hatten, sie würden der Parteigründung nur dann zustimmen, wenn in der Frage der Doppelmitgliedschaft »ein für alle kompromißfähiger Weg gefunden wird«, sahen viele die erforderliche Zweidrittelmehrheit in Gefahr. Haußleiters Kompromißvorschlag, die Landesverbände sollten diese Angelegenheit selber regeln, fand nach einem turbulenten Abstimmungsverfahren die Mehrheit. Jeder andere Beschluß hätte mit hoher Wahrscheinlichkeit zu einem frühen Schisma der grün-alternativen Wahlbewegung geführt. Dies hätte nicht nur die Entwicklung der GRÜNEN zu einem »ökologischen, basisdemokratischen, sozialen und gewaltfreien« Wahlbündnis blockiert, sondern auch die Gefahr erhöht, daß sich – zehn Jahre vor dem Aufkommen der »Republikaner« – unter der Fahne des ökologischen Protestes eine im konservativen, militaristischen und völkischen Denken verhaftete Rechtspartei in der Bundesrepublik etabliert.
Es schmälert die Leistung dieses Gründungsparteitags also keineswegs, daß er nicht mehr zustande brachte als eine Satzung, zumal dort eine Reihe von Prinzipien festgelegt wurde, die nach wie vor beispielhaft für eine dezentrale und direktdemokratische Parteiorganisation sind: Vorstandsmitglieder dürfen höchstens vier Jahre im Amt sein, eine einmalige Wiederwahl ist nach zwei Jahren, eine Abwahl jederzeit möglich. Statt einer Vorstandshierarchie aus erstem Vorsitzenden nebst StellvertreterInnen steht der Partei ein Dreiergremium gleichberechtigter VorstandssprecherInnen vor. Eine Häufung von Funktionen und Ämtern, insbesondere die gleichzeitige Tätigkeit im Bundesvorstand und in einem Landesvorstand, ist ausgeschlossen. Wer als GRÜNER im Parlament sitzt, darf nicht gleichzeitig Parteifunktionär sein. Vetternwirtschaft und Filzokratie beugt die Bestimmung vor, daß Funktions- und MandatsträgerInnen der GRÜNEN keine Aufsichtsratsposten und bezahlte Beraterverträge annehmen dürfen. Um eine Konzentration der Macht beim Parteiapparat zu verhindern, haben die Kreis- und Landesverbände der GRÜNEN Programm-, Satzungs-, Finanz- und Personalautonomie. Das einzelne Mitglied hat die Möglichkeit, in Urabstimmungen auf Programm und Satzung der Partei Einfluß zu nehmen. Darüber hinaus sorgt die Satzung der GRÜNEN dafür, daß innerparteiliche Minderheiten bei Wahlen und bei der Verabschiedung von Parteiprogrammen berücksichtigt werden. Als erste Partei beschlossen DIE GRÜNEN außerdem, Frauen bei den Vorstandswahlen paritätisch zu beteiligen – allerdings nur als Empfehlung. »Diese Satzung«, schrieb Haußleiter nach Karlsruhe in dem von ihm herausgegebenen Wochenblatt »Die Grünen«, »verdient großes Interesse: Sie versucht eine neue, lebendige, alternative Grundeinstellung mit den unvermeidlichen Erfordernissen der geltenden Wahl- und Parteiengesetze zu verbinden. Vielleicht werden nachträglich auch manche Kritiker des Karlsruher Kongresses zugeben müssen, daß dort in anderthalb Tagen eine erstaunliche Arbeit geleistet wurde.«
DIE GRÜNEN 1980: chaotisch, pathetisch, spannend und rebellisch. Und heute? Danach habe ich im Spätherbst 1989 eine Reihe von Gründungseltern der GRÜNEN gefragt und bekam zur Antwort: ordentlich, nüchtern, langweilig und »stink-

normal«. Ein erstaunlich einhelliger Befund von Leuten, die ansonsten zu eher gegensätzlichen Ansichten neigen: Jutta Ditfurth und Otto Schily, Helmut Lippelt und Herbert Gruhl, Petra Kelly und Thomas Ebermann unterscheiden sich allenfalls in den Nuancen ihres Bedauerns über diese Diagnose. Zum Feiern ist ihnen, die damals dabei waren, entweder gar nicht oder nur deswegen zumute, weil runde Geburtstage halt gefeiert werden müssen. Skepsis, Frust und Enttäuschung bei denen, die nicht mehr dabei sind; Zweckoptimismus, nüchtern-taktisches Kalkül und letzte Hoffnungen bei denen, die immer (noch) dabei sind. Weitgehend einig sind sich alle auch, was die Perspektive der GRÜNEN betrifft: die liegt bundesweit um 6 bis 8 Prozent, ist also »stabil«, wie es beschönigend heißt. Größere Sprünge in der Wählergunst traut keiner, mit dem ich sprach, den GRÜNEN noch zu. Den Hoffnungsträgern von einst, die grüne Impulse in alle Welt aussandten, ist die Hoffnung geblieben, selbst Anstöße von außen zu bekommen. Dabei ist fast durchgängig die Rede vom Umbruch im Osten, von dem man sich neue Bewegung im Westen und neuen Schwung für DIE GRÜNEN verspricht. Bezeichnend dafür ist die kurzfristige Themenverschiebung beim »2. Perspektiven-Kongreß« der Partei Mitte November 1989 in Saarbrücken: Statt über »ökologische Visionen und Industriegesellschaft« diskutierten DIE GRÜNEN zum Auftakt über Deutschlandpolitik und die Opposition in der DDR. 1980 waren DIE GRÜNEN Vorreiter eines Umbruchs, der die etablierten politischen Kräfte unter Zugzwang setzte; heute sind sie selber Getriebene, die, kaum anders als die anderen, der politischen Entwicklung hinterherlaufen. »Grüne ratlos: Perspektivenkongreß mit wenig Perspektiven« war das Fazit der Deutschen Presseagentur. Dem wird man kaum widersprechen können. Verena Krieger, eine der amtierenden Sprecherinnen im Bundesvorstand, hatte ihrer Partei schon auf dem Kongreß attestiert, DIE GRÜNEN besäßen im zehnten Jahr ihres Bestehens eine Ausstrahlung »zwischen IG Bergbau und Kaninchenzüchterverein«.

Zehn der Gespräche mit Gründungsmitgliedern der GRÜNEN bilden den zweiten Teil dieses Buchs. Daß darunter nur zwei Frauen sind, spiegelt eine Wirklichkeit des Gründungsparteitags wider, bei dem Frauen tatsächlich in der Minderheit waren – im Saal wie an den Mikrofonen.

Zehn bewegte Jahre – kein Grund zum Feiern? Es mag der Eindruck entstehen, daß dies ein außerordentlich pessimistisches und defätistisches Buch über DIE GRÜNEN ist. Wenn dem wirklich so ist, dann entspricht es zumindest der kritischen Einschätzung, die viele GRÜNE selbst derzeit von ihrer Partei haben, und insofern ist es ein ehrlicher Beitrag zur Zehnjahresbilanz. Ein grünes Jubelbuch war weder beabsichtigt noch möglich. Und Schönfärberei hilft bei den GRÜNEN ohnedies nicht. Bleiben wir also bei den Tatsachen von Karlsruhe: Carl Amery kam nicht zu seinem »Wort«, Otto Schilys Vorschlag wurde nicht behandelt, Gerd P. Werners Antrag blieb unauffindbar, ein »frohes Lied« erklang mitnichten. Und »wie Komeni« sind DIE GRÜNEN auch nicht geworden.

Hennef-Süchterscheid, im Dezember 1989

Der verschlungene Weg nach Karlsruhe
Eine grüne Chronik 1977 bis 1980

11. 5. 1977: Im niedersächsischen Ort Schwarmstedt gründen etwa 20 Umwelt- und Naturschützer eine »Umweltschutzpartei Niedersachsen« (USP).

21. 10. 77: Das Delegiertenplenum der »Bürgerinitiative Umweltschutz Unterelbe« (BUU) in Hamburg, eines Zusammenschlusses von über 50 Atomgegnerinitiativen, der nach dem Auszug autonomer Gruppen unter dominierendem Einfluß des »Kommunistischen Bundes« (KB) steht, spricht sich mit Zweidrittelmehrheit für eine Wahlbeteiligung unter dem Motto »Wehrt euch« oder »Bunte Liste« aus.

23. 10. 77: Bei vorgezogenen Wahlen in zwei niedersächsischen Landkreisen gewinnen Grüne Listen ihre ersten Mandate: In Hildesheim kommt die »Grüne Liste Umweltschutz« (GLU) auf 1,6 Prozent der Stimmen und einen Sitz im Kreistag. Im Landkreis Hameln/Pyrmont, in der Nachbarschaft zum Atomkraftwerk Grohnde, erzielt eine »Wählergemeinschaft Atomkraft Nein Danke« (WGA) mit 2,3 Prozent der Stimmen ebenfalls ein Mandat. Die WGA vertritt das Konzept einer engen Bindung ihrer Kandidatur an die Strukturen und Entscheidungen der örtlichen Bürgerinitiativen.

16. 11. 77: Auf ihrer ersten Landesdelegiertenversammlung wechselt die USP ihren Namen und konstituiert sich als »Landesverband Niedersachsen« einer künftigen bundesweiten »Grünen Liste Umweltschutz« (GLU). Unter ihrem Vorsitzenden Carl Beddermann versteht sich die GLU als wertkonservative Partei traditionellen Zuschnitts für Umwelt- und Lebensschutz, die auf »die rechtliche und organisatorische Trennung von den Bürgerinitiativen großen Wert« legt: »Niemals«, so Beddermann, »war es beabsichtigt und ist es gelungen, Bürgerinitiativen geschlossen zum Eintritt in die GLU zu bewegen.«

20. 11. 77: Einer der drei Sprecher des Bundesverbands Bürgerinitiativen Umweltschutz, Hans-Günter Schumacher, erklärt, der BBU werde weder als Parteigründer noch als Motor einer Parteigründung auftreten. Der BBU sei parteipolitisch unabhängig und wolle es auch bleiben. Dessenungeachtet hält sich in der Medienöffentlichkeit die Vorstellung, eine bundesweite grüne Partei werde aus einer Umgründung des BBU hervorgehen oder zumindest vom Wort dieses Verbands abhängen – was seine Sprecher in den folgenden Wochen geschickt ausnutzen, um damit Politik zu machen.

10. 1. 78: SPD-Bundesgeschäftsführer Egon Bahr bezeichnet das Auftreten grüner Listen »als eine Gefahr für die Demokratie in der Bundesrepublik und weniger für die Sozialdemokraten«.

29. 1. 78: In Hamburg beschließen circa 300 VertreterInnen von 91 Basisgruppen, Bürgerinitiativen, Umweltverbänden und politischen Organisationen eine gemeinsame Kandidatur zu den Bürgerschaftswahlen am 4. 6. 78.

14. 2. 78: Die GLU Niedersachsen beschließt auf ihrem Parteitag in Lüneburg, zu den Landtagswahlen am 4. 6. 78 anzutreten.

24./25. 2. 78: In Hannover beraten auf Einladung der WGA VertreterInnen vorwiegend norddeutscher Bürgerinitiativen, Grüner und Bunter Listen, der AUD und anderer Kleinparteien auf einem »Wahlkongreß« programmatische und wahltaktische Fragen. Es werden eine Reihe basisorientierter und inhaltlicher Erwartungen an die Landtagskandidatur der GLU formuliert. Die GLU reagiert ablehnend; der Kongreß könne von ihr nichts einfordern, sondern nur Empfehlungen geben.

5. 3. 78: Bei den Kommunalwahlen in Bayern erreicht in Erlangen eine Grüne Liste, in der sich unter anderem Stadtindianer, Radlerinitiativen, Ökogruppen und ausgetretene SPD-Mitglieder zusammengeschlossen haben, ein Kreistagsmandat. Die »Aktionsgemeinschaft Unabhängiger Deutscher« (AUD), die sich seit 1969 als »Deutschlands erste Umweltschutzpartei« zu profilieren suchte, erringt im Kreistag von Starnberg und im Gemeinderat von Gauting bei München jeweils ein Mandat. Bei Kreistagswahlen in Schleswig-Holstein gelingt lokalen Grünen Listen in der Umgebung des Atomkraftwerks Brokdorf, wo sie in zwei Kreisen antreten, auf Anhieb der Sprung über die 5-Prozent-Hürde: Im Kreis Steinburg erreichen sie 6,6 Prozent und drei Mandate, in Nordfriesland 6 Prozent und zwei Sitze.

13. 3. 78: Bei einem Treffen von Bürgerinitiativen und Basisgruppen in Offenbach führen die etwa 100 TeilnehmerInnen erste Sondierungsgespräche zur Vorbereitung einer Grünen Liste, die bei den hessischen Landtagswahlen im Herbst antreten soll.

18. 3. 78: 500 Delegierte aus circa 200 Bürgerinitiativen und Basisgruppen verabschieden in Hamburg ein Wahlprogramm und beschließen eine Kandidatenliste für die Bürgerschaftswahl am 4. 6. 78. Die einzelnen Programmpunkte waren zuvor von den jeweiligen Gruppen in den verschiedenen Bereichen ausgearbeitet worden. Das oppositionelle Wahlbündnis erhält den Namen *»Bunte Liste – Wehrt euch! Initiativen für Demokratie und Umweltschutz«*.

5. 4. 78: Eine Gruppe von Umweltschützern, denen die Bunte Liste zu »linkslastig« ist, spaltet sich ab und gründet mit Unterstützung des niedersächsischen GLU-Vorsitzenden Beddermann die »Grüne Liste Umweltschutz Hamburg«, die sich nach links scharf abgrenzt, sich nach rechts aber weit offenhält. So arbeitet in der GLU Hamburg zum Beispiel die »Solidaristische Volksbewegung«, eine Gruppierung der Neuen Rechten, mit.

8./9. 4. 78: Auf dem von ihm veranstalteten Kongreß zum Thema »Bürgerinitiativen vor Wahlen« setzt sich der BBU mit der »neuen Wirklichkeit« auseinander, die durch »das Vorpreschen der Grünen Listen überall im Lande« (so BBU-Sprecher Roland Vogt) entstanden sei. Vogt plädiert in einem Grundsatzreferat dafür, daß die Bürgerinitiativen ihre »abwartende Haltung in kritischer Solidarität« gegenüber den neuen Wahllisten aufgeben und sich stärker in die Programmbildung der ökologischen Kleinparteien einschalten sollten, weil »das Konzept der Grünen Listen zu kurz« greife. Die Ökologiebewegung habe nur dann eine Chance zum Durchbruch, »wenn sie sich als Teil einer umfassenden Gesamtalternativenbewegung begreift«, zu der außer ihr selbst auch die Alternativenbewegung, die Frauenbewegung, die undogmatische Linke, die Dritte-Welt-Bewegung und die internationale Friedensbewegung gehörten. Eine Arbeitsgruppe des Kongresses formuliert als »Verhaltensregeln für Kandidaten« unter anderem die zeitliche Begrenzung des Mandats nach dem »Rotationsprinzip«; die Abführung eines Teils der Abgeordnetendiäten »an die Bewegung«, das Verbot von »Beraterverträgen oder ähnlichen Verpflichtungen, die die Entscheidungen der Abgeordneten gegen die Interessen der Basis beeinflussen«, sowie die jederzeitige Abwählbarkeit eines Abgeordneten, der »gegen den Willen der Basis handelt«.

4. 6. 78: Landtagswahlen in Hamburg und Niedersachsen: 3,5 Prozent für die »Bunte Liste«, 1 Prozent für die GLU in Hamburg; 3,9 Prozent für die GLU in Niedersachsen. Die »Bunte Liste« erringt zwei Mandate in der Bezirksversammlung von Eimsbüttel.

Diese Achtungserfolge beschleunigen das Tempo der Wahlbewegung überall in der Bundesrepublik. Die FAZ schreibt: »Bei den Grünen Listen gilt der Satz: Ein Erfolg macht Laune, den nächsten zu versuchen.« Den Fahrplan diktiert der Kalender der bevorstehenden Wahltermine in Hessen (8. 10. 78), Bayern (15. 10. 78), Berlin und Rheinland-Pfalz (18. 3. 79), Schleswig-Holstein (29. 4. 79) sowie die erste EG-weite Direktwahl des Europäischen Parlaments (10. 6. 79). In den oppositionellen Bürger- und Basisbewegungen der Bundesrepublik wird intensiv über Chancen und Risiken einer alternativen Wahlbeteiligung diskutiert, vielerorts gehen grün-alternative Wahlbündnisse daraus hervor. Unabhängig und in Konkurrenz zu dieser Diskussion werden in mehreren Bundesländern nach niedersächsischem Vorbild GLU-Landesverbände aus dem Boden gestampft, in denen mancherorts auch versprengte Rechtsextremisten und Anhänger einer rechtskonservativen »Vierten Partei« ein neues Betätigungsfeld entdecken.

Bei der in den folgenden Monaten stattfindenden »grünen Keilerei« zwischen eher konservativ geprägten Grünen Listen und basisorientierten bunten Wählerinitiativen geht es um die Frage, ob Personen aus dem Spektrum der linken Splittergruppen die Mitarbeit und Mitgliedschaft erlaubt werden soll oder nicht. Dahinter stehen grundsätzliche Unterschiede im Selbstverständnis: einerseits traditionelle Partei mit Beschränkung auf rein ökologische Fragen in Verbindung mit konservativen Ideen in der Wirtschafts- und Sozialpolitik (Konzept »Grüne Liste«), andererseits basisdemokratische Alternative zu den herkömmlichen Parteien mit Ausweitung des politischen Mandats auf eine umfassende Gesamtalternative für Demokratie, Umweltschutz, Frieden, Frauenbefreiung und soziale Gerechtigkeit (Konzept »Bunte« oder »Alternative Liste«).

24./25. 6. 78: Im rheinischen Troisdorf bei Bonn kommen VertreterInnen von Grünen Listen und Initiativen für Natur- und Lebensschutz zum »Deutschen Umwelttreffen« zusammen. Die TeilnehmerInnen fordern in einer Resolution die GLU auf, »keine weiteren spalterischen Landesverbände zu gründen, sondern sich an der offenen Diskussion um die Wahl zu beteiligen«. Es komme darauf an, Oppositionslisten zu verwirklichen, die von den Bürger- und Basisinitiativen »selbst politisch bestimmt und organisatorisch getragen werden, die keine Unvereinbarkeitsbeschlüsse akzeptieren«. Außerdem wird ein »Koordinationsausschuß« eingesetzt, der weitere Zusammenkünfte vorbereiten soll. Dem Gremium gehören neben den Wählervereinigungen auch regionale und überregionale Zusammenschlüsse von Bürgerinitiativen an.

12. 7. 78: Der CDU-Bundestagsabgeordnete Herbert Gruhl verläßt seine Partei und gibt einen Tag später – zur großen Überraschung von Bürgerinitiativen und Grünen Listen – die Gründung einer »Grünen Aktion Zukunft« (GAZ) bekannt. Mit dem erklärten Ziel, die unübersichtlich gewordene Szene der grünen Wählergruppen sammeln zu wollen, macht er einen Alleinvertretungsanspruch als grüne Bundespartei geltend und hofft, daß sich die inzwischen allenthalben gegründeten bürgerlich-konservativen Grünen Listen als Landesverbände der GAZ anschließen. Diese Rechnung erweist sich als grobe Fehlkalkulation: Zwar teilt der niedersächsische GLU-Vorsitzende Beddermann eilfertig mit, er habe bereits mehrfach mit Gruhl über die Bildung einer grünen Bundespartei gesprochen, und auch ein Mitbegründer der GLU Hessen stellt in Aussicht, seine Initiative werde sich wahrscheinlich der GAZ anschließen, doch setzen sich die jeweiligen Organisationen gegen eine Vereinnahmung durch die »Gruppe Gruhl« zur Wehr. Nur in wenigen Fällen führt die GAZ-Gründung zur Auflösung bestehender Gruppierungen. Der unmittelbare Effekt der Gruhl-Partei ist nicht Sammlung, sondern weitere Zersplitterung der Wahlbewegung. In **Hessen**, wo Gruhls GAZ sich neben zwei weiteren Grünen Listen – »Grüne Liste Umweltschutz« (GLU) und »Grüne Liste Wählergemeinschaft für Umweltschutz und Demokratie« (GLW) – etabliert, scheitern alle Versuche, sich auf eine gemeinsame Kandidatur für die Landtagswahl am 8. 10. 78 zu einigen, an unüberwindbaren programmatischen Differenzen. Erst erteilt die GLU der GAZ eine Absage, dann weigert sie sich, gemeinsam mit der GLW eine »Grüne Liste Hessen« (GLH) zu bilden. Die GAZ verlangt ihrerseits von der GLH ultimativ, ihr jeden dritten Listenplatz zu überlassen, was die GLH ablehnt.

Treppenwitz der Geschichte: Die auf einer gemeinsamen Delegiertenkonferenz von GLU und GLW am

22./23. 7. 78 in Alsfeld erzielte Einigung zwischen den beiden Listen scheitert wenige Tage später vordergründig an der Person des ehemaligen Studentenführers Daniel Cohn-Bendit. Der wird auf Platz 7 der Kandidatenliste gewählt und macht seinem Ruf als *Enfant terrible* der Bürgerlichen alle Ehre: Zumindest in den Zeitungen ist zu lesen, daß er sich als Landtagsabgeordneter für die Legalisierung von Haschisch und Marihuana einsetzen und den Posten des Innenministers beanspruchen wolle, um die Repression abzuschaffen. Am Rückzug der GLU aus dem Bündnis ändert sich auch nichts, als Cohn-Bendit drei Wochen später auf seine Kandidatur verzichtet – nicht ohne darauf hinzuweisen, »daß, wer konsequent ökologische Positionen vertrete, von den Herrschenden diffamiert werde« (FR 18. 8. 78).

Eigentlicher Grund für die Spaltung war allerdings die Frage, ob sich die GLH gegenüber Kommunisten abgrenzen solle. GLU und GLW hatten sich in Alsfeld auf folgenden Kompromiß geeinigt: »Es gibt keine Unvereinbarkeitsbeschlüsse in der GLH. Sie steht allen offen, gleich welcher weltanschaulichen Richtung, ob politisch organisiert oder nicht, sofern sie sich konsequent für Umweltschutz und Demokratie einsetzen.« (Zitiert nach SZ 24. 7. 78.) Von diesem Kompromiß rückt die GLU ab.

In **Niedersachsen** beginnt sich auf dem Parteitag der GLU-Niedersachsen am 22./ 23. 7. 78 in Liebenau die Öffnung der GLU zu einer fortschrittlichen und alternativen Wählergruppe durchzusetzen. Die Versammlung lehnt mit knapper Mehrheit einen Antrag ab, der die Mitarbeit »linksradikaler Gruppen« für unvereinbar mit der Satzung erklären will. Daraufhin tritt der bisherige Vorsitzende Carl Beddermann »aus Protest gegen Linkstendenzen« zurück.

In **Berlin** gewinnt die Diskussion um eine alternative oder bunte Beteiligung an den Wahlen zum Abgeordnetenhaus 1979 an Kontur: am 9. 6. 78 findet auf Einladung von fünf Alternativ- und Umweltzeitschriften eine erste Informationsveranstaltung statt, auf der VertreterInnen von Bunten Listen aus Hamburg und Niedersachsen über ihre Erfahrungen berichten, aber auch noch ein letztes Mal die in einem Teil der Berliner Bürgerinitiativen vorherrschende Position des Wahlboykotts vertreten wird. Im Gefolge dieser Veranstaltung kommt es zu einer Serie von Kongressen, auf denen über das weitere Vorgehen diskutiert wird. Am 24. 7. 78 wird die Gründung einer »Wählerinitiative alternativer Listen« beschlossen, an der sich zahlreiche Bürgerinitiativen und politische Gruppen beteiligen, in der aber die maoistische KPD großen Einfluß hat. Deswegen kommt es im weiteren Verlauf auch in Berlin zu Reibereien. Otto Schily und andere bekannte Persönlichkeiten, aber auch eine Reihe von Initiativen gehen nach anfänglichem Interesse für die Alternative Liste auf Distanz, insbesondere, nachdem auf der Gründungsversammlung der AL am 5. 10. 78 Anträge abgelehnt werden, die eine Abgrenzung zum Programm der KPD fordern. Daraufhin sieht sich der Presseausschuß der AL zu der Erklärung veranlaßt, »daß die Alternative Liste inhaltlich und in ihrer Struktur ihre Eigenständigkeit gegenüber Parteien und parteiähnlichen Gruppierungen jeglicher Couleur, insbesondere der KPD, zu wahren weiß«.

In **Bayern** gründen am 9. 7. 78 abtrünnige CSU-Mitglieder, Gebietsreformgegner, Anhänger der »Vierten Partei« und Umweltschützer eine »Grüne Liste Bayern – Bund freier Wähler«. Am 22. 7. 78 wird ein Landesverband der GAZ aus der Taufe gehoben. Anders als in Hessen kommt es aber in Bayern zu einem gemeinsamen Wahlbündnis, dessen tragende Säulen GAZ und AUD bilden und das zum ersten Mal unter der Bezeichnung »Die Grünen« antritt. In diesem als »Bayernmodell« gepriesenen Bündnis erproben Gruhl (GAZ) und Haußleiter (AUD) zum ersten Mal eine Zusammenarbeit, von der positive Impulse für den späteren Zusammenschluß auf Bundesebene ausgehen.

Auch in **Baden-Württemberg**, wo die Entwicklung ohne den unmittelbaren Termindruck bevorstehender Landtagswahlen verläuft, kristallisiert sich die alternative

Wahlbewegung zunächst um die dortigen Landesverbände von AUD und GAZ sowie um den anthroposophischen »Achberger Kreis«.

In **Nordrhein-Westfalen**, wo am 18. 6. 78 ein konservativer GLU-Ableger gegründet worden war, führt die Gründung eines GAZ-Landesverbands zu einer Spaltung. Ende August 1978 beschließt eine Mehrheit der GLU-NRW, den Landesverband in die GAZ überzuführen, was von der unterlegenen Minderheit angefochten wird. In einzelnen Städten wie Münster und Bielefeld entstehen kommunale grün-alternative und bunte Listen.

Auch in **Schleswig-Holstein** kommt es zum dauerhaften Zerwürfnis an der Frage der Mitgliedschaft von Kommunisten. Am 21. 5. 78 wird die »Grüne Liste Schleswig-Holstein« (GLSH) gegründet, deren Vorstand am 16. 7. 78 den bis dahin weitestgehenden Unvereinbarkeitsbeschluß faßt: »Mitglied kann nicht werden, wer in einer anderen politischen Partei oder Kadergruppierung, zum Beispiel KB, organisiert ist, oder wer rassistisch-nationalistisches Gedankengut vertritt.« Der Unvereinbarkeitsbeschluß führt bei einer Versammlung der GLSH am 24. 9. 78 zum Auszug von etwa 120 Delegierten aus Bürgerinitiativen und Basisgruppen, von denen sich am 5. 11. 78 ein Teil in einer »Liste für Demokratie und Umweltschutz« (LDU) nach Hamburger Vorbild zusammenschließt.

In **Rheinland-Pfalz** hingegen reicht die Resonanz auf grüne Gründungsaufrufe nicht zu einer Kandidatur bei der Landtagswahl am 18. 3. 79.

7. 8. 78: Der damalige SPD-Landesvorsitzende in Baden-Württemberg, Erhard Eppler, erregt Aufsehen mit einem SPIEGEL-Interview: Er traut den Grünen den Einzug in den Bundestag zu, »wenn die Parteien, vor allem die SPD, nicht mehr tun zur Integrierung dieser Bewegung«. Gefragt, ob die Grünen ein potentieller Koalitionspartner der SPD seien, sagt Eppler: »Ich sehe nicht ein, warum eine solche Gruppierung schließlich nicht koalitionsfähig werden sollte.«

8. 10. 78: Die Landtagswahl in Hessen endet mit einem Fiasko für die konkurrierenden Listen von GAZ (0,9 Prozent) und GLH (1,1 Prozent).

15. 10. 78: Die Landtagswahl in Bayern wird für »Die Grünen« mit 1,8 Prozent der Stimmen zwar zum politischen Mißerfolg, der jedoch durch die Wahlkampfkostenerstattung finanziell abgemildert wird. Immerhin gibt das Ergebnis weitere Impulse für Einigungsbemühungen in der zersplitterten grünen Szene.

3. 12. 78: In Kassel treffen sich VertreterInnen diverser Grüner Listen, der GAZ und der AUD, um über die Bildung einer gemeinsamen Organisation und die Erarbeitung eines gemeinsamen Programms zu beraten. Es wird vereinbart, bei den kommenden Landtagswahlen in Schleswig-Holstein mit einer gemeinsamen Liste anzutreten. Die GAZ verzichtet zugunsten der GLSH auf eine eigene Kandidatur. Ein Programmausschuß beginnt mit der Formulierung einer Plattform für die Europawahl.

19. 12. 78: In Bremen kommt es zu einem spektakulären Gruppenaustritt von 27 SPD-Mitgliedern, von denen die meisten bis dahin FunktionsträgerInnen in ihrer Partei waren. Aus dieser Gruppe geht wenig später die »Bremer Grüne Liste« (BGL) hervor, die zu den Bürgerschaftswahlen am 7. 10. 79 antritt.

4. 2. 79: Auf der dritten Sitzung des Troisdorfer »Koordinierungsausschusses« in Vlotho beschließen die grünen Parlamentsinitiativen (AUD, GAZ, GLU Niedersachsen und GLSH), mit einer einheitlichen Bundesliste an der Europawahl am 10. 6. 79 teilzunehmen. Man einigt sich auf eine knappe, acht Seiten lange Wahlplattform und darauf, in den jeweiligen Organisationen Delegierte für einen Kongreß Mitte März zu wählen, auf dem das Wahlbündnis zur Europawahl gegründet werden soll.

11./12. 3. 79: Auf Parteitagen der nordrhein-westfälischen GLU in Marl und der niedersächsischen GLU in Gartow/Lüchow-Dannenberg wird die Plattform zur Europawahl gebilligt, während die GAZ auf ihrem Parteitag in Würzburg gravierende Veränderungen vornimmt, die das Zustandekommen des Europabündnisses wieder in Frage stellen: Die GAZ-Delegierten streichen den Passus, in dem gegen Berufsverbote protestiert und eine freie Berufswahl in ganz Europa gefordert wird, ersatzlos. Auch die Bezeichnung »basisdemokratisch« ist einigen GAZlern zu »klassenkämpferisch«, weil es ein Wort des »Ostzonen-Jargons« sei (FR 12. 3. 79). Der Vorsitzende der niedersächsischen GLU, Helmut Lippelt, bezeichnet die Europaplattform dagegen als »etwas sehr konservativ« und als Rückschritt gegenüber dem Landtagswahlprogramm der GLU von 1978. Am selben Wochenende beschließt der Bundesverband Bürgerinitiativen Umweltschutz (BBU) auf einer Mitgliederversammlung in Gorleben, bei den Europawahlen weder zum Wahlboykott aufzurufen noch eine Wahlempfehlung für eine bestimmte Partei oder Liste abzugeben. Unter Hinweis auf seine Überparteilichkeit empfiehlt die Versammlung den Mitgliedern des BBU-Vorstands, »die für das Europaparlament kandidieren wollen, ihre Funktionen ruhen zu lassen«.

16./17. 3. 79: In Frankfurt-Sindlingen gründen rund 500 Delegierte von AUD, GLU, GAZ, GLSH, Achberger Kreis und Aktion Dritter Weg und der »Free International University« (FIU) Joseph Beuys' das Listenbündnis DIE GRÜNEN. Juristische Grundlage ist ein Passus in der Wahlordnung, der bei Europawahlen im Gegensatz zu Bundestagswahlen die Beteiligung »Sonstiger politischer Vereinigungen (SPV)« neben den Parteien zuläßt. Die Verabschiedung der Wahlplattform geht wider Erwarten ohne große Auseinandersetzungen über die Bühne, nachdem die GAZ auf ihre Änderungswünsche verzichtet hat. Ziel der GRÜNEN, so heißt es dort, sei ein »Europa der Regionen, in welchem die Menschen und Institutionen umweltbewußt, sozial, basisdemokratisch und gewaltfrei handeln und leben lernen«. Damit sind zum ersten Mal die vier Begriffe genannt, die später zu den »programmatischen Grundsäulen« der GRÜNEN werden. Zu Vorsitzenden der Vereinigung werden Helmut Neddermeyer von der GLU-Niedersachsen, Herbert Gruhl von der GAZ und August Haußleiter von der AUD gewählt. Für die grünen Europaparlamentarier wird eine Rotation in der Mitte der Legislaturperiode beschlossen. Auf die Kandidatenliste werden nach Petra Kelly, Herbert Gruhl und Roland Vogt eine Reihe bekannter Persönlichkeiten aus der Ökologiebewegung gesetzt: so der Ökobauer Baldur Springmann, der Schriftsteller Carl Amery, der Künstler Joseph Beuys, der Richter Helmut Ostermeyer und die AKW-Gegnerinnen Gerda Degen und Helga Vowinckel.

18. 3. 79: Bei den Wahlen zum Berliner Abgeordnetenhaus kommt die Alternative Liste auf 3,7 Prozent und erringt Mandate in den Bezirksverordnetenversammlungen von Kreuzberg, Schöneberg und Tiergarten. Dieser Achtungserfolg führt dazu, daß die grünen/bunten/alternativen Kandidaturen, die nach den hessischen und bayrischen Wahlen schon als gescheitert galten, wieder ernster genommen werden. Das Berliner Ergebnis belebt auch die auf der Stelle tretenden Bemühungen in Bremen, neben der »Bremer Grünen Liste« ein bunt-alternatives Wahlbündnis zu schaffen.

29. 4. 79: Bei den Landtagswahlen in Schleswig-Holstein bleibt die Grüne Liste mit 2,4 Prozent der Stimmen weit hinter den Erwartungen zurück, die nach dem Reaktorunfall in Harrisburg in sie gesetzt worden waren. Die Gründe für das schlechte Abschneiden der Grünen werden einerseits darin gesehen, daß die GLSH wegen ihres ausgesprochen konservativen Profils für links-ökologische Jungwähler nicht wählbar war. Andererseits fand die GLSH auch im originär »grünen Lager« nicht ungeteilte Unterstützung. So hatten wenige Tage vor der Wahl bekannte grüne Leitfiguren wie Robert Jungk zur Wahl der SPD aufgerufen, weil »ein Ministerpräsident Klaus Matthiesen der bisher erste deutsche Landeschef wäre, der ein grundsätzliches Umschwenken in der Atomfrage angekündigt hat«. Daß dem SPD-Spitzenkandidaten am Ende ganze 1 069 Stimmen zur Macht fehlten, trug den schleswig-holsteinischen Grünen den Ruf der »Wende-Verhinderer« ein, der bis heute eine Ursache für die Schwäche dieses Landesverbandes sein dürfte.

Während eine Reihe von Prominenten, darunter Ossip Flechtheim, Sarah Haffner, Heinz Brandt, Helmut Gollwitzer und das Ehepaar Böll, dazu aufrufen, bei der Europawahl DIE GRÜNEN zu wählen, konzentrieren sich Vertreter von Bunten und Alternativen Listen in bewußtem Kontrast dazu auf die Stärkung ihrer Zusammenarbeit bei künftigen Kommunalwahlen. Erst nach der Europawahl vom

10. 6. 79, die den GRÜNEN beachtliche 3,2 Prozent und ebenso üppige 4,5 Millionen Mark Wahlkampfkostenerstattung einbringt, beginnt ein intensiver Diskussions- und Einigungsprozeß zwischen den SPV-Grünen und den Listen im bunt-alternativen Spektrum mit dem Ziel, bei den Bundestagswahlen als Partei anzutreten.

30. 6./1. 7. 79: In Vlotho findet ein erstes gemeinsames Treffen von Grünen, Bunten und Alternativen statt. Man lernt sich kennen, klopft die unterschiedlichen Standpunkte ab und führt Grundsatzdebatten. Das Bemühen um Einheit steht im Vordergrund. Die SPV-Grünen bekunden Bereitschaft, ihre zwecks Parteibildung eingesetzte Programm- und Satzungskommission um einige VertreterInnen aus dem bunt-alternativen Spektrum zu erweitern. Ein aus der Mitte der TeilnehmerInnen gebildeter Vermittlungsausschuß soll den Versuch unternehmen, den Bremer Konflikt zwischen Grüner Liste und Alternativer Liste zu schlichten und eine Doppelkandidatur zur Bürgerschaftswahl abzuwenden. Die KB-Zeitung »Arbeiterkampf« schließt ihren Bericht aus Vlotho mit der Hoffnung, »daß auch die kommenden Diskussio-

nen in ähnlich solidarischer Atmosphäre verlaufen; damit wäre man/frau der Einheit schon ein ganzes Stück näher gekommen«.
Das zweite Halbjahr 1979 steht im Zeichen einer Kette von größeren und kleineren Zusammenkünften, bei denen über programmatische und organisatorische Probleme der Parteigründung diskutiert wird. Unterdessen gründen sich in Baden-Württemberg, Rheinland-Pfalz, Saarland (jeweils 30. 9. 79), Bayern (7. 10. 79) und Bremen (11. 11. 79) die ersten Landesparteien mit dem Namen DIE GRÜNEN.
30. 9. 79: Bei den Kommunalwahlen in Nordrhein-Westfalen verbuchen grüne und alternative Listen in einigen Städten spektakuläre Erfolge, so etwa in Marl (8,9 Prozent), Münster (6,1 Prozent) und Bielefeld (5,6 Prozent).
7. 10. 79: Bei den Bürgerschaftswahlen in Bremen erreicht die »Bremer Grüne Liste« 5,1 Prozent und vier Mandate. Zum ersten Mal ziehen Grüne in ein Landesparlament ein. Die ebenfalls angetretene »Alternative Liste« kommt auf 1,3 Prozent.
28.10.79: Bei den Kreistagswahlen in Baden-Württemberg kandidieren in einigen Städten Grüne Listen mit großem Erfolg. In Tübingen, Calw, Hohenlohe und Esslingen ziehen sie in die Kreistage ein.
3./4. 11. 79: In Offenbach findet die zweite Versammlung der SPV DIE GRÜNEN statt. Der Kongreß ist auch für VertreterInnen der Bunten und Alternativen offen. Die rund 1 000 Delegierten beschließen, ihre Vereinigung auf einem weiteren Kongreß am 12./13. 1. 80 in eine Partei umzuwandeln. Bis dahin sollen von den bestehenden Kommissionen Entwürfe zu Programm und Satzung vorliegen. Zum Gründungskongreß sollen die der SPV angeschlossenen Kreis- und Landesverbände einen Delegierten auf zehn Mitglieder entsenden. Mit den Begriffen »ökologisch, sozial, basisdemokratisch und gewaltfrei« werden die »vier programmatischen Grundsäulen« der neuen Partei formuliert. Im Mittelpunkt der Kontroversen steht die Debatte um die Mitarbeit von Angehörigen kommunistischer Gruppen. Ein von Baldur Springmann gestellter Antrag, Mitglieder von K-Gruppen von vornherein mit einem Bann zu belegen und Doppelmitgliedschaften nur zeitlich befristet und bezogen auf die Mitgliedsorganisationen der SPV zuzulassen, wird im »Hammelsprung-Verfahren« mit der knappen Mehrheit von 348 gegen 311 Stimmen abgelehnt. Für große Aufmerksamkeit in den Medien sorgen insbesondere die Reden von Rudolf Bahro, Wolfgang Harich und Rudi Dutschke, der die Mitglieder des »Kommunistischen Bundes« und der KPD auffordert, die Grünen zu verlassen. Wer Rechte anderer mißachte, schließe sich selber aus der neuen Partei aus.
Die Doppelmitgliedschaft bleibt bis zum Karlsruher Kongreß das beherrschende Thema. Am 18. 11. 79 spricht sich der amtierende Vorstand der SPV-Grünen einstimmig gegen eine Doppelmitgliedschaft aus. Der Landesverband Niedersachsen, der sich am 9. 12. 79 in Hannover gründet, einigt sich auf die Kompromißformel, nach der jeder, der sich zu Grundsätzen und Programm der Grünen bekennt und keiner konkurrierenden Partei angehört, Mitglied werden kann.
In Nordrhein-Westfalen und Hessen dagegen, wo sich zeitgleich am 16. 12. 79

grüne Landesverbände konstituieren, finden Unvereinbarkeitsbeschlüsse keine Mehrheit, was in Nordrhein-Westfalen zum Auszug des rechten Flügels führt.

16.12.79: In Frankfurt findet ein »Beratungskongreß für Alternative, Bunte, Grüne, BIs und Linke« statt. Die rund 320 TeilnehmerInnen beschließen eine Resolution, in der die Mitarbeit von Bunten und Alternativen bei den Grünen an eine Reihe von Bedingungen geknüpft wird, deren erste lautet: »Das grüne Programm darf die Tatsache des Klassenkampfes nicht leugnen.« Sie kündigen an, in ihren Listen autonome Delegierte nach dem Offenbacher Delegiertenschlüssel 1 zu 10 zu wählen und »in jedem Falle auf dem Karlsruher Kongreß« zu erscheinen. Außerdem verabreden sie, sich nach der Parteigründung erneut zu treffen, »um über die Frage der Mitarbeit bei den Grünen anhand der Ergebnisse des Karlsruher Kongresses zu diskutieren«. Unterdessen treten zahlreiche Mitglieder bunter und alternativer Listen bis zum Stichtag (20. 12. 79) in die SPV-GRÜNEN ein und tragen dazu bei, daß sich die Mitgliedszahl der Vereinigung innerhalb weniger Wochen von rund 2 500 auf über 10 000 vervierfacht. Zum Gründungskongreß in Karlsruhe zählt die Mandatsprüfungskommission insgesamt 1 004 gemeldete Delegierte – eine symbolische Zahl aus dem Widerstand gegen das atomare Zwischenlager, das in Gorleben an jenem Platz errichtet werden soll, den die Betreiberfirma als »Bohrloch 1004« bezeichnet hat.

12./13. 1. 80: In Karlsruhe tritt der 3. Kongreß der SPV DIE GRÜNEN zusammen, der sich gleichzeitig als Gründungsversammlung der Bundespartei DIE GRÜNEN konstituiert.

2./3. 2. 80: In Münster findet der 2. Beratungskongreß der Bunten und Alternativen Listen statt. Zu der von vielen erwarteten und von einem Teil der rund 200 Delegierten angestrebten Gründung einer bundesweiten Bunt-Alternativen Partei kommt es nicht. Man einigt sich jedoch darauf, die Zusammenarbeit der Listen zu einem »breiten, linken, antikapitalistischen und fortschrittlichen Bündnis« weiterzuentwickeln. Angestrebt werde ein Zusammenschluß aller, die auf »radikaldemokratischer, ökologischer und antikapitalistischer Grundlage innerhalb und außerhalb der grünen Bundespartei« tätig sind. Die Einschätzungen über eine Mitarbeit bei den GRÜNEN gehen auch auf diesem Kongreß weit auseinander: Während die inzwischen in die Partei eingetretenen Linken (»grüne Bunte«) die Programmdiskussionen der GRÜNEN beeinflussen wollen, um fortschrittliche Positionen zu verankern, lehnen die »autonomen« Bunten eine Mitarbeit in der als »bürgerlich« klassifizierten Partei ab, weil sie dort nur eine »den Jusos ähnliche« Rolle als linkes Aushängeschild spielen könnten. In Hamburg kommt es an dieser Frage zur Spaltung des »Kommunistischen Bundes« (KB) und Anfang März 1980 zum Bruch der »Bunten Liste«.

16. 3. 80: Bei der Landtagswahl in Baden-Württemberg erzielen DIE GRÜNEN 5,3 Prozent und ziehen damit zum ersten Mal in das Parlament eines Flächenstaates ein.

21./23. 3. 80: Die 2. Bundesversammlung der GRÜNEN in Saarbrücken verabschiedet ein (bis heute gültiges) Parteiprogramm und einen neuen Vorstand, dem Petra Kelly, August Haußleiter und Norbert Mann als SprecherInnen angehören. Herbert

Gruhl ist zu einer Vorstandskandidatur nicht bereit, weil er den wirtschafts- und sozialpolitischen Teil des Programms nicht vertreten könne.

21./22. 6. 80: Die 3. Bundesversammlung in Dortmund beendet die grüne Parteitagstrilogie der Gründungsphase. Es wird die Teilnahme an der Bundestagswahl und eine »Wahlplattform« verabschiedet. Nach dem für sie enttäuschenden Verlauf der Dortmunder Versammlung kündigen Baldur Springmann und Herbert Gruhl ihren Rückzug aus den GRÜNEN an.

TEIL EINS

Die Gründung der GRÜNEN

Dokumentation des Gründungsparteitags

Redaktionelle Mitarbeit: Thomas Böing

Samstag, 12. Januar 1980
1. Plenarsitzung
Beginn: 10.08 Uhr

Herbert Gruhl: Meine Damen und Herren!
(Zurufe: »Lauter!« – Norbert Mann: »Liebe Freundinnen und Freunde!«)
Liebe Freundinnen und Freunde unserer grünen Bewegung! Ich begrüße Sie alle im Namen des Bundesvorstandes zur Delegiertenversammlung der »Sonstigen Politischen Vereinigung DIE GRÜNEN«, die zugleich die Gründungsversammlung der politischen Partei DIE GRÜNEN werden soll. *(Beifall)*
Wir begrüßen die geladenen Gäste, insbesondere die Gesandten der diplomatischen Vertretungen in der Bundesrepublik Deutschland. Wir begrüßen die in stattlicher Zahl erschienenen Berichterstatter der Presse, des Rundfunks und des Fernsehens aus dem In- und Ausland. *(Beifall)*
Wir tagen hier in Karlsruhe, wo auch der Sitz des Bundesverbandes der Bürgerinitiativen Umweltschutz ist, dessen Vertreter ich hier besonders herzlich begrüße, *(Beifall)* wie wir auch die Vertreter des Bundes für Umwelt- und Naturschutz Deutschland und der anderen Organisationen hier herzlich begrüßen, deren Ziele wir GRÜNEN voll im politischen Raum vertreten wollen! *(Beifall)*
Die grüne Bewegung ist aber bereits eine weltweite. Darum freuen wir uns ganz besonders, daß die Abgesandten der ökologischen Gruppen aus folgenden Ländern hier erschienen sind: aus Italien, Frankreich, Belgien, den Niederlanden, Dänemark und Schweden. *(Beifall)*
Sollten hier einige Gäste aus Ländern nicht genannt werden, dann bitte ich, das zu entschuldigen. Wir können die Begrüßung noch nachholen. *(vereinzelt Beifall)*
Für die Gastländer werden nachher ein oder zwei von unseren Freundinnen oder Freunden aus den betroffenen Ländern einige Grußworte sprechen. Unsere ökologischen Freunde aus der Schweiz sandten uns ein Grußtelegramm, unterzeichnet vom Herrn Nationalrat Valentin Oehen. Darin werden uns die besten Wünsche für einen erfolgreichen Gründungsparteitag ausgesprochen, und es heißt weiter: »Mögen von dieser Tagung wirkungsvolle Impulse ausstrahlen, um das deutsche Volk von der existenzgefährdenden Bahn der materialistischen Wachstumswirtschaft wegzuführen!« *(Beifall)*
Außer den Delegierten hier im Saal grüßen wir unsere Mitglieder draußen im Land. Wir bitten um Entschuldigung, daß infolge der in zehn Wochen fast vervierfachten Mitgliederzahl auf zehntausendvierhundert diese Stadthalle zu klein geworden ist. *(Beifall)*
Dieser Aufschwung beweist, daß der Geist der Geschichte in unserer Richtung weht, *(vereinzelt Beifall)* daß die große Wende sich anbahnt. Dies hat es doch schließlich noch nie gegeben, daß die Frage, mit wem wohl eine Partei im Bundestag koalieren würde, bereits diskutiert wird, bevor diese Partei überhaupt gegründet war! *(Beifall)*

Sie ersehen daraus, liebe Freunde, welch hohe Erwartungen man in uns setzt. Um diese nicht zu enttäuschen, muß dieser Gründungskongreß Ergebnisse vorweisen, und er muß auch in geordneten Bahnen ablaufen. *(Beifall)*

Niemand schaut so gespannt nach Karlsruhe wie unsere Gegner. *(vereinzelt Beifall)*

Die Wochenzeitung »Die Zeit« schrieb in dieser Woche: Die FDP in Baden-Württemberg setzt darauf, daß die Grünen sich schon selber noch auseinanderdiskutieren werden, und fragt hoffnungsvoll, ob sich die Blätter bald verfärben und damit den Abfall vom Stamm und den politischen Herbst der Bewegung ankündigen. Und »Die Zeit« sagt weiter: Die FDP in Bonn hofft ebenfalls darauf, daß die Gründung einer grünen Bundespartei die Zerrissenheit dieser Bewegung sichtbar macht und manche potentiellen Wähler abschreckt. Wir haben es heute und morgen in der Hand, unsere Gegner zu enttäuschen! *(Beifall)*

Wir sind hier in Baden-Württemberg zusammengekommen, um unseren Freunden hier zu helfen. Nach der Landwahl in Bremen wird die Landtagswahl in Baden-Württemberg der nächste Meilenstein auf unserem politischen Wege sein. *(Beifall)*

Darum, glaube ich, hat der Vorstand diese Gründungsversammlung gut vorbereitet. Wir danken der Satzungskommission und der Programmkommission für ihre mühevolle Arbeit. *(Beifall)*

Wenn Sie die Vorlagen durchblättern, dann werden Sie die Leistung anerkennen, wenn auch vielleicht nicht immer den Inhalt. *(leichte Unruhe, vereinzelt Beifall)*

Trotzdem wir das ganze letzte Wochenende geopfert haben, sind wir nicht durch das ganze Programm hindurchgekommen und haben auch nicht alle Anträge zum letzten Teil »Mensch und Gesellschaft« beraten können. Darum wird unser Vorschlag dahin gehen, besonders diesen Teil auf eine Bundesversammlung zurückzustellen, die wahrscheinlich Anfang Juni stattfinden kann. *(Beifall)*

Die drei großen Teile aber – »Wirtschaft und Arbeitswelt«, »Friedenspolitik/Außenpolitik«, »Umwelt und Natur« – sind mit den jeweiligen Alternativformulierungen Ihnen abgeschlossen vorgelegt worden. Und darum könnten wir uns auch bemühen, heute und morgen möglichst diese drei großen Teile des Programms hier abzuschließen. *(vereinzelt Beifall)*

Darin sind nicht nur zu »Umwelt«, sondern zu allen großen Problemen der heutigen Welt Aussagen gemacht. – Liebe Freunde! Niemand kann unseren Erfolg noch verhindern, es sei denn wir selbst! *(großer Beifall)*

Halten wir uns nicht zu sehr an Formalitäten auf! *(vereinzelt Beifall)*

Fassen wir Beschlüsse und üben wir in bezug auf die Reden schon heute das, was wir sonst auch vertreten, nämlich weisen Verzicht! Ich beginne mit dem Verzicht, indem ich meine Begrüßung hiermit beende. *(großer Beifall)*

Herbert Gruhl stellt fest, daß die Bundesversammlung ordentlich einberufen wurde und beschlußfähig ist. Es gibt drei Gegenstimmen und »etwa fünfzehn« Enthaltungen.

Nun, liebe Freundinnen und Freunde, kommen wir noch zu einem ernsteren Teil. Auch wir haben bereits einige Mitglieder durch den Tod verloren.
(Milan Horacek: »Erhebt euch, erhebt euch!« – Die Anwesenden erheben sich von ihren Plätzen.)
Erst am vergangenen Donnerstag wurde unser Freund Dr. Volker Dick, ganz hier in der Nähe wohnhaft, beerdigt. Er wollte heute hier sein. Er war früher einmal Geschäftsführer des Bundesverbandes der Bürgerinitiativen Umweltschutz in der ersten Phase. Sie wissen alle, daß wir durch tragische Nachwirkungen eines Attentats unser ganz junges Mitglied Rudi Dutschke am Heiligen Abend verloren haben. Sie haben sich zu Ehren dieser Verstorbenen von Ihren Plätzen erhoben. Der Freund von Rudi Dutschke, Milan Horacek, wird anschließend noch einige Worte zu seinem Gedenken sagen. Ich danke Ihnen für die Ehrung der Toten.
(Die Delegierten nehmen wieder Platz.)
Ich bitte Herrn Horacek, das Wort zu nehmen.
Milan Horacek: Es ist für mich sehr schwer, ein paar Worte zu Rudi zu sagen. Er war nicht nur für mich ein enger Freund, ein brüderlicher Freund, er war für uns alle ein Freund. (. . .) Wir haben die Pflicht, klar zu sehen, was geschehen ist. Rudi starb an den Spätfolgen eines Attentats, das auf ihn am 11. April, am Gründonnerstag '68, verübt wurde. Dieses Attentat wurde ausgeführt von einem jungen Menschen, der hieß Josef Bachmann, der – ganz eindeutig aufgehetzt von der Springer-Presse – dieses Attentat gemacht hat, und wie ich später in den Briefen und auch in Gesprächen mit Rudi festgestellt habe, war das der einzige Grund. Er hat sich in Briefen bitter darüber beklagt – er kam auch aus der DDR wie Rudi – er hat diese Tat nicht verwinden können. Obwohl mehrere Menschen, auch der Rudi, mit ihm gesprochen und ihm vergeben haben, beging er Selbstmord. Für mich gibt es somit in dieser Angelegenheit zwei Tote. Und wenn ich manchmal die Bild-Zeitung sehe, dann werde ich das nie vergessen! Der Rudi hat mit uns viele Veranstaltungen zu Fragen der Menschenrechte, zu Fragen des Sozialismus, der Demokratie in Ost und West gemacht in den letzten Jahren. Er hat im Rahmen von der Freien Internationalen Universität begonnen, an einem Projekt »Alternatives Leben, Lernen und Arbeiten« zu arbeiten. Er hat viele Veranstaltungen mit den Basisgruppen an den Hochschulen gemacht. Er ist mit dem Roland Vogt nach Wyhl gefahren. Er war mit uns in Brokdorf. (. . .) Er war mit uns in Hannover und auch in Bonn, als einer von den hunderttausend bei den großen Demonstrationen gegen dieses Atomprogramm. Er hat uns unterstützt in der Europawahl, zuletzt hier drei Tage vor der Wahl bei einer großen Veranstaltung in Tübingen. Danach mit den Bremer Freunden, wo er Mitglied geworden ist, wo er Delegierter für diesen Gründungsparteitag wurde. Mit der Delphine Brox, mit dem Olaf Dinné, mit all diesen Freunden war er sehr eng, sehr freundschaftlich verbunden. Und wenn wir jetzt mitten unter uns einen Platz leer haben, dann heißt es aber nicht für uns, daß wir in dem tagtäglichen Kampf auch für die Welt, für die Rudi eingetreten ist, das mit Arbeit ausfüllen. *(Beifall)*
Niemand, niemand von uns – und auch der Rudi – ist nicht ersetzbar. Wir werden

ihn sehr vermissen. Manche Grüne waren erstaunt in Diskussionen, daß er nicht nur viel gesprochen hat, sondern auch viel zuhören konnte, und waren auch sehr erstaunt über seine Sachkenntnisse. Sie wußten zum Teil nicht, daß seine Frau Gretchen Ernährungswissenschaften machte, in Indien war, darüber diskutierte, mit uns, mit dem Rudi. Daß wir zusammen – irgendwo ganz selbstverständlich als Vater von zwei Kindern – uns sehr tief Gedanken gemacht haben über das, was wir für die Zukunft tun. Auf manche Frage haben wir keine Antwort. Ich glaube aber, daß wir in der Zukunft nicht nur Gretchen und den Kindern Polly und Hosea helfen müssen. Wir müssen uns auch gegenseitig helfen, wir müssen auch anderen helfen, besser zu leben, in einer menschenwürdigeren Welt. Und das dritte Kind, was jetzt Gretchen in drei Monaten bekommt, soll auch für uns ein Kind der Hoffnung sein! Danke schön! *(langer Beifall)*

Herbert Gruhl: Es wird jetzt einige Worte der Begrüßung sprechen unser Landesverbandsvorsitzender in Baden-Württemberg, Dieter Hasenclever. *(Beifall)*

Wolf-Dieter Hasenclever: Liebe Anwesende! Ich freue mich, als Sprecher des Landesverbandes, in dessen Bereich unsere Versammlung stattfindet und in der ab Montag die heiße Phase des Landtagswahlkampfes beginnt, zu sprechen. An der Anwesenheit so vieler Vertreter der Massenmedien kann man ablesen, wie sehr wir plötzlich zum Gegenstand innenpolitischen Interesses geworden sind. Viele Menschen blicken mit Staunen, Neugier oder mit Ärger auf uns, andere mit Hoffnung oder sogar leidenschaftlichem Interesse. In einer Zeit, in der die Aussichten für die Zukunft unserer Gesellschaft, ja unserer Zivilisation überhaupt dunkler und unklarer sind denn je, machen wir den Versuch, neue politische Wege zu beschreiten und Perspektiven aufzuzeigen. *(Beifall)*

Wir machen den Versuch, ein grundsätzliches Umdenken in sehr vielen Bereichen der Gesellschaft und der Politik zu erreichen. Dieses Umdenken aber wollen wir nicht aufzwingen, sondern den einzelnen Bürger überzeugen, zum Mitdenken anregen und so an der Neuorientierung selbst beteiligen. *(Beifall)*

Eine wesentliche Erfahrung aus der Arbeit in den Bürgerinitiativen dürfen wir nicht vergessen: Überzeugen können wir nur, wenn wir bereit sind, die Besorgnisse und Anschauungen der Bürger so ernst zu nehmen wie unsere eigenen. *(Beifall)*

Eines unserer Probleme ist sicher, daß wir selbst aus den unterschiedlichsten Denkrichtungen zusammengefunden haben und in den letzten Monaten das gemeinsame Gespräch erst lernen mußten und in Zukunft weiter lernen müssen. Das war und ist nicht immer leicht, und es gibt noch viel Mißtrauen abzubauen. Zugleich aber, liebe Freunde, liegt in der Vielfalt der Bewegung auch ihr Reiz und die große Chance, aus der Erkenntnis der Zerstörung von Mensch und Natur zu einer Einheit zu werden. *(vereinzelt Beifall)*

Uns allen geht es um die Erhaltung der Lebensmöglichkeiten für uns und unsere Kinder. *(großer Beifall)*

Uns allen geht es um die Durchsetzung einer neuen Politik, in der die Bedürfnisse

des Menschen im Mittelpunkt stehen und nicht die Bedürfnisse der Industrie oder mächtiger Behörden und Militärapparate. *(Beifall)*
Laßt uns den etablierten Parteien, die uns einmütig in den Atomstaat steuern wollen, die neue politische Kraft im Land entgegensetzen! *(Beifall)*
Kürzlich las ich an irgendeiner Stelle, der Unterschied zwischen Helmut Schmidt und Franz-Josef Strauß sei ungefähr so wie der zwischen einem Klaps und einer Tracht Prügel – ein Vergleich, der mir gefiel. *(vereinzelt Beifall)*
Wir Grünen vertreten demgegenüber die Gewaltfreiheit. *(starker Beifall)*
Wir wollen Strauß verhindern und dennoch das kleinere Übel nicht schlucken müssen. *(vereinzelt Beifall)*
Unser politisches Handeln bestimmt sich von den vier Kennzeichen grüner Politik her. Wir bezeichnen sie mit den eingeführten Begriffen »ökologisch«, »sozial«, »basisdemokratisch« und »gewaltfrei«. Die ökologische Frage ist für uns der Ausgangspunkt gewesen. Wir haben die grundsätzliche Bedrohung des Lebens auf der Erde durch die vom Menschen unter den herrschenden gesellschaftlichen Bedingungen eingerichteten industriellen Produktionsformen erkannt. Der Kampf gegen die Atomkraftwerke ist und bleibt wesentliche Aufgabe für uns alle. *(Beifall)*
In gleicher Weise aber wenden wir uns gegen die schleichende Vergiftung der Natur und unserer Körper durch eine Unzahl von Chemikalien. *(vereinzelt Beifall)*
In gleicher Weise wenden wir uns gegen die Zerstörung unserer Landschaft durch Straßenbau und Zersiedelung – *(vereinzelt Beifall)* –, in gleicher Weise gegen den Angriff auf die letzten noch intakten natürlichen Lebensgemeinschaften von Tieren und Pflanzen. *(Beifall)*
»Ökologisch« heißt aber auch, daß wir erkannt haben, daß die Verwaltungsformen, die Formen der industriellen Produktion, ja die Formen unseres Lebens überall wieder an die Bedürfnisse des Menschen angepaßt werden müssen. Nicht die Interessen von Industrie und Wirtschaft dürfen über den Menschen bestimmen. Der Mensch muß über die Formen von Wirtschaft und Industrie nach seinen Lebensinteressen selbst bestimmen. Hier besteht die tragfähige Brücke zur Arbeiterbewegung. Es folgt, daß wir GRÜNEN auch den Maßstab »sozial« an unser politisches Handeln legen müssen. Wir müssen uns der Tatsache stellen, daß Minderheitengruppen noch immer diskriminiert werden. Wir müssen darum kämpfen, daß die Rechte der Frauen – die nun wahrlich keine Minderheit darstellen – endlich in vollem Umfang respektiert und eingehalten werden. *(Beifall)*
Die soziale Gerechtigkeit muß auf lange Sicht auch im Weltmaßstab verwirklicht werden. Der Hungertod von Millionen Menschen jedes Jahr ist ein Zeichen des Versagens der Strukturen überall. *(Beifall)* Wir meinen, daß wir die notwendigen Veränderungen nur erzielen können, wenn wir neue demokratische Strukturen von der Basis an entwickeln. *(Beifall)* Soviel Entscheidungsgewalt wie möglich muß bei den kleinsten Zellen im Wohn- und Arbeitsbereich liegen. *(Beifall)*
Wir treten ein für die Stärkung der Autonomie der Regionen in ganz Europa. *(Beifall)* Wir fordern die Dezentralisation des staatlichen, wirtschaftlichen und kulturel-

len Lebens. *(Beifall)* Zentralisten, gleich welcher Abkunft, haben bei uns keinen politischen Ort! *(Beifall)* Die meisten Menschen haben erkannt, daß das Zeitalter des Einsatzes von Waffengewalt ein Ende haben muß, soll die Menschheit eine Überlebenschance haben. *(Beifall)* Als Ökologen setzen wir uns daher für eine umfassende Abrüstungspolitik ein. *(Zuruf: Bravo, Beifall)*
Mit aller Schärfe wenden wir uns gegen die Absicht der NATO und der Bundesregierung, eine neue Generation von Atomwaffen auf deutschem Boden zu lagern. *(großer Beifall)* Mit der gleichen Schärfe aber, ja mit Empörung wenden wir uns gegen die sowjetische Aggression in Afghanistan, *(großer Beifall)* eine Aggression, die das Selbstbestimmungsrecht dieses Volkes und das Prinzip der Unverletzlichkeit der Territorien mit Füßen tritt. *(Beifall)*
Die alte Jesuitenweisheit »Der Zweck heiligt die Mittel« hat ihr Ende gefunden. *(Beifall)* Wir stellen heute fest: Der Zweck, eine neue ökologische, soziale, demokratische und gewaltfreie Ordnung zu schaffen, bestimmt die Mittel und muß unser Handeln durchdringen. *(Beifall)* Daraus folgt unter anderem: Leute, die auf Gewalt setzen, haben bei uns nicht ihren politischen Ort! *(großer Beifall)*
Aus der nachfolgenden Programmdiskussion wird noch mehr als aus dem Gesagten klar werden: Wir Grüne sind das Gegenteil einer Einpunktepartei. Wir setzen dem Wachstumswahn des Bonner Dreiparteienkartells neue und grundsätzliche Perspektiven entgegen. Wir dürfen und wir werden nicht zulassen, daß man die große Offenheit unserer Diskussion, die aus den verschiedensten Denkansätzen gespeist wird, mit Chaotentum und Konzeptionslosigkeit verwechselt. *(Beifall)*
Klarheit in der Organisation ist nötig. Ein Grüner – Mitglied oder Mandatsträger – kann nicht gleichzeitig einer anderen politischen Partei verpflichtet sein! *(großer Beifall, Buhrufe)*
Das ist meine Meinung! – Für die in neun Wochen kommenden Landtagswahlen haben wir in Baden-Württemberg eine hervorragende Ausgangsposition geschaffen. Mit großer Spannung sehen wir den Ergebnissen und Wirkungen dieses Kongresses entgegen. Schaffen wir in unserem Flächenstaat in überzeugender Weise den Sprung ins Parlament, so können wir alle den Bundestagswahlen mit Hoffnung entgegensehen. *(Beifall)* Schaffen wir ihn nicht, wird dies die Situation vielleicht entscheidend verändern. Dies sollte uns bei unserer Arbeit in den kommenden Tagen stets vor Augen stehen. Wir werden den Etablierten nicht den Gefallen tun, in Richtungskämpfe zu zerfallen und den entscheidenden Moment zum Durchbruch zu verpassen. *(Beifall)* Und wir dürfen auch die Hoffnungen so vieler Menschen, besonders der Jugend, auf die neue, alternative Kraft nicht zerstören. Toleranz und Solidarität sind heute und morgen besonders nötig. *(Beifall)*
Ich schließe mit einem Wort unseres Freundes Rudi Dutschke aus den letzten Wochen: »Zum ersten Mal bietet sich die Chance, die verkrustete Parteienstruktur der Bundesrepublik von innen her aufzubrechen. Da wären wir doch historische Idioten, wenn wir diese Chance nicht ergreifen würden.« Ich danke Ihnen! *(großer Beifall)*
Nach einem Grußwort von Solange Fernex als Vertreterin der französischen Ökologi-

sten gibt Michael Dombrowski den Bericht der Mandatsprüfungskommission. Bei der Zulassung der Delegierten zum Gründungsparteitag wurden nur Mitglieder berücksichtigt, die bis zum 20. 12 angemeldet waren. Danach wurde die Zahl der Delegierten bestimmt. Es gab Probleme, weil die »Sonstige Politische Vereinigung DIE GRÜNEN« nicht überall gleich organisiert war. In zahlreichen Fällen fehlten darüber hinaus die Wahlunterlagen. Wo die Wahlen nicht ordnungsgemäß abgehalten worden waren, hat die Kommission Nachwahlen erlaubt.

Michael Dombrowski: (. . .) Ich möchte den Bericht hier schließen und schließlich die Delegiertenzahlen der einzelnen Länder noch bekanntgeben: Baden-Württemberg stehen 205 Delegierte zu. Bayern hat 151 Delegierte. Bremen hat 10 Delegierte. Hamburg hat 73 Delegierte, Hessen 61, Niedersachsen 145, Nordrhein-Westfalen 201, Rheinland-Pfalz 28, das Saarland 8, Schleswig-Holstein 70 und Berlin 52 Delegierte. Insgesamt sind das 1 004 Delegierte.

Das Plenum billigt den Bericht der Mandatsprüfungskommission. Anschließend meldet sich Dieter Trautmann zu Wort. Auch er ist Mitglied der Mandatsprüfungskommission.

Dieter Trautmann (AL Berlin): Lassen Sie mich bitte als Ergänzung zu dem Bericht der Mandatsprüfungskommission noch eine Frage zu der Wahl der autonomen Delegierten sagen. Der Offenbacher Beschluß, wonach Bunte und Alternative zuerst in die SPV DIE GRÜNEN eintreten sollten, um hier teilnehmen zu können, ist von vielen Mitgliedern der Bunten und Alternativen Listen nicht nur als rein formaler Beitritt verstanden worden. Daher schien er vielen recht schwer zu rechtfertigen, auch gegenüber den Wählern, die zum Beispiel in Berlin die Alternativen in die Bezirksparlamente gewählt haben. Daß dieser Teil der bunten und alternativen Mitglieder nicht in die SPV eintrat, spricht auch für ihren Willen zu einer ehrlichen, gleichberechtigten Einigung. Also das sollte hier auch so verstanden werden – wie immer die Anwesenden zu dieser Frage stehen. *(Beifall)*

Dirk Schneider von der Berliner AL beantragt, daß auch Mitglieder der Bunten und Alternativen Listen Stimm- und Rederecht bekommen. Sie seien schließlich in ihren Gruppen genauso ordentlich gewählt worden. Zur Begründung des Antrags soll das Plenum einer Delegation der Autonomen das Wort erteilen. Das Plenum stimmt zu. Drei Autonome dürfen reden . . .

Alexander Schubart (Grüne Liste Hessen): (. . .) Wir sind der Ansicht, daß es in der Logik der Entwicklung liegt, so wie die ganze Prozedur vonstatten gegangen ist bisher, daß es sich heute nicht nur um eine reine Umgründung der SPV DIE GRÜNEN in eine grüne Partei handelt, sondern um einen echten neuen Anfang, und das will heißen um einen Zusammenschluß von Europa-Grünen, also SPV DIE GRÜNEN auf der einen Seite und den Bunten und Alternativen Listen auf der anderen Seite. *(großer Beifall, Widerspruch)*

Indem wir Bunten und Alternativen dieses Verlangen stellen, bekunden wir ja unser Interesse hier an eurer Gründungsversammlung. Wir erheben in der Tat den Anspruch, *(Pfiffe)* – ja! – gleichberechtigte Partner eines neuen Anfangs zu sein. *(Beifall)* Und wenn das heute hier wirklich ein neuer Anfang sein soll – aus der ökologischen

Bewegung, aber auch aus der demokratischen Bewegung –, dann dürften Bunte und Alternative nicht ausgespart werden bei diesem Gründungskongreß. *(Beifall)*
Wir haben unsere Delegierten nach dem gleichen Modus gewählt wie die grünen Kreisverbände auch. Auf zehn Mitglieder haben wir einen Delegierten gelegt. Wir können alle Bedingungen, die vorhin von Dirk Schneider in seinem Antrag vorgetragen worden sind, belegen. Es hat keine Doppelwahl gegeben. Jeder Wahlvorgang ist protokollarisch belegt. Wir haben echte, das heißt Mitgliederlisten, die auf dem neuesten Stand sind, ohne irgendwelche Karteileichen. Insgesamt sind es 254 bunte und alternative Delegierte. Also ich möchte damit zum Schluß kommen. Wenn diese Versammlung heute wirklich einen neuen Anfang machen will, dann muß sie auch diejenigen Kräfte einbeziehen, die seit ein, zwei und drei Jahren auf ökologischem Gebiet, aber auch auf anderen politischen Gebieten ein bestimmtes Selbstverständnis entwickelt haben – das haben wir, deswegen haben wir unseren Delegierten ein imperatives Mandat mitgegeben, deswegen konnten wir auch nicht so einfach in die SPV der GRÜNEN eintreten. Weil wir ja unsere Inhalte, die wir als Grüne Liste Hessen, als Bunte Liste Hamburg, als Alternative Liste Berlin formuliert haben, unseren Delegierten qua imperatives Mandat mitgeben wollen, mußten wir auf autonomen Delegierten bestehen *(Zurufe)* und konnten nicht den Umweg machen. *(weitere Zurufe, Unruhe)*
Karl Kerschgens (Bundesvorstand): Bitte zum Schluß kommen!
Alexander Schubart: Deswegen – ich komme damit zum Abschluß – bitte ich euch, dem Antrag von Dirk Schneider zuzustimmen! *(Beifall)*
Karl Kerschgens (Bundesvorstand): Bitte der nächste Vertreter!
Michael Wendt (Alternative Liste Berlin): Mein Name ist Michael Wendt. Ich bin delegiert worden von der Alternativen Liste Berlin. Euer oder unser Kongreß könnte heute hier nicht stattfinden ohne die Wahlbewegung der Grünen, Bunten und Alternativen Listen in den letzten zwei Jahren. *(Pfiffe, Beifall)*
Ich gehe davon aus, daß alle Listen, die heute hier vertreten sind, an dieser Entwicklung ihren Verdienst und ihren Anteil haben. Daran sollten wir denken. *(vereinzelt Beifall)* Viele unserer Mitglieder in der Alternativen Liste Berlin denken, daß es eine Einschränkung des politischen Spektrums bedeutet, wenn ihr die Delegierten, die nicht in die SPV eingetreten sind, vor der Tür stehen laßt. Damit droht eine Entwicklung einzutreten, die uns trennt in ein grünes und in ein sogenanntes autonomes Lager. Das wollen wir mit allen Kräften verhindern. Ich denke, das muß euer und das muß unser Interesse sein. *(Beifall)* Denn wir werden in unserer Entwicklung nur vorwärtskommen können, wenn wir das gemeinsam tun, wenn wir miteinander reden, miteinander verhandeln und miteinander zu Beschlüssen kommen. *(Beifall)*
Karl Kerschgens (Bundesvorstand): Der nächste Vertreter bitte!
Henning Venske (Bunte Liste Hamburg): Guten Tag allerseits! Ich bin Henning Venske. Ich bin Delegierter der Bunten Liste Hamburg für den Bereich der Kinderinitiativen und langjähriger Mitarbeiter des Kinderhauses in der Heinkelstraße in Hamburg. *(Beifall)*

Ich möchte den Antrag von Dirk Schneider folgendermaßen begründen, und ich möchte diese Begründung, wenn es recht ist, gern ein bißchen persönlich halten. Der Wahlerfolg der Bunten Liste 1978, an dem auch ich mitgearbeitet habe – ich habe damals die Werbespots für das Fernsehen und den Hörfunk produziert, – hat ja wesentlich dazu beigetragen, daß ich meinen Job bei der »Sesamstraße« verloren habe. Und das ist vielleicht ein Stichwort. Wissen Sie, ich würde ja nicht vom Stuhl fallen, wenn hier und heute beschlossen würde, die alternativen und bunten Delegierten an diesem Wochenende hier nicht an der Diskussion zu beteiligen, sie nicht anzuhören, sie nicht anzuerkennen. Für mich gehören Zensur und Mikrofonverbote leider zum täglichen Brot. *(Beifall)*

Eine Einschränkung der Meinungsfreiheit, Mikrofonverbote bei CDU, SPD und FDP, die sich ja die Rundfunk- und die Fernsehanstalten unter den Nagel gerissen haben, das ist ja für uns alles gar nichts Neues mehr. An eine wirklich neue und alternative Partei muß ich allerdings sehr viel höhere Ansprüche stellen als an CDU, SPD und FDP. *(großer Beifall, Bravorufe)*

Von diesen Parteien wurde doch die Einschränkung der Meinungsfreiheit weit genug getrieben! Bücher sind doch genug verboten worden! Professoren, die Dokumentationen vorlegen, sind doch genug verfolgt worden! Und Böll oder Brückner, Biermann oder Peter-Paul Zahl sind doch lange genug verketzert worden! *(Zuruf: »Darum geht es doch gar nicht!«)*

O ja, darum geht es! Sehr gut! *(weitere Zurufe)* Zensur und Unterdrückung der Meinungsfreiheit – *(lautstarke Zurufe, »Raus!«)* Ja, ich stell euch jetzt die Frage!

Karl Kerschgens (Bundesvorstand): Bitte laßt den Redner aussprechen. Ich bitte aber, zum Schluß zu kommen.

Henning Venske (Bunte Liste Hamburg): Zensur und Unterdrückung der Meinungsfreiheit also möglicherweise bei einer neuen Partei? Die Frage steht doch zur Debatte! *(Beifall)*

Der Diskussionsleiter mahnt mehrmals, zum Schluß zu kommen.

Ja, ein Schlußwort, okay! Gut, ich greife aus dem, was ich mir vorbereitet habe, den wichtigsten Punkt raus, weil ich das aus den Diskussionen so um mich herum an den Tischen gehört habe. Manche von euch werden sagen: Die da draußen, die Bunten und die Alternativen, das sind sowieso nur K-Gruppen, die wollen nur Ärger machen. *(vereinzelt Beifall)*

Ich möchte euch daran erinnern – das habe ich heute und hier mehrfach gehört – *(Zuruf: »Die hätten ja eintreten können!« – Bravorufe, Beifall)*

Die hätten ja eintreten können, sagt er. Ich kann ihm sagen, warum ich nicht eingetreten bin. Ich habe es aus Solidarität zur Bunten Liste getan. *(Pfiffe, Unruhe, vereinzelt Beifall)*

Denn ich bin der Meinung, daß die Bunte Liste hier akzeptiert werden sollte und akzeptiert werden kann wie alle anderen auch, ohne irgendwelche formalen Voraussetzungen – Anerkennung von Satzung, Unterschreiben von Vorbedingungen und so weiter und so fort. Und wenn ich das darf, möchte ich dieses Wort von den

K-Gruppen, wo ich eben unterbrochen worden bin, zu Ende sagen. Die, die das sagen, die möchte ich daran erinnern, daß dies das Argument der Bild-Zeitung gegen die Brokdorf- und Grohnde-Demonstranten war. *(großer Beifall)* Und damals habt ihr alle doch gegen diesen Unsinn protestiert, und das zu Recht. Oder etwa nicht? *(Beifall, wieder Ermahnung, die Redezeit sei um)*

Ja, gut! Ich sage den letzten Satz, es tut mir leid. Laßt euch doch nicht einreden, es liefe alles besser, wenn ihr euch nur das linke Bein abschneidet! Ihr wißt doch noch gar nicht, wie die Krücken aussehen, mit denen ihr der Bunten und der Alternativen Bewegung dann davonhumpelt! Macht die Tür auf und laßt die Delegierten der Bunten und der Alternativen Listen zu euch zur Diskussion herein! *(Beifall)*

Karl Kerschgens (Bundesvorstand): Liebe Freunde! Es ist ganz klar, daß an diesem Punkt jetzt die Sache sich ungeheuer emotionalisieren kann. Ich bitte doch wirklich, Ruhe zu bewahren. Und ich möchte jetzt die Zustimmung des Saales haben zu folgendem Vorschlag, daß wir jetzt drei Redner zulassen, die dagegen sprechen, und niemanden weiter. Daß wir damit die Debatte darüber dann abschließen, nach den drei Rednern, und dann zur Abstimmung kommen. Wer sich diesem Vorschlag anschließt, den bitte ich um das Zeichen. – Gegenprobe? – Einige Gegenstimmen. Enthaltungen? Danke schön, angenommen. Das Wort hat August Haußleiter zur ersten Gegenrede! *(Protest, Beifall)*

August Haußleiter: Man kann mir nicht vorwerfen, daß ich für Zensur in meinem Leben jemals eingetreten sei oder gar für Mikrofonsperre. Hier müßte aber eine sachliche und nicht eine emotionale Diskussion stattfinden *(vereinzelt Beifall)* über ganz präzise Sachverhalte. Die sehen folgendermaßen aus. Wir haben uns vor der Europawahl vom 10. Juni 1979 und nach dieser Europawahl um die volle Öffnung nach all den Gruppen hin bemüht, die als neue Bewegung, als Gruppen alternativer Jugend, als Bunte, als Alternative aufgetreten sind. Das ist der Tatbestand. *(vereinzelt Beifall)* Und ich selbst habe erhebliche Angriffe erlebt, als ich mich bemühte – und hier darf ich von mir persönlich sprechen –, den Programmausschuß und den Satzungsausschuß der »Sonstigen Politischen Vereinigung DIE GRÜNEN« zu öffnen für die Bunten und Alternativen. Es ist uns gelungen – und ich habe an einer Besprechung in Bonn teilgenommen, die völlig offen war –, in vierzehnstündiger Debatte über diese Zusammenarbeit eine Einigung zu erreichen. Und wir waren uns darüber im klaren – und das habe ich in Offenbach vertreten, und dort war ein völlig offener Kongreß –, wir waren uns im klaren, daß dieses Gespräch fruchtbar gewesen ist. Und ich möchte allen denen, die an diesem Gespräch teilgenommen haben, heute noch einmal danken. Aber heute und hier geht es um folgendes Problem, und das ist unsere Schwierigkeit. Wir haben einen Standpunkt durchgehalten, den Venske nicht ganz genau gesehen hat. Wir haben alle Türen geöffnet für den Eintritt in diese grüne Bewegung, *(Beifall)* und wir haben keinerlei Abgrenzung durchgeführt. Und ich möchte hier sagen: Ich habe mich gefreut, daß dieser Abgrenzungsbeschluß durchsetzbar war bei den GRÜNEN. Und ich habe mich darüber gefreut, daß von ihm Gebrauch gemacht worden ist von den Bunten und von den Alternativen! Und

da haben wir nun zusammengearbeitet. Und da, meine Freunde, hat sich folgendes Problem ergeben: Nun muß die »Sonstige Politische Vereinigung DIE GRÜNEN« sich in eine Partei umwandeln. Das is^0 der Tatbestand. Und das kann nur sie beschließen, und das kann niemand beschließen, der jetzt von außen sehr spät kommt, *(Beifall)* um jetzt plötzlich zu sagen, er habe aus anderer Solidarität heraus von der Möglichkeit, in der grünen Bewegung mitzuwirken, keinen Gebrauch machen können. Und nun muß ich meine alternativen und bunten Freunde bitten, davon Kenntnis zu nehmen, daß jetzt für mich, auch für uns alle, die Solidarität zur grünen Bewegung zählt, in dieser Stunde! *(großer Beifall)*
Karl Kerschgens (Bundesvorstand): Bitte zum Abschluß kommen!
August Haußleiter: Ich achte jede andere Solidarität. Aber in ihrem Zeichen kann nicht gefordert werden, daß bei einer Tagung der »Sonstigen Politischen Vereinigung DIE GRÜNEN« diejenigen Delegierte entsenden, die sich bisher geweigert haben, den GRÜNEN aktiv beizutreten. *(großer Beifall)*
Ich darf aber mit einer Bitte schließen. Liebe Freunde! Wir stehen in einer doppelten Gefahr. Diese Erde wird nicht nur zerstört durch Großkonzerne und durch Industrie und durch staatskapitalistische Formationen. Wir erleben in diesem Augenblick den Aufmarsch, das Vorstadium zum dritten Weltkrieg, und da wollen wir uns nicht um Formalitäten differenzieren, sondern da wollen wir die Tore offenhalten und in Zukunft zusammenarbeiten! *(großer Beifall)*
Karl Kerschgens (Bundesvorstand): Das Wort hat Bernd Vogel aus Bremen. – Bitte möglichst kurz fassen!
Bernd Vogel (Bremen): Ja. Ich fasse mich ganz kurz. Ich beantrage hiermit, den Antrag von Dirk Schneider abzulehnen mit folgender Begründung. Die grüne Basis hat in Offenbach verpflichtend für uns hier beschlossen: Die Partei heißt DIE GRÜNEN, und delegiert werden nur Mitglieder, die in dieser Partei und der »Sonstigen Politischen Vereinigung« drin sind. *(Beifall)*
Als Basisdemokraten und als Delegierte der Kreisverbände fühlen wir uns natürlich genau diesem Beschluß verpflichtet. Und wir würden jeder Form von Basisdemokratie ins Gesicht schlagen, wenn wir heute hier einen anderen Beschluß fällen würden. *(großer Beifall)*
Karl Kerschgens (Bundesvorstand): Das Wort hat Herbert Gruhl, als dritter.
Herbert Gruhl (Bundesvorstand): Meine lieben Freundinnen und Freunde! Ich muß dazu noch ganz weniges sagen. Es ist heute hier unbestritten angenommen worden bei überhaupt nur drei Gegenstimmen, daß dies die Versammlung, die Bundesversammlung der »Sonstigen Politischen Vereinigung DIE GRÜNEN« ist! *(Beifall)*
Und diese Bundesversammlung läuft ab nach ihrer Satzung, nach ihren Regeln und nach dem in Offenbach gefaßten Beschluß, pro zehn Mitglieder einen Delegierten hierher zu entsenden. Und das haben alle Bunten und Alternativen gewußt! *(Beifall)*
Sie haben es nämlich auf ihren Versammlungen in Berlin und in Hamburg eingehend diskutiert. Und daraufhin sind in beiden Städten einige hundert in die »Sonstige Politische Vereinigung DIE GRÜNEN« eingetreten und haben Delegierte ge-

wählt. Und diese Delegierten sind heute hier. Ein anderer Teil der Bunten und Alternativen konnte sich bis jetzt nicht entschließen, Mitglied unserer Vereinigung zu werden, und wir respektieren diesen Entschluß, noch nicht mitmachen zu können. Es ist auch nichts vergeben, denn sie können ab morgen, übermorgen tagtäglich eintreten! *(Beifall)*
Und sie können uns auf der nächsten Bundesversammlung – voraussichtlich im Juni, wie ich vorhin schon sagte – können sie uns dann überstimmen. *(Beifall)*
Aber nicht heute und hier! Denn das wäre eine Täuschung und eine Irreführung. Denn auch aus der AUD, aus der GAZ, aus den verschiedenen GLU-Verbänden sind viele noch nicht in die »Sonstige Politische Vereinigung« eingetreten, obwohl sie beim Europawahlkampf ungeheuer für uns gearbeitet haben. Und das wäre eine Diskriminierung dieser, wenn wir denen nicht auch Delegierte zubilligen würden. *(Beifall)*
Wenn wir hier ein zweifelhaftes Verfahren anwenden, kann ich Ihnen versichern, daß die Parteigründung am Montag beim Bundeswahlleiter nicht akzeptierbar ist! *(Zurufe, Beifall)*
Und diejenigen, die bis heute – aus welchen Gründen auch immer – sich noch zurückgehalten haben, können nicht nun ein Vorrecht verlangen. Und dieses Vorrecht hängt natürlich dann auch damit zusammen, daß man in zwei verschiedenen Ebenen tätig sein will. Und da erinnere ich mich sehr gut an einen Satz von Rudi Dutschke im November, nein, Ende Oktober dieses Jahres, wo er genau denen oder Ihnen gesagt hat: Wir können keine Personen gebrauchen, die eine Hand hier haben und die andere dahinten irgendwo. Hier muß für Klarheit gesorgt werden.
Karl Kerschgens (Bundesvorstand): Bitte zum Schluß kommen!
Herbert Gruhl (Bundesvorstand): Und niemand ist zurückgewiesen worden. Ich wiederhole noch einmal: Tag für Tag und Monat für Monat in nächster Zeit kann jeder eintreten, und er hätte auch heute hier bereits Stimmrecht gehabt, wenn er sich im Dezember noch dazu entschieden hätte! Wir müssen diese Anträge schon aus juristischen Gründen des Parteiengesetzes ablehnen. *(Beifall)*
Karl Kerschgens (Bundesvorstand): Es liegt mir nun ein Geschäftsordnungsantrag vor, die vorige Abstimmung doch zu durchbrechen, weil in dieser Debatte keine Frau gesprochen hat – *(Unmut, Pfiffe)* und ich möchte, ich muß Christel Hellmann nun zulassen, daß sie ihren Antrag stellt und ganz kurz begründet, und wir stimmen dann darüber ab, ob eine weitere Diskussionsrednerin zu diesem Punkt zugelassen wird.
Christel Hellmann (Bunte Liste Hamburg): Ganz kurz zur Begründung meines Antrages. Mir gefällt es nicht, wie hier oben geredet wird, und ich wollte es als Frau einmal darstellen. Darf ich das?
Der Antrag wird angenommen.
Christel Hellmann (Bunte Liste Hamburg): Ich möchte erklären, daß ich eine Delegierte aus Hamburg bin, und zwar aus der Bunten Liste Hamburg, eine offizielle

Delegierte, die eingetreten ist in die SPV der GRÜNEN nach dem Kongreß in Offenbach. *(vereinzelt Beifall)*
Das ist kein Grund, Beifall zu klatschen. Das hätte jedem freigestanden, das hat Herbert Gruhl eben gesagt. Das war aber auch das einzige, was mir gefallen hat, was er gesagt hat und wie er's gesagt hat. Denn er hat eigentlich mit der Art, wie er gesprochen hat, Henning Venske recht gegeben, indem er alles sehr formalistisch dargestellt hat. *(Beifall)*
Ich wollte aber eigentlich auf Henning eingehen, weil Henning leider einiges genauso falsch darstellt wie manche Genossen und Kollegen und Freunde in Hamburg. Ihr stellt es nämlich so dar, liebe Freunde und Genossen, als wenn ihr, die ihr jetzt leider draußen vor der Tür steht, die einzigen Alternativen und Bunten seid, die in dieser Bewegung hier heute aktiv sind. *(Beifall)*
Ich bin selber traurig, daß ihr nicht mit drin seid, denn wenn ihr rechtzeitig eingetreten wärt, dann hätten wir eben einen größeren Saal anmieten müssen, und dann würden die Abstimmungen heute hier so laufen, daß ihr euch mit in die Programm- und Satzungsfragen einbringen könnt – das, was Henning in dem Satz danach moniert hat, denn kein Grüner bisher hat eine Satzung abgestimmt. Das soll doch heute und morgen alles erst passieren. Deshalb möchte ich auch den Vorredner, der vor Herbert Gruhl gesprochen hat, richtigstellen. Leider ist in Offenbach eben durchgekommen, daß nur SPV-Grüne die Sache regeln. Wir haben da alle nicht aufgepaßt, daß es vielleicht besser gewesen wäre, wenn man einen Punkt gefunden hätte, daß wir sagen, alle Gründungswilligen einer sauberen neuen Partei sind zugelassen. Das wäre in Offenbach noch möglich gewesen. Leider ist es dort nicht passiert. Aber, liebe Freunde – auch von den Bunten und Alternativen, die jetzt draußen sind: Wir haben sofort nach Offenbach versucht, die Lage völlig klarzumachen, daß eben nur von innen heraus gilt, eine solche neue Bewegung zu schaffen, und nicht als ein Block mit den Hörnern, würd ich sagen, wie ein Widder jetzt auf die zugehen, die hier als Bunte und Alternative in dieser neuen Bewegung tätig sein wollen und das Programm und die Satzung mitbestimmen wollen. Ich kann also nur sagen, Freunde: Denkt ein bißchen daran, um was es geht! Verliert nicht über diesen Dingen heute und morgen die große, wichtige Sache aus den Augen, sonst hat das alles keinen Zweck gehabt! Und dazu müssen wir alle beitragen, auch Herbert Gruhl! *(Beifall)*

Der Antrag von Dirk Schneider, Delegierte außerhalb der SPV DIE GRÜNEN zuzulassen, wird abgelehnt. Ernst Hoplitschek stellt den Antrag, die Versammlung zu unterbrechen, damit sich die »alternativen« Delegierten mit den ordentlichen Delegierten der SPV beraten können. Es ist inzwischen 11.42 Uhr. Peter Keuer, Delegierter aus Rheinland-Pfalz, begründet seine Gegenrede mit der bestehenden Zeitknappheit. Die Abstimmung über Hoplitscheks Antrag ergibt ein unklares Ergebnis. Um eine zeitraubende Auszählung zu vermeiden, schlägt das Präsidium eine zehnminütige Pause vor. Im Anschluß an diese zehn Minuten tritt die Versammlung in den Tagesordnungspunkt 4 – »Wahl des Präsidiums« – ein.

Norbert Mann trägt den Wahlvorschlag des amtierenden Bundesvorstands vor. Er enthält die folgenden 16 Namen: für den Bundesvorstand Karl Kerschgens und Dietrich-Wilhelm Plagemann; für die Satzungskommission Peter Sellin und Karl-Götz Bringmann; für die Programmkommission Jan Kuhnert aus Hessen, Ernst Hoplitschek von der AL Berlin und Eva Zimmermann aus Hamburg; Dr. Renate Haußleiter und Reinhold Kaub für den Landesverband Bayern; Dr. Walter Baumhauer aus Baden-Württemberg; Dr. Wilhelm Knabe aus Nordrhein-Westfalen; Anke Burmester für Schleswig-Holstein; Christine Bernbacher aus Bremen; Peter Keuer für Rheinland-Pfalz; Heiner Ohmstedt für Niedersachsen und Helmut Horst als Mitglied der AL Berlin und der GRÜNEN Berlin. Dieser Wahlvorschlag des Bundesvorstands wird mit wenigen Gegenstimmen angenommen. Ein zusätzlicher Vorschlag aus Baden-Württemberg findet keine Mehrheit. Zu Protokollführerinnen werden Klaus Hecker, Thomas Morgenroth, Judith Jaenicke, Erich Schneeweiß und Doris Schamell bestellt. Renate Haußleiter dankt der Versammlung für das ihr ausgesprochene Vertrauen. – Um 12.05 Uhr nehmen die Präsidiumsmitglieder ihre Plätze ein.

Renate Haußleiter (Präs.): Der nächste Tagesordnungspunkt heißt: »Beschlußfassung zur Tagesordnung und Regelung des Rederechts«. Wir sollten 10.40 Uhr sein, es ist jetzt 12 Uhr.

Einige Delegierte melden Änderungsanträge zur Tagesordnung an. Als Geschäftsordnung wird festgelegt, daß alle Redeanmeldungen, Anträge und Wahlvorschläge schriftlich beim Präsidium eingereicht werden müssen. Mit ebenso großer Mehrheit wird der Antrag angenommen, »daß nach 22 Uhr im Interesse unserer älteren Freunde keine Beschlüsse mehr gefaßt werden dürfen«. (Laut Tagesordnung soll die Debatte um 21.30 Uhr enden.)

Anschließend fordert Johanna Mayr (AL Berlin), die Programmdiskussion vor der Satzungsdiskussion zu führen. (Beifall) Sie begründet:

Johanna Mayr (AL Berlin): Wir sind der Meinung, daß heute zum ersten Mal im Gegensatz zu fast ausschließlich in der Vergangenheit die Gelegenheit ergriffen werden kann, daß sich die verschiedenen Strömungen der Opposition in unserem Land miteinander zusammensetzen und miteinander diskutieren. Wir halten es nicht für richtig, und wir halten es für irreführend, wenn vorher zum Beispiel Bestimmungen diskutiert und verabschiedet werden, was Gruppeninteressen sind, wie zum Beispiel in der Präambel, in dem Präambel-Vorschlag zur Satzung. Wer aufnimmt, wer ausschließt, was feindliche Organisationen sind, welche widersprüchlichen Organisationsformen es zu den GRÜNEN gibt et cetera – dies alles sind inhaltliche Fragen und können nicht satzungsmäßig, das heißt in dem Falle dann bürokratisch, geregelt werden. *(vereinzelt Beifall)*

Wir sind der Meinung, daß erst inhaltlich über das Programm geredet werden soll: Was sind unsere Ziele? Wer ist dafür? Welche Widersprüche gibt es? Welche Einigungsmöglichkeiten gibt es? Und daß man dann darüber redet, wie dieses organisatorisch und satzungsmäßig formuliert und festgelegt wird. Das heißt, erst die Einheit feststellen und dann die Uneinigkeit. Dies ist der Antrag. *(Beifall)*

Dietrich-Wilhelm Plagemann (Präs.): Es ist hier eine Gegenrede zu diesem Geschäftsordnungsantrag. Bitte schön!

Peter Elsner Würzburg): Elsner, Würzburg! – Es wäre sehr schön, wenn wir zunächst über das Programm sprechen könnten, aber ich bitte zu bedenken, daß wir nicht mal das ganze Programm zum Ende der Antragsfristen vorliegen hatten. Deswegen kann im besten Fall über einen ersten Teil des Programms geredet werden. Wir werden uns vertagen müssen. Es ist vollkommen verfehlt, uns am Anfang schon vertagen zu wollen. Wir sollten zunächst mal das tun, was wir beschließen können, und dann weitersehen. *(Beifall)*

Der Geschäftsordnungsantrag von Johanna Mayr wird abgelehnt, die Tagesordnung wird angenommen. Noch einmal meldet sich Dirk Schneider für die Autonomen zu Wort.

Dirk Schneider (AL Berlin): Ich beantrage, im Interesse der von schon vielen Rednern hier beschworenen Einigkeit, für die autonomen Delegierten, die jetzt im anderen Saal sitzen, eine Delegation zuzulassen von dreißig Leuten, die auf den leeren Plätzen im hinteren Teil des Saales und auf der Tribüne noch Platz finden können und die wie alle anderen Gäste auch auf der Versammlung Rederecht beantragen können, wenn sie zu einem Tagesordnungspunkt sprechen wollen. *(Beifall)*

Dietrich-Wilhelm Plagemann (Präs.): Ja, die Gegenrede! In der Mitte des Saales, bitte!

Jürgen Voß (Bad Honnef): Der Redner hat genau die Strategie eben verfolgt – Teil 1, Teil 2, Teil 3 –, die gestern abend in der Augartenstraße 75 beschlossen worden ist. *(Unruhe)*

Diese Versammlung soll über drei Stufen dahin geführt werden. Wir haben eben ausgeschlossen, daß die Delegierten – und das war der Beschluß von Offenbach. Und über einen ganz kalten Weg, über Abminderungsstufen, soll das unterlaufen werden. Diese Strategie ist gestern abend beschlossen worden. *(Widerspruch)* Daher bitte ich, daß wir dagegen stimmen! *(Pfiffe, Beifall)* (. . .)

Der Antrag wird angenommen. Doch mehrere Delegierte melden sich beim Präsidium und zweifeln das Ergebnis an. Sie verlangen Auszählung.

Helmut Horst (Präs.): Liebe Freunde, hört doch mal zu! Folgendes: Vorhin haben die Alternativen hier ein Mehrheitsvotum akzeptiert. Ihr solltet jetzt auch so fair sein, dieses Mehrheitsvotum zu akzeptieren und nicht auf Auszählung drängen! *(Beifall)*

Zweiter Punkt. Der Gegenredner gegen den Antrag von Dirk Schneider hat hier mit einer Fülle von Unterstellungen gearbeitet, die wir uns hier nicht zu eigen machen sollten. *(vereinzelt Beifall)* Es ist gestern nicht so ein Schlachtplan hier verabschiedet worden oder auch nur beraten worden, diese Veranstaltung zu sprengen. Sondern die Alternativen wollen, daß dieser Kongreß hier erfolgreich über die Bühne geht. *(Beifall)*

Dietrich-Wilhelm Plagemann (Präs.): Ich muß hier im Augenblick als derzeitiger Diskussionsleiter allerdings dazu sagen, daß natürlich das Präsidium es nicht als

seine Aufgabe auffaßt, jetzt inhaltliche Erklärungen abzugeben. Ich glaube, daß der Helmut das eben gemacht hat – *(Beifall – Helmut Horst: »Solche Unterstellungen müssen wir zurückweisen!«)* Wir machen hier, versuchen hier, eine ganz nüchterne, geschäftsmäßige Leitung zu machen und uns aller inhaltlichen Äußerungen zu enthalten, und ich hoffe, es gelingt uns in diesen zwei Tagen. *(Beifall)*
So. Liegen jetzt zum Thema Rederecht noch Geschäftsordnungsanträge vor? Ja, dort in der Mitte des Saals bitte!
Helmut Weiß aus Aschaffenburg beantragt, daß alle Gäste gleiches Recht bekommen. Jeder soll die Chance haben, auf Antrag zu den Delegierten zu sprechen. Das Plenum stimmt zu. In einer längeren Debatte einigen sich die Delegierten darauf, daß alle Redner beim Gründungsparteitag bis zu drei Minuten Redezeit haben – Ausnahmen gelten nur für die Kommissionsmitglieder. Dann folgt der Bericht der Satzungskommission.
Helmut Lippelt (Hannover, Satzungskommission): Liebe Freunde! Ich habe hier auf der Tagesordnung gesehen, als Zeit für die Satzungsdebatte sind drei Stunden angegeben. Das war unsere optimistische Annahme. Vielleicht schaffen wir es ja auch, wir sind jetzt immerhin drei Stunden im Rückstand. Wir haben leider keine Satzung einer alternativen Partei vorzulegen. Was wir Ihnen vorzulegen haben, sind Dokumente, möchte ich sagen, des Ringens um die Frage Offenheit und Abgrenzung. Das heißt, Dokumente, die öffentlich – denn diese Debatte ist ja öffentlich gelaufen und sie hat hineingespielt in die Satzungskommission – verstanden worden sind als Debatte »Grün und Rot oder gar Unterwanderung?«. Ich möchte hier ganz klar sagen: Die Satzungskommission bestand aus elf grünen Mitgliedern. Hinzu waren drei Bunte getreten – Bunte, wohlverstanden! Und mir liegt daran, das jetzt vorweg zu sagen, daß die Debatte um die Offenheit dieser Partei doch sehr wichtig ist, daß sie den GRÜNEN keinerlei Schande tut und auch nicht tun sollte. Wir wollen keinen Index, wie die SPD ihn hat. Wir kommen aus verschiedenen Initiativen, in denen andere Gesetze gelten als in Parteien. In der Jugend wird der Parteibegriff anders aufgefaßt als bei uns Alten, die wir aus Parteien ausgetreten sind und meinen, man könne nicht auf zwei Hochzeiten tanzen. Da liegt des Pudels Kern, und das ist der ganze Inhalt der heutigen Debatte. Wir hoffen, daß wir gut drüber wegkommen und daß wir trotzdem die Sache gut durchziehen. So. Jetzt zu dem, was Sie vor sich liegen haben.
Die Kommission hatte am 1./2. 12. und 8. 12. 1979 getagt und einen Entwurf für Satzung und Präambel erstellt. Dieser wurde den Delegierten mit der Einladung im Dezember '79 zugeschickt. Die Kreisverbände sollten darüber beraten und ihre Änderungsanträge bis zum 4. 1. 1980 an die Kommission schicken. Am Wochenende vor dem Parteitag haben sich die Mitglieder der Satzungskommission dann mit Vertretern der Länder beraten. Ziel des Treffens: die kontroversen Punkte zu erfassen und alle Alternativvorstellungen und Änderungsanträge zu dokumentieren. Dabei entstand ein 23 Seiten starkes Papier. Es ist in zwei Teile gegliedert: Links enthält es eine Art Drehbuch, einen Vorschlag, welche Alternative die größten Chancen hat und nach welchem Verfahren am besten abgestimmt werden soll. Dieses Drehbuch bezieht sich auf den Entwurf der Satzungskommission. Es soll die Delegierten möglichst schnell »durch den Paragraphenwald bringen,

um ausreichend Zeit für die PROGRAMMATISCHE DISKUSSION zu gewinnen«. Auf der rechten Seite sind alle bis zum 4. 1. eingegangenen Änderungsanträge abgedruckt. Diese Empfehlung der Länderkommission wurde den Delegierten wenige Tage vor dem Kongreß zugeschickt. Helmut Lippelt stellt das Verfahren der Debatte vor:
Anträge zu inhaltlichen Änderungen sollten sich auf das vorliegende Material stützen, also entweder auf die verschiedenen Varianten des Satzungsentwurfes oder auf das Antragsmaterial, was Sie vor sich haben. Bei der Eröffnung von Rednerlisten treten in der Regel höchstens drei Redner pro und contra auf, Wortmeldungen erfolgen schriftlich mit der Bezeichnung »pro« und »contra« zum entsprechenden Punkt. Rein praktischer Verfahrensvorschlag dazu: Wir haben ja in Offenbach erlebt, wie das ist, wenn plötzlich das große Rennen losgeht, um unter die drei Redner zu gelangen. Wir möchten vorschlagen, hier Einigungen zu versuchen, indem die Leute, die bei irgendeinem Punkte »pro« sprechen möchten, erst in die Ecke sich begeben, die, die »contra« sprechen möchten, mehr dahin. Und dann sollten beide Gruppen versuchen, ob sie sich die drei Leute ausgucken können. Wir müssen das, glaub ich, einfach mal so versuchen. Alle anderen Verfahren von Offenbach taugten doch nichts. So, dann kommt der vierte Satz: Abweichend von der ausgedruckten Verfahrensweise schlagen wir für die Diskussion von Paragraph 2,1 – das ist die berühmte Mitgliedschaftsklausel, jeder kennt, jeder weiß, was das bedeutet – eine Zeitbegrenzung von höchstens einer Stunde vor, für Paragraph 9, das sind die Vorstandsregularien, von einer halben Stunde. Wir haben gemeint, da gleich zu zeigen, daß wir hier die Schwerpunkte sehen und daß wir da also von vornherein ein bißchen länger drüber diskutieren müssen, während wir in allen anderen Verfahren, wo Rednerlisten kommen, meinen, man sollte es erst einmal mit dem Pro-contra-Modell versuchen und sehen, ob man dann damit zu Rande kommt. Das also zur Einführung. Vielen Dank! *(Beifall)*
Dr. Hermann Lenk aus Kassel kritisiert in seiner Gegenrede, daß die Pro-und-contra-Regelung keinen Raum für Synthesen lasse. Außerdem sei die Redezeitbeschränkung eine »Vorab-Vergatterung der Versammlung«. Die Versammlung beschließt mit großer Mehrheit, sich nicht auf drei Pro- und drei Contra-RednerInnen festzulegen und die Beschränkung von Redezeit und Diskussionszeit aufzuheben. Danach stellen Mitglieder der Satzungskommission die drei vorliegenden Präambelentwürfe vor. Es ist 12.40 Uhr.
Karl-Götz Bringmann (Osterholz, Satzungskommission): Ich darf zunächst einmal als erster Redner zur Sache selbst über die Atmosphäre, die in der Satzungskommission herrschte, ein paar Worte sagen. (. . .) Natürlich hatten wir zwei Gruppen, die oft gegeneinander abgestimmt haben. Aber ich darf einmal sagen, daß wir uns zum Schluß nach mehreren Sitzungen praktisch alle geduzt haben. Das war unsere Atmosphäre. *(Beifall)*
Gleichwohl ist aus den Sitzungen eine Alternativität der beiden Präambeln hervorgegangen. Die links in der Vorlage vom 8. 12. abgedruckte ist praktisch die grüne Altvorlage, während die rechts abgedruckte die ist, die die Alternativen, nachdem sie in die Kommission gekommen waren, dort einbrachten. Wir konnten uns nicht einigen.

In beiden Fällen waren einige Reizworte vorhanden, die die eine Seite ebensowenig wie umgekehrt die andere akzeptieren konnte. Ich stelle als Kommissionsmitglied die links abgedruckte Alternative vor und darf diese Reizpassagen in kurzen Sätzen erläutern. In beiden Präambelalternativen ist klar hervorgehoben unsere ökologische, gewaltfreie, basisdemokratische und soziale Richtung. Jedoch ist in der linken Alternative zweimal – und zwar ganz bewußt! – hervorgehoben, daß wir vorrangig – in beiden Absätzen, im ersten und im zweiten Absatz – ökologisch sind. Das ist also unser primärer Leitwert. Das dürfte also sehr deutlich sein!

Ein zweiter Punkt ist: Im Absatz 2 ist von Gesamtinteressen die Rede. Damit ist deutlich gesagt, daß wir – nehmen Sie mir bitte das Wort nicht übel –, daß wir keine Klassenkampfpartei sind. Und daß wir auch nicht eine Partei sind, die sich zusammensetzt aus Leuten dieser und jener Minderheiten, die einen 5-Prozent-Block gebildet haben. *(Beifall)*

Eine Kampfabstimmung hat es in der Kommission zu der Frage »auf verfassungsmäßigem Weg« gegeben. Das ist die letzte Zeile des Absatzes 1. Dort müssen wir einmal ganz klar sagen, daß wir, wenn wir irgendwelche Veränderungen durchführen wollen, sie nur im Rahmen des Grundgesetzes führen. Das war unsere Auffassung dazu. Und zwar – natürlich, falls Verfassungsänderungen möglich sind, dann werden wir sie im parlamentarischen Weg und nicht anders verfolgen. Dafür sind wir auch eben eine Partei.

Ein weiterer Punkt ist unser Verhältnis zu den Bürgerinitiativen. Auch dieses ist angesprochen, indem im ersten Absatz die Rede ist von »einem Weg«: »Der parlamentarische Weg ist ein Weg der GRÜNEN.« Und schließlich noch – das darf ich hier auch noch hinzufügen: Im letzten Absatz taucht das Wort »dezentral«, abgeleitet aus ökologisch und basisdemokratisch, auf. Damit dürfte auch klar sein – und das ist auch ein Standort –, daß wir uns distanzieren von allen jenen Ideologien, die einen Zentralismus beinhalten. Das ist auch eine Position, die uns weiterführen wird, die auch verbindend sein wird für diejenigen, die wir als grün, und diejenigen, die wir als reformsozialistisch – um es mal mit einem Wort zu sagen – bezeichnen wollen. Vielleicht ist das eine Brücke. Im übrigen ist es natürlich so, daß eine solche Präambel für eine Satzung keine Präambel für ein Programm sein kann. Wir konnten in einem kleinen kurzen Absatz – und mehr wollten wir nicht bringen – nur lediglich einige Stichworte liefern. Wir hoffen, daß wir die wesentlichen Gedanken erfaßt haben! *(Beifall)*

Peter Sellin (AL Berlin): Mein Name ist Peter Sellin. Ich bin Mitglied der Alternativen Liste Westberlin und SPV-Delegierter. Ich möchte die Variante B vertreten, möchte aber vorweg betonen, daß in der Satzungskommission diese Variante nicht alleine von Alternativen und Bunten getragen wurde, sondern sehr wohl auch von insgesamt sechs Vertretern Grüner Listen unterstützt wurde. Also insgesamt neun Stimmen als unterstützende Stimme, daß dieses hier vorgetragen wird, fand die Variante B, von insgesamt 13 Mitgliedern. *(Beifall)*

Ich möchte jetzt als zweites die Unterschiede zu der Variante A hervorheben dahin-

gehend, daß in dem Absatz 1 dargestellt ist, woher alle Kräfte, die sich hier zusammengefunden haben, kommen, daß in dem zweiten Absatz betont wird, warum wir uns genötigt sehen, aus Bürgerinitiativen, aus Gewerkschaften, aus Wählerinitiativen herauszugehen und auch – ich betone auch! – eine Partei zu gründen. Wir sehen uns genötigt, angesichts der Vorgehensweise gegen die Atomkraftgegner und durch die Vorgehensweise, daß gesetzliche Grundlagen geschaffen werden, die die Macht der Gerichte auch brechen wird, auch in die Parlamente zu drängen, um uns da Gehör zu verschaffen. Diese Betonung wird damit vorgenommen.
In dem dritten Absatz wird betont, daß wir die Autonomie der Bürgerinitiativen und Basisinitiativen wahren wollen, wahren werden und daß wir auf ihre Autonomie bestehen werden. Außerdem ist in diesem dritten Absatz hervorgehoben, daß wir eine neue Form der Beteiligung aller Bürger an dem Planungs- und Entscheidungsprozeß in unseren Parlamenten besorgen wollen, indem wir eben mittels Bürgerforen usw. neue Formen der Planungsentscheidungen finden wollen. Und als letzter Absatz der Variante B wird nochmal hervorgehoben, daß wir auf basisdemokratischer Grundlage diese Satzung formulieren wollen. Das heißt, daß die unterste Ebene in den jeweiligen Orts- und Kreisverbänden Entscheidungsträger sein soll.
Als zweiten Abschnitt meiner Begründung, warum ich für die Variante B eintrete, möchte ich die Kritik an der Variante A üben. Im Absatz 2 Satz 1 der Variante A heißt es: »Wir treten stets für die Gesamtinteressen der Bevölkerung in allen Teilbereichen und nicht für Gruppeninteressen ein.« Meiner Meinung nach vollzieht sich dahinter nicht etwa althergebrachtes Klassengedankengut, sondern es verbirgt sich dahinter, daß es tatsächlich in unserer Gesellschaft Interessengegensätze gibt. Man nehme nur mal das Beispiel eines Vermieters, der sein Haus nicht renoviert, gegenüber seinen Mietern. Oder man nehme das Beispiel aus den Betrieben, daß ein Bildungsurlaub nicht gewährt wird, zum Beispiel um hier an dieser Versammlung teilzunehmen, und so weiter. Die weitere Kritik an dieser Variante A ist darin zu sehen, daß sie eben sich nicht beschäftigt mit den Autonomiefragen gegenüber den Bürger- und Basisinitiativen, wo wir herkommen. Jetzt zu der Variante C, die aus Baden-Württemberg und von der Antragskommission nach mir dann vorgestellt werden wird, kurz einzugehen. Die Variante C aus Baden-Württemberg, die in den Prozedurvorlagen ausgedruckt ist, können wir, die die Variante B stützen, nicht teilen. Dort wird eine Gleichsetzung vorgenommen von Ausbeutung, Krieg und Klassenkampf und Revolution. Und wer diese Gleichsetzung so dastehen läßt für sich, kann unserer Meinung keine Unterstützung finden. Ich bitte, daß dann später die Redner auf die Variante C selber noch eingehen! *(Beifall)*
Dietrich-Wilhelm Plagemann (Präs.): So. Der Referent für die Variante C der Satzungspräambel wird um Vortrag gebeten! (. . .)
Wilfried Heidt (Achberger Kreis, Ravensburg): Ich bin Wilfried Heidt. Ich versuche, ganz kurz zu begründen – *(Zuruf: »Vorstellen!«)*
– hab ich schon getan! Ich versuche, ganz kurz zu begründen, warum wir der Ansicht sind, daß die beiden Varianten für die Präambel, die eben vorgestellt wurden,

unzureichend sind für uns. Ich möchte kurz anknüpfen an die Behauptung meines Vorredners, daß wir in dem Entwurf aus Baden-Württemberg eine Gleichstellung vornehmen würden von Krieg, Revolution und Klassenkampf. Davon reden wir gar nicht in unserem Entwurf. Wir sagen dagegen folgendes: Wir sollten erstens in dieser kurzen Präambel eine Aussage machen darüber, daß DIE GRÜNEN eingebettet sind in die gesamte, auch außerparlamentarische ökologische Bewegung. Zweitens: Wir müssen eine ganz klare Aussage machen über unser grundsätzliches Ziel, das sich nämlich unterscheidet gleichermaßen von jeglichen kapitalistischen wie kommunistischen Prinzipien! *(Beifall)*
Drittens: Wir machen eine ganz klare Aussage darüber, daß dieses Ziel nur erreichbar ist auf dem Weg der Umgestaltung unseres bestehenden wirtschaftlichen, staatlich-politischen und kulturellen Lebens. *(Beifall)*
Wir sagen in unserem Präambelentwurf, daß dieser sich im Rahmen des Grundgesetzes der Bundesrepublik Deutschland vollziehen muß. Aber: Insofern die Grundlagen unserer Verfassung nicht ausreichen zur Verfolgung unserer Ziele, werden sich DIE GRÜNEN für eine Weiterentwicklung unserer Verfassung einsetzen. *(Beifall)*
Fünftens: Wir halten für notwendig eine klare Aussage über die Grundrichtung unserer Alternative. Diese Grundrichtung wurde bisher angegeben durch die vier Begriffe ökologisch, basisdemokratisch, sozial und gewaltfrei. Wir sind der Ansicht, daß der entscheidende Begriff des Selbstbestimmungsrechtes des Menschen in diesen vier Grundbegriffen bisher noch nicht enthalten war. *(vereinzelt Beifall)* Deshalb haben wir den Punkt 5 unseres Präambelvorschlages wie folgt formuliert: »Die Grundrichtung dieser Erneuerung soll ökologisch, sozial, basisdemokratisch und durch das Selbstbestimmungsrecht des Menschen geprägt sein.« *(Beifall)*
Der Begriff »Gewaltfreiheit« wird für uns aufgewertet in der Präambel, indem wir ihn als die zentrale Methode unserer politischen Arbeit erklären. Wir sagen deswegen sechstens: »Die Methode der politischen Arbeit der GRÜNEN ergibt sich aus dem neuen Geist, der sie trägt. Aktive Toleranz ist gewaltfrei, dialogisch und partnerschaftlich bestimmt!« *(Beifall)*
Unser Präambelentwurf schließt mit den Sätzen, daß die grüne Alternative der umfassende Ausdruck unserer Bereitschaft ist, eine Evolution der gesellschaftlichen Verhältnisse zu bewirken, weil wir sonst Revolutionen provozieren. *(vereinzelt Beifall)*
Indem wir für den Schutz des Lebens und die Freiheit des Menschen kämpfen, sind unsere Bemühungen ausschließlich auf das Wohl des sozialen Ganzen gerichtet. Das ist unsere Alternative zum Klassenkampf! *(Beifall) Nikolaus Neschitsch aus Bayern stellt den Antrag, aus Zeitnot alle Präambeln erst nach der Parteigründung zu beraten. Georg Otto aus Hildesheim ist dagegen, »weil wir zunächst wissen müssen, wofür wir uns entscheiden und wofür wir eine neue politische Partei gründen«. Helmut Lippelt schlägt vor, darüber abzustimmen, welcher der Präambelentwürfe als Diskussionsgrundlage genommen werden soll. Er begründet:*
Helmut Lippelt: (...) Die württemberg-badische Variante ist nach einem anderen Prinzip aufgebaut, während die beiden aus der Satzungskommission kommenden

sich nebeneinander entwickelt haben. Dementsprechend schlagen wir vor, zunächst über die württemberg-badische mit ja/nein zu stimmen. Ist sie angenommen, erledigt sich das weitere. Wird sie nicht angenommen, käme eine Alternativabstimmung über die beiden aus dem Programmentwurf. (. . .)
Der Vorschlag wird angenommen.
Dietrich-Wilhelm Plagemann. (Präs.): Wir treten dann also in die Abstimmung ein. Nochmal zur Klarstellung: Es wird jetzt darüber abgestimmt, ob wir auf der Basis der Variante C, die von Wilfried Heidt für Baden-Württemberg vorgetragen wurde, oder auf der Basis der Variante A oder B weiterberaten. Die Abstimmung heißt C oder eine der beiden anderen. C ja oder nein? Wer ist dafür, daß wir Variante C zur Basis der Beratung machen? Bitte um Hand! – Danke! Wer ist dagegen, das heißt also für A oder B? *(Karl Kerschgens: »Das muß ausgezählt werden!« – vereinzelt Beifall)*
Als auch eine Wahlwiederholung kein klares Bild ergibt, muß diese Abstimmung ausgezählt werden.
Dietrich-Wilhelm Plagemann (Präs.): Zwischendrin noch einmal zu dem Verfahren bei Redemeldungen. Alle Wortmeldungen, alle Antragseingaben und später Wahlvorschläge müssen vom Saal aus gesehen auf der rechten Seite des Podiums schriftlich abgegeben werden. Bitte nicht mündlich vom Saal aus unten dem Podium zurufen und auch nicht über das Rednerpult gehen. *(Beratung im Präsidium)*
Im Interesse des reibungslosen Ablaufes: Wir bitten darum, daß auf dem Podium niemand hinter dem Präsidium steht, um hier ein bißchen zu gucken, weil dadurch die Arbeit gerade bei solchen Auszählungen und auch bei allen anderen Dingen ungeheuer behindert wird. Wir bitten lediglich, die notwendigen Eingaben oder Abgaben hier zu machen. (. . .)
Dann gibt Dietrich-Wilhelm Plagemann das Ergebnis der Auszählung bekannt: 509 Delegierte haben sich für den Vorschlag aus Baden-Württemberg entschieden, für A oder B haben 436 gestimmt. Der Präambelentwurf C wird somit als Beratungsgrundlage für die weitere Satzungsdiskussion angenommen.
Helmut Lippelt: Wir haben uns die weitere Behandlung so vorgestellt: Wir haben ja jetzt C als Behandlungsgrundlage. Ich vermute, daß dazu noch 'ne Reihe Änderungsanträge kommen. Die Satzungskommission, das haben wir eben abgesprochen, schlägt folgendes vor: Die Änderungsanträge zu C – also jetzt nur konkret bezogen auf C, anders geht es jetzt nicht mehr – werden jeweils per Meinungsbild abgestimmt, also begründet, mögliche Gegenrede, Abstimmung per Meinungsbild. Sind sie per Meinungsbild angenommen, so werden nach Ablauf dieses Verfahrens, wenn also alle Änderungsanträge vorgebracht sind, die Antragsteller zusammen mit den Ur-Antragstellern, nämlich Württemberg/Baden, in eine Kommission geschickt. Die macht dann die redaktionelle Überarbeitung dieser Sache, so daß dann später, wenn wir bei Paragraph 7, 8, 9 oder Gott sei Dank fertig sind, das als geschlossener Text vorgestellt werden kann. So scheint es uns sinnvoll zu sein. *(vereinzelt Beifall)*
Das Plenum beschließt, nach der Mittagspause entsprechend vorzugehen. Doch vor Pichelsteiner Eintopf mit Brötchen für 5 DM gibt es weitere Geschäftsordnungsanträge.

Fritz Hofstetter (Steinburg) beklagt sich, daß seine beiden Geschäftsordnungsanträge zum Abstimmungsverfahren über die Präambel nicht behandelt worden sind. Boie Maaßen aus Nordfriesland regt an, vor allen Abstimmungen zum Paragraph 2 zehn Minuten Pause zum Überlegen zu lassen. Der Antrag wird verschoben, weil Paragraph 2 noch nicht zur Debatte steht. Dieter Oehlke vom Kreisverband Offenburg-Land fordert, die Mittagspause im Saal stattfinden zu lassen. Er glaubt, »daß wir uns eine Mittagspause mit totalem Auszug einfach nicht leisten können«. (Beifall)

Wilhelm Knabe (Mülheim/Ruhr): Ich möchte dazu kurz was sagen. Es ist eine ganz typische Angewohnheit vieler Deutscher, daß sie keine Pausen machen können! *(Beifall)* Sie glauben, wenn sie 24 Stunden arbeiten, schaffen sie mehr. Nein, sie schaffen weniger! Es ist eine arbeitsphysiologische Erkenntnis – und in jedem vernünftigen Betrieb wird das durchgeführt –, nach 'ner bestimmten Arbeitszeit eine Pausenzeit zu haben. Wir brauchen die Pause erstens zur Entspannung, zweitens zum Gespräch, damit man hier zuhört, wenn einer redet, und nicht alle miteinander sich unterhalten. Dazu brauchen wir die Pause auch. Und drittens brauchen wir die zur Beratung, Zwischenberatung, damit die weiteren Dinge flüssiger gehen. Wir sind gut vorwärtsgekommen. Wir sollten das nicht durch einen Ausfall der Pausen kaputtmachen! *(Beifall)*

Das Plenum stimmt für eine Mittagspause von 13.30 Uhr bis 14.30 Uhr. Georg Otto (Hildesheim) fordert die Delegierten auf, beim Hinausgehen nicht nur die grünen Delegiertenausweise mitzunehmen, sondern ebenfalls die Stimmkarte. Beides sei als Ausweis notwendig, damit sich nicht weitere Gäste einschleichen. Nach der Mittagspause von 13.30 bis 14.30 Uhr übernehmen Renate Haußleiter und Jan Kuhnert die Diskussionsleitung.

Renate Haußleiter (Präs.): Liebe Freunde! Wir müssen weiterarbeiten. Zum Verfahren ein Antrag. Wir haben bis jetzt 21 Abänderungsanträge. Die sind zum Teil kurz und zum Teil sehr lang. Wir möchten bitten, daß im Augenblick keine Abänderungsanträge mehr gestellt werden, sondern erst einmal die bisherigen besprochen und verabschiedet werden, damit Sie sehen, ob es überhaupt noch wichtig ist, einen neuen Antrag zu stellen. Mein Antrag: Schluß der Annahme von Abänderungsanträgen für die Präambel! *(vereinzelt Beifall)*

Jan Kuhnert (Präs.): Ist dieser Geschäftsordnungsantrag vom Saal verstanden worden? *(Zustimmung)*

Gibt es dazu eine Gegenrede? *(Zuruf: »Formal!«)*

Formal. Dann bitte ich um das Kartenzeichen. Wer ist für diesen gestellten Geschäftsordnungsantrag? – Wer ist dagegen? – Damit ist dieser Geschäftsordnungsantrag angenommen. Änderungsanträge werden ab diesem Zeitpunkt nicht mehr zugelassen. – Dann möchte ich noch einmal darauf aufmerksam machen, daß vorhin das Verfahren wie folgt beschlossen worden ist. – Ich bitte etwas mehr um Ruhe! – Und zwar, daß die Anträge absatzweise jetzt aufgerufen werden. Der Antragsteller bekommt im Rahmen der Redezeit von drei Minuten die Möglichkeit, diesen Antrag zu begründen. Danach besteht die Möglichkeit der Gegenrede, und danach wird

dieser Änderungsantrag abgestimmt. So werden wir jetzt durch diese 21 Abänderungsanträge hindurchgehen. Und ich hoffe, daß die Delegierten mit mir zusammen sich bemühen werden, dieses Verfahren zügig, aber auch gleichzeitig klar durchzuführen. Zum Schluß der Abstimmung über einzelne Abänderungsanträge findet eine Schlußabstimmung über die dann so veränderte Präambel statt.
(Beratung im Präsidium)
Wir bitten, die kurze Beratungspause zu verstehen. Wir versuchen, diese vielen Änderungsanträge auf die einzelnen Absätze der Alternative C zu beziehen, damit die Delegierten mitlesen können und auch wissen, an welcher Stelle wir jetzt beraten.
Annette Zmyj (Hochtaunus) stellt den Geschäftsordnungsantrag, die Abstimmung über die Präambeln zu annullieren und über die Präambeln A, B und C einzeln abzustimmen.
Annette Zmyj (Hochtaunus): (. . .) Begründung: A und C sind zwar formal verschieden, aber inhaltlich weitgehend übereinstimmend. Und zwar wesentlich übereinstimmender als die Präambel A und B. B ist also die eigentliche Alternative zu A und C.
(Beifall)
Es geht noch weiter! Bei dem Abstimmungsverfahren, das angewandt wurde, hatte die Alternative B nur eine Chance von einem Viertel – nämlich die Hälfte von der Hälfte – durchzukommen, wenn man voraussetzt, daß die Stimmen ungefähr – es wurde ja ausgezählt –, also relativ gut verteilt waren. Das Verfahren war also ungerecht, und zu dem Grundsatz »basisdemokratisch« im Programm der GRÜNEN passen solche taktischen Vorentscheidungen überhaupt nicht. *(Beifall)*
Der Antrag wird mit der Begründung abgelehnt, daß das Verfahren zuvor durch Abstimmung festgelegt worden war. Klaus Wolschner stellt den Antrag, die VerfasserInnen der drei Präambelentwürfe mögen sich zusammensetzen, um einen gemeinsamen neuen Entwurf zu erarbeiten. Dieser Antrag wird nach einer Gegenrede abgelehnt. Um 14.45 Uhr beginnt die Versammlung schließlich mit der Beratung der Änderungsanträge zur Präambel. Die Anträge werden in der Reihenfolge der einzelnen Absätze des Entwurfs C behandelt.
Um dem Leser das Verständnis der Debatte zu erleichtern, ist im folgenden der Präambelentwurf aus Baden-Württemberg abgedruckt:

Präambel

1. Die Grünen sind die Alternative zu den herkömmlichen Parteien. Sie streben eine Gesellschaft an, die ihre Entwicklung an den Lebensbedingungen der Naturzusammenhänge sowie am individuellen und sozialen Wesen des Menschen orientiert.

2. Die Grünen haben erkannt, daß eine grundlegende Änderung der bisherigen Politik notwendig ist, damit belastende Not, Mißachtung der Menschenrechte, Hunger und Armut in der dritten Welt, wachsende Arbeitslosigkeit und Kriminalität, ideologische Bevormundung und Formierung usw. und drohende Katastrophen, Verschärfung der Umweltkrisen, militäri-

sche Konfrontationen, Chaotisierung der Währungen usw. wirksam abgebaut und abgewendet werden können. Die GRÜNEN wissen, daß es für diese fällige Wende der MOBILISIERUNG ALLER POSITIVEN KRÄFTE im parlamentarischen und außerparlamentarischen Bereich bedarf.

3. DAS ZIEL der Grünen Alternative ist die Überwindung der totalitären Wachstumszwangssysteme westlicher und östlicher Prägung.

4. DER WEG zu diesem Ziel führt über die Umgestaltung des wirtschaftlichen, monetären staatlich-politischen und kulturellen Lebens der Gesellschaft.

5. DIE GRUNDRICHTUNG dieser Erneuerung soll ökologisch, sozial, basisdemokratisch und durch das Selbstbestimmungsrecht des Menschen geprägt sein.

6. DIE METHODE der politischen Arbeit der Grünen ergibt sich aus dem neuen Geist, der sie trägt: Aktive Toleranz ist gewaltfrei, dialogisch und partnerschaftlich bestimmt.

7. Nur durch DIE BEREITSCHAFT FÜR EINE EVOLUTION in diesem Sinne können Revolutionen, Kriege und Zerstörungen in Zukunft verhindert werden. Die grüne Alternative ist der umfassende Ausdruck dieser Bereitschaft. Sie steht jenseits aller traditionellen Ideologien. Indem sie für den Schutz des Lebens und die Freiheit des Menschen kämpft, sind ihre Bemühungen ausschließlich auf das Wohl des sozialen Ganzen gerichtet.

Zu Absatz 1 beantragt Dirk Schneider, Berlin, vor das Wort »Alternative« das Attribut »grundlegende« oder »radikale« zu setzen. In der Abstimmung wird der Zusatz »radikal« abgelehnt, das Wort »grundlegend« wird angenommen. Den zweiten Antrag zu Abschnitt 1 stellt Klaus Lechner. Er will eine Formulierung aus Variante B aufnehmen, um die »radikaldemokratische« Arbeitsweise der GRÜNEN zu betonen: »Die Mitglieder der Partei DIE GRÜNEN kommen aus verschiedenen Erfahrungszusammenhängen, insbesondere aus Bürger- und Basisinitiativen.« Max Winkler (München) hält die Gegenrede: Dies sei ein Versuch, den abgelehnten Begriff »radikaldemokratisch« wieder in die Satzung zu schleusen. Der Antrag von Klaus Lechner wird abgelehnt. Eckehart Girschik (Gießen) beantragt, sofort über die Präambel C abzustimmen, damit deren »schöne, logische Gliederung« erhalten bleibt. Der Antrag wird abgelehnt. Eckehart Girschik fordert, anstelle von Fremdworten wie »Chaotisierung der Währung« verständlichere Begriffe einzusetzen.

Wolf-Dieter Hasenclever: Als Mitantragsteller möchte ich im Interesse der Durchführbarkeit dieser Versammlung nochmals einen GO-Antrag stellen, dem ich bitte zuzustimmen, da wir uns sonst in dieser Frage verfahren. Ich möchte beantragen, daß wir jetzt zustimmen, daß die Antragsteller plus Leute, die benannt werden, die gegen diesen Antrag waren, einen gemeinsamen Ausschuß bilden, damit wir dann vielleicht in zwei bis drei Stunden nochmals den überarbeiteten Entwurf vorstellen können.

Jürgen Voß (Bad Honnef): Ich möchte dagegen sprechen. Es wird wieder versucht. Wir haben beschlossen, keine Kommission zu delegieren. Es wird permanent versucht, eine Abstimmung zu wiederholen.

Jürgen Reents (Hamburg): Ich möchte deswegen dagegen sprechen, weil ich glaube,

wir sind uns alle ziemlich klar darüber, daß die Differenzen und Meinungsverschiedenheiten, die wir hier an der Präambel haben, auch an anderen Satzungspunkten, zumindest an einem Teil, auftreten werden.
Der GO-Antrag Hasenclevers wird von der Versammlungsmehrheit abgelehnt. Es werden keine Anträge mehr zur Bildung einer Kommission für die Präambel zugelassen. Es folgt ein weiterer GO-Antrag.
Fritz Hofstetter (Steinburg): Ich beantrage, nur noch solche Änderungsanträge zuzulassen, über die mit Ja oder Nein abgestimmt werden kann.
Martin Jänicke (AL Berlin): Ich bin tief beunruhigt über die Art der Polarisierung, die hier stattfindet, die zur Folge haben wird, daß ein ausgesprochen konfuser Text hier angenommen wird und nicht mehr redaktionelle Überarbeitungen möglich sind. Hier wird das westliche System als »totalitär« bezeichnet, und bekämpft werden soll es partnerschaftlich.
Hofstetters Antrag wird angenommen. – Zu einem Antrag des Kreisverbands Würzburg, in Abschnitt 2 den Passus »positiven und demokratischen Kräfte« einzufügen, erklärt ein Vertreter der AntragstellerInnen, der erste Teil des Antrages werde zurückgezogen. – Der nächste Antrag stammt von Evi Hubert, Hamburg. Sie will Begriffe wie »belastende Not« und »drohende Katastrophen« streichen. Sie führt an, »daß gerade dieser Punkt ›belastende Not‹ so etwas Schicksalhaftes an sich hat und nicht die Verursacher benennt«. Ihr Gegenvorschlag für Absatz 2: »DIE GRÜNEN haben erkannt, daß eine grundlegende Änderung der bisherigen Politik notwendig ist. Wir wenden uns gegen Mißachtung der Menschenrechte, Hunger und Armut in der dritten Welt, wachsende Arbeitslosigkeit, Verschärfung der Umweltkrisen und militärische Konfrontationen.« Außerdem schlägt sie die Formulierung vor: »DIE GRÜNEN wissen, daß es für diese fällige Wende der Mobilisierung aller ökologischen und demokratischen Kräfte im parlamentarischen und außerparlamentarischen Bereich bedarf.« Beide Teile ihres Antrags werden mehrheitlich angenommen. Es folgen Anträge zum Abschnitt 3 des Präambelentwurfs.
Jürgen Küntzler (Osnabrück): Wir schlagen vor, den Punkt 3 durch folgende Formulierung zu ersetzen: »Das Ziel der GRÜNEN ist die Überwindung eines Wirtschaftssystems, das auf Zwang zum Wachstum aufgebaut ist.« Und zwar begründen wir diese Veränderungen mit zwei Überlegungen. Erstens: Der Begriff »totalitär« bezieht sich auf politische Strukturen, und ich frage, ob man in der Lage ist, die Bundesrepublik in dieser Form politisch zu bezeichnen.
Das zweite, was wir hier anmerken, ist folgendes: Wir sind der Meinung, daß unsere Aufgabe nicht in der Überwindung östlicher Wirtschaftssysteme besteht, sondern es besteht die Aufgabe, unser Wirtschaftssystem umzuändern, und zwar dies so zu formulieren, daß wir die Basis haben, auch die Wirtschaftssyteme des Ostens zu kritisieren auf dieser Basis. Wir selber können diese Systeme nicht verändern. Das ist Aufgabe der Bevölkerungen, der Menschen in diesen Systemen selber. Und ich glaube, wir sollten jeden Versuch, einen Anspruch auf diese Veränderung zu formulieren, hier sein lassen.
Delegierter N. N.: Ich stimme mit dir überein, daß das bundesrepublikanische Sy-

stem wohl nicht totalitär zu nennen ist. Auf der anderen Seite verstehe ich den Antrag inhaltlich so, daß DIE GRÜNEN eine Absage erteilen sowohl dem kapitalistischen wie dem sogenannten kommunistischen Wachstumssystem. Also müßte man dies inhaltlich umformulieren. Nur ist dies im Moment leider nicht möglich. Aber dies ganz herauszustreichen halte ich auch für falsch. Insofern müßte man einen inhaltlichen Gegenantrag stellen.

Auf Antrag von Jürgen Reents, Hamburg und Manfred Zieran, Frankfurt, beschließt das Plenum, daß die zu Abschnitt 3 vorliegenden Änderungsanträge zunächst gesammelt vorgestellt und danach Wortmeldungen pro und contra zu den Anträgen zugelassen werden.

Jürgen Reents (Hamburg): Ich habe auch eine geänderte Formulierung für den Punkt 3. Ich möchte dazu kurz bemerken, was meine Kritik daran ist. Das Problem bei dieser Geschichte ist, daß wir in der Programmkommission zu der Frage dessen, was hier als »Wachstumszwangssysteme« bezeichnet worden ist, eine sehr viel differenziertere Diskussion geführt haben. Wir meinen, daß man nicht über Tatsachen hinwegsehen kann: daß es in der Bundesrepublik Millionen von Menschen gibt, die an der Armutsgrenze leben; daß besonders bei alleinstehenden Frauen, bei Rentnern und so weiter heute auch immer noch eine soziale Not zu verzeichnen ist. Das kommt in diesem Begriff nicht zum Ausdruck. Zum zweiten ist es so, daß auch der Unterschied zwischen quantitativem und qualitativem Wachstum nicht zum Ausdruck kommt und daß, selbst wenn jemand der Meinung ist, daß er diesen Begriff nicht verwendet in dem Sinne, daß er eine Absage an gesellschaftliche Umverteilungen damit erteilen will, daß trotzdem in der Öffentlichkeit draußen das so verstanden wird, nämlich als eine Zementierung der vorhandenen Verteilungsverhältnisse in der Bundesrepublik. Deswegen schlage ich folgenden anderen Passus vor: »Das Ziel der GRÜNEN Alternative ist die Überwindung gesellschaftlicher Verhältnisse, in denen kurzfristiges Wachstumsdenken, das nur Teilen der Bevölkerung zugute kommt, Vorrang hat vor den ökologischen, sozialen und demokratischen Lebensbedürfnissen der Menschheit.«

Manfred Zieran (Frankfurt) zieht seinen Antrag zurück. Es folgt die Gegenrede zum Antrag Reents.

Kallenbach (Würzburg): Herr Reents möchte offensichtlich kurzfristiges Wachstum zugunsten weniger ablösen durch langfristiges Wachstum zugunsten aller. Ich halte dies für nicht in unserem Sinne.

Georg Otto beklagt, daß sein Antrag zum Thema nicht berücksichtigt worden sei. Er erhält das Wort.

Georg Otto (Hildesheim): Die Schwierigkeiten bestehen also in der Formulierung. Wir haben also die Kritik an den Ausführungen von Jürgen Reents gehört, daß damit der Wachstumsbegriff nicht im umfassenden Sinne, im ökologischen Sinne beinhaltet ist. Andererseits haben wir hier den Versuch, die klare inhaltliche Aussage doch wieder zu umgehen. Was wir brauchen, ist in diesem Abschnitt meine Begründung des Vorschlages von Baden-Württemberg gegenüber den beiden anderen Entwürfen, weil hier inhaltliche Aussagen getroffen sind. Sie sind mir aber nicht klar genug. Die Kritik an dem Begriff »totalitäres Wachstumssystem« zeigt ja auch, daß hier nicht klar formuliert wird. Mein Formulierungsvorschlag ist folgender: Wir erklären in diesem Satz 3: »Die GRÜNEN Ziele sind weder in faschistischen Systemen, weder in kapitalistischen Systemen noch in kommunistischen Systemen zu verwirklichen.« Und dann verfahren wir weiter, wie in Satz 4 vorgesehen ist. Dann hätten wir eine klare inhaltliche Standortbestimmung und könnten dann später bei der Debatte von dem Paragraph 2, nämlich Doppelmitgliedschaften, in anderer Weise verfahren. Das würde ich dann aber später begründen.

Wilfried Heidt (Ravensburg): Als Begründer der Antragsteller dieser Präambel möchte ich ganz kurz zur Klärung etwas beizutragen versuchen. In der Gegenrede gegen Georg Otto, deren Tendenz ich zwar zustimme, aber der Konsequenz wegen nicht, das Augenmerk darauf zu lenken, daß hier von Wachstumszwangssystemen geredet wird. Damit wird also sowohl qualitatives wie quantitatives Wachstum offengehalten, wenn es aus den Bedürfnissen der Menschen heraus für nötig gehalten wird. Nur, wir dürfen uns das Wachstum nicht mehr aufzwingen lassen aus den Strukturen der Systeme! Das soll mit diesem Begriff gesagt werden. Der Begriff »totalitär« ist vielleicht wirklich etwas schwierig, wenn man ihn auf die westlichen Systeme anwendet. Wir waren allerdings der Meinung, daß der westliche Kapitalismus eben auch eine totalitäre Erscheinungsform angenommen hat, spätestens seit dem Zeitalter des Atomstaates. Deshalb haben wir hier nicht nur von Wirtschaftssystemen gesprochen, sondern von Wachstumszwangssystemen, die den staatlichen und den ökonomischen Bereich im Westen und im Osten einbeziehen. Das ist die Aussage. Deshalb möchten wir festhalten an der jetzigen Formulierung, so wie sie steht.

Die einzelnen Anträge werden abgestimmt.

Jan Kuhnert (Präs.): Wir stimmen ab über den Antrag von Georg Otto. Er lautet: »Die GRÜNEN Ziele sind weder in faschistischen noch in kapitalistischen, noch in kommunistischen Systemen zu verwirklichen, sondern in einer neuen, ökologischen, freiheitlichen und sozialen Ordnung, die wir noch erarbeiten müssen.« Wer ist für diesen Antrag?

Der Antrag wird abgelehnt.

Als nächstes der Antrag Küntzler: Ersatz des dritten Absatzes durch den Satz: »Das Ziel der GRÜNEN Alternative ist die Überwindung eines Wirtschaftssystems, das auf Wachstumszwang aufgebaut ist.« Wer ist für diesen Antrag?

Der Antrag wird abgelehnt.

Ich stelle nun zur Abstimmung den Antrag von Jürgen Reents: Ersetzung des dritten Absatzes durch die Formulierung: »Das Ziel der GRÜNEN Alternative ist die Überwindung gesellschaftlicher Verhältnisse, in denen kurzfristiges Wachstumsdenken, das nur Teilen der Bevölkerung zugute kommt, Vorrang hat vor den ökologischen, sozialen und demokratischen Lebensbedürfnissen der Menschheit.« Wer ist für diesen Antrag?

Die Abstimmung muß ausgezählt werden (späteres Ergebnis: 443 dafür, 433 dagegen).

In der Zwischenzeit geht die Versammlung weiter zur Beratung der Anträge zum Absatz 4 der Vorlage. Dirk Schneider aus Berlin verlangt, den Absatz ganz zu streichen. Der Begriff »monetär staatlich-politisch« ist ihm zu unklar, ansonsten sei der Absatz zu banal. Auch Klaus Lechner fordert die Streichung des Wortes »monetär«. Horst Schörshusen (Stade) will den Absatz erweitern, um den besonderen Stil der GRÜNEN zu betonen. Sein Ergänzungsvorschlag lautet: »Dabei streben wir eine neue Form der Beteiligung der Bürger und ihrer Initiativen an politischen und parlamentarischen Planungs- und Entscheidungsprozessen an.«

Herbert Holler (Steinburg): Wir beantragen, im Punkt 4 hinzuzusetzen: »... und zwar auf verfassungsmäßigem Wege.« Kurze Begründung: Wir sind uns bewußt, daß die Erreichung der Ziele, wie sie im Absatz 3 gefordert werden, insbesondere auf dem Wege, wie es hier im Absatz 4 steht, nicht ohne Änderung der Verfassung möglich ist. Gerade aus diesem Grunde meinen wir, daß es nötig ist, klarzustellen, daß auch eine Verfassungsänderung nur auf parlamentarischem Wege, das heißt auf verfassungsmäßigem Wege möglich ist. Daher der Zusatz »... und zwar auf verfassungsmäßigem Wege«.

Jan Kuhnert (Präs.): Es liegen jetzt insgesamt drei Anträge zu Absatz 4, die zum Zeitpunkt der Schließung der Antragsliste eingegangen sind, vor und sind zur Kenntnis genommen. Ich eröffne die Gegenreden. Zunächst zum Antrag auf Streichung des Wortes »monetär«.

Georg Otto (Hildesheim): Ich plädiere dafür, daß der Begriff »monetär« in diesem Satz drinbleibt, damit wir später daraus die inhaltliche Verpflichtung ableiten, endlich einmal eine Aussage zur Geldpolitik zu erarbeiten, denn die Geldpolitik ist eine der Ursachen des Wirtschaftswachstums im Kapitalismus wie im Kommunismus, und dazu müssen wir uns endlich einmal aufraffen und diese Verpflichtung in diesem Satz 4 dazu eingehen. Ich plädiere dafür, daß der Begriff »monetär« erhalten bleibt.

Der Antrag auf Streichung des Wortes »monetär« wird angenommen; ebenso der Ergänzungsantrag Schörshusen.

Ein Vertreter des Kreisverbands Merzig beantragt, daß nach Vorstellung aller Vorschläge besser zuerst über die ursprünglichen Anträge abgestimmt wird. Denn dann, so argumentiert er, fällt eine ganze Reihe von Abänderungen weg. Wenn ein Antrag auf Streichung dabei ist, der weitergehend ist, soll dieser zuerst behandelt werden. Der Antrag wird angenommen. Es folgt die Gegenrede gegen die Ergänzung »...und zwar auf verfassungsmäßigem Wege«.

Dieter Kunzelmann (AL Berlin): Berufsverbote sind verfassungsmäßig, Anti-AKW-Gegner sind verfassungsmäßig im Gefängnis, das Streikrecht wird verfassungsmäßig eingeschränkt. Man sollte nicht für verfassungsmäßige Einschränkung der Rechte eintreten.

Jan Kuhnert (Präs.): Wir stimmen darüber ab. Wer ist für die Zufügung des Halbsatzes »... und zwar auf verfassungsmäßigem Wege«?

Der Antrag wird abgelehnt. Dann werden die Anträge zu Absatz 5 vorgestellt.

Roland Vogt (Berlin): Ich nehme Stellung zu dem Vorschlag aus Baden-Württemberg, und zwar möchte ich daran erinnern, daß ursprünglich einmal unsere Grundrichtung war: ökologisch, sozial, basisdemokratisch und gewaltfrei. Dieses Wort »gewaltfrei« taucht dann später wieder unter sechstens auf, allerdings als Unterbegriff zu »aktiver Toleranz«. Das erscheint mir zuwenig. Ich meine also ganz schlicht, daß wir zu unseren alten Säulen, zu unseren Prinzipien zurückkommen und hier oben bei fünftens »gewaltfrei« wieder einfügen.
Uwe Becker (Hochtaunus): Wir haben in unserer Kreisvollversammlung eine Abstimmung durchgeführt, und zwar ausdrücklich im Punkt »Basisdemokratie«, weil wir der Meinung sind, daß dieser Punkt einer der wichtigsten und entscheidendsten Aspekte der grünen Partei sein wird. Wir beantragen – ich spreche jetzt auch als Delegierter der Kreisvollversammlung, und das ist also ein Beschluß, der durch imperatives Mandat mit aufgetragen ist – und zwar heißt dieser Zusatz in Punkt 5: »Basisdemokratie bedeutet, daß die Entscheidungsgewalt grundsätzlich bei den Orts- oder Kreisversammlungen liegt.« Es gilt also der Grundsatz, daß die jeweils unterste Ebene Trägerin der Entscheidungsgewalt sein soll. Begründung: Basisdemokratie wird nur dann geübt, wenn wirklich diejenigen, die an der Basis arbeiten, Entscheidungen treffen und nicht irgendwelche Vorstände abgehobene Politik machen.
Einen Antrag gleichen Inhalts stellt Günter Toelstede vom Kreisverband Kronach.
Jürgen Reents (Hamburg): Mein Änderungsantrag bezieht sich zusammenfassend auf die Punkte 5 und 6. Ich würde vorschlagen, den Punkt 6, wo es heißt: »Die Methode der politischen Arbeit der GRÜNEN ergibt sich aus dem neuen Geist, der sie trägt: Aktive Toleranz ist gewaltfrei, dialogisch und partnerschaftlich bestimmt« – diesen Satz 6 zu streichen und statt dessen an den Punkt 5 einen Satz anzuhängen: »Unsere Grundauffassung der Verwirklichung eines gewaltfreien Zusammenlebens der Menschen darf dabei angesichts der Tatsache, daß bestehendes Unrecht, Mißstände und Fehlentwicklungen mit Gewaltmitteln aufrechterhalten werden, nicht auf das Recht auf Notwehr und sozialen Widerstand verzichten.« Ich würde diese Änderung deswegen vorschlagen, weil wir – und das bezieht sich auch wieder auf die Diskussion, die im Rahmen des Programms erfolgt ist, wo wir auch über diese Frage der Gewaltfreiheit durchaus differenzierte Auffassungen haben, nämlich, daß man unterscheiden muß zwischen einer tatsächlich wünschenswerten Handlungsmaxime und einer gesellschaftlichen Zielvorstellung und dem, was wir heute haben. Das heißt, wir möchten vermeiden, daß die GRÜNE Alternative in eine Situation gerät, wo sie sich wegen solcher Formulierungen, die hier unter dem Punkt 6 enthalten sind, notwendigerweise würde abgrenzen müssen, wenn sie das korrekt anwendet, gegen die Menschen, die beispielsweise auch nur Atomkraftbauplätze besetzen, wie das in der Vergangenheit der Fall gewesen ist, oder die, wie seinerzeit die Menschen in Nordhorn, wo sie gegen die Erweiterung eines Bombenabwurfplatzes der NATO protestiert haben und dort durchaus auch Widerstand geleistet haben gegen einen gesetzwidrigen und einen menschenrechtswidrigen Polizeieinsatz, daß dieses Recht

auf Widerstand, auf sozialen Widerstand und Notwehr gewahrt sein muß, daß dies unser Gewaltfreiheitsprinzip nicht tangieren darf.

Liselotte Gildemeister (Hamburg-Wandsbek): Ich möchte den Satz 5 verlängern: »Die Grundrichtung dieser Erneuerung soll ökologisch, sozial, basisdemokratisch, gewaltfrei und durch das Selbstbestimmungsrecht des Menschen geprägt sein, was bei einer dezentralen Gestaltung aller Lebensbereiche möglich wird.« Damit wird der Absatz 3 aus dem Vorschlag A, die dezentrale Gestaltung, mit hereingebracht. In dem Satz davor fordern wir die Umgestaltung des gesellschaftlichen Lebens, und hier wäre das eine Erläuterung, in welche Richtung es soll.

Delegierter N. N.: Ich stelle den Geschäftsordnungsantrag auf Schluß der Debatte für die Satzungspräambel. Wir haben 16.07 Uhr, und wir müßten normalerweise um 16.00 Uhr die Schlußabstimmung über die gesamte Satzung haben.

Der Antrag wird abgelehnt.

Helmut Lippelt (Hannover, Satzungskommission): Wir haben als Satzungskommission ja das Recht, hier gelegentlich einzugreifen. Wir hatten uns gerade dahin verständigt, daß wir ja am Schluß der Satzung Überführungsregelungen haben, die einfache Mehrheiten für Änderungen festlegen. Wir hatten uns verständigt, daß wir empfehlen wollten, die Präambel später da hineinzunehmen. Das hätte bedeutet, daß ein Abbruch des Verfahrens hier möglich geworden wäre, denn wir nehmen hier ja die Programmdiskussion in vielem voraus. Es wäre genauso eine vorläufige Präambel geworden, die dann nochmal einfach hätte geändert werden können im Zusammenhang mit Revisionen, die die Satzung auch nach dem Ihnen vorliegenden Drehbuch ohnehin im Juni noch bekommt. Also bitte ich, sich hier nicht so zu versteifen, denn wir sind in der Tat längst aus der Zeit rausgelaufen.

Das Präsidium ruft die Gegenrede zum Antrag Vogt auf, in der Aufzählung des Absatz 5 das Wort »gewaltfrei« einzufügen. Zuvor wird zur Geschäftsordnung beantragt, einen weiteren Änderungsantrag zuzulassen, der rechtzeitig gestellt worden, aber beim Präsidium wohl verlorengegangen sei.

C. Sproll (Stuttgart): Sproll, Stuttgart. Ich schlage vor, dem Paragraph 5 einen Satz hinzuzufügen, den ich vorlese, also den Satz: »Die Arbeit der GRÜNEN vollzieht sich im Rahmen des Grundgesetzes der Bundesrepublik Deutschland. Insofern diese grundgesetzliche Ordnung oder Bestimmungen der Landesverfassung keine hinreichenden Voraussetzungen für die Verwirklichung der Ziele bieten, werden sich DIE GRÜNEN für die Weiterentwicklung der verfassungsrechtlichen Grundlagen einsetzen.« Also zuerst die Feststellung: jawohl, »im Rahmen«; wenn nicht möglich, dann »Erweiterung«. Diesen Satz – also wie vorgelesen – bitte ich, an diesen Paragraphen, Absatz 5, anzuhängen. *(vereinzelt Beifall)*

Jan Kuhnert (Präs.): Ich möchte darauf aufmerksam machen, daß der Inhalt dieses Antrages im Antrag Holler enthalten war. Das Plenum hat diesen Inhalt bereits abgestimmt. Ich habe nur darauf aufmerksam gemacht! *(Beifall)*

Da dieser Antrag hier gestellt wird und ich mir den Vorwurf nicht einhandeln möchte, hier irgend jemanden oder irgendeinen Inhalt vom Tisch gefegt zu haben,

wiederhole ich de facto diese Abstimmung, aber erst zu einem späteren Zeitpunkt, da dieser Antrag schriftlich ans Präsidium gegeben werden muß. Ich komme – *(Zwischenruf)* – Bitte! Er muß jetzt hierher mit diesem Antrag! – Roland Vogt fragt mich, ob das Plenum damit einverstanden ist, daß ich einfach frage, ob der Antragsteller die Einführung des Wortes »gewaltfrei« übernimmt, denn es gab keine Gegenrede. Dann wär das Problem an der Stelle erledigt. Ist der Antragsteller damit einverstanden? *(Wilfried Heidt: »Ja!« – vereinzelt Beifall)* Ja! Bitte zum Protokoll!
Wir kommen jetzt zum Antrag, Gegenrede – *(Unruhe beim Präsidium)*
Also ich muß jetzt auch wirklich darum bitten, daß hier vorne nicht die Möglichkeit der räumlichen Nähe benutzt wird, um das Präsidium zu verunsichern, zumindest. Alles andere lasse ich mal beiseite! Gegenrede zum Antrag Jürgen Reents! Gibt es Gegenrede zum Antrag Jürgen Reents? Bitte! Ins Saalmikrofon!
Dorothea Kerschgens (Darmstadt): Dorothea Kerschgens aus Darmstadt. Ich halte den Begriff »gewaltfrei« als eine Säule für ganz wichtig, und ich plädiere dafür, daß er reinkommt. Für mich zeigt das eine Tendenz und eine Richtung an, die anzustreben ist. Und das heißt nicht, daß eine persönliche Notwehr in einer bestimmten Situation nicht ausgeschlossen ist. Also für mich ist klar, die Tendenz kommt damit zum Ausdruck. Und deswegen bin ich dafür, daß das bestehen bleibt. *(Beifall)*
Es gibt Unstimmigkeiten im Präsidium über die weitere Vorgehensweise. Jan Kuhnert klärt schließlich:
Jan Kuhnert: Wir stimmen zunächst vor allen Änderungsanträgen die Ursprungsfassung ab. Bekommt die Ursprungsfassung nicht die Mehrheit, werden erst die Änderungsanträge abgestimmt und dann die so geänderte Ursprungsfassung. Das ist das Verfahren aufgrund der Beschlüsse der Delegiertenversammlung hier in Karlsruhe. Ich bitte um das Kartenzeichen für den Ursprungstext, der jetzt durch Annahme des Antragstellers, Antrag Vogt, um das Wort »gewaltfrei« ergänzt worden ist, um den Ursprungstext, Absatz 5. Wer ist dafür?
Der Antrag wird angenommen. Doch dann entstehen Zweifel, ob damit alle weiteren Änderungsanträge abgewiesen worden sind. Das Präsidium zieht sich 10 Minuten zur Beratung zurück.
Es ist die Frage aufgetaucht, ob durch die Abstimmung des Ursprungstextes nur die Änderungen zu diesem Satz oder auch Ergänzungsanträge erledigt sind, also zum Beispiel Hinzufügung von weiteren Sätzen. Da ich hier durch ein Votum der Delegierten an dieses Verfahren gebunden bin, bitte ich die Delegierten um Entscheidung, wie sie ihre eigene Willensbildung gemeint haben. – Das Aufstöhnen ist nicht mein Problem, sondern bitte dann nächstes Mal klarere Verfahrensanträge zu stellen, die hier abgestimmt werden! Es ist abgestimmt worden, den Ursprungstext zu verabschieden, ohne daß allerdings definitiv dazu gesagt worden ist, ob alle Änderungsanträge jeder Form damit erledigt sind.
Es tauchen hier Zweifel auf – *(Widerspruch)* – das Plenum kann doch das gleich entscheiden, ob meine Zweifel berechtigt sind, die hier zugetragen sind oder nicht! – Es taucht die Frage auf, ob Ergänzungs-, also Hinzufügungsanträge nicht doch noch

abgestimmt werden sollten. So. Das erhebe ich jetzt geschäftsordnungsmäßig zum Antrag. Ich bitte die Delegierten, darüber abzustimmen, (...) ob bei Abstimmung des Ursprungstextes aus der Alternative C mit Mehrheit jeglicher Änderungsantrag abgelehnt ist. Gegenrede Annette Zmyj!

Annette Zmyj (Hochtaunus): Ja, also ich bin Annette Zmyj aus Hochtaunus! Ich hab mich vorhin nicht vorgestellt. Und ich möchte dagegen plädieren, daß die Zusätze abgelehnt werden, daß Ergänzungen abgelehnt werden. Das halte ich für absolut unzulässig. Und ich meine sogar, das Verfahren selber ist genau dasselbe, was wir vorhin beanstandet haben, daß nämlich die nachfolgende Abstimmung sozusagen nur noch ein Viertel Wahrscheinlichkeit für die Annahme von Änderungsanträgen ergibt. Und das ist 'n Verfahren, das ist einfach 'n Trick, um jetzt sämtliche Zusatz- und Änderungsanträge untern Tisch zu kehren. *(großer Beifall)*

Ich finde, wenn wir dieses Verfahren beibehalten, dann – hab ich noch Strom, ja? – dann werden wir also wirklich hier 'n Klima erzeugen, was auf die Dauer Frustration ist. (...)

Jan Kuhnert: Es ist ein GO-Antrag gestellt worden von mir, durch die Versammlung klären zu lassen, ob mit der mehrheitlichen Verabschiedung eines Ursprungstextes auch die Änderungsanträge insgesamt erloschen sind, zur Klärung des Verfahrens. Gegenrede ist erfolgt. Ich bitte um das Kartenzeichen! Wer ist für diesen sachlich klärenden Geschäftsordnungsantrag?

(Unruhe im Plenum – Norbert Mann: »Sag noch mal präzise genau!«)

Also entschuldige mal, es geht hier um eine Klärung von Verfahren! Nun helft mir doch mal, das Verfahren zu klären! Bitte, Helmut Horst!

Auch die Ausführungen von Helmut Horst helfen nicht weiter. Es dauert eine Weile, bis sich die Verwirrung legt und diese Frage geklärt ist. Jan Kuhnert warnt davor, »hier Saalschlachten zu veranstalten«. Er meint, das Plenum soll dem Präsidium klarere Aufträge geben: »Ich gebe zu, daß es eine sehr schwierige Verfahrensentscheidung ist, aber wir haben keine Geschäftsordnung. Dieser Saal macht sich seine Verfahrensregelung selber!«

Schließlich einigt man sich auf den Vorschlag von Jan Kuhnert:

Das Präsidium schlägt vor, nicht durch eine Generalabstimmung die Änderungsanträge vorher wegzubügeln, weil Alternative C nicht als ausgedruckter Antrag den Delegierten vorgelegen hat, also die Meinungsbildung hier auf der Bundesversammlung noch möglich sein müßte, während zu allen anderen Paragraphen die Delegierten ihre Mandate erhalten haben. Das Präsidium beantragt also eine Revidierung des Plenumsbeschlusses und schlägt folgendes Verfahren vor: Änderungsanträge zur Kenntnis nehmen, dann abstimmen – ablehnen oder annehmen – und zum Schluß die Gesamtpräambelabstimmung.

Der Antrag wird angenommen – die weiteren Änderungsanträge werden vorgestellt und begründet.

Wilfried Heidt (Ravensburg): Ich habe heute morgen bei der Begründung dieses Antrages C als sehr wichtig dargestellt die Formulierung »wie DIE GRÜNEN ihr Verhältnis zum Grundgesetz bestimmen«. Diese Position in dem Satz, den ich gleich noch einmal verlesen werde, lag als Ergänzungsantrag der Antragsteller hier auf dem Tisch und ist verschüttgegangen. Dieser Punkt ist aber sehr wichtig. Deswegen möchte ich diesen Punkt zu Punkt 5 jetzt noch einmal vorlesen und darum bitten, darüber abzustimmen. Der Satz lautet: »Die Arbeit der GRÜNEN vollzieht sich im Rahmen des Grundgesetzes der Bundesrepublik Deutschland. Insofern diese grundgesetzliche Ordnung oder Bestimmungen der Landesverfassung keine hinreichenden Voraussetzungen für die Verwirklichung der Ziele bieten, werden sich DIE GRÜNEN für die Weiterentwicklung der verfassungsrechtlichen Grundlagen einsetzen.« Das war heute morgen die Begründung, und die Antragsteller halten diesen Passus für ganz entscheidend wichtig.

Dirk Schneider (Berlin): Meiner Auffassung nach – und ich glaube, daß sich da zumindest die AL weitgehend anschließt – ist das Grundgesetz genau die Konstruktion, die dazu geführt hat, daß wir eine kapitalistische Wachstumsgesellschaft haben. Dies ist die Grundlage dafür.

Der Antrag wird angenommen.

Es folgt die Gegenrede zu dem Antrag Becker, Hochtaunus.

Delegierter N. N.: Im Antrag in Satz 5 steht der Begriff »basisdemokratisch«. Ich glaube nicht, daß es Aufgabe einer Präambel ist, eine solch ausführliche Definition zu geben. Das gehört irgendwo in die Satzung oder ins Programm, aber nicht hier in die kleine Präambel zur Satzung.

Der Antrag wird abgelehnt. Es folgt die Beratung der Anträge zu Absatz 6.

Hermann Lenk (Kassel): Es geht um Punkt 6, Satz 2. Dort findet sich mit dem Ausdruck »partnerschaftlich« eine mißverständliche Formulierung. Wir alle kennen noch die unseligen Zeiten der Partnerschaftsideologie aus den fünfziger Jahren. Wir leben in einer Konfliktgesellschaft und können auf diese Weise aktive Toleranz nicht fassen. Deshalb unser Vorschlag vom Kreisverband Kassel: »Aktive Toleranz ist gekennzeichnet durch Gewaltfreiheit und die Fähigkeit zum Dialog. Sie schließt elitäre Vormachtsansprüche und Bevormundung aus.« Begründung: Ich glaube, zu dem Wort »partnerschaftlich« brauche ich nichts mehr zu sagen. Zu dem anderen Zusatz mit der »Bevormundung« und den »elitären Vormachtsansprüchen« ist für unsere Begriffe – beabsichtigt oder auch unbeabsichtigt – in Punkt 2 der Alternative C bei der guten Umformulierung, ist eben dies passiert, daß dort das Wort »ideologische Bevormundung« weggefallen ist. Das Ganze hat für uns eine prinzipielle Bedeutung in bezug auf die Diskussion, die noch folgt zu Paragraph 2 der Satzung. Ich bitte also auch die linken Freunde, sich zu überlegen, ob dies nicht eine Möglichkeit wäre, in der Präambel der Satzung einiges inhaltlich festzuhalten, damit wir dann bei der Diskussion des Paragraph 2 der Satzung mit leichterem Gewissen für Doppelmitgliedschaft eintreten können.

Max Winkler (München): Ich möchte eine formale Gegenrede halten mit dem Inhalt, daß ich glaube, in Zukunft nur noch die Dinge abzustimmen, die hier stehen.

Delegierter N. N.: Ich stelle den Geschäftsordnungsantrag zu dem eben abgegebenen Antrag aus Kassel, diesen Antrag Satz für Satz abzustimmen. Es werden dann also zwei Abstimmungen erforderlich.

Hermann Lenk (Kassel): Gegenrede: Wir verstehen diese beiden Sätze als inhaltlich unbedingt zusammengehörig.

Das Plenum stimmt einzeln ab. Der erste Satz des Kasseler Antrags »Aktive Toleranz ist gekennzeichnet durch Gewaltfreiheit und Fähigkeit zum Dialog« wird angenommen. Satz 2 »Die aktive Toleranz schließt elitäre Vormachtsansprüche und Bevormundung aus« wird abgelehnt.

Bettina Hoeltje (Hamburg-Eimsbüttel): Im Text des Entwurfs heißt es: »Die Methode der politischen Arbeit der GRÜNEN ergibt sich aus dem neuen Geist, der sie trägt. Aktive Toleranz ist gewaltfrei, dialogisch und partnerschaftlich bestimmt.« Meines Erachtens ist diese Formulierung unpräzise. Wir können nicht davon ausgehen, daß wir angesichts der Ziele, die wir haben – ein Beispiel: Stopp der Atomanlagen in Westdeutschland –, keine Gegner haben bei den Mächtigen dieser Gesellschaft. Partnerschaft diesen gegenüber zu vollziehen halte ich für absurd. Insofern mein Vorschlag, diesen Satz 6 zu ändern: »Die Methode der politischen Arbeit der GRÜNEN ist geprägt von aktiver Toleranz, Gewaltfreiheit, Dialog und Partnerschaft gegenüber denen, die das Selbstbestimmungsrecht des Menschen achten, niemanden ausbeuten und unterdrücken.« (. . .)

Zweiter Teil: »Wir verteidigen das Recht auf Widerstand gegen Unterdrückung, Ausbeutung und Zerstörung unserer Lebensgrundlagen. Wo Recht zu Unrecht wird, wird Widerstand zur Pflicht. Die Herrschenden stempeln diejenigen, die Widerstand leisten, zu Gewalttätigen. In dieser Gesellschaft wird jedoch tagtäglich Gewalt angewendet. Sie geht vom herrschenden System aus. Demgegenüber streben wir eine gewaltfreie Gesellschaft an, in der die Unterdrückung des Menschen durch den Menschen und Gewalt von Menschen gegen Menschen aufgehoben ist.« Zur Begründung ein Zitat des Theologen Helmut Gollwitzer, der sinngemäß folgendes sagte: »Wenn euch jemand nach eurer Haltung zur Gewalt fragt und nicht zuerst die vorhandene Gewalt von oben verurteilt, so lacht ihm ins Gesicht.«

Bernd Vogel (Bremen): Gegen den Antrag spreche ich, weil meiner Meinung nach der Antrag so ausführlich formuliert ist, daß es ins Programm hereingehört, aber nicht in die Präambel einer Satzung. Ich bin nicht inhaltlich dagegen, nur ist es mir zu lang für die Präambel.

Der Antrag Hoeltje wird abgelehnt. – Um 17.12 Uhr wird die Sitzung für 5 Minuten unterbrochen. In dieser Zeit machen zwei Kinder aus der »Indianerkommune« in Nürnberg lautstark auf sich aufmerksam. Das Mädchen steht auf der Tribüne und stößt schrille, unverständliche Schreie aus. Der Junge springt auf das Podium und brüllt in den Saal, die GRÜNEN würden nichts für Kinder und Jugendliche tun. Sie sollten sich auch um das Schicksal von Ausreißern kümmern. Das Tonband ist in dieser Zeit abgeschaltet. Das Sitzungsprotokoll vermerkt später lapidar: »Zwei Minuten Redezeit für ein junges Mädchen (Gast): Was tun DIE GRÜNEN für die Minderjährigen?«

Nach der Pause wird noch einmal der sofortige Schluß der Präambeldebatte beantragt und – nach einer Gegenrede – abgelehnt. Es folgt die Behandlung der Anträge zu Abschnitt 7.

Uwe Carstensen (Köln): Die Streichung des Absatz 7 wird von sechs Delegierten aus Köln vorgeschlagen aus folgenden Gründen: Wir verstehen vollkommen und finden richtig die Intention dieses Abschnittes, daß die Bereitschaft zu evolutionären Veränderungen bei den GRÜNEN eindeutig ist und daß man sie anstrebt. Wir glauben aber, daß es mißverständlich formuliert ist, wenn man nur sagt: »Nur durch die Bereitschaft für eine Evolution können Revolutionen, Krieg und Zerstörung in Zukunft verhindert werden«, weil es nicht die Bereitschaft der großen Bevölkerung und auch nicht die Bereitschaft der GRÜNEN ist, die in Frage steht, sondern die Bereitschaft derjenigen, die gerade Unterdrückung und Gewaltmaßnahmen anwenden. Wir halten es für sinnvoll, dieses auch zum Ausdruck zu bringen. Und deswegen sind wir gerade eine grundlegende Alternative, weil wir gegen so was vorgehen wollen.

Zum zweiten: Im letzten Absatz heißt es: »Indem sie für den Schutz des Lebens und die Freiheit des Menschen kämpfen, sind ihre Bemühungen ausschließlich auf das Wohl des sozialen Ganzen gerichtet.« Die Erfahrungen sind eigentlich die, daß in der gesamten Gewerkschaftsbewegung gerade die Unternehmer immer wieder von dem »sozialen Ganzen« reden (. . .)

Dirk Roggan (Hamburg-Altona): Ich wollte den Vorschlag von Peter Sellin aufgreifen in seiner Kritik an dieser Alternative, indem wir das Wort »Revolutionen«, das hier mit Kriegen und Zerstörung gleichgestellt wird, im Satz 1 streichen. Wir haben Beispiele gehabt in der Geschichte, Revolution der Blumen et cetera. Dieser Begriff ist äußerst schwammig. Damit können wir in Ecken gedrängt werden, was einfach nicht nötig ist. Wenn wir »Krieg« und »Zerstörung« hier stehen haben, genügt das vollkommen.

Jan Kuhnert (Präs.): Wir schlagen vor, daß wir die Anträge jetzt jeweils gleich abstimmen. Dies ist dem Plenum am präsentesten und kann wirklich geklärt werden. Wir wiederholen eben die Abstimmung über den Antrag Carstensen, Streichung Punkt 7, ersetzen durch den Satz: »Wir haben die Bereitschaft, durch evolutionäre Veränderungen unsere Ziele zu erreichen. Gegenüber Unterdrückung und Gewaltmaßnahmen bejahen wir Widerstand und Notwehrrecht.«

Delegierter N. N.: Ich bin dagegen, daß jetzt nochmal das Verfahren geändert wird. Laßt uns diese sechs Anträge hören, und vor der Abstimmung lesen sie die da vorne noch einmal vor, und dann sind wir fertig.

Jan Kuhnert (Präs.): Wer ist dafür, daß die Anträge nach Kenntnisnahme eine Gegenrede erhalten und abgestimmt werden?

Der Antrag wird angenommen. – Es folgt die Gegenrede zum Antrag Carstensen.

Karl Kerschgens (Präs.): Ich kann mich des Eindruckes nicht erwehren, daß also in einem Punkt hier ständig versucht wird, mit anderen Formulierungen doch noch durchzudringen. Ich bitte also, aufzupassen bei einem uneingeschränkten Notwehrrecht: Das uneingeschränkte Notwehrrecht rechtfertigt die Bundeswehr und jeden kriegerischen Einsatz. Dies darf nicht in einer Aussage der GRÜNEN stehen, die für Gewaltlosigkeit sind. Deswegen schlage ich vor, diesen Antrag abzulehnen.

Abstimmung: Der Antrag Carstensen wird abgelehnt.

Jan Kuhnert (Präs.): Dirk Roggan hat den Antrag gestellt, das Wort »Revolution« in Satz 1 zu streichen in »In diesem Sinne können Kriege und Zerstörungen in Zukunft verhindert werden«. Die Gegenrede dazu hält Wilfried Heidt.

Wilfried Heidt (Ravensburg): Es wurde vorhin gesagt, daß also hier sozusagen gleichgeordnet würden Revolution und Kriege und Zerstörung. Davon kann natürlich überhaupt keine Rede sein. Es wird hier nur gesagt, wenn wir alle nicht zu grundlegenden Evolutionen bereit sind, dann werden wir historisch Revolutionen und Kriege und Zerstörungen provozieren. (. . .)

Das Plenum beschließt, das Wort »Revolution« in Abschnitt 7 zu streichen.

Rolf Gehrlein (Neumarkt): Ich störe mich an dem Wort »ausschließlich« in der letzten Zeile, weil dadurch der Eindruck erweckt wird, daß der alte Spruch wiederauflebt: Gemeinnutz geht vor Eigennutz. Und somit fallen die Interessen des einzelnen unter den Tisch.

Ich möchte das Wort ersetzen durch die Worte »auf das Wohl des einzelnen und«, das heißt im Zusammenhang: ». . .sind ihre Bemühungen auf das Wohl des einzelnen und das Wohl des sozialen Ganzen gerichtet.«

Es wird keine Gegenrede gegen den Antrag beansprucht. Er wird angenommen.

Rainer Link (Hamburg): Wir beantragen, den Absatz 7 wie folgt zu streichen, und dies mit der Begründung, daß einige Formulierungen zu weit interpretierbar beziehungsweise auch mißverständlich sind, so daß insgesamt unser Eindruck der ist, daß diese Bestandteile ins Programm gehören und nicht in die Präambel eines Statuts, weil sie hier tatsächlich zu Mißverständnissen führen. Ich will nur ein Beispiel sagen, um das hier abzukürzen. Dies ist der Begriff der »traditionellen Ideologien«, daß DIE GRÜNEN also damit nichts zu tun haben. Das kann man verstehen, wie man will. Man kann nicht Katholizismus dafür halten, für eine traditionelle Ideologie, oder den Liberalismus; das wäre sicher ein Mißverständnis, davon wollen sich DIE GRÜNEN nicht abgrenzen. (. . .)

Insofern wollen wir als Kompromißvorschlag eine Formulierung vorschlagen, die sowohl in dem Präambelentwurf A als auch B übereinstimmend enthalten war und deswegen sicher einigermaßen unstrittig sein könnte. Das ist folgender Satz: »Die Offenheit zum Gespräch und zum gemeinsamen Handeln mit allen Personen und Gruppen, deren Ziele und Methoden sich mit den obengenannten Grundprinzipien in Einklang bringen lassen, gehört zum Selbstverständnis der Partei. Die unterschiedlichen Motive des jeweiligen Engagements werden anerkannt und toleriert, um die Offenheit, Lebensnähe und Vielfalt der grünen politischen Alternative zu bewahren.«

Ich meine, daß wir mit so einem Satz, der etwas über unsere Arbeitsprinzipien und über unser Selbstverständnis aussagt, in der Präambel besser fahren und daß wir statt dessen die ursprünglichen Intentionen des Absatz 7 weiter im Programm diskutieren sollten.

Jan Kuhnert (Präs.): Gegenrede dazu, Max Winkler!

Max Winkler (München): Ich möchte hier formal dagegen reden. Ich finde dies eine unheimliche Verarschung des Plenums, wenn der weitestgehende Antrag zum Schluß gestellt wird.

Abstimmung: Der Antrag wird abgelehnt. Ebenso scheitert der Antrag von Volker Schröder (Berlin), das (bereits gestrichene) Wort Revolution zu streichen und statt Evolution »grundsätzliche Änderung« zu schreiben.

Jan Kuhnert (Präs.): Als nächstes ein Antrag von Hans-Otto Reiber, als letzten Abschnitt den letzten Abschnitt von Präambel B hinzuzufügen, also: »Diese Satzung orientiert sich am Prinzip der Basisdemokratie.« Hans-Otto Reiber zur mündlichen Begründung.

Hans-Otto Reiber (Göttingen): Ich möchte dazu bemerken: Über den Satz wurde vorher schon mal abgestimmt, als Zusatz zu Absatz 5. Ich möchte deswegen den Antrag zurückziehen!

Die Delegierten applaudieren, einige rufen: »Bravo!« Eine ähnliche Situation ergibt sich, als Dirk Roggan beantragt, den Satz aus Präambel B »Die Satzung orientiert sich am Prinzip der Basisdemokratie« hinzuzufügen.

Delegierter N. N.: Dieser Antrag ist bereits abgestimmt! Wie oft wollen wir immer wieder die Abstimmung wiederholen, nur weil's den Betreffenden nicht paßt! *(Beifall)* Der Antrag ist dann unzulässig! *(anhaltender Beifall)*

Jan Kuhnert (Präs.): Ich war auch der Auffassung. Der Antragsteller ließ sich allerdings nicht davon überzeugen. Und damit ich mir nicht den Vorwurf einhandele, irgend jemanden von einem Antrag abgehalten zu haben, laß ich das Plenum darüber entscheiden. Wir stimmen jetzt über den Antrag ab. Wer ist für den Antrag? – Gegenstimmen? – Das ist ganz eindeutig die Mehrheit! – Es wird angezweifelt, ob der Antrag auf Streichung des Wortes »traditionelle Ideologien« abgestimmt worden sei. Meines Wissens ist der abgestimmt! *(Widerspruch, Zustimmung)*

Also ich muß feststellen, da wird widersprochen und da wird zugestimmt. Ich wiederhole also die Abstimmung auf Streichung des Satzes: »Sie steht jenseits aller traditionellen Ideologien.« Die Gegenrede ist schon zu dem Punkt erfolgt. Wer ist für die Streichung, bitte ich um das Kartenzeichen! – Danke! Gegenstimmen? *(Ernst Hoplitschek: »Das ist die Minderheit!« Widerspruch, Beratung im Präsidium)*

Ich bitte noch mal um die Wiederholung! Wer ist für die Streichung des Satzes? – Gegenprobe! – Das Präsidium ist mehrheitlich der Auffassung, daß das erste die Mehrheit ist. *(großer Beifall)*

Nachdem alle Anträge zur Präambel behandelt worden sind, erfolgt die Gesamtabstimmung: Unter Jubel und Beifall wird die Präambel angenommen. Es ist 17.50 Uhr. Das Präsidium macht zehn Minuten Pause. Danach übernimmt Wilhelm Knabe die Diskussionsleitung.

Wilhelm Knabe (Präs.): (...) Ich bitte, Platz zu nehmen! Eh' wir weitermachen, hätte ich noch ein Wort an die Presse und an die Medien, Fernsehen und Rundfunk, die hier waren. Es wäre nett, wenn ihr dabei zuhörtet! Wir haben vorher zwei Menschen erlebt, die aus ziemlicher Not heraus sich deutlich machen wollten. Der eine von der Tribüne und der andere vom Podium. Wir meinen, daß diese Menschen es sehr schwer haben, es sehr schwer gehabt haben. Und wir bitten aber die Medien, das nun nicht als Ausdruck der grünen Aktivitäten zu bringen, wenn das möglich sein sollte!

Die Delegierten sind unruhig. Auch Heiner Ohmstedt (Präs.) wehrt sich »entschieden dagegen, daß wir im stillen oder auch im lauten hoffen und denken, daß die Presse nichts davon berichtet«. Er beantragt, daß die Kinder von der »Indianerkommune« tags darauf Redezeit bekommen. Selbst sein Gegenredner hat nur ein Anliegen:

Dr. Vogelsang (Baden-Württemberg: (...) Nur sollten wir die Presse bitten, in fairer Weise darüber zu berichten und es nicht so darzustellen – es hat ja den GRÜNEN gegenüber in der Vergangenheit in den Medien Mangel an Fairneß gegeben – es nicht so darzustellen, als wäre bei den GRÜNEN die Meinungsäußerung in dieser Weise charakteristisch (...)

Die Delegierten reagieren mit Widerspruch und Heiterkeit. Sie entscheiden: Die Kinder sollen am Sonntag Rederecht bekommen. Dann geht es weiter mit der Tagesordnung. Die Forderung, mündlich formulierte Anträge nur noch in Kurzform (10 Wörter) zuzulassen, wird abgelehnt.

Detmar Jobst (Bonn): Ich bitte die Versammlung, folgendem Diskussionsverlauf zuzustimmen: Ich beantrage, den Paragraph 2 zunächst aus der Diskussion rauszunehmen – *(Unruhe, Gelächter, Zwischenrufe)* – und zunächst die Paragraphen 3 bis 17 zu verhandeln. Zur Begründung: Ich war in Bielefeld, in Hersel und in Offenbach. Wir haben nicht inhaltlich geredet, zumindest nicht in neun Zehntel der Zeit. Wir haben uns nur den Kopf zerbrochen über diese unselige Frage der Doppelmitgliedschaft. Ich glaube nicht, daß sich seitdem in unseren Köpfen viel getan hat. Ich denke, daß wir diese Dinge auch dann noch im Kopf haben, so verfahren, wie die sind, wenn wir müde genug sind von der Behandlung der allerdings schwierigen anderen Themen, die die Organe der GRÜNEN umfassen, die Finanzen der GRÜNEN umfassen, die Rotation der Ämter, um nur einiges Schwieriges zu benennen, was überhaupt noch nicht diskutiert worden ist. Ich bitte also die Versammlung in dem Sinn abzustimmen!

Wilhelm Knabe (Präs.): Wir haben den Antrag gehört. Das Präsidium ist der Meinung, daß dieser Antrag zur Zeit noch nicht hierhergehört, da wir Paragraph 2 noch nicht behandeln. Wir können ihn trotzdem abstimmen lassen. Deshalb bitte ich um Gegenrede! Bitte Gegenrede!

Hinrich Steffens (Hamburg): Hinrich Steffens aus Hamburg. Ich bin der Auffassung, daß wir hier bisher, zum Beispiel da in der Präambel, unheimlich krickelig diskutiert haben. Ich bin der Meinung, wenn hier wirklich verschiedene Auffassungen bestehen untereinander, dann sollen diese verschiedenen Auffassungen auch endlich mal offen miteinander ausgetragen werden und nicht mit kleinen Dingen immer hintertrieben werden. *(Beifall)* Und deshalb bin ich dafür, den Paragraph 2 zu behandeln! *(Beifall)*

Der Antrag wird abgelehnt. Die Delegierten haben das Abendessen bereits verschoben, um noch mit der Diskussion über Paragraph 2 zu beginnen. Doch wieder liegen vier Geschäftsordnungsanträge vor. Norbert Mann rügt das Präsidium. Er erinnert an den Beschluß, nur schriftlich vorliegende Anträge zu beraten. Die Delegierten bestätigen dies noch einmal. Mehrere Teilnehmer beschweren sich, daß ihre schriftlich eingereichten Anträge nicht behandelt wurden. Das Präsidium beschwichtigt: Das seien wohl Parallelanträge gewesen. Immer wieder melden sich Delegierte, um mit neuen Verfahrensvorschlägen die Prozedur abzukürzen. Doch weitere Anträge über Abstimmungsverfahren werden (per Abstimmung) abgelehnt. Die Stimmung ist bei vielen gereizt.

Wilhelm Knabe: Wir haben die inhaltliche Diskussion bisher nicht beginnen können, weil nur GO-Anträge gestellt wurden. Ich halte dies für unerträglich. Ich fürchte, daß selbst die gewaltfreiesten Mitglieder dieser Versammlung nach und nach zu Flaschen und Steinen greifen werden, wenn noch viele GO-Anträge kommen. *(Heiterkeit, Beifall)*

Immer wieder wird auf die Spielregeln und Beschlüsse zur Geschäftsordnung verwiesen, doch oft genug herrschen auch im Präsidium Verwirrung und Unstimmigkeit. Schließlich wird Paragraph 1 der Satzung (Festlegung des Namens) mit großer Mehrheit angenommen.

Wilhelm Knabe (Präs.): (. . .) Wir haben den Paragraph 1 verabschiedet! *(anhaltender Beifall)*

Moment mal! Man hat mich gewarnt, die Diskussionsleitung zu übernehmen. Man hatte gesagt, ihr wärt ein bösartiges Plenum. Ich freue mich, daß ihr ein kooperatives Plenum seid!

Ein Mitglied des Präsidiums dämpft die Freude von Wilhelm Knabe: »Nicht so viel Lob, wir wissen noch nicht, wie es weitergeht!« Denn jetzt kommt die Bewährungsprobe für die Einigkeit der GRÜNEN: Der Paragraph 2, die Frage, ob ein Grüner Mitglied einer anderen Partei sein und bleiben darf. Doch zuvor stellt Norbert Mann als Sprecher der Satzungskommission den Antrag, dem gerade verabschiedeten Paragraph 1 noch einen vierten Absatz anzufügen: »Landesverbände führen den Namen DIE GRÜNEN mit dem Zusatz des jeweiligen Ländernamens« – so wie es dem Parteiengesetz (Paragraph 4 Absatz 2) entspricht. Nach längerer Diskussion wird der Antrag angenommen. Es ist 18.30 Uhr. Im nächsten Geschäftsordnungsantrag bittet Rudolf Bahro um Rederecht: »Ich möchte als Gast um die Abstimmung bitten, ob ich zu dem Thema Paragraph 2 vor Beginn der Aussprache sprechen darf.« Der Antrag wird allgemein mit Beifall aufgenommen – allerdings gibt es Ausnahmen . . .

Delegierter N. N.: Wir haben in Offenbach Herrn Bahro schon mal 20 Minuten Redezeit gegeben. Ich finde, das reicht für uns GRÜNE, denn die Belehrung, die wir da gekriegt haben – *(Beifall, Pfiffe, Buhrufe)*

Herr Bahro wird uns da in diesem Punkt kaum helfen können, sondern das müssen wir selber lösen! Er hat da mit seinen Ausführungen auch da in Offenbach nicht weitergeholfen, sondern im Gegenteil! Ich danke! *(Beifall, Pfiffe, Unruhe)*

Das Plenum stimmt für Bahro. Doch vor seiner Ansprache soll die Satzungskommission ihren Entwurf vorstellen. Eine Delegierte fordert, die Diskussion über den umstrittenen Paragraphen vorab auf eine Stunde zu begrenzen. Sie begründet:

Bettina Hoeltje (Hamburg-Eimsbüttel): Ich möchte diesen Antrag inhaltlich begründen und bitte also weder die einen noch die anderen, sofort aufzuschreien. Ich hatte den Antrag gestellt, die Diskussion über Paragraph 2 auf eine Stunde zu begrenzen. Und zwar aus zwei Gründen. Erstens: Jeder von uns – oder wenigstens fast jeder – hat diese Diskussion geführt und wahrscheinlich soviel, daß sie einem langsam zum Hals wieder rauskommt. *(großer Beifall)* Und ich finde, oder zumindest meiner Erkenntnis nach gibt es keine wesentlich neuen Argumente. Wenn ja, dann können die in dieser Stunde noch diskutiert werden.

Der zweite Grund, den ich aber auch für wichtig halte für diese einstündige Beschränkung: Die Presse hat vor Karlsruhe sich unheimlich eingeschossen auf diesen Paragraphen, hat gesagt, da knallt es und da wird alles kaputtgehen. Und ich finde nicht, daß wir der Presse die Möglichkeit geben sollten, uns tatsächlich hier aufzureiben *(Beifall)* und ihnen dann die Rechtfertigung im nachhinein für ihre Unkenrufe zu liefern. Also deshalb Beschränkung auf eine Stunde! *(Beifall)*

Nach einer Gegenrede wird der Antrag angenommen. Außerdem beschließt das Plenum, bis nach den Vorträgen der Satzungskommission und von Bahro keine GOs zuzulassen.

Helmut Lippelt (Hannover, Satzungskommission): Liebe Freunde! (. . .) Wir kommen jetzt – das ist inzwischen ja doch wohl jedem bekannt, und die Spannung ist ja auch gestiegen –, wir kommen jetzt zum Knackpunkt der ganzen Sache! *(Unruhe, Heiterkeit, Widerspruch)*

Vielleicht auch nicht! Ich bin nicht der Meinung, ich persönlich. Wir haben die Sache auch längst überwachsen und überwunden, aber für manche Leute ist es das noch! Nun fang ich erst mal damit an, Sie mit den Texten vertraut zu machen. In dem Satzungsentwurf, den Sie zugeschickt bekommen haben, haben Sie vier Varianten stehen. Wenn Sie also Seite 2 aufschlagen, Mitgliedschaft, so finden Sie links – ich nenne es also Variante A – etwas, was seinerzeit DIE GRÜNEN in einem sehr mühsamen Konsensverfahren oder eben auch nicht Konsensverfahren sich abgebrochen haben. Sie finden rechts die Formulierung für die Offenheit, das heißt die Formulierung der Alternativen und Bunten. Für DIE GRÜNEN ist das damals ein sehr schwieriger Einigungsprozeß gewesen, selbst die Formel, die bei A steht, deckt bei weitem nicht die Vorstellungen beispielsweise, die ich habe, die weit liberaler sind. Die Folge ist gewesen, daß wir auch noch mit Alternative 3 und Alternative 4 noch stringentere Fassungen seinerzeit bekommen haben.

In der Materialsammlung, die die Delegierten vor sich liegen haben, sind weitere 14 Änderungsvorschläge abgedruckt. Die Satzungskommission schlägt vor: Alle Änderungsanträge werden nur per Geschäftsordnungsantrag in die Debatte aufgenommen. Für jede der angenommenen Varianten sollen drei Redner sprechen. Dann wird per Abstimmung ein Meinungsbild erstellt. Zwischen den beiden Favoriten entscheidet dann eine Stichwahl. Peter Sellin soll zunächst die bunte Formel vorstellen, dann Helmut Lippelt die grüne Version. Baldur Springmann soll danach die Rednerliste eröffnen. Er hatte seine Fassung des Paragraph 2 zurückgezogen, um (so Lippelt) »überhaupt von dem formalen Abgrenzungszeug wegzukommen zu inhaltlichen Formeln«. Deshalb will er vor der Debatte zu den Delegierten sprechen.

Wilhelm Knabe (Präs.): Jetzt kommt Peter Sellin mit der Vorstellung der Alternative B.

Peter Sellin (AL Berlin, Satzungskommission): Die Alternative B ist in Ihren Unterlagen ausgedruckt, die Ihnen zugegangen sind mit der Einladung. Ich zitiere noch mal: »Jeder Mann/jede Frau kann Mitglied der GRÜNEN werden, wenn er/sie die politischen Ziele und das gemeinsame Programm der GRÜNEN unterstützt und bei deren Verwirklichung mitzuarbeiten bereit ist.« Diese Variante ist in der Satzungskommission mehrheitlich unterstützt worden, daß sie hier zur Alternative abgestimmt wird. Diese Unterstützung ist auch mit Hilfe von GRÜNEN zustande gekommen! *(Beifall)*

Wir sollten zur Kenntnis nehmen angesichts der Zusammensetzung unserer Versammlung hier, daß wir bei der Präambeldiskussion festgestellt haben, daß im Prinzip nur knappe Mehrheiten hier im Saal bei bestimmten Fragen vorhanden sind. Und wir sollten uns bemühen, politisch diese Schwelle zu überspringen. Und deswegen stelle ich erst mal die Variante so vor, wie wir uns das gedacht haben. Ich nehme an, daß Nordrhein-Westfalen eine andere Variante noch in die Diskussion bringt.

Die Alternative Liste Berlin empfiehlt, die Länderkommissionsempfehlung A – die also von dem Bundesvorstand getragen wird – ohne den Absatz 2 abzulehnen. Begründung: Der Satz 1 widerspricht dem Selbstverständnis der zu gründenden Partei, wie es bisher formuliert wurde. Immer wieder wurde zitiert: »Wir stehen nicht rechts, wir stehen nicht links, wir stehen vorn!« Damit ist klar gesagt, daß man eine einheitliche Weltanschauungspartei als Grundlage für eine Sammlungsbewegung der Opposition in unserem Land nicht für geeignet hält. Dies entspricht auch den Erfahrungen und der Kenntnis der politischen Landschaft in unserem Land.

Die Opposition schickt sich zum ersten Mal an, eine gemeinsame Aktion in Gang zu setzen, eine Alternative zu den etablierten Parteien im Parlament darzustellen. Gleichzeitig und vorrangig soll die Zusammenführung der verschiedenen Strömungen zum Ziel haben, durch die gemeinsame Aktion, durch gegenseitige Diskussion Unterstützung, mehr Wirkung in der Öffentlichkeit und gegen die Mächtigen und Verantwortlichen in unserem Land zu erreichen. Sicherlich heißt »Sammlungsbewegung« nicht, daß wir alle Unzufriedenen bei uns erwarten. Es gibt schließlich – hoffentlich – ein ausführliches inhaltliches Programm, das sich dadurch auszeichnen muß, daß es wirklich eine Alternative zur bisherigen Politik in der Bundesrepublik zeigt.

Wie Rudolf Bahro aber klar sagte, gegenwärtig – und hoffentlich auch in Zukunft nicht – verfolgt die Opposition keine einheitlichen weltanschaulichen Ziele. Die einen bezeichnen sich in erster Linie als Christen, Sozialisten oder Kommunisten,

andere als Humanisten, was auch immer darunter Sie im einzelnen als Individuen verstehen. Was uns verbindet, wird das Programm zeigen. Es beruht auf den Zielen, eine Gesellschaft zu erreichen, die das Leben schützt, an den sozialen Bedürfnissen der Mehrheit orientiert ist, demokratisch ist und das Gegenteil von der jetzigen Gewaltherrschaft darstellt. Ich erinnere dabei nur an Gorleben usw. Scheinbar gibt es hierin allgemeine Zustimmung.
Wenn aber im Paragraph 2 des Länderkommissionsvorschlages der Ausschluß von Angehörigen anderer Parteien gefordert wird, geht man unausgesprochen doch von der Vorstellung einer Weltanschauungspartei aus, in der sich nicht Angehörige anderer Parteien, Organisationen organisieren können. Wenn wir aber ein Bündnis wollen, das möglichst breit sein soll, warum wird dann eine Unterscheidung zwischen den in Parteien Organisierten und den nicht in Parteien Organisierten gemacht? Zwischen Parteien und politischen Organisationen?
Im folgenden zwei häufige Argumentationen, die uns entgegengestellt werden. Erstens: Zum angeblichen Interessenkonflikt, in den ein Mitglied einer Partei, das gleichzeitig bei der neuen Partei Mitglied ist, geraten müßte. Man kann nicht, wird argumentiert, die Ziele zweier Organisationen vertreten. Warum eigentlich nicht, wenn sie punktuell und programmatisch im ganzen gesehen . . . gemeinsame Ziele formulieren? *(Beifall)*
Warum soll ein organisierter Sozialdemokrat, ein organisierter Freidemokrat, ein organisierter Kommunist in einen Interessenkonflikt geraten, wenn er in beiden für Demokratie in unserem Land kämpft! *(Beifall)*
Jeder übt darüber hinaus auf seine Weise Kritik an der Gesellschaft und tut dies auch mit unterschiedlichen organisatorischen Grundlagen.
Zwischenrufe, Unruhe. Das Präsidium mahnt zur Eile.
Peter Sellin (AL Berlin, Satzungskommission): Es wird regelmäßig die Angst vor Fremdbestimmung verbreitet. Das heißt, als Mitglied einer Partei hätte man die Ziele dieser Partei immer und überall absolut zu verfechten. Beim Gründungskongreß einer Partei, bei der wir besonders basisdemokratische Strukturen anstreben, ist diese Argumentation besonders unlogisch. Welches Mitglied der neuen Partei ist fremdbestimmt, wenn es zum Beispiel in einer AKW-Gruppe arbeitet, es aber in der neuen Partei und in deren Anti-AKW-Gruppe entsprechend seiner Überzeugung und entsprechend den Mehrheitsbeschlüssen dieser Gruppe oder auch aus unserer neuen Partei sich dem demokratisch fügt? Gibt es dabei einen Widerspruch, muß man sich entscheiden? Wieso ist ein linkes SPD-Mitglied fremdbestimmt, wenn es bei uns mitarbeiten will? *(Zwischenrufe)*
Ich halte es also von daher, von diesen zwei Argumentationssträngen für richtig, daß die Alternative Liste Westberlin in ihrem Programm mehrheitlich einen Konsens gefunden hat, den demokratischen Auseinandersetzungsprozeß mit anderen Mitgliedern, in anderen Organisationen offensiv zu führen und in einen Lernprozeß untereinander überzugehen. Ich persönlich, der nicht in irgendeiner anderen Partei organisiert ist, kann klipp und klar sagen, daß der Lernprozeß in allen Ebenen bisher po-

sitiv und demokratisch verlaufen ist und daß ich diesen Lernprozeß begrüßen würde, wenn er auf Bundesebene ebenfalls in den Regionen möglich wäre! *(Beifall)*

Wilhelm Knabe (Präs.): Ich danke für den Beitrag! Wir hören jetzt Helmut Lippelt, der den Vorschlag A noch einmal erläutert.

Helmut Lippelt (Hannover, Satzungskommission): Liebe Freunde! Ich begründe jetzt die Variante A, aber ich begründe sie nur bis zum ersten Satz. Jeder mag später das andere reinholen. Ich selber habe keine Lust dazu. (. . .) Ich begründe deshalb nur die Unvereinbarkeit mit einer Mitgliedschaft in einer anderen Partei. *(Beifall)*

Ich habe die Vorstellung, daß dies eine Partei ist mit sehr verschiedenen Strömungen, wie wir alle gern sagen. Das geht von den Wertkonservativen, die sich gewissermaßen gegen die Auswüchse eines Industriesystems wehren, das sie bedroht, bis hin zu denen, die aus der Kapitalismuskritik schon längst dieses System kritisierten, aber noch gar nicht wußten, daß sie da auf einen gemeinsamen Nenner kommen konnten. Dieser gemeinsame Nenner ist möglich. Aber es sind zweifellos große Lernprozesse nötig. Und ich meine nun allerdings doch, daß Parteiapparate, daß Apparate Lernprozesse abschneiden, daß Apparate bornieren. Und ich will keine Apparate innerhalb eines Apparats, den wir notwendigerweise – *(Beifall)* – nun ja aufbauen müssen. Es ist schon schlimm genug, daß wir selber irgendwelche Strukturen entwickeln müssen. Aber es sollten unsere eigenen sein.

Und nun hat Peter Sellin gesagt, das Problem ist, die alten Parteien sind Weltanschauungsparteien, und wir wollen das doch nicht werden. Nein, wir wollen auch nicht unbedingt eine Weltanschauungspartei werden, obwohl ich fast fürchte, daß mancher, der so betont »grün« sagt, schon längst auf dem Weg in diese Richtung ist. Aber das ist nicht das Problem. Das Problem ist, daß wir eine eigene Identität entwickeln müssen. Das ist was ganz anderes! *(starker Beifall)*

Und auch diese Identität zu entwickeln, ist nur möglich, wenn jeder nach dem Prinzip, das wir nach den Inhalten hin vertreten, nämlich nach dem Prinzip des Dezentralen und des Sich-selbst-Bestimmens, handelt. Ich will nicht hier die schreckliche Debatte über Fremdbestimmung eröffnen, ich will da keine Verdächtigungen aussprechen. Nur, der rechte Bezug aufeinander ist letztlich doch nur möglich, wenn wir im Rahmen einer Gemeinschaft, in dem wir gleichberechtigt uns zueinander verhalten und uns nicht abschneiden durch andere Strukturen innerhalb der Struktur. Das bedeutet nicht –

(Zuruf vom Präsidium) Aha! Gut, ich soll kürzer werden! Gut, dann mach ich jetzt den dritten und letzten Gedanken. –

Wir haben uns zusammengefunden aus Bewegungen – Bürgerinitiativen, Antirepressionsbewegungen usw. –, die diesen Unterschied nicht kannten, die nie fragten, wo kommst du her. Das ist eine berühmte Geschichte. Und an dieser Geschichte arbeiten wir uns ab. Denn das ist die eine Seite. Die andere Seite ist, daß wir uns auch zusammengefunden haben aus Parteien, die uns nicht mehr halfen, in denen wir irgendwann mal gearbeitet haben.

Und jetzt finde ich, ist es sehr schwierig, auch zwischen den Generationen sich zu verstehen. Die Generation der Anti-AKW- und Anti-Repressionsarbeit ist die Parteien so satt, daß sie auch den Parteibegriff in die Ecke gestellt hat, während die ältere Generation – zu der ich mich zähle, der ich immerhin 13 Jahre in der SPD bis zum Hamburger Parteitag gearbeitet habe, bis ich mich nicht mehr mit ihr identifizieren konnte – einem ganz einfachen moralischen Satz folgt, der heißt: »Man kann nicht auf zwei Hochzeiten tanzen!« Und bitte – *(starker Beifall)*
Ich persönlich finde beide Sachen gleichberechtigt. Ich persönlich könnte ohne Schwierigkeiten auch bunt werden, das macht mir nichts aus. Ich könnte auch in Italien leben und in der »Partito Radicale« sein, die die Doppelmitgliedschaft zum Prinzip erhoben hat. Aber: Wenn wir eine progressive Kraft werden wollen, dann müssen wir erlauben, daß sich Strömungen aufeinander beziehen können und daß sich Generationen aufeinander beziehen können. Das ist wichtig! *(Beifall)*
Und deshalb bitte ich unsere bunten und alternativen Freunde, dieses zu akzeptieren und uns hier weiterzuhelfen und zu einer – nun ja – zu einem Ausschluß von doppelten Apparaten zu kommen, damit wir unsere Identität finden können. Bitte! *(großer Beifall)*
Wilhelm Knabe (Präs.): Vielen Dank! Der Peter Sellin hat was von Sammlungsbewegung gesagt. Ich glaube, wir sind wirklich eine! Wie ihr gesammelt diesen Ausführungen der Satzungskommission zugehört habt, war prima! Nur wenn wir zuhören, können wir auch richtig abstimmen! Wir haben jetzt abgemacht, daß Rudolf Bahro ein kurzes – *(Widerspruch)* Nein! Wir haben abgemacht, daß keine GO-Anträge zugelassen werden! *(Beratung im Präsidium)*
Aha! Es ist bedauerlich, wenn man dem Präsidium nicht vorher sagt, daß noch ein Mitglied der Satzungskommission sprechen will. Vielleicht hab ich es überhört. Ich bitte um Entschuldigung! Baldur Springmann noch als Mitglied der Satzungskommission! *(Beifall)*
Baldur Springmann (Segeberg, Satzungskommission): Ihr grünen lieben Freunde! Was wir uns jetzt bei diesem bescheuerten Paragraph 2 hier miteinander abzumachen haben, das ist leider von dem – ich möchte mal sagen – von dem Niveau, von dem Status eigentlich also einer zweitrangigen, simplen Selbstverständlichkeit im Laufe unserer Geschichte durch eigenes Verschulden und auch durch andere hochstilisiert worden immer mehr und mit Paketen belastet von Problemen und Emotionen. Und das wollen wir doch nicht! Wir wollen doch echt keine Konfrontation, weder ich mit euch noch ihr mit mir oder was weiß ich! Wir wollen doch zusammenarbeiten, alle so gut wir können! *(großer Beifall)*
Wenn wir aber keine Konfrontation wollen, dann wollen wir eins mit Sicherheit – und da weiß ich nicht, ob wir da uns alle einig sind. *(Zu Journalisten gewandt:)* Jetzt könnt ihr erst mal schreiben, sie waren sich einig, nicht? *(Heiterkeit, starker Beifall)*
Jetzt weiß ich aber nicht, ob das jetzt so ganz richtig ist. Ich meine aber, sehr viele von uns wollten Eindeutigkeit und Klarheit, und zwar unserer Linie, wo wir eigent-

lich hinwollen. Und deswegen haben viele Freunde schon in der letzten Zeit immer darauf gedrängt, daß diese Eindeutigkeit der grünen Linie so aufgezeigt wird in einer ganz anderen Art, eben nicht in diesem Organisatorischen, in diesem Formalen, wo es ja überhaupt nicht reingehört – das hab ich auch einsehen lernen müssen –, sondern *(starker Beifall)* daß das da aufgezeigt werden muß, wo es der Ansicht dieser Freunde nach – und die hab ich auch akzeptiert – am besten hingehört, nämlich in eine inhaltliche Klarstellung, *(Beifall)* die allerdings sauber und klar und möglichst jedem Mitbürger verständlich ist.
In letzter Zeit, in den letzten Wochen haben zum Beispiel August Haußleiter und Wilfried Heidt in dieser Richtung sehr deutliche Beiträge geleistet. Und die sind mit eingeflossen in dieses Papier, was da nun in diesem Satzungspapier angeheftet worden ist, nämlich eine Erklärung. Überall steht ja in allen, fast in allen Varianten zu Paragraph 2, daß derjenige, der bei uns mitmacht, sich zu den Grundsätzen dieser Partei erklärt. Und nun ist mal versucht worden, diese Grundsätze auch mal zu definieren. So. Und nun ist also das eine Vorlage ursprünglich gewesen. Und die habe ich zurückgezogen, weil ich eingesehen habe, daß man das wirklich nicht euch zumuten kann: das Ding bumms auf 'n Tisch, das hat eben alles zu lange gedauert. Und nun sollt ihr schon drüber abstimmen! Das geht nicht! Das müßt ihr erst mal in der Partei diskutieren.
So. Und zu dieser Bitte, das nun ganz intensiv innerparteilich zu diskutieren, möchte ich euch noch bitten, eine Vorbemerkung machen zu dürfen. Das ist wichtig! Ich weiß, ich hab das schon oft gehört, daß man jetzt sagt: Aha, jetzt wird da so 'n Katechismus gemacht, ja? Oder so 'ne deutsche Industrienorm, ja? So wie die anderen das haben, DIN-A-Schmidt und DIN-A-Strauß, nicht? Und – *(Heiterkeit, großer Beifall)*
Und das brauchen die ja auch, weil sie einen mechanistischen Apparat haben, nicht? Aber wir wollen doch genau das Gegenteil. Und wie nennt man das? Das ist auch wieder so 'n bescheuertes Fremdwort, aber ich weiß es nicht genau, besser auszudrücken: sozialer Organismus. Das wollen wir! Und für einen Organismus ist es auch notwendig, daß er sich charakterisiert, daß er klar seine Form darstellt. Ein Eichenblatt sieht eben immer wie 'n Eichenblatt aus und nicht anders und 'n Roggenhalm wie 'n Roggen und nicht wie 'n Weizen. *(Beifall)*
Und trotzdem hat jedes Eichenblatt wieder seine individuelle Eigenheit, es gibt keine zwei gleichen. Und das müssen wir schaffen! Das ist die Einheit der Vielfalt: organisch, ja? Das müssen wir bringen, daß ganz klar der grüne Typ – wenn man da einen sieht: »Aha, das ist 'n grüner Typ!« –, daß der erkennbar ist! Nicht? *(Heiterkeit, großer Beifall)*
So. Und nun bin ich auch schon gleich fertig. Und dafür, daß wir das mal darstellen, daß jeder das gleich auch mal lesen kann, der das nicht sieht so lebendig, wollen wir diese Grundsatzerklärung machen, und dafür ist sie bestimmt. Und nun ist diese innerparteiliche Diskussion, die darf nun bitte nicht in Debatten und in Monate und in den höchsten intellektuellen Zirkeln, sondern die wollen wir mal 'n bißchen pragma-

tisch über die Bühne bringen nach meinem Vorschlag. Und ich meine, wir wollen mal Basisdemokratie wahr machen. Und darum schlage ich vor, daß wir also spätestens nach sechs Wochen oder so eine Urabstimmung machen, daß jeder einzelne von unseren zehntausend Mitgliedern aufschreiben kann: Ja, dafür stimm ich zu, oder nein. Und da sollte man eine Alternative so, sollten irgendwelche Leute sich ausdenken. Und ich würde sagen, mit Wilfried Heidt und August Haußleiter vervollkommne ich die andere, und da kann jeder sagen, *das* möcht ich lieber oder *das*. Und zwar Urabstimmung, daß sie alle mal zu Worte kommen! So. Das ist mein Antrag! *(Beifall)*

Und wenn uns das geglückt ist, dann wissen wir, woran wir sind. Ich weiß, woran ich mit jedem von euch bin, und jeder weiß, woran er mit mir ist. Und die Leute da, die Öffentlichkeit, die wissen, woran sie mit uns sind. Nicht? So, einwandfrei! Und dann geht die grüne Welle los, unaufhaltsam! Danke! *(Heiterkeit, großer, lang anhaltender Beifall)*

Wilhelm Knabe (Präs.): Vielen Dank, Baldur! Nach diesem erfrischenden Beitrag aus Schleswig-Holstein hören wir jetzt Rudolf Bahro, der hier als Gast zu uns Delegierten sprechen will. *(großer Beifall)*

Ich bitte Rudolf Bahro, das Wort zu ergreifen! *(Pfiffe)*

Bahro begegnet Springmann, als er das Podium betritt. Beide fallen sich in die Arme.

Rudolf Bahro: Ich will mit Baldur Springmann zusammenarbeiten! Liebe Genossen und Freunde! Nur mit dem überaus breiten Spektrum, aus dem sie sich gründen will, wird die grüne Partei ein wesentliches und nicht allein für die Bundesrepublik bisher beispielloses Experiment sein, das sorgsamster Behandlung wert ist. Wie klar sind wir uns über das Außerordentliche des Versuchs, Potentiale, die in anderen Ländern mindestens zwei Parteien traditioneller Konstellation bilden, weil sie der Herkunft nach tatsächlich sehr verschieden sind, unter einem Dach zusammenzuführen?

Gerade der von links kommende Flügel bejaht diesen Versuch, wenn sich auch noch nicht alle seine Vertreter über die Verhaltenskonsequenzen einer solchen Option klar sind. Ich hoffe, die Mehrheit derjenigen GRÜNEN, die nicht von links kommen, bejaht ihn auch. Gegenwärtig wird offenbar eine Weiche für lange Fristen gestellt. Das sollten wir alle wissen. Wenn ich mich nicht für eine organisatorisch selbständige sozialistische Alternative einsetze, dann aus der Einschätzung heraus, daß eine grüne Partei, die in sich selbst den notwendigen historischen Kompromiß praktiziert, unter den Bedingungen der Bundesrepublik langfristig die beste Lösung wäre – *(Beifall)* – und wirklich ein neues Wort! *(anhaltender Beifall, einzelne Buhrufe)*

Wir Sozialisten wollen da offen unseren Anspruch einbringen, im Geiste einer auf den Partner eingehenden inhaltlichen Diskussion. Aber wir wollen aus prinzipiellen Erwägungen nicht den unfruchtbaren und illusorischen Kurs verfolgen, die grüne Sache rot zu überfahren. *(Beifall)*

DIE GRÜNEN sind keine linke bzw. sozialistische Aushilfspartei! *(großer Beifall)*

Das Schicksal einer grünen Partei zum jetzigen Zeitpunkt wird entscheidend vom Niveau ihrer inneren Kommunikation und Toleranz abhängen. *(Zuruf: »Bravo!«, Beifall)*

Um vorn herauszukommen, muß es gelingen, die ihrer Herkunft nach heterogenen Elemente zusammenzuführen. »Nicht rechts, nicht links, sondern vorn« kann dann ein gutes Selbstverständnis sein, wenn man sich völlig darüber klar ist, daß rechts und links in der grünen Bewegung noch Realitäten sind und noch lange Realitäten bleiben werden. *(vereinzelt Beifall)*
Es wäre unzutreffend anzunehmen, hier ständen sich Rot und Grün gegenüber. Da gibt es Rote bzw. Linke, die die Priorität der ökologischen Herausforderung begriffen haben und damit zugleich echte GRÜNE sind, und da gibt es Menschen aus allen anderen Linien des politischen Spektrums bis nach sehr weit rechts, die ebenfalls die Priorität der ökologischen Herausforderung begriffen haben. *(Beifall)*
Grün ist das dritte, ist das Bindeglied. Es kommt darauf an, wie weit die Beteiligten die ökologische Krise begriffen haben. Wer das ernst nimmt – *(Beifall)* –, daß es ums Überleben geht, und zwar in einer menschlich für uns absehbaren Zeit, wie kann der mit Ausgrenzungsvorschlägen beginnen? *(großer Beifall)*
Unvereinbarkeitsbeschlüsse sollten nur solchen Organisationen gelten, die als Wahlparteien konkurrieren. *(Beifall)*
Und da sind sie überflüssig, weil sie sich von selbst verstehen. Gegen andere Gruppierungen können sie überflüssig werden, wenn das Experiment der grünen Partei gelingt. *(Zwischenruf: »Ende der Redezeit!«)*
Ich persönlich bin der Meinung –
Wilhelm Knabe (Präs.): Rudolf!
Rudolf Bahro: – es wäre ein Fortschritt im Sinne unserer linken Positionen und nicht nur gegenüber den GRÜNEN, wenn sich die zentralistisch strukturierten Gruppen auflösen würden. *(Zuruf: Bravo! – großer Beifall)*
Wilhelm Knabe (Präs.): Rudolf Bahro, ich bitte zum Schluß zu kommen! Ja?
Rudolf Bahro: Ich denke, es sollte sich aber auch niemand selbst ausschließen. Wenn alle eintreten können, Genossen, dann tretet doch ein! Ich erkläre hiermit meinen Beitritt zu den GRÜNEN! *(Jubel, lang anhaltender Beifall)*
Jetzt muß ich noch ein Wort sagen.
Wilhelm Knabe (Präs.): Ein Wort noch!
Rudolf Bahro: Ich trete nicht ein, um eine Rolle als Chefideologe zu spielen, sondern um ein einfaches, engagiertes Mitglied zu sein. *(großer Beifall)*
Und wenn man in der Zeitschrift »Stern« für DIE GRÜNEN schon sieben Männer stellt, dann gehören daneben sieben Frauen! *(großer Beifall)*
Wilhelm Knabe (Präs.): Rudolf Bahro, ich bitte trotzdem, Schluß zu machen!
Rudolf Bahro: Ich werde meinen Entschluß für die Öffentlichkeit noch ausführlicher begründen! *(großer Beifall)*
Die Presse umringt Bahro. Auf dem Podium entsteht ein Tumult, der die Debatte um weitere Minuten verzögert. Angesichts von mehreren Geschäftsordnungsanträgen und über 50 Wortmeldungen verzichten die Delegierten weiterhin auf ihr Abendessen. Delegierte aus Nordrhein-Westfalen beantragen, daß ihr Änderungsvorschlag als der weitestgehende zur Diskussion und Abstimmung gestellt wird. Wilhelm Knabe schickt die Jour-

nalisten aus dem Saal. Man bittet sie, »dafür zu sorgen, daß wir hier geordnet weiterarbeiten können«. Einem Mitarbeiter der TAZ wird das Mikrofon abgestellt . . . dann geht es weiter mit dem Kompromißvorschlag.

Eckhard Stratmann (Bochum): (. . .) »Mitglied kann werden, wer das 16. Lebensjahr vollendet und sich zu den Grundsätzen und Zielen der GRÜNEN bekennt. Die Aufnahme der Mitglieder wird in den Landessatzungen geregelt.« Das ist der Vorschlag des Landesvorstandes Nordrhein-Westfalen, den ich jetzt kurz begründen will. Der Landesvorstand Nordrhein-Westfalen hält diesen Antrag für notwendig, weil er einen Kompromiß darstellt zwischen den beiden Anträgen, die von der Satzungsantragskommission eben vorgestellt worden sind. (. . .) Er zwingt keinen Landesverband, seine jetzige Satzung zu verändern, und berücksichtigt damit die politischen Verhältnisse in den Ländern, wie sie sich bisher herausgebildet haben. Der Landesvorstand hält seinen Antrag darüber hinaus für sinnvoll, weil durch ihn die drohende Konfrontation in dieser Frage der Mitgliedschaft auf dieser Versammlung umgangen werden kann. *(vereinzelt Beifall)*

Wenn dagegen eine Satzungsbestimmung hier verabschiedet würde, die einer Landessatzung entgegenstünde – *(Zuruf: »Oder zwei!«)* – oder zwei Landessatzungen entgegenstünde oder mehreren, bräche die Bundessatzung die jeweilige Landessatzung, und auf die betroffenen Landesverbände kämen in der Folgezeit erheblich innere politische Auseinandersetzungen und Spannungen zu. (. . .) Wir hoffen, daß die Komprißbereitschaft – letzter Satz! – auf beiden Seiten – wir betonen: auf beiden Seiten! – so groß ist, daß unser Geschäftsordnungsantrag zur Diskussion gestellt wird. *(Beifall)*

Dirk Roggan (Hamburg-Altona): Ich möchte dagegen reden! Und zwar aus zwei Positionen heraus. Einmal bin ich Mitglied der Länderkommission und möchte feststellen, daß wir innerhalb der Länderkommission ausgesprochen gerungen haben, als die verschiedenen Ländervertreter zugegen waren, eine Alternativabstimmung zu ermöglichen, indem wir die Kompromisse so erarbeitet haben, wie sie dort vorliegen. Zum zweiten, und das ist wichtiger in diesem Augenblick, ist der Antrag von Nordrhein-Westfalen, der jetzt vorgebracht wurde, faktisch keine Erweiterung oder faktisch kein weitergehender Kompromiß. (. . .) Wir haben in den Kompromißgesprächen eine Gegenüberstellung von zwei Lösungen erreicht: einmal dem dezentralen Konzept, das auf Bundesebene nichts regelt, und einmal dem Konzept, daß auf Bundesebene die Doppelmitgliedschaft in Parteien nicht möglich sei. Das sind die beiden grundsätzlichen Alternativen, die auch durch die nordrhein-westfälische Version nicht ergänzt werden in diesem Fall.

Bei der anschließenden Abstimmung wird der NRW-Entwurf als weitere Variante in die Diskussion aufgenommen.

Wilhelm Knabe: Das heißt, es werden jetzt drei Entwürfe diskutiert werden. Wir sollten jetzt damit anfangen.

(Zuruf: »Erst mal alle Geschäftsordnungsanträge!«)

Also, wir haben weiter Geschäftsordnungsvorträge. Und zwar von G. Josewski, Niedersachsen: »Aussetzung der Debatte, gleich Abstimmung.« Bitte Mikrofon einschalten!

Gerhard Josewski (Hildesheim): Die Formulierung dort stimmt nicht ganz. Mein Antrag lautet, wir mögen uns bei der Diskussion des berühmten Paragraph 2 so wie bei anderen Dingen auch darauf beschränken, noch mal drei Pro- und drei Contra-Redner zu hören.

Begründung: Erstens: Es stehen schon jetzt über 30 Redner auf der Liste. Wir können also in einer Stunde überhaupt nicht fertig werden. Zweitens: Wir werden, da keiner so übermenschlich ist, auf seine Eitelkeiten zu verzichten, vieles x-mal hören müssen, und zum Schluß hören wir überhaupt nicht mehr zu! *(Beifall)*

Darum bin ich der Meinung: Da geht es doch im Grunde genommen um eine einfache Entscheidung ohne Wenn und Aber, nämlich entweder wir wagen die Offenheit von den Christen bis zu den Kommunisten, oder aber wir wagen sie nicht! Und alle Zwischenlösungen sind faul und feige und geschwätzig und halten uns nur von der Sache ab! *(großer Beifall)*

Ich hab dem nichts hinzuzufügen. Nur, das allerletzte: Es wurde vorher gesagt, daß schon um die Mittagszeit diese Versammlung als eine sehr disziplinierte dargestellt wurde. Ich glaube, sie ist es wirklich. Bei dem Konfliktstoff, der sich hier angesammelt hat, ist das bewundernswert gelaufen, trotz allem, worüber man sich sonst im einzelnen ärgern mag. Aber: Wir könnten jetzt eine Bombe loslassen, indem wir nämlich alle die Erwartungen, die die Medien seit Monaten – ja, ich hab doch schon gesehen! – die die Medien seit Monaten geschürt haben, nämlich daß wir jetzt uns an diesem Problem gegenseitig zerfleischen werden, daß wir das vom Tisch wischen, indem wir also auf unsere Eitelkeiten, auf unsere privaten Meinungen hier verzichten und sagen, drei pro und drei contra, und dann wissen wir: entweder offen oder geschlossen! *(Beifall)*

Die Gegenrede hält Georg Otto aus Hildesheim. Er kritisiert, daß eine Stunde Diskussionszeit nicht ausreicht und daß durch das Konzept von Pro-und-contra-Reden die Möglichkeit einer Synthese von vornherein ausgeschlossen wird: »Egal wie wir entscheiden – mit Doppelmitgliedschaft oder ohne Doppelmitgliedschaft –, es droht die Gefahr, daß wir den einen oder den anderen Flügel unserer Bewegung verlieren. Und ich möchte keinen Flügel verlieren!« (Pfiffe)

Wilhelm Knabe (Präs.): Georg Otto, es war eine Gegenrede aufgerufen worden. Ich verstehe Sie so, Antrag lautete: Abbruch der Debatte. Gegenrede ist erfolgt. Wer ist für sofortigen Abbruch der Debatte und sofortige Abstimmung der Varianten? *(vielstimmiges Nein, Unruhe)*

Nein! Bitte! G. Josewski hat vorgesetzt, Aussetzung der Debatte und gleich Abstimmung. Wenn ihr nicht zuhören könnt, tut mir's leid! *(Widerspruch)*

Es kann jederzeit – bitte! Wir wollen versuchen, es zu verstehen. Jederzeit kann ein neuer GO-Antrag gestellt werden, der frühere Absprachen aufhebt. Und dieser Antrag ist hier gestellt worden. Hab ich das recht verstanden? *(Zurufe: »Nein!«)*

Bitte!

Gerhard Josewski (Hildesheim): In allen Ehren, lieber Knabe! Du hast uns wunderbar geleitet, aber du hast nicht zugehört, was ich gesagt habe. Du bist ein Schriftgelehrter. Ich hab da zwar draufgeschrieben in meinem jugendlichen Wahnsinn, die Debatte sofort abbrechen. Und als ich die Gesichter gesehen habe, habe ich gesagt, das ist nicht möglich. Und darum habe ich hier ganz deutlich formuliert, drei pro und drei contra. Ich bitte, das also zur Kenntnis zu nehmen! *(Beifall)*
Wilhelm Knabe (Präs.): Also, wenn man mir schriftlich vorlegt: »Aussetzung der Debatte« – *(Zuruf aus dem Präsidium: »Nun streite dich doch nicht!«)* – ich streit ja gar nicht! Okay! Es lauten jetzt zwei Anträge: der eine Antrag: Nur drei pro/drei contra. Und der Gegenantrag von Georg Otto: weitere Diskussion, auch drei zur Synthese noch zu hören. Hab ich das so richtig verstanden? *(Zustimmung)*
Das Plenum beschließt, nur drei Redner pro, drei contra anzuhören – und zwar zu vier Entwürfen:

Paragraph 2

Variante A-1: »Mitglied der Partei kann jeder werden, der sich zu den Grundsätzen der Partei und ihrem Programm bekennt und keiner anderen Partei angehört. Die im Satz 1 getroffene Regelung berührt nicht die Mitgliedschaft in Wählergemeinschaften und Gruppen.« Absatz 2: »Die Regelung der Mitgliedschaft in politischen Organisationen, deren Ziele im Widerspruch zum Programm der GRÜNEN stehen, treffen die jeweiligen Landesversammlungen.«
Variante A-2: »Mitglied der Partei kann jeder werden, der sich zu den Grundsätzen der Partei und ihrem Programm bekennt und keiner anderen Partei angehört.«
Variante B-1: »Jeder Mann/jede Frau kann Mitglied der GRÜNEN werden, wenn er/sie die politischen Ziele und das gemeinsame Programm der GRÜNEN unterstützt und bei deren Verwirklichung mitzuarbeiten bereit ist.«
Variante B-2, von NRW vorgetragen: »Mitglied kann werden, wer das 16. Lebensjahr vollendet hat und sich zu den Grundsätzen und Zielen der GRÜNEN bekennt.« Und: »Die Aufnahme der Mitglieder wird in den Landessatzungen geregelt.«

Dem Präsidium liegen inzwischen 42 Wortmeldungen vor. Nach weiteren, zum Teil sehr verworren anmutenden Diskussionen (und weiteren Geschäftsordnungsanträgen) einigt man sich auf drei Pro-Redner pro Vorschlag. Die Vielzahl der GOs und Einwände führt dazu, daß auch das Präsidium immer wieder den Überblick verliert.
Dietrich-Wilhelm Plagemann erläutert das Verfahren. Für alle vier Varianten werden je drei Fürsprecher zugelassen. Dann soll als Meinungsbild darüber abgestimmt werden. Die beiden bestplazierten gehen in die Stichwahl.
Das Präsidium wird weiterhin mit GOs bestürmt. Diese stehen zumeist im Widerspruch zu vorherigen Plenumsbeschlüssen, so daß Wilhelm Knabe sich schließlich an die Delegierten wendet: »Ich frage das Plenum, ob wir uns gefallen lassen müssen, daß wir ständig hier angepöbelt werden, weil wir nach den Wünschen des Plenums verfahren . . .«
Dann beginnen die Wortmeldungen zu den vier Vorschlägen. A-1 findet zunächst kei-

nen Fürsprecher, später spricht Norbert Mann für diese Variante. Für A 2 argumentieren Olaf Dinné, Freya Scholing und Wolf-Dieter Hasenclever. Annette Zmyj, Rolf Stolz und Dieter Burgmann verteidigen die Variante B-1, und für B-2 treten Bernd Köppl, Uwe Carstensen und Hermann Schulz ans Mikrofon.

Olaf Dinné (MdBü, Bremer Grüne Liste): Liebe Leute! Ich habe den Eindruck, wir treten jetzt in die Stunde der Wahrheit ein. Und die Stunde der Wahrheit sieht meines Erachtens nicht so aus, daß wir versuchen sollten, eine Frage, die uns schon seit einem Jahr – uns Bremer hat die seit zwei Jahren gequält – dadurch versuchen sollten vom Tisch zu kriegen, indem wir einen Kompromiß – oder der stubenreinere Ausdruck ist »Synthese« – zu finden versuchen. Wenn jemand schwanger ist, so darf's ich mal ausdrücken, dann ist man schwanger, aber man kann irgendwie da keine Synthese zu »Unschwangernis« oder wie das heißt finden. *(Unruhe)*

Ich möchte, bevor ich weitergehe, noch mal kurz sagen, weshalb wir hier überhaupt sind und weshalb wir überhaupt als Partei antreten. Wir sind alle, aus Bürgerinitiativen kommend, zu der Auffassung geraten, daß wir neben dem Bein in Bürgerinitiativen ein Bein im institutionellen Bereich brauchen. Deshalb haben viele von uns früher in der SPD und sonstwo ihr Glück versucht. Die SPD hat sich dagegen abgeschottet und will unbedingt auf Wachstum, wie die anderen Parteien auch, fahren. Deshalb brauchen wir eine neue parlamentarische Vertretung. Und bevor wir in Bremen angetreten sind, diese parlamentarische Vertretung erfolgreich zu konstruieren, haben wir uns mal genau angeguckt, wie das aussieht, welche Voraussetzungen notwendig sind. Und ich kann euch nur sagen, die Voraussetzung ist die, daß die Wähler, die ja nicht alle in Bürgerinitiativen sind und wissen, was dort läuft, daß diese Wähler genau wissen wollen, ob die Leute, die sie in den Parlamenten und sonstwo vertreten, ob die sich von organisierten Kommunisten steuern lassen oder nicht. Die Frage wird ständig gestellt! *(starker Beifall, Pfiffe)*

Ich gebe zu, daß ich hier ausdrücklich erfolgsorientiert an die Sache herangehe. Ich persönlich bin interessiert, und sonst würde ich auch gar nicht mehr mitmachen – ich könnt mir vorstellen, daß die Bremer insgesamt nicht mehr mitmachen – wir sind interessiert, daß wir das Atomprogramm der Bundesregierung in diesem Wahljahr stürzen. Daran sind wir interessiert! *(großer Beifall)*

Und ich darf darauf hinweisen – nach dem Beitrag von Rudolf Bahro, zu dem ich gleich auch noch eine Anmerkung sagen will, müssen wir vielleicht etwas auf die Realität zurückkommen – ich darf darauf hinweisen, daß wir das Atomprogramm nur dann erfolgreich angehen, wenn wir nicht Wahlergebnisse wie in Hamburg und in Berlin haben, wo das auch versucht worden ist, die unter der 5-Prozent-Grenze bleiben, sondern wenn wir es so versuchen, wie es in Bremen oder meinetwegen jetzt in Baden-Württemberg gemacht wird! *(großer Beifall, Pfiffe, Buhrufe, Unruhe)*

Ich will auch noch ein – *(weitere Zurufe und Unruhe)*

Wilhelm Knabe (Präs.): Ich bitte – *(anhaltende Unruhe und Proteste – Christine Bernbacher [Präs.]: »Das geht ab von der Redezeit!«)*

Olaf Dinné (MdBü, Bremer Grüne Liste): Beruhigt euch doch! Das ist 'ne ganz

sachliche Frage! – Ich will auch noch einen inhaltlichen Gedanken anfügen. Rudolf Bahro hat hier gesagt, die Sache muß für jeden offen sein, der gutwillig ist. Genauso sind wir in Bremen auch vorgegangen. Wir haben gesagt – *(Zwischenrufe, Pfiffe)*
Wir haben eine Breite – und haben die an den Namen festgemacht – von Gruhl bis Dutschke. *(Beifall)*
Und das sind Leute gewesen, ob die aus der SPD oder vom KB oder sonst woher kamen, die haben die Brücken hinter sich abgebrochen und haben einen neuen Anfang bei uns gemacht. Sogar die Bevölkerung – *(Beifall, das Präsidium erinnert an die abgelaufene Redezeit)*
Ja, einen Schlußsatz noch! – Sogar die Bevölkerung in Bremen hat eingesehen und hat glaubwürdig erkannt, daß ein Mann wie Rudi Dutschke, der ja immer als links außen gegolten hat, daß der – *(Zwischenrufe)* – auch in ihrem Sinne grüne Interessen vertreten kann, wenn er eben nicht Mitglied einer anderen Organisation ist. Und selbst Rudolf Bahro hat doch die Konsequenzen gezogen und hat die SED und ihre Gefängnisse hinter sich gelassen. Ich weiß gar nicht, was ihr eigentlich wollt! *(Beifall, Pfiffe, Unruhe)*
Das Präsidium ruft auf zur ersten Pro-Rede für Antrag B-1.
Annette Zmyj (Hochtaunus): (. . .) Ich lese die Alternative noch mal vor (. . .): »Jeder Mann/jede Frau kann Mitglied der GRÜNEN werden, wenn er/sie die politischen Ziele und das gemeinsame Programm der GRÜNEN unterstützt und bei deren Verwirklichung mitzuarbeiten bereit ist.« *(Zwischenrufe aus der »Indianerkommune« bezüglich der Mitwirkung von Kindern)* – Jedes Kind! Können wir auch noch einsetzen!
Diese Formulierung wird mit dem bereits in der Satzungsvorlage ausgedruckten Text des Paragraph 3.1 zur Diskussion und zur Abstimmung gestellt. Und dieser lautet: »Über die Aufnahme entscheidet der Gebietsverband der jeweils untersten Ebene. Gegen die Zurückweisung eines Aufnahmeantrages kann der Bewerber bei der zuständigen Mitgliederversammlung Einspruch einlegen. Die Mitgliederversammlung entscheidet mit einfacher Mehrheit.« *(anhaltende Zwischenrufe der »Indianerkommune«)*
Dazu möchte ich sagen, daß mein Kreisverband fast einstimmig folgenden Beschluß gefaßt hat: »Der Kreisverband Hochtaunus DIE GRÜNEN –
Wilhelm Knabe ermahnt die Indianerkommune, ruhig zu sein.
– wendet sich gegen jede Form von Unvereinbarkeitsbeschlüssen.« *(Beifall)*
Ein weiterer Satz: »Über eine Doppelmitgliedschaft hat die jeweilig unterste Organisationseinheit zu entscheiden.« Damit wollen wir ausdrücken: Wir verstehen die Ängste von Leuten, die meinen, sie können mit gewissen anderen nicht zusammenarbeiten. Wir sind nur der Meinung, daß man diese Entscheidung in der Gruppe fällen sollte, in der das Problem auftritt. *(Beifall)*
Wir meinen auch, daß das Prinzip »basisdemokratisch« bedeutet, daß diese Gruppe selbst darüber entscheiden muß, mit wem sie zusammenarbeitet. Und wir meinen, daß damit jegliche Sicherheit geschaffen ist für alle, die sich abgrenzen müssen oder

glauben, es zu müssen. Das Programm, das wir noch beschließen werden, ist eine eindeutige Aussage über unsere Ziele. Wer gegen diese Ziele verstößt, kann auch laut Satzung ausgeschlossen werden. Das genügt vollkommen, um Leute, die uns also mißbrauchen wollen, uns als Trittbrett benutzen wollen, auszuschließen. (...)

Wilhelm Knabe (Präs.): Jetzt kommt die Variante B-2, das ist also die Variante Nordrhein-Westfalen, Bernd Köppl.

Bernd Köppl (AL Berlin): Ja, ich bin von der AL Berlin und heiße Bernd Köppl. Ihr dürft euch nicht wundern, daß von der AL Berlin sowohl B-1 unterstützt wird als auch der NRW-Vorschlag, weil wir der Meinung sind, daß letztendlich, auch wenn wir im Prinzip B-1 unterstützen, das heißt keine Unvereinbarkeitsbeschlüsse für richtig halten, wir es trotzdem auch für richtig halten in Anbetracht des realen Kräfteverhältnisses, wie wir sie hier vorfinden, und der beiden Gruppen, die in dieser Versammlung fast unversöhnlich aufeinanderstoßen, gleichzeitig eine Kompromißbereitschaft zu zeigen, die es ermöglicht, ähnlich wie es der NRW-Vorschlag vorsieht, zu einem vernünftigen und tragfähigen – und ich meine wirklich für alle tragbaren – Kompromiß zu kommen. *(Beifall)*

Lippelt hat zwar am Anfang gesagt, man kann nicht auf zwei Hochzeiten tanzen, und dafür viel Beifall erhalten. Aus meiner Erfahrung in Berlin kann ich aber nur sagen, also dieses Problem haben wir jedenfalls mit den KPD-Mitgliedern nicht gehabt. Nun wissen wir alle, mit der KPD ist es nicht mehr so weit her, und vielleicht wird sie auch bald nicht mehr existieren. Aber trotzdem hat uns unser Beschluß, daß wir gesagt haben, wir machen keine Unvereinbarkeitsbeschlüsse, in einem anderen Punkt ganz wesentlich geholfen, und zwar in dem Punkt, daß wir in der Lage sind, mit Leuten zusammenzuarbeiten, die in der SPD, die in der FDP, die auch teilweise in der CDU sind. *(vereinzelt Beifall)*

Und wir haben ganz reale Erfahrungen damit gemacht, daß sie teilweise über ein halbes Jahr in Basisorganisationen mit uns zusammengearbeitet haben und trotzdem formal in ihrer alten Partei geblieben sind und nach 'nem halben Jahr teilweise ihr Parteibuch weggeschmissen haben und gesagt haben, damit wollen wir nichts mehr zu tun haben, wir arbeiten bei der AL mit. Und ich finde, wenn diese Möglichkeit nicht mehr möglich ist, dann begeben wir uns einer ganz realen Chance, kräftiger und stärker zu werden. *(großer Beifall)*

Außerdem sollte man bedenken, wenn man unbedingt für diese Unvereinbarkeitsbeschlüsse ist – als kleinen polemischen Schlenker –, wie lang denn Herr Gruhl gebraucht hat, um aus der CDU auszutreten! *(Beifall, Heiterkeit)*

Aber trotzdem, auch wenn diese positiven Erfahrungen vorliegen, gibt es hier in der Versammlung starke Gruppen, die auch mit so einem Redebeitrag nicht mehr zu einem Kompromiß auf Bundesebene in der Lage sind. Und deswegen unterstütze ich hier diesen NRW-Vorschlag. Es gibt einfach hier starke Gruppen, die in dem Vorschlag auf der Bundesebene so diametral gegenüberstehen, daß es mir scheint, da kann man sich einfach nicht mehr einigen. Und ich appelliere da wirklich an beide – *(er wird an die Redezeit erinnnert)* – sowohl an die linken Kräfte hier im Saal als auch an diese anderen Kräfte. Beide Gruppen werden wahrscheinlich bei diesem NRW-Beschluß Bauchschmerzen haben, die einen mehr, die anderen weniger. Aber ich finde, wenn beide Bauchschmerzen haben, dann ist das auch 'ne Chance, da zu 'nem vernünftigen Kompromiß zu kommen. Und in diesem Sinne finde ich: Bauchschmerzen für beide! Der Schritt nach vorne, und für die NRW-Empfehlung! *(großer Beifall)*

Wilhelm Knabe legt Namen und Reihenfolge der Redner fest, damit dies nicht nachträglich angefochten werden kann. Dann beginnt die zweite Runde.

Freya Scholing (Lüneburg): Ich möchte mich erst vorstellen, und zwar in Kurzform. Mein Name ist Freya Scholing, Jahrgang 1912, Geschlecht Frau, Kreisverband Lüneburg/Niedersachsen. Zu A-2 möchte ich feststellen, daß ich diese Stellungnahme, die ich abgebe, daß wir nach dieser Stellungnahme mit Erfolg zweimal im Wahlkampf gestanden haben. Bei der Landtagswahl Niedersachsen haben wir 6,8 Prozent bekommen in Lüneburg und bei der Europawahl 5,8 Prozent. *(Beifall)*

Ich habe das punktweise aufgeführt, damit das schnell geht. Zweitens möchte ich endlich mal die Frage stellen, endlich mal: Wir reden immer von Basisdemokratie; wer ist denn eigentlich die Basis? Die Basis in meinen Augen, das sind die Menschen, die uns wählen und gewählt haben, und die Menschen, die uns wählen sollen! *(Beifall)*

Danach müssen wir uns richten in allem, was wir tun! Und zwar hat die Basis nach meiner Ansicht das Recht zu wissen, wer Mitglied bei den GRÜNEN ist, erstens *(Zwischenruf: »Die Grünen!«)* – zweitens, wo dieser steht und was er vertritt. Das gilt vor allen Dingen bei der Aufstellung von Delegierten und Kandidaten.

Viertens. Die Ablehnung von Doppelmitgliedschaft ist auf keinen Fall – und das möchte ich feststellen – eine Diskriminierung anderer Parteien oder anderer Gruppen. *(Beifall)* Ich möchte weiter feststellen – und das kann man belegen, denn auch in meinem Briefkasten haben des auf öfteren Zettel gestanden: Pfui, ihr seid Kommunisten! Ich möchte also feststellen, das Feindbild »Kommunist« darf es bei uns nicht geben! *(Beifall)*

Weiter möchte ich aber unter Beweis stellen, daß wir so handeln, vorschlagen, daß im Paragraph 2 ganz fest mit eingebaut wird, keine Doppelmitgliedschaft, aber die Bereitschaft, mit allen –

Das Präsidium ermahnt sie, zum Schluß zu kommen.

Darf ich noch einen Schlußsatz sagen? Ich möchte sagen, daß, wer sich nach der Zusammenarbeit mit uns nicht entschließt, Mitglied zu werden, der soll in der alten Partei bleiben, ohne daß wir ihm irgendwie das verwehren oder gern übelnehmen, denn es handelt sich ja um eine ehrliche Entscheidung. Denn – das möchte ich abschließend jetzt feststellen – wir GRÜNEN sind die Alternative. Und zwar die Alternative zu allen bestehenden Parteien. *(Beifall)*

Warum dann eigentlich die Doppelmitgliedschaft? *(Beifall)*

Es wird Rederecht für Bernd Schorn beantragt, der nicht Mitglied der SPV DIE GRÜNEN ist.

Klaus Wolschner (Berlin): Ich möchte diesen GO-Antrag ganz kurz begründen. Bernd Schorn ist Mitglied der Alternativen Liste Bremen. Er hat den Antrag gestellt, bei den GRÜNEN eintreten zu dürfen in Bremen. Er ist abgelehnt worden mit der einzigen Begründung, er sei Mitglied der Alternativen Liste. Ich glaube – *(Pfiffe, Buhrufe)* – das ist ein so schwerwiegender Fall und so zentraler Fall für unsere Diskussion hier, daß wir ihm die Möglichkeit geben sollten, das darzustellen. *(Beifall)*
Bernd Vogel (Bremen): Ich möchte ganz kurz mit einem Satz nur dagegensprechen. Wir haben die Mitgliedschaft von Bernd Schorn bei den GRÜNEN deswegen abgelehnt, weil er als einer der Spitzenkandidaten der Alternativen Liste uns im Wahlkampf mit Gift und Galle überschüttet hat. *(Buhrufe, Pfiffe, vereinzelt Beifall)*
Und auch – liebe Freunde, auch wenn ihr jetzt buht, ich verstehe unter einem politischen Stil nicht Diffamierungen, wie sie haufenweise in Bremen vorgekommen sind, auch nach der Wahl, wo die Alternative Liste sich nicht von distanziert hat. Sondern ich verstehe unter einem politischen neuen Stil bei den GRÜNEN, daß man sich an einen Tisch setzt und miteinander redet, aber nicht in der Presse diffamierende Ergüsse von sich gibt!
Bernd Schorn erhält Rederecht.
Bernd Schorn (AL Bremen): Gut. Ich möchte mich zunächst noch mal bedanken für das Rederecht und folgendes zu sagen. Diese Variation, die in Bremen durchgeführt worden ist, ist neu, sie steht in keiner Satzung. Der Inhalt ist eben kurz referiert worden. Ich hab meinen Antrag gestellt in Bonn, Mitglied der GRÜNEN zu werden, und dieser Antrag ist von dem Bremer Landesverband bzw. dem Vorstand abgelehnt worden. Begründung: Ich sei Mitglied in der Alternativen Liste. Das bin ich auch, das trifft soweit zu! Ich will in dieser Frage kein weiteres Öl ins Feuer gießen. Ich finde, man muß überlegen, was man will. Und ich will keine – das habe ich auch in Bremen immer gesagt –, will keine idiotische Konfrontation zwischen dem einen und dem anderen Flügel in der Umweltschutzbewegung, sondern ich will, daß wir da endlich zusammenarbeiten und daß wir weder die demokratischen noch die Umweltforderungen auseinanderdividieren lassen. Und dazu müssen wir zusammenarbeiten! *(Beifall)*
Was uns in Bremen – und das insbesondere nach der Wahl – diese Zusammenarbeit erschwert, ist die Situation der absoluten Nichtkommunikation. Es gibt keine vernünftigen Diskussionen und Gespräche mehr. Und die Gespräche, die laufen, die laufen gerade über diesen ganzen Unsinn von Doppelmitgliedschaft, von Gerüchten, die da und da ausgestreut werden, über die nachher kein Mensch mehr rational entscheiden kann, wo nur noch Stimmung gemacht wird, auf beiden Seiten – das geb ich zu –, wo aber im Resultat nichts anderes herauskommt als eine Diskreditierung dieser gesamten Umweltschutzbewegung und wo bei den GRÜNEN, bei den Bremer GRÜNEN, im Augenblick die Tendenz vorherrscht, diese Abgrenzung aus kurzfristigen wahltaktischen Gründen weiter zu treiben. Ich möchte da vor einem Punkt warnen: Kommunisten sind in der Bundesrepublik seit 20 oder 30 Jahren immer diejenigen genannt worden, die eine grundsätzliche Kritik an diesem System

und an dieser politischen Entwicklung hatten – egal, ob sie sich nun in einzelnen Fragen klar distanziert haben, von der Sowjetunion, von der DDR oder von sonstwas, dieses Schreckgespenst des Kommunismus ist bei uns allemal benutzt worden, um jede politische Alternative von vornherein zu diskreditieren! *(großer Beifall; die Redezeit ist abgelaufen)*

Was uns weiterhilft, ist nicht diese unsinnige Diskussion, die Etikettierung, die die inhaltliche Auseinandersetzung ersetzt, sondern was uns weiterhilft, ist zu überlegen: Welche konkreten gesellschaftlichen Veränderungen – *(er wird noch einmal ermahnt)* – brauchen wir heute, um unsere Umweltprobleme und unsere demokratischen Probleme zu lösen? Und dazu sind wir diejenigen, die gemeinsam vorgehen müssen! Deshalb bin ich dafür, daß diese Debatte heute in dem Sinne gelöst wird, daß keine Abgrenzung vorgenommen wird, sondern daß der Prozeß offengehalten wird für 'n gemeinsames Vorgehen! *(Beifall)*

Der nächste Redner spricht für den Entwurf B-2.

Uwe Carstensen (Köln): Hier ist vorhin gesagt worden, ziemlich zu Anfang, man kann nicht auf zwei Hochzeiten tanzen. Ich glaube, daß es so nicht richtig ist, weil die vergangenen Jahre schon bewiesen haben – und selbst, möchte ich auch sagen, Bahro hat es bewiesen in seinen Vorstellungen –, daß sich Marxismus und Ökologie nicht ausschließen, sondern daß es sehr viele und große Gemeinsamkeiten gibt, und daß aus dem Grunde ich – und das möchte ich auch sagen – als Mitglied einer K-Gruppe, nämlich der KPD, sagen kann, daß wir uns eingesetzt haben und versucht haben, an dem Aufbau der Anti-AKW-Bewegung konstruktiv teilzunehmen. Gleichzeitig muß ich sagen, daß wir auch – und das gilt wohl für 'n großen Teil der Linken und ist kein Geheimnis mehr – die Fragen der Ökologie in der Vergangenheit vernachlässigt haben, nicht hoch genug eingeschätzt haben und von den GRÜNEN und Ökologen viel haben lernen müssen, runterkommen müssen auch von Vorstellungen des Primats der Ökonomie und die Ökologie nicht richtig zu beachten. *(Beifall)*

Und wenn man den Programmentwurf sieht von der KPD aus, so müssen wir sagen, daß es eine sehr konstruktive Diskussion in den letzten Monaten gegeben hat, und dies Ausdruck davon ist, daß dieser Programmentwurf verhältnismäßig und für uns erstaunlich gut ausgefallen ist.

Zweitens möchte ich sagen zu der Fernsteuerung: Es wird oft gesagt, ihr habt kein richtiges Demokratieverständnis. Wir sind heute soweit, was die KPD betrifft –

Christine Bernbacher (Präs.): Die Redezeit ist zu Ende!

(Unruhe, Widerspruch – Wilhelm Knabe: »Mach du das weiter!« – Christine Bernbacher: »Nein. Ja, Redezeit ist zu Ende!« – Wilhelm Knabe: »Mach du das weiter jetzt!«)

Uwe Carstensen (Köln): Es ist leider – ich würde nur einige Sätze noch sagen – es ist leider so, daß bisher noch gar kein Betroffener gesprochen hat, und ich würde bitten, daß ich das gestrafft zu Ende führen kann! *(Beifall)*

Das Präsidium entzieht Uwe Carstensen das Wort. Als der dennoch weiterredet, entsteht ein heftiger Wortwechsel. Das Plenum reagiert mit Unruhe und Pfiffen. Schließlich wird Uwe Carstensen das Mikrofon abgestellt. Das Präsidium bittet um eine Stoppuhr. Norbert Mann soll für die Variante A-1 sprechen, doch als er anfängt, wird er unterbrochen.

Wilhelm Knabe (Präs.): Moment! Ich bitte um folgendes: Die Zeit war hier gemessen worden. Mir sagt der Rundfunkreporter, daß Uwe Carstensen keine drei Minuten gesprochen hat, sondern nur zwei Minuten! *(großer Beifall)*

Die Zeit ist dann falsch gemessen worden! Infolgedessen hat Uwe Carstensen noch die Möglichkeit, diese Minute zu sprechen. Das ist hier am Band, am Tonband aufgenommen worden, die Minuten exakt! *(Beifall, Zuruf: »Die Freya hat viel länger geredet!« – Unruhe)*

Uwe Carstensen (Köln): Ich möchte jetzt nur noch was zum Demokratieverständnis der Kommunisten sagen. Erstens: Wir sind grundlegend dagegen, daß solche Ausgrenzung gemacht wird. Wir sind gleichzeitig für Einheit. Deswegen haben wir in Nordrhein-Westfalen unterstützt, daß die Kreisverbände autonom darüber entscheiden, wenn sie Mitglieder aufnehmen, weil man akzeptieren muß, daß es in den unterschiedlichen Städten unterschiedliche Erfahrungen mit Kommunisten gibt, und ich als Kommunist auch akzeptieren muß, wenn jemand anders schlechte Erfahrungen gemacht hat und vorläufig erst mal also gegen Doppelmitgliedschaft eintritt. Und wenn ich das ernst nehme, mit unterschiedlichen Richtungen zusammenzuarbeiten, dann trete ich jetzt auch, obwohl ich grundsätzlich schon für die Doppelmitgliedschaft bin –

(Wilhelm Knabe: »Die Minute ist jetzt vorbei.«)

– trete ich dafür ein, daß der NRW-Vorschlag angenommen wird, damit niemandem was aufgezwungen wird, nicht in Bayern, nicht in Baden-Württemberg, aber auch nicht in Nordrhein-Westfalen bitte! *(großer Beifall)*

Norbert Mann beginnt sein Plädoyer für die Variante A-1.

Norbert Mann (Mülheim/Ruhr): (...) um damit anzufangen: Ich bin gegen Doppelmitgliedschaft! *(Beifall)*

Ich bin aber auch gegen Unvereinbarkeitsbeschlüsse, und ich bin trotzdem für die Variante A-1 oder für die Variante A-2 und keine der B-Varianten. Und ich darf das jetzt kurz begründen! »Mitglied der Partei kann jeder werden, der sich zu den Grundsätzen der Partei und ihrem Programm bekennt und keiner anderen Partei angehört.« Insoweit stimmen A-1 und A-2 überein. Das heißt also, wenn man beitritt, und das kann man also ganz nüchtern und ruhig sagen, dann bekennt man sich zunächst einmal inhaltlich zu den Grundsätzen und zu dem Programm. Und auf der anderen Seite aber gibt man mit der Beitrittserklärung, wie Rudolf Bahro das eben getan hat, kund, daß man loyal und ehrlich für diese Grundsätze, für dieses Programm in der Öffentlichkeit eintritt. Für mich ist das nicht möglich – ich bezeichne das sehr oft als politische Schizophrenie –, wenn ich wie Uwe Carstensen noch in der KPD Mitglied bin. Ich halte das einfach für ausgeschlossen, gleichzeitig in der KPD für Inhalt und Programm aufzutreten *(Beifall)* und gleichzeitig bei den GRÜNEN in der Öffentlichkeit und dann an die Bevölkerung heranzutreten! *(anhaltender Beifall, vereinzelt Pfiffe)*

Ich darf weiter fortfahren im Text A-1. »Die im Satz 1 getroffene Regelung berührt nicht die Mitgliedschaft in Wählergemeinschaften und Wählergruppen.« Ich bin selbst Mitglied einer solchen Wählergruppe in Mülheim. Ich sitze in der Bezirksvertretung, von 2 000 Menschen gewählt. Ich meine allerdings, daß der Begriff der Partei im Parteienrecht eindeutig ist und daß das –

Wilhelm Knabe (Präs.): Die Redezeit ist zu Ende! Bitte zum Schluß kommen!

Norbert Mann (Mülheim/Ruhr): – eigentlich eine deklaratorische Wiederholung ist. Deswegen kann es wegbleiben! Ich bin der Meinung, daß der Absatz 2 eigentlich viel klarer ist, weil es nämlich bedeutet in A-1, daß auf Landesebene die obersten Organe, nämlich die Landesparteitage oder Landesversammlungen, entscheiden, ob man Mitglied einer politischen Organisation sein kann, die zu den Zielen der GRÜNEN im Widerspruch steht. Wenn wir das aber offenlassen, wie die Variante A-2 das beinhaltet, so vermute ich, werden – *(Wilhelm Knabe: »Nein, zweieinhalb Minuten!«)* – die Landesversammlungen ohnehin solche Regelungen treffen. Deswegen mein Votum: Ich bin für A-1 und ich bin für A-2, aber ich bin gegen B! *(Pfiffe, Unruhe)*

Das Präsidium hat inzwischen eine Stoppuhr. Der letzte Redner für A-2 bekommt das Wort.

Wolf-Dieter Hasenclever (Tübingen): Ich möc[1]][06]hte zunächst mit einigen, jetzt doch etwas aufgekommenen und emotionalisierten Mißverständnissen aufräumen. Es geht nicht um Unvereinbarkeit mit irgendwelchen Gruppen oder Weltanschauungen. Es geht sicher nicht, so wie Rudolf Bahro das vielleicht ein bißchen mißverständlich formuliert hat, um die Ausgrenzung von grünen Sozialisten. Das kann es nicht geben, das darf es nicht geben, sondern ganz im Gegenteil brauchen wir die grünen Sozialisten ganz lebensnotwendig für unsere grüne Bewegung! *(Beifall)*

Es geht zum ersten Mal hier eigentlich um eine ganz wesentliche Frage politischer Klugheit. Es geht nämlich darum, zu zeigen, daß diese GRÜNEN in der Organisation handlungsfähig sind. *(vereinzelt Beifall)*

Es geht darum, eine Spaltung zu vermeiden. Es geht darum, zu zeigen, und dem Wähler, dem Bürger, dem einfachen Bürger, gerad' dem auf dem Lande – und ich komme aus einem Flächenstaat, der einen Wahlkampf vor sich hat –, zu zeigen, diese GRÜNEN sind in der Lage, sich organisatorisch als eine Partei darzustellen und nicht als ein Konglomerat aus irgendwelchen anderen Parteien – *(Zuruf: »Bravo!«)* –, und kein Mensch weiß mehr, wem er eigentlich verantwortlich ist! *(großer Beifall)*

Dies aber, liebe Freunde, vor dem Hintergrund des Gedankens der Einheit in der Vielfalt. Jeder soll die Chance haben bei den GRÜNEN, über das, was das Grüne ausmacht, seine politischen Vorstellungen, seine Utopie deutlich zu machen, etwa in Form von Arbeitsgemeinschaften. Und das ist doch nun alles andere als eine Ausgrenzungspolitik, sondern das ist eine Politik der Einheit in der Vielfalt, die, wie ich meine, eine neue politische Dimension in die Bundesrepublik wirklich einführen kann. Aber dazu müssen wir uns vermittelbar machen, dafür müssen wir verständlich bleiben. Und deshalb bitte ich, der Variante A-2, nämlich dem Verbot der Doppelmitgliedschaft mit Wahlapparaten, mit Parteien, zuzustimmen! *(Beifall)*

Wilhelm Knabe (Präs.): Das war exakt die Zeit! Vielen Dank, Dieter Hasenclever! So, jetzt kommen wir – das war A-2 – zu B-1.

Dieter Burgmann (Nürnberg): Ich bin seit 15 Jahren in der AUD, in einer politischen Partei, tätig, in der es keine Abgrenzung gegeben hat, in der es eigentlich nie Schwierigkeiten mit Unterwanderung gegeben hat, obwohl natürlich auch dort Leute kamen, die versucht haben, aus dieser Partei etwas anderes zu machen! Aber ich seh in jeder Abgrenzung letztlich doch eine Angst, eine Angst vor dem anderen, eine Berührungsangst, die irgendwie doch eine schlechte Grundlage für eine politische Gemeinschaft ist. *(Beifall)*

Und ich finde, daß ein solcher Beschluß der Abgrenzung auch letztlich untauglich sein muß. Denn wir werden jederzeit von allen Seiten alle möglichen Leute auf uns anziehen, und das um so mehr, je mehr wir Erfolg haben. Wir werden all die vielen Opportunisten – und auch die vielen Leute, die nach Posten suchen, werden zu uns kommen. Und wie wollen Sie sich von denen abgrenzen mit irgendwelchen Beschlüssen! Solche Beschlüsse, solche Abgrenzungen lassen sich mit Formalitäten nicht regeln. *(Beifall)*

Und wie wollen Sie sich gar von den sonstigen politischen Organisationen eingrenzen, in welcher Art wollen Sie hier definieren, welche politische Organisation wirklich nicht vereinbar ist! Wollen Sie vielleicht die Gewerkschaften ausschließen, weil sie zum Beispiel gegen Atomkraftwerke sind? Und darf ich dann als Gewerkschaftler nicht mehr bei den GRÜNEN mitarbeiten? Ich bitte, hier in dieser Abgrenzung, da liegt eine Menge Sprengstoff, und es liegt vor allem die Gefahr drin, daß es praktisch gar nicht durchführbar ist. Wir müßten ein System von Untersuchungen durchführen, wer in welcher Organisation ist und ob und in welcher Weise diese Organisation mit uns übereinstimmt. Wir dürfen uns nicht abgrenzen, sondern wir müssen uns mit unseren Freunden und mit unseren Gegnern politisch positiv auseinandersetzen. Und wir dürfen die politischen Probleme nicht bürokratisch regeln. *(Beifall)*

Wir müssen im Gespräch, in der Diskussion feststellen, wer mit unseren Zielen und Vorstellungen übereinstimmt und wer nicht. Wir müssen das nachvollziehen, was wir in den Bürgerinitiativen praktiziert haben. Da haben wir die Probleme ja auch gehabt. Wir haben das Problem der Auseinandersetzung um die Frage der Gewalt gehabt. Und es ist uns gelungen, diese Frage der Gewalt in den Bürgerinitiativen inzwischen zu lösen und zu einem gewaltfreien Handeln in diesen Bürgerinitiativen zu kommen. Wir haben durch die Diskussionen einen gewaltfreien Kurs hier erfolgreich durchgeführt. Und ich bitte euch alle hier, ich verstehe die Ängste, die hier vorhanden sind, die Sorgen, vor allem bei den älteren Kollegen, die uns jahrzehntelang eingetrimmt sind vor den Kommunisten, vor den Roten. Ich bitte aber doch, hier etwas mehr Vertrauen zu haben in die Jüngeren, die in der Auseinandersetzung mit den Bürgerinitiativen gezeigt haben, daß man durch politische Diskussion weiterkommen kann als durch Abgrenzung, daß man nämlich statt hier zum Ausschluß zur Vielfalt, zu großen Gemeinsamkeiten kommen kann!

Ich bitte also um mehr Vertrauen und mehr Selbstvertrauen. Und ich bitte hier vor allem darum, daß man Grundsatzentscheidungen, und darum handelt es sich hier, nicht nach wahltaktischen Gesichtspunkten entscheidet, sondern daß man hier – *(großer Beifall; die Redezeit ist abgelaufen)* – keine formalen Angrenzungen trifft, sondern daß man hier jeden akzeptiert, der sich voll hinter die Ziele der GRÜNEN stellt! *(großer Beifall)*

Ein weiterer, nachträglich gemeldeter Gastredner für A-1 wird abgelehnt. Es folgt der letzte Redner für B-2.

Hermann Schulz (Köln): Liebe Freunde! Wir sind alle nach Karlsruhe gekommen, um heute und morgen eine Partei zu gründen. Wir sind aber auch alle hierhergekommen, weil wir eine Vergangenheit hierhergebracht haben, eine Vergangenheit, die sehr vielfältig gewesen ist. Wir sind mit Hoffen und mit Bangen hierhergekommen, mit der Hoffnung, daß wir ab morgen, ab übermorgen in unsere Länder zurückkehren und zur Arbeit schreiten, daß wir aus dem Gründungsstadium in das produktive Stadium einer wirklichen politischen Arbeit fortschreiten. *(Beifall)*

Ich bitte euch, einmal sich vorzustellen, jeden einzelnen, er stünde jetzt in diesem Augenblick hier oben. Die Spannung ist im Augenblick auf dem Siedepunkt. Das ist der letzte Beitrag! Ich bitte euch das einmal zu überlegen, was es bedeutet, wenn jetzt eine Minorität nach der Abstimmung hier herausgehen wird und wird frustriert sein, frustriert für die nächsten Monate. Ich spreche hier auch im Namen des Landesvorstands Nordrhein-Westfalen. Wir haben im Dezember eine Partei auf Landesbasis gegründet. Wir haben sie in offener Gründung zustande gebracht. Wir haben uns gefreut, wir haben minutenlang uns gefreut, in Ovationen gefreut. Und das ist ein Fakt, den wir gesetzt haben in einem Bundesland. Wir wissen, daß im Frühjahr in Baden-Württemberg eine Landtagswahl ansteht. Wir werden kurz darauf in Nordrhein-Westfalen eine Wahl zu bestehen haben. Und wir wissen darum, daß diese beiden Wahlen Testwahlen sein werden für die Bundestagswahl. Aber wir wissen auch, daß wir als GRÜNE nicht nur eine Partei sein wollen, sondern wir wollen das sein, als das wir angetreten sind: die grüne Bewegung! *(Beifall)*

Ich bin hierhergekommen wie zu vielen anderen Versammlungen. Und auch hier habe ich alte Freunde überraschend wiedergefunden. Nicht Parteifreunde, ich gehöre keiner Partei an, sondern Menschen, die mit mir verbunden waren oder die ich aus anderen Zusammenhängen gekannt habe. Auch du ein Grüner! Ihr alle werdet solche Erfahrungen gemacht haben. Und jetzt bitte ich, folgendes zu überlegen. Das, was uns hier zusammengeführt hat, ist nicht der Glaube, daß wir mit 5 Prozent ein Atomprogramm morgen stoppen werden – *(die Redezeit ist bald um)* Moment! Wir werden in den Bundestag kommen, wenn wir in dem Sinne uns als das verstehen, was wir immer gewesen sind: nicht eine Partei, sondern eine Alternative zum Parteiwesen. *(Beifall)*

Das ist der Sinn unseres Antrags, und in diesem Sinne bitte ich zu überlegen, ob wir nicht einen Kompromiß finden, der denjenigen, die schon angetreten sind, und das ist auch Nordrhein-Westfalen, genau wie Baden-Württemberg, die Chance zum politischen Überleben morgen und übermorgen läßt! *(Beifall)*

Wieder beginnt eine längere, über weite Strecken von Unruhe und Widersprüchen gekennzeichnete Debatte über das Abstimmungsverfahren. Schriftliche Abstimmung wird abgelehnt, nicht zuletzt, da nicht ausgeschlossen werden kann, daß Gäste und andere Nichtstimmberechtigte mitmischen. Schließlich einigt man sich: Über alle vier Vorschläge werden Meinungsbilder erstellt, die beiden Gewinner aus A-1 und A-2 bzw. B-1 und B-2 kommen in die Endausscheidung.

Die vier Varianten werden noch einmal vorgestellt, dann beginnt die Abstimmung. Ein Grüner regt an, den Abstimmungssieg – nach britischem Vorbild – nicht durch Klatschen zu feiern. Der Vorschlag wird angenommen.

Dann gibt Wilhelm Knabe das Ergebnis bekannt: Für Vorschlag A-1 stimmten 282, für A-2 566, für B-1 366 und für B-2 470 Delegierte. Die Entwürfe A-2 und B-2 gehen in die Stichwahl. Um Anfechtungen zu vermeiden, müssen die Zähler die Stimmkarten markieren. Wenige Minuten vor 22 Uhr steht das Ergebnis fest:

Wilhelm Knabe (Präs.): So, jetzt bitte ich alle auf dem Podium hier oben Platz zu nehmen! Wer hier oben hingehört, bitte ich Platz zu nehmen und nicht in der Gegend herumzustehen. *(Unruhe)* (. . .) Könnt ihr euch nicht hinsetzen? – Ich darf das Schlußergebnis vorlesen. Bekannt ist schon offiziell, daß es sechs Enthaltungen gegeben hat. *(Heiterkeit, vereinzelt Beifall)*

Nicht bekannt ist, daß für die Lösung A-2 548 Delegierte gestimmt haben. Das ist die absolute Mehrheit! *(Pfuirufe, Pfiffe)*

Für die Lösung B-2 haben 414 Delegierte gestimmt. Damit ist die Variante A-2 des Paragraph 2 der Satzung wie in der Vorstandsempfehlung angenommen worden. Damit beende ich die heutige Sitzung. Wir vertagen uns auf morgen 9 Uhr . . .

Sonntag, 13. Januar 1980
2. Plenarsitzung
Beginn: 9.10 Uhr

Helmut Horst (Präs.): Ich bitte euch Platz zu nehmen, damit wir anfangen können. Es ist jetzt zehn nach neun! – Es gibt immer noch Delegierte, die noch nicht an ihrem Platz sitzen. Wir können hier mit dem Herumlaufen nicht diskutieren! *(Zurufe: »Anfangen! Anfangen!«)*
(. . .) Das Präsidium hat sich heute nacht noch ein paar Überlegungen gemacht, um hier für einen zügigen Ablauf des zweiten Tages zu sorgen. Wir geben euch also folgende Vorschläge und Überlegungen zur Orientierung mit, und ihr solltet auch zuhören, damit nachher dann nicht gefragt wird, was ist denn da am Anfang gesagt worden.
Erster Punkt: Wir sind hier nach Karlsruhe gekommen, um eine Partei zu gründen. *(Beifall)* Dieser Gründungsakt ist nach dem Verlauf des gestrigen Tages gefährdet. Gleichwohl erscheint uns die Gründung trotzdem noch möglich zu sein. Wir liegen in der Zeitplanung weit zurück! Wir hatten also gestern um 16 Uhr eigentlich vorgesehen, die Schlußabstimmung zu machen! Bisher haben wir die Paragraphen 1 und 2 der Satzung geschafft. Die heutige Diskussionsleitung steht vor der unangenehmen Aufgabe, diesen Zeitverlust nun wieder reinzuholen. Schaffen kann sie es nur, wenn also auch die Versammlung als Ganze – und da eigentlich jeder einzelne – bereit ist, heute äußerste Disziplin zu wahren! *(vereinzelt Beifall)*
Wir haben noch drei Komplexe zu schaffen: die Satzung, das Programm und die Vorstandswahl. Wir haben folgende Zeitorientierung ins Auge gefaßt: Wir wollen die Satzungs- und die Programmdiskussion am Vormittag machen und am Nachmittag dann die Wahlen. Wir halten es nicht für sinnvoll, einen Zeitvorschlag hier jetzt zur Diskussion zu stellen, weil es darüber eine Diskussion gibt, die Zeit kostet. Und nachher kann ein detaillierter Zeitplan ohnehin nicht eingehalten werden. Aber ihr solltet diese grobe Planung im Hinterkopf behalten. Um 17 Uhr jedenfalls muß hier Schluß sein. Es gibt hier schon verschiedene Geschäftsordnungsanträge, die sagen, 16.30 Uhr oder 17 Uhr müssen sie zu ihrem Zug und können also nicht länger tagen. Wir sollten also auch das berücksichtigen, daß länger als bis 17 Uhr hier nicht getagt werden kann! *(Beifall)*
Damit das eben Vorgestellte auch erreicht werden kann, wollen wir verhindern, daß nicht wieder heute aufwendige Geschäftsordnungsdebatten stattfinden. Um das noch mal klar zu sagen: Ziel eines Geschäftsordnungsantrages ist es, eine Vereinfachung der Diskussion und der Abstimmung zu erreichen. Häufig aber werden hier Geschäftsordnungsanträge eingebracht, die eigentlich das Ganze nur verwirren und dann Zeit kosten. Soweit die allgemeinen Vorbemerkungen. Jetzt die speziellen Bemerkungen zu unserem Tagesordnungspunkt »Satzung«, in dem wir ja sind. Bevor ich jetzt den Paragraph 3 aufrufe, auch hier eine kurze Orientierung.

Das Präsidium hat sich überlegt, daß es sich heute sehr viel schärfer als bisher an dem ja wochenlang diskutierten Vorschlag der Satzungskommission orientieren will. *(großer Beifall)*
Es werden also nach einer Vorstellung durch einen Vertreter der Satzungskommission nur in Ausnahmefällen Anträge zugelassen, die eine Abänderung vorsehen. *(Beifall)*
Das bedeutet, daß in der Regel, also bei den nicht als besonders kontrovers eingeschätzten Paragraphen, sehr schnell zur Abstimmung geschritten werden kann. Und ihr solltet auch sehen, daß ihr eure Alternativvorschläge wirklich nur bei den wesentlichen Paragraphen einbringt. Da wird dann also auch eine kurze Debatte möglich sein. Ein Geschäftsordnungsantrag, wie er hier vorgelegt worden ist, en bloc abzustimmen, scheint uns nicht zweckmäßig zu sein, denn man kann Paragraphen nicht en bloc abstimmen. Man muß schon jeden einzelnen Paragraphen aufrufen. Ihr könnt ja alles dazu beitragen, daß wir dann schnell zur Abstimmung kommen! Um euch dieses schnelle Verfahren also auch schmackhaft zu machen, haben wir überlegt, daß wir im Paragraph 18 bei den Übergangsbestimmungen einen Passus beschließen sollten, daß die Paragraphen 3 bis 17 auf den nächsten beiden Bundesversammlungen noch mit einfacher Mehrheit verändert werden können. *(Beifall)*
Wir werden ja hier im Paragraph 15 generell beschließen, daß die Satzungsänderungen, wie das ja auch bei Verbänden so üblich ist, nur mit Zweidrittelmehrheiten verändert werden können. Aber unter der speziellen Situation, unter der wir jetzt stehen, wollen wir in der Übergangsregelung eine Öffnung herbeiführen, die es möglich macht, diese Satzungsänderungen, wie gesagt, auf den nächsten beiden Versammlungen noch mit einfacher Mehrheit möglich zu machen. *(Beifall)*
Außerdem soll im Paragraph 18 noch eine genauere Bestimmung stattfinden, daß also mit dem gestern beschlossenen Verbot der Mitgliedschaft in einer anderen Partei nicht Listenverbindungen wie zum Beispiel die Alternative Liste in Berlin gemeint sein können. *(Beifall)*
Es melden sich Delegierte mit persönlichen Erklärungen und Geschäftsordnungsanträgen. Doch die Versammlung beschließt, direkt mit der Abstimmung zu beginnen. Die meisten Paragraphen werden im folgenden relativ zügig abgestimmt. Allerdings müssen sich Präsidium und Plenum mehrfach gegenseitig an den Beschluß erinnern, nur ausgedruckte Anträge zuzulassen. Dennoch gibt es immer wieder Ausnahmen, Anträge, Verwirrung ... Die meisten im Saal wollen die Abstimmung möglichst zügig abschließen. Viele Wortmeldungen und GOs werden deshalb »abgebügelt«.
Helmut Lippelt stellt[1] die Paragraphen vor. Die Paragraphen 3 und 4 regeln Beginn und Beendigung einer Parteimitgliedschaft. Sie werden ohne größere Einwände angenommen. Paragraph 5 bestimmt die Rechte und Pflichten der Mitglieder. Die Ziffern 1–6 von Absatz 1, »Rechte der Mitglieder«, werden ohne längere Diskussionen mit großer Mehrheit angenommen. Als Ziffer 7 schlägt die Satzungskommission vor: »Jedes Mitglied hat das Recht, sich mit anderen Mitgliedern in Fachgruppen eigenständig zu orga-

nisieren, dies gilt insbesondere für Frauen und Minderheiten.« Hieran entzündet sich zum ersten Mal auf diesem Parteitag die Diskussion über die Position der Frauen bei den GRÜNEN.

Klaus-Jürgen Kalaeme (Rendsburg-Eckernförde): Hier ist noch eine Änderung zum Punkt 7, also Ziffer 1 Punkt 7. Und zwar ist es wenig sinnvoll, wenn man die Frauen und die Minderheiten hier in einen Topf wirft. Ich halte es für besser, wenn man diesen Punkt: ». . . dies gilt insbesondere für Frauen und Minderheiten« umformt *(Unruhe)* – und zwar, daß man diese beiden, also »Frauenverbände und Minderheiten-Gruppen«, wenn man das in Klammern setzt. Das ist klarer! *(Unruhe)*

Delegierter N. N.: Gegenrede! Wir wollen ja versuchen, hier 'ne paritätische Satzung zumindest mal durchzubringen. Warum erwähnen wir überhaupt Mann und Frau? *(Zwischenrufe)*

Ich finde, das ist irgendwie 'n Armutszeugnis, wenn es für uns selbst nicht selbstverständlich ist, daß Frauen genauso das Recht wie Männer, genauso das Recht wie Kinder, wie Jugendliche, wie Alte haben, sich zu organisieren in Untergruppen. *(Beifall)*

Jeder soll sich organisieren können in irgendwelchen Arbeitsgruppen. Man braucht es nicht irgendwie extra auszudrücken!

Der Nachsatz wird in der anschließenden Abstimmung gestrichen. Zwei Anträge auf Streichung (Paragraph 5, Absatz 2.2 und Paragraph 5, Absatz 1.7) werden abgelehnt. Paragraph 5 Absatz 2.2 verpflichtet die Mitglieder, »die satzungsgemäß gefaßten Beschlüsse der Parteiorgane anzuerkennen«. Hans I. Herbers hatte angeführt, »daß einzelne Parteibeschlüsse keine Sachen sind, an die man sich unbedingt halten muß, sondern die Grundsatzfragen«. Der Satz sei deshalb undemokratisch. Dann bringt Wolf-Dieter Hasenclever einen Änderungsantrag zu Paragraph 5 Absatz 3 ein . . .

Wolf-Dieter Hasenclever (Tübingen): Wie ich das gestern schon in meinem letzten Beitrag versucht habe zu begründen, halte ich es für wichtig, daß die alternativen Strukturen in unserer Partei nicht verlorengehen, sondern daß wir im Gegenteil jetzt diese Gelegenheit benutzen, *(vereinzelt Beifall)* wirklich alternative Möglichkeiten zu schaffen. (. . .)

Wir stellen uns folgendes vor: Die Programme der GRÜNEN – das ist der Kernpunkt des Antrages, und wir können auf die Absätze 1 und 2 durchaus auch verzichten, also der Kernpunkt ist der Absatz 3 – die Programme der GRÜNEN gliedern sich in zwei Teile. Der erste Teil ist das Programm im engeren Sinne gemäß Paragraph 1 Parteiengesetz. Das braucht man, das ist das normale Parteiprogramm. Und jetzt kommt das Neue, das Alternative – die Vielfalt in der Einheit –, daß im Anschluß daran verschiedene Arbeitsgruppen innerhalb der GRÜNEN, und da hatte ich gestern gesagt, das kann sehr verschiedene Arbeitsgruppen umfassen, das kann sozialistische Arbeitsgruppen umfassen, Arbeitsgruppen der christlichen Richtung usw., die Gelegenheit haben, ihre Zukunftsmodelle der Öffentlichkeit vorzustellen als grüne Arbeitsgruppen, im Anschluß an das Programm im engeren Sinne. Und alles zusammen soll Ausdruck des Willens der GRÜNEN sein. Und ich würde jetzt

sagen, nachdem wir gestern in der Organisation eine Einheit beschlossen haben, wäre es notwendig, heute zu zeigen, daß wir innerlich eine Vielfalt zulassen. *(Beifall)*
Helmut Horst (Präs.): Dagegen spricht Norbert Mann!
Norbert Mann (Mülheim/Ruhr): Lieber Wolf-Dieter Hasenclever, liebe Freunde! Ich habe sehr viel Verständnis für diesen Änderungsantrag. Ich bin allerdings der Meinung, daß die Satzung nur das zu regeln braucht, was zunächst mal unerläßlich ist für eine Parteigründung. (. . .) Ich bin dafür, diese Änderungen nicht in die Satzung reinzunehmen, weil es für uns selbstverständlich ist, wenn wir eine Position einer alternativen Partei vertreten, daß bei uns Minderheitenpositionen zur Geltung kommen. Das braucht man nicht bezüglich Programme ausdrücklich in eine Satzung zu schreiben!
Mit knapper Mehrheit wird die Ergänzung angenommen. Da es immer wieder zu Mißverständnissen kommt, einigt man sich, daß vor jeder Abstimmung der entsprechende Text vorgelesen wird.
Paragraph 6 befaßt sich mit der Gliederung der Organisation. Hierzu werden zwei Anträge auf Erweiterung gestellt. Daß sich die Mitglieder der Landesverbände bundesweit zu Arbeitsgruppen zusammenschließen können, wird abgelehnt; nicht zuletzt, weil Paragraph 6 nur die räumliche Gliederung regeln soll. Ebenfalls abgelehnt wird der Antrag von Eckhard Stratmann aus Nordrhein-Westfalen. Er fordert, daß sich die Verbände – abweichend von den politischen Grenzen – nach sozialen und wirtschaftlichen Strukturen organisieren können. Als Beispiel nennt er das Ruhrgebiet. Diese Möglichkeit ist jedoch im Prinzip durch die Regelung abgedeckt, daß sich Kreisverbände zu einem Bezirksverband zusamnmenschließen können.
Paragraph 6 wird mit großer Mehrheit angenommen. Danach läßt Helmut Horst über den gesamten Paragraphen 5 abstimmen – das hatte er zuvor vergessen. Die Delegierten haben bisher zügig gearbeitet: Es ist kurz nach 10 Uhr.
Nach längerer Diskussion und zwei weiteren GOs beginnt die Debatte zu Paragraph 7: Organe (Bundesorgane). Annette Zmyj meldet sich mit einem Antrag zur Geschäftsordnung. Sie will ein zusätzliches Parteiorgan beantragen: Das Verbot der Doppelmitgliedschaften müsse ja kontrolliert werden . . .
Annette Zmyj (Hochtaunus): Jetzt wollen wir doch bitten, *(anhaltende Unruhe)* diese Kontrolle nicht dem Verfassungsschutz zu überlassen, *(wachsende Unruhe, lautstarke Zwischenrufe und Pfiffe)* auch nicht der Presse, die immer wieder neue Leute bei uns entdecken wird. Ich denke schon mit Schrecken an die CDU-Mitglieder, die da gefunden werden. *(weitere Zwischenrufe)*
Und außerdem möchten wir also folgenden Antrag stellen. – Ich heiße übrigens Annette Zmyj, Kreisverband Hochtaunus. – Wir möchten also beantragen, Schnüffelorgane zu bilden – *(Beifall, »Bravo«-Rufe, Pfiffe)*
Helmut Horst (Präs.): Ich bitte doch sowohl die Versammlung als auch die Rednerin, das hier nicht zu emotionalisieren durch solche Begriffe!
Annette Zmyj (Hochtaunus): Nein! Ein Kreis-Schnüffelorgan brauchen wir, wir brauchen ein Landes-Schnüffelorgan und ein Bundes-Schnüffelorgan! *(großer Bei-*

fall, lautes Gejohle und Pfiffe – Renate Haußleiter: »Das ist doch 'n Witz! Das hat sie doch als Witz gesagt! Ich beantrage Ablehnung, und wir stimmen das ab! Das wird abgestimmt! Das ist ja nur ein Witz. Die will uns doch auf den Arm nehmen!«)

Helmut Horst (Präs.): Kann sich der Beifall da wieder legen? – So, nachdem sich der Beifall gelegt hat, nehmen wir erst mal alle wieder Platz, vor allen Dingen insbesondere hier vorne! Ich rufe die Redner nacheinander auf. Ich bin nicht bereit, hier weiterzudiskutieren mit so 'nem Pulk vor mir, der hier auch Druck auf uns ausübt! Also hinsetzen erst mal! Das gilt für die Freunde, die da weiter hinten stehen! *(Unruhe, Zurufe: »Abstimmen!«)*

So, es geht also weiter in der inhaltlichen Beratung. Ich will vielleicht nur einen Hinweis geben. Dafür, daß das Präsidium sich auch mit dieser Problematik befaßt hat, es sollten also jetzt hier unter diesem Zeitdruck nicht noch zig Organe eingebracht werden, die jetzt hier neu natürlich eine ausführliche Beratung erzwingen müßten. Also wir sollten an dieser Zeitorientierung, die ich anfangs gegeben habe, also auch festhalten. Ich bitte das so allgemein zu berücksichtigen. – So, jetzt also die inhaltlichen Beiträge dafür.

Max Winkler aus München beantragt, in Paragraph 7 folgende Organe vorzusehen: Bundesversammlung, Bundeshauptausschuß, Bundesvorstand, Bundeskontrollrat, Bundesschiedsgericht. Die Organe der Landesverbände und ihre Untergliederungen sollen durch die Satzung der Landesverbände festgelegt werden. Die Bundessatzung soll lediglich die Bundesorgane regeln. Er betont, daß der Bundesvorstand durch höhere Organe kontrolliert werden müsse. Inhaltlich soll das der Paragraph 9 regeln.

Helmut Lippelt stellt fest, daß die Delegierten eine ganze Reihe von Vorschlägen zu beratenden und beschließenden Organen gemacht haben. Er weist darauf hin, daß die Besetzung des Hauptausschusses eng mit der Größe des Bundesvorstands verbunden ist.

Norbert Mann (Mülheim/Ruhr): Ich bin da anderer Meinung als Helmut Lippelt. Und das ist auch gut so, daß innerhalb einer Kommission ja zwei Meinungen da sein können. »Der Bundeshauptausschuß (Ländervertretung) (. . .) ist das oberste Organ zwischen den Bundesversammlungen. Er tritt mindestens einmal pro Vierteljahr zusammen. Seine Beschlüsse sind für den Bundesvorstand bindend.« Das heißt, der Bundeshauptausschuß vertritt uns als normale Mitglieder gegenüber dem Bundesvorstand in Vertretung sozusagen der Parteitage. Ich darf dann vielleicht mal weiter vorlesen: »Der Bundeshauptausschuß besteht aus den Delegierten der Landesverbände und den Mitgliedern des Bundesvorstands.« Absatz 3: »Jeder Landesverband entsendet zwei Delegierte, von denen einer dem Landesvorstand angehören soll« – nicht »muß«. »Übersteigt die Mitgliederzahl am Jahresende 1 000, so entsendet der Landesverband für je angefangene 2 000 Mitglieder einen weiteren Delegierten. Die Delegierten werden von den Landesversammlungen gewählt«, also von unten nach oben. Absatz 4: »Übersteigt die Zahl der Delegierten am Jahresende 40, so setzt die nächste Bundesversammlung den Delegiertenschlüssel neu fest.« (. . .) Wir brauchen ein Organ der mittleren Ebene! Und deswegen plädiere ich hier ganz klar dafür, nach diesem vorliegenden Formulierungsvorschlag in Paragraph 7 einzusetzen den Bundeshauptausschuß. Danke schön! *(Beifall)*

(...)

Helmut Horst (Präs.): Ehe ich dem nächsten Redner das Wort gebe, ist hier ein Geschäftsordnungsantrag schriftlich eingebracht worden. Er scheint mir bemerkenswert, und wir sollten ihn sehr beherzigen. Er ist vorgebracht von Alfred Hauer. Und ich sage, er ist deshalb zu beherzigen, weil ich annehme, daß unser gemeinsamer Konsens immerhin noch in dem Punkt eindeutig ist, daß wir alle für Basisdemokratie eintreten. *(vereinzelt Beifall)*

»Es zeugt nicht von Toleranz im Sinne von Basisdemokratie, daß immer dieselben die Saalmikrofone belagern. *(Beifall)*

Es ist somit weiter rechts oder links Sitzenden nicht möglich, ihre Meinung an entsprechender Stelle zu artikulieren.« *(Beifall)*

Also ich fasse das als Appell auf, daß diejenigen, die hier gern die Mikrofone ergreifen, sich etwas zurückhalten. – So, wir fahren fort in der inhaltlichen Rede. Nachdem ich also zwei Vertretern der Satzungskommission hier das Wort gegeben habe, gebe ich jemand aus dem Plenum ebenfalls noch die Gelegenheit, zu diesem Punkt »Hauptausschuß« zu sprechen. Bitte schön!

Delegierte N. N.: Es geht mir eigentlich mehr um diesen Bundeskontrollausschuß. Ich hab das tatsächlich von hier vorne von diesem Herrn als 'n ernsthaften Antrag verstanden, und ich möchte begründen, warum man diesen Bundeskontrollausschuß ablehnen sollte. Meiner Meinung nach aus zwei Gründen. Erstens kommt mir das hier schon wieder so vor, was wir hier aufbauen, wie 'ne Partei, also wie's die überall ooch gibt. *(Beifall)*

Ich finde, daß man sich wirklich vorsehen muß mit den Strukturen. Natürlich muß man 'ne Partei strukturieren, die so viel Mitglieder hat, ganz unbestreitbar. Aber ich meine, diesen Bundeskontrollausschuß, den brauchen wir wirklich nicht. Wir haben in der Satzung Formulierungen, wo die Mehrheit der Mitglieder überprüfen kann und das Recht hat zu entscheiden, ob sie zufrieden ist mit dem, was der Bundesvorstand macht, oder nicht. Und sie hat die Möglichkeit, mehrheitlich Mitglieder abzuwählen aus dem Bundesvorstand, und alle möglichen anderen Einflußmöglichkeiten auf diese Politik. Und ich bin nicht der Meinung, daß wir da noch 'n Extraorgan schaffen müssen, was sich unserem Einfluß relativ entzieht, weil es sehr weit über uns steht. Um einfach 'n Stück mehr Demokratie wirklich zu behalten, bin ich unbedingt dafür, daß man diesen Bundeskontrollausschuß ablehnen muß. *(großer Beifall)*

Gemäß dem Antrag von Max Winkler wird dann abgestimmt. Die Mehrheit ist für die Einfügung eines Bundeshauptausschusses und gegen einen Bundeskontrollrat. Die Landes-, Kreis- und Ortsorgane werden aus der Bundessatzung gestrichen.

Helmut Horst (Präs.): Es ist jetzt noch vorgeschlagen worden von der Satzungskommission, in einer Ziffer 2 zu den Frauenrechten etwas zu sagen. *(Zwischenrufe)*

Also ich muß doch jetzt erst mal vorlesen! Es ist vorhin noch nicht hier mit eingebracht worden. Ihr könnt ja dann dafür und dagegen sprechen. – Also da steht hier auf der Seite 9 des Papiers, das wir alle haben: »Es wird empfohlen, Frauen paritätisch sowie Minderheiten angemessen zu beteiligen.« Das soll aufgenommen werden als Ziffer 2. Ich bitte die Satzungskommission, das zu begründen, und dann jemanden anders, dagegen zu sprechen.

Helmut Lippelt spricht für die Einfügung. Sie sei allerdings ein Kompromiß. Ursprünglich hätten die Anträge von Frau Plattner beinhaltet, ein entsprechendes Wahlverfahren zu entwickeln. Das habe die Satzungskommission in der Kürze der Zeit nicht geschafft.

Delegierte N. N.: Gegenrede! Erstens: Feste Wahlvorschläge, wie sie nachher unter Paragraph 9 auch noch vorgeführt werden, widersprechen meinem Demokratieempfinden. Also das ist sowieso lächerlich. Zweitens: Gleichberechtigung läßt sich nicht durch Gleichmacherei einführen. *(großer Beifall)*

Also so was erinnert an die Emanzipationsbewegung, die Gleichberechtigung durch Tätigkeit in bestimmten Bereichen ansieht. Drittens: Solange Frauen und Minderheiten in einer Rede genannt werden wie vorhin Frauen, Schwule, Lesben, finde ich das sowieso sinnlos, dadrüber zu diskutieren! *(großer Beifall, Pfiffe, Gejohle)*

Frauen, Schwule, Lesben, was soll das? Viertens: Anzustreben ist eine Klimaveränderung, eine allgemeine Klimaveränderung, die dem weiblichen Element mehr Raum gibt. Das sollte zu einem Prinzip in unserer Partei werden. Dann ist es auch überflüssig, darüber zu reden! *(großer Beifall, Gejohle)*

Fünftens: Frauen – und natürlich selbstverständlich die Männer – sollten dazu mithelfen, daß uns Frauen Möglichkeiten zum Engagement gegeben werden. *(Beifall)*

Das schließt natürlich auch die Übernahme von Ämtern mit ein. Aber ich verlange Möglichkeiten und nicht die prinzipielle Schaffung irgendwelcher Posten. Danke! *(Bravorufe, Pfiffe, großer Beifall)*

Nach Zurufen aus dem Plenum regt das Präsidium an, weitere Frauen zu Wort kommen zu lassen – als Ausnahme, da sich viele Delegierte zu Wort melden. Das Plenum stimmt zu.

Gisela Schöttler: Also es nützt doch überhaupt nichts, hier Paragraphen einzuführen für Frauen, und auf der anderen Seite steh ich 'ne halbe Stunde hier, melde mich zu Wort und werde von 'nem Dutzend Männer hier ständig weggedrängt! *(großer Beifall)*

Sie argumentiert gegen die Einführung des Schiedsgerichts. Da dies schon verabschiedet ist, wird ihr Beitrag nicht behandelt. Christa Leßmann erhält das Wort, wird aber unterbrochen, da sich wieder zu viele auf dem Podium drängeln.

Hannelore Mabry (Förderkreis Feministische Partei, München): Einen Satz! In einer reinen Männermachtgesellschaft – bitte? Nicht an? Ja, na klar, dann wird abgeschaltet!

Helmut Horst (Präs.): Augenblick! Ich habe Ihnen noch nicht das Wort erteilt! – Ich bin nicht bereit, die Verhandlung fortzusetzen, ehe hier nicht dieser Pulk sich aufgelöst hat vor mir! *(Beifall)*

Der Toningenieur kann nicht erkennen, welches Mikrofon er einschalten soll. Selbst die Presse wird vom Podium geschickt.

Christa Leßmann (Reutlingen): Grüß Gott, liebe Freunde! Mein Name ist Christa Leßmann. Ich komme vom Kreisverband Reutlingen. Und ich möchte für diesen Antrag stimmen, diesen Satz einzufügen, wie es von der Satzungskommission vorgeschlagen war. Und zwar aus folgendem Grund: Es ist lediglich eine Empfehlung. Und das möchte ich ganz kurz begründen. Bei unseren Delegierten hat es sich gezeigt, daß in sämtlichen Kreisverbänden mehr Männer, und zwar wesentlich mehr Männer als Delegierte hierher auf unseren Gründungsparteitag entsendet wurden. Und mit dem Delegiertensystem wollten wir ja gerade dazu beitragen, daß auch Minderheiten und kleinere Orts- und Kreisverbände, die zum Beispiel nicht in der Nähe von Karlsruhe liegen, ebenfalls die Möglichkeit haben, gleichrangig Delegierte zu entsenden in der angemessenen gleichen Zahl. Und eines unserer Ziele ist doch die Gleichberechtigung von Mann und Frau. Und die besteht zum größten Teil eben nur auf dem Papier. Und weil es eben schwierig ist für Frauen, sich zu überwinden und sich etwas zuzutrauen, da müssen wir sie unterstützen. Und das können wir sehr gut zum Ausdruck bringen durch eine Empfehlung in unserer Satzung. Und ich möchte dafür plädieren! *(Beifall)*
Ich bin natürlich für eine Umgestaltung des Stils und für eine Zulassung der weiblichen Art –
Vor dem Podium halten einige Frauen zum Plenum gewandt Spruchtafeln hoch.
Helmut Horst (Präs.): Augenblick mal! Warte mal! Ich glaube, es ist in deinem Interesse, wenn du zunächst mal unterbrichst und die Möglichkeit gibst, damit hier alle registrieren können, was auf den Tafeln steht. Ich würde aber bitten, sich auch mal umzudrehen, damit wir das auch sehen können!
Die Spruchtafeln werden mit großem Beifall und »Bravo«-Rufen aufgenommen – auf den Tafeln ist zu lesen: »Grün reicht nicht! Auch Schmidt und Strauß wollen überleben!« – »Hinsichtlich der Frauenfrage ist man hier noch grün hinter den Ohren!« – »Nach 10 Jahren Frauenbewegung hat auch die grüne Partei nur ein paar Alibifrauen anzubieten.« – »Das Patriarchat wird auch von dieser Partei nicht entmachtet.« – Eine männliche Stimme beim Präsidium: »Das liegt aber an euch!«
Okay! Ich glaube, wir haben das alle gesehen, und wir sollten da gleich 'n aktiven Beitrag leisten, hier also mehr zu tun, indem wir der Frau, die jetzt spricht und sehr engagiert spricht, daß wir ihr die Möglichkeit geben, in Ruhe ihren Beitrag zu Ende zu bringen! *(Beifall)*
Hannelore Mabry (Förderkreis Feministische Partei, München): Ich stelle außerdem den Antrag, daß auch noch –
Helmut Horst (Präs.): Du hast nicht das Wort!
Christa Leßmann (Reutlingen): Ich glaube, ich bin hier noch am Sprechen –
Helmut Horst (Präs.): *(zu Hannelore Mabry)* Du hast nicht das Wort! Das Wort hat dort hinten die Frau!
Christa Leßmann (Reutlingen): – auch wenn ich jetzt vielleicht 'n bißchen viel rede. Aber ich habe gestern und heute so oft versucht, mich zum Mikrofon durchzuschlagen, daß ich jetzt wirklich froh bin, wenn ich jetzt auch mal was sagen darf! *(Beifall)*

Es ist heute so, daß Männer die Politik machen. Die haben ihren eigenen Stil. Frauen haben auch ihren eigenen Stil. Und da dieser weniger aggressiv ist, kommen sie weniger zu Wort. *(Beifall)*

Und wir müssen alle umlernen. Und das bedeutet, daß Frauen lernen müssen, sich Posten zuzutrauen (...)

Hannelore Mabry bekommt das Wort. Sie wirft den Grünen vor, »mit der Sache der Frauen reines Schindluder zu treiben. Und das nach zehn Jahren Frauenbewegung!« Die Redezeit für Christa Leßmann sei nur ein Alibi für die »Männerfraktion«. Und: »So einen üblen Kuhhandel machen Frauen heute immer noch mit! Es gäbe viele weitere Beispiele für den Antifeminismus der GRÜNEN, der Bunten und der Alternativen!« Ihre Rede wird von Beifall, Pfiffen und Buhrufen begleitet. Als die Zeit abgelaufen ist, wird noch einmal abgestimmt: Hannelore Mabry darf ausreden.

Hannelore Mabry (Förderkreis Feministische Partei, München): (...) Also: welche Chancen haben Frauen im Patriarchat? Erstens: Sie können eine individuelle Karriere machen. Wir sagen dazu, das sind die Alibifrauen, die Patriarchalinnen, die die Sache der Frauenfrage verraten, weil sie zwar aufgrund der ungelösten Frauenfrage von den Männern einzeln reingehievt und zugelassen werden, aber generell sind sie wieder draußen, sobald sie dann wirklich real feministisch arbeiten in der Partei. Das ist der eine Weg, das ist die eine Sackgasse. Die zweite wäre der kollektive Weg. Eine starke politische Frauenlobby, eben eine starke Frauenbewegung, die ihnen die Mandate erkämpft, genau wie die Männer über ihre Gewerkschaften, ihre Kirchen, *(Renate Haußleiter: »Die liest doch das ab!«)* ihre Unternehmerverbände in die Mandate hineinkommen. Aber die –

Helmut Horst (Präs.): So, Augenblick mal! Darf ich dich jetzt bitten, also doch zum Ende zu kommen. Also es ist zu ausführlich! *(Beifall)*

Ich sehe jetzt, da sind noch mehrere Zettel, noch mehrere Seiten. Bitte also den Schlußsatz! Fünf Minuten wollten wir dir zugestehen!

Hannelore Mabry (Förderkreis Feministische Partei, München): Die Rechte für die Frauen, wie sie zum Beispiel in der Satzung versucht werden und wie sie ansonsten auch in anderen Parteien läppisch angeboten werden, die sind kein Angebot mehr für Frauen, die Feministinnen sind. Es muß heißen, daß es jedem klar wird, gleiche Rechte für Ungleiche zu fordern, das heißt konkret, die Unterdrückung zu verewigen! *(Beifall)*

Helmut Horst (Präs.): So, es gibt jetzt noch zwei Anträge, hier reden zu dürfen, von Vertretern der Frauenbewegung. Einmal Sybille Plogstedt von der »Courage« – *(Beifall)* – und dann eine Feministin, eine Frau und Mutter.

Wieder wird abgestimmt: Beiden Frauen wird jeweils drei Minuten Redezeit zugestanden.

Sybille Plogstedt (Frauenzeitung »Courage«): Sybille Plogstedt von der »Courage«! Erst mal möchte ich vor allem die Frauen dieses Gründungsparteitages begrüßen und sagen, daß ich finde, daß die grünen Frauen noch sehr viel zusammen tun müssen, um sich überhaupt innerhalb einer Partei durchzusetzen! *(Beifall)*

Wir beobachten mit Interesse, ob Frauen eine Chance bekommen, und aus diesem Grunde betrachten wir auch diese Satzungsdiskussion als sehr wichtig. Wenn DIE GRÜNEN beschließen würden, Frauen paritätisch an allen Vorstandsgremien zu beteiligen, wären DIE GRÜNEN die erste Partei, die den Frauen einen notwendigen Schutzraum gibt, um sich überhaupt innerhalb der politischen gemischten Männerszene durchzusetzen! *(großer Beifall)*

Es mag zwar auch kein Zufall sein, daß der Teil des Frauenprogramms noch nicht fertig vorliegt. Im Sinne der Diskussionen, die unter Frauen nötig sind, halte ich das in diesem Fall sogar für einen Vorteil. Frauen müssen sich untereinander treffen, um dieses Programm zu diskutieren. Und aus diesem Grunde rufe ich auf, daß sich alle Frauen Ostern in Gorleben treffen, alle Frauen aus den GRÜNEN, den Bürgerinitiativen und den Frauengruppen, um dort diese Programmvorschläge auch zu diskutieren. *(Beifall)*

Eine Delegierte mahnt, sich wieder auf die Satzung zu konzentrieren, damit die Tagung nicht ohne Ergebnis endet. Helmut Horst verwahrt sich gegen diese Rüge: Die Mehrheit habe beschlossen, noch eine weitere Frau hören. Diese beantragt, »daß ein Kindergarten eingerichtet wird, und zwar, daß der in die Satzung aufgenommen wird«. Mütter hätten keine Chance, bei den GRÜNEN mitzuarbeiten, weil sie sich um die Kinder kümmern müßten. Ein Delegierter ruft, dies sei schon in Offenbach beschlossen worden. Helmut Horst weist darauf hin, daß der Antrag nicht schriftlich eingereicht wurde und deshalb nicht beschlossen werden kann. Dann läßt er ihn schriftlich nachreichen. Als nächster spricht Corny Littmann als Vertreter der Minderheiten.

Corny Littmann (Hamburg-Mitte): Ich hätte lieber zur Satzung geredet, liebe Freunde! Ich bin Corny Littmann aus Hamburg. Und nun sag ich doch was zu diesem sogenannten oder auch Minderheitenproblem. Hier hat eine Frau aus Bayern – vielleicht bezeichnenderweise wieder aus Bayern – vorhin erwähnt, daß es doch nicht schön wäre, wenn Frauen, Schwule und Lesben in einem Atemzug genannt werden würden. Nun, ich meine, daß es nach meinem Selbstverständnis für jeden GRÜNEN eine Selbstverständlichkeit und eine Freude sein sollte, mit Schwulen und Lesben in einem Atemzug genannt zu werden! *(Bravorufe, großer Beifall)*

Ich meine das deshalb, weil es in der Tat etwas ganz Neues wäre. Herr Schmidt oder Herr Kohl oder wie auch immer sie alle heißen, würden sich das nämlich verbitten, und nicht nur einmal, sondern drei- oder zehnmal! Nun, ich möchte an dieser Stelle noch darauf aufmerksam machen: Immer wenn dieses »Minderheiten-« auftaucht, dann seid ihr immer alle sehr rege dabei, dafür zu stimmen. Und das freut uns auch immer. Wenn es dann aber inhaltlich an die Umsetzung geht, da ist es ’n bißchen hinten an! Das heißt ganz konkret, wenn ihr euch den Programmentwurf anseht, da ist es leider so, daß das Minderheitenprogramm, das sogenannte, zum Schluß ausgedruckt wurde, den Delegierten ganz zum Schluß mitgegeben wurde und auch nur als Diskussionsentwurf auf dem Tisch liegt.

Er bittet die GRÜNEN, den Entwurf zu Hause zu studieren. Dann könnten sie beim nächsten Treffen diskutieren, »daß es für eine grüne und eine alternative Partei eine

Selbstverständlichkeit sein sollte, daß Schwule und Lesben auf dem Podium sitzen, im Vorstand sitzen, als Kandidaten aufgestellt werden usw.«. (großer Beifall)
Dann kann Peter Keuer vom Präsidium melden: »So mutter- und kinderfeindlich, wie das vorhin ausgesehen hat, ist die grüne Partei doch nicht.« DIE GRÜNEN haben eine Kinderbetreuung eingerichtet. Ein entsprechendes Flugblatt liegt seit Beginn des Kongresses am Informationsstand aus.
Helmut Horst will mit der Abstimmung der restlichen Absätze von Paragraph 7 beginnen. Das Plenum beschließt, eine Erweiterung zum Thema Frauen und Minderheiten einzufügen.
Bettina Hoeltje beschwert sich, daß sie sich zum Mikrofon vorkämpfen mußte. Von der Bunten Liste sei sie da andere Umgangsformen gewöhnt: »Da sind wir ein kleines Stück weiter! Ich hoffe wirklich, daß das hier nicht total zurückgedreht wird!«
Bei der Abstimmung siegt die Formulierung »Alle Parteigremien, Vorstand, Kommissionen und besonders die Wahllisten sollen möglichst paritätisch von Männern und Frauen besetzt sein«, anstelle der Vorlage der Satzungskommission: »Es wird empfohlen, Frauen paritätisch sowie Minderheiten angemessen zu beteiligen.« Der so veränderte Paragraph 7 wird insgesamt angenommen. Das Präsidium wechselt turnusgemäß. In dieser Pause erhalten die Kinder aus der Indianerkommune – wie am Vortag beschlossen – Gelegenheit, ihre Anliegen vorzutragen. Umringt von Journalisten gruppieren sie sich um ein Saalmikrofon.
1. Junge aus der Indianerkommune: Ja, wir wollen was über unsere Rechte sagen. Und zwar haben wir 'ne Menge Forderungen. Und zwar, daß Rechte von Jugendlichen und Kindern hier überhaupt nicht zur Sprache kommen. Wir leben zum Beispiel in 'ner Gruppe zusammen, und wir kriegen wahnsinnig viel Ärger mit der Polizei, mit 'm Jugendamt, wenn zum Beispiel Kinder von zu Hause abhauen, die es nicht mehr aushalten, die in totalen Terror-Elternhäusern drinstecken, die zu uns kommen. Das ist überhaupt nicht erlaubt. (...)
1. Mädchen aus der Indianerkommune: Darum fordern wir als erstes 'ne Abschaffung, das heißt ersatzlose Streichung der Paragraphen 173 bis 176; Legalisierung aller zärtlichen sexuellen Beziehungen zwischen Erwachsenen und Kindern, die gewaltfrei sind und auf freier Vereinbarung beruhen; wirksamere, eindeutigere Paragraphen gegen Vergewaltigung!
Zweitens: Ein Recht auf Ausziehen von zu Hause ab zwölf Jahren, egal wohin und mit wem. Unsere persönliche Meinung ist, daß es auch hier keine Altersgrenze geben sollte. Aber aus Angst, daß wir nicht für voll genommen werden, wollen wir mit diesem Kompromiß euch entgegenkommen; die Möglichkeit, in selbstbestimmten Gemeinschaften zusammenzuleben, ohne Sozialarbeiter usw.; das Recht auf Ausgangsmöglichkeiten, egal zu welcher Uhrzeit und wohin; Recht auf Übernachtung, wo die Kinder wollen, ohne Altersgrenze und ohne Überwachung! *(vereinzelt Beifall)*
Als drittes fordern wir die Abschaffung der Schulpflicht! *(große Heiterkeit, erst vereinzelt, dann stärker werdender Beifall)*
Ha, ha, ha! (...)

Ich kann auch was lernen ohne Schule. Laufen und so hab ich auch ohne Schule gelernt!
Und ich weiß, daß in der Schule, das, was ich lernen sollte, daß da Männer bestimmen, die überhaupt nichts über meine Bedürfnisse wissen und über das, was mich weiterbringt!
2. Junge aus der Indianerkommune: Vor allem muß man sich mal anschauen, was das Wissen überhaupt anrichtet, das in der Schule vermittelt wird, ja? Da soll ich Ingenieur werden und Betonhochhäuser bauen, Autobahnen bauen, irgend'ne Scheißwachstumsscheiße, die ich überhaupt nicht will! *(Beifall)*
Ich will zärtliche Beziehungen – *(anhaltender Beifall)* – ich will zärtliche Beziehungen auch zu Kindern haben!
(. . .)
2. Mädchen aus der Indianerkommune: Also, ich wollt auch noch was sagen! Und zwar: Ich glaub, daß ihr euch das überhaupt nicht so vorstellen könnt, weil für euch ist das alles erlaubt, ja? Ihr sitzt hier, ihr trefft euch, ihr lebt zusammen, ihr dürft euch lieben, ja? Für euch ist das alles selbstverständlich und erlaubt! Und ihr könnt euch überhaupt nicht vorstellen, wie unheimlich brutal es ist, wenn man jünger ist, wenn man elf ist oder zwölf und wenn man auch zusammenleben will, ja? Und wenn man unheimlich verfolgt wird und Schikanen sind und Polizei kommt, ja? Und man wirklich daran gehindert wird zusammenzuleben, wenn man sich gern hat. Das find ich unheimlich brutal! Und wenn wir jetzt bei euch sind, dann kommt ihr auch ständig an und sagt: Nee, geht doch nicht, und nee, und wir machen das hier, ja? Und das find ich unheimlich brutal jedenfalls!
1. Mädchen aus der Indianerkommune: Und das wichtigste ist auch, daß bei uns hört es nicht auf. Weil, wir wollen auch mit Jüngeren zusammenleben, auch wenn wir irgendwann mal achtzehn sind, wollen wir trotzdem mit Kindern und Jugendlichen zusammenleben und wollen nie irgendwie erwachsen werden!
2. Junge aus der Indianerkommune: Und wenn das Klima hier auf so 'nem kalten Parteitag 'n bißchen kinderfreundlicher wär', nicht so kinderfeindlich mit dem Qualm und dem Bier und dem Konsum wie auch bei anderen Leuten, *(aufkommender Beifall)* dann wären hier die Kinder, und dann bräuchten wir überhaupt keinen Kindergarten und keine Abgrenzung von Kindern. Dann können die hier mitmachen! (. . .)
Das Präsidium hat große Mühe, die Kinder aus der Indianerkommune vom Ende ihrer Redezeit zu überzeugen.
2. Junge aus der Indianerkommune: Außerdem wird hier auch über die Köpfe der Kinder hinweg für Kinder immer entschieden, ja, was für Kinder gut ist. Das stimmt überhaupt nicht! Das sind Lügen! Die Kinder können nämlich selber sagen, was für die gut ist! *(Beifall)*
Reinhold Kaub (Präs.): Liebe Freunde! Ich danke für diese Beiträge! Wir hatten das gestern zugesagt. Und ich meine, es war gut, daß wir die Freunde jetzt angehört haben. *(großer Beifall)*

Wir wollen aber jetzt mit der Beratung der Satzung fortfahren. Ist das auch der Wille des Kongresses? *(großer Beifall)*
Danke schön! Dann, liebe Freunde, rufe ich auf den Paragraph 8 der Satzung. Und bevor ich dazu die Satzungskommission um einen kurzen Bericht bitte, möchte ich noch eine Durchsage machen. Es wurde mir gerade von einem unserer Freunde berichtet – er kann selbst diesen Bericht geben! Bitte!
Wilhelm Knabe (Präs.): Liebe Freunde! Im Augenblick ist ja wieder etwas Unruhe da. Man streitet sich um verschiedene Möglichkeiten, verschiedene Einsätze. Ich möchte eine Beobachtung bringen, mitteilen hier, die zeigt, wie notwendig es ist, daß wir alle, alle zusammenhalten.
Er berichtet, daß ein Bediensteter der Stadt Karlsruhe vor der Halle die Autokennzeichen fotografiert. Die Zuhörer reagieren mit Pfiffen und Pfuirufen.
Das ist das Gastrecht der Stadt Karlsruhe! Wir sollten daraus bitte *(Zwischenrufe)* kein Chaos machen. Aber wir sollten wissen, daß wir gemeinsam zusammenhalten müssen, um einen anderen Rat in der Stadt Karlsruhe oder 'ne andere Landesregierung in Baden-Württemberg zu schaffen oder 'ne andere Bundesregierung! Das müssen wir wissen! *(großer Beifall)*
Reinhold Kaub (Präs.): Dieser Bericht macht deutlich, daß die Behauptungen, wir lebten weitgehend in einem Schnüffelstaat, zutreffend sind! *(vereinzelt Beifall)*
Und ich halte es für unerträglich, daß die Polizei draußen die Wagen fotografiert, ohne daß irgendein Anlaß zu einer solchen Maßnahme besteht! *(großer Beifall)*
Um so wichtiger ist es, daß wir zur Gründung unserer Partei kommen! Und ich bitte jetzt daher alle Delegierten, wieder mitzuarbeiten an der Verabschiedung der Satzung. (. . .)
Paragraph 8 behandelt die Bundesversammlung und ihre Aufgaben. Er passiert die Abstimmung ohne große Diskussion – es gibt nur wenige Gegenstimmen. Als Paragraph 8a stellt Norbert Mann noch einmal sein Konzept für den Hauptausschuß vor.
Reinhold Kaub (Präs.): (. . .) Es ist also jetzt folgende Situation: Wir haben in Paragraph 7 alle bereits beschlossen, daß ein solcher Bundeshauptausschuß eingerichtet wird. Es geht jetzt nur um die Konstruktion. Wir können also keine generelle Debatte darüber führen, ob es den Ausschuß geben soll. Das ist bereits beschlossen. Gibt es nun eine Gegenrede gegen diesen Formulierungsvorschlag? *(Zwischenruf: »Ich habe eine Frage dazu!«)*
Eine Frage dazu? Frage lasse ich zu, und dann hier eine Gegenrede! Bitte erst die Frage!
Delegierter N. N.: Und zwar steht auch irgendwo in unserer Satzung, daß Ämterhäufung und Doppelmandate vermieden werden sollen. Wenn jetzt hier eben gesagt worden ist, daß mindestens ein, oder nicht mindestens, sondern daß ein Mitglied des Landesvorstandes auch in den Hauptausschuß soll, dann ist das 'n Gegensatz. Das widerspricht sich irgendwie! *(Beifall – Zuruf: »Ich hab auch noch 'ne Frage dazu!«)*

Reinhold Kaub (Präs.): Das war keine Frage, sondern eine Meinungsäußerung. Dann gebe ich hier das Wort zur Gegenrede.
Götz Bading (Hannover-Stadt): Ich kann also diese Frage nur unterstützen. Und das ist auch der Inhalt meiner Gegenrede. Und ich meine durchaus, es ist eine Gegenrede. Unsere Satzung ist so angelegt, daß Ämterhäufung, Wissens- und Machtkonzentrationen – oder wie immer man das nennen will – auf jeden Fall vermieden werden sollen. Und ich sehe eine gewisse Problematik darin *(Beifall)* – wenn diesem Bundeshauptausschuß immer aus jedem Land ein Vorstandsmitglied angehört.
Ich halte es für besser, wenn es zwei schlichte Mitglieder sind, die nicht die Möglichkeit haben – *(großer Beifall)* – ja, wie soll man das nennen? –, in einen Interessenkonflikt zu geraten, der daraus resultiert, daß Landesvorstände und Bundesvorstand in wesentlichen Punkten einer Meinung sein könnten und müßten. Also ich stimme dagegen! *(Beifall)*
Das Problem wird gelöst, indem man sich auf die Formulierung einigt: »Jeder Landesverband (statt: Landesvorstand) entsendet zwei Delegierte.« Der Antrag, den Bundesvorstand nicht im Bundeshauptausschuß mitwirken zu lassen, wird abgelehnt. Paragraph 8a wird mit großer Mehrheit angenommen. Baldur Springmann beginnt dann mit den Erläuterungen zu Paragraph 9: »Der Bundesvorstand«. Dieser Paragraph ist in den Wochen vor dem Parteitag heftig diskutiert worden. Es geht um die Frage, wie lange grüne Mandatsträger im Amt bleiben dürfen. Es gibt 2 Varianten.
Baldur Springmann: (. . .) Und es sollte jetzt also vorgestellt werden zunächst die Variante A. Das war meine Aufgabe. Bei dieser Variante A ist also auch in den Gesprächen im Satzungsausschuß klargeworden, daß das rotierende System für die einen eine Heilslehre und für die anderen also ein Schreckgespenst ist. Und wir haben uns bemüht, da echt mal zu einem demokratischen Kompromiß zu kommen. Und der liegt hier vor! Ich will also nur die zwei Sätze dazu sagen, daß wir meinen, wenn immer nur der halbe – ganz egal, ob das nun 17 oder neuerdings vielleicht 9 sind – Teil dieser Mitglieder jährlich ausscheidet und neu gewählt wird, daß dann sowohl die Kontinuität gewahrt bleibt, weil die Hälfte von den Typen macht ja weiter, ja? Und dann wäre da also die Kontinuität gewahrt. Und es sind ja nachher im Prinzip auch immer zwei Amtsjahre nach diesem Vorschlag, und sogar einmal Wiederwahl ist drin. Daß heißt also, wenn einer sich echt bewährt hat und die Leute wollen unbedingt, daß er das noch mal weitermacht, dann können sie das. Aber sie brauchen es nicht. Es ist also der Basis eine größtmögliche Freiheit in der Wahl ihrer Vorstandsmitglieder gegeben. Und ich meine, das ist also wirklich ein echter Kompromiß. Und man sollte sich nun nicht so ideologisch da hochranken, daß die einen das nun überhaupt nicht mögen und die anderen das unbedingt wollen. Es ist ein Kompromiß zwischen möglichst Kontinuität, aber ständiger Möglichkeit, da neues Blut reinzubringen.
So. Und dann ist noch wichtig, daß zugesetzt worden ist in Absatz 4, daß die Abwahl jederzeit möglich ist, aber nicht durch Spontananträge. Also wenn ich dann irgendwo in so 'nem Vorstand wäre und mach mich also furchtbar unbeliebt, dann

kann gleich einer schreien: »Weg mit ihm.« Also das finden wir nicht so gut. Das müßte vorher beantragt werden, das ist so grundsätzlich und muß in der Tagesordnung drin sein. So, das war alles zu dieser Variante! Danke. *(Beifall)*
Jetzt kommt ein anderer Bericht zu der anderen Variante! (...)
Karl-Götz Bringmann (Osterholz, Satzungskommission): Götz Bringmann. Ich habe die Alternative B des Entwurfs für die Satzungskommission vorzutragen und zu begründen. Diese sieht – sie befaßt sich nur mit diesem Punkt – die Urwahl vor, und zwar durch Briefwahl. Das ist etwas revolutionär Neues. So etwas gibt es im Parteiengesetz nicht, jedoch sagen – um das gleich vorweg zu erwähnen – die vorliegenden Handbücher zum Parteiengesetz, daß das rechtlich zulässig ist. Ich darf auch einen weiteren Punkt noch vorweg sagen. Niemand möge meinen, das sei technisch nicht durchführbar. Es wird sicherlich eine Parteizeitschrift oder Zeitung geben – wir haben sie ja eigentlich schon –, in der es möglich sein wird, Wahlvorschläge und Wahlzettel abzudrucken, die dann in bestimmten festgelegten Fristen eingereicht werden können.
Aber nach diesem Vorwort einiges zur inhaltlichen Begründung: Wir haben vorhin gerade wieder gehört, daß es eben Gruppen gibt, die auf Parteitagen niemals im ausreichenden Maß zu Wort kommen, beispielsweise Frauen. *(vereinzelt Beifall)*
Diesen und anderen wird mit dieser Lösung endlich einmal ermöglicht, ihr Gewicht voll in die Waagschale zu werfen. Was haben wir denn in den etablierten Parteien, wie wir es gestern abend gehört haben? Bei uns gibt's auch schon solche Entwicklungen. Man tagt in fünf verschiedenen Hotels und kungelt den Vorstand aus. Diese Dinge müssen aufhören. *(Beifall)*
Es darf nicht mehr sein, daß Parteiflügel halb illegal – in der Satzung sind sie ja nicht vorgesehen – die Meinung machen, daß es Majorisierungen gibt. Wir müssen als GRÜNE, da wir ja eben ein so breites Meinungsspektrum haben, auch einen Minderheitenschutz einführen. *(Beifall)*
Das ist das Ziel dieser Alternative. Wir sind sicherlich eine Fusion von sehr heterogenen Kräften. Die müssen ihr Gewicht finden, auch im Vorstand. Das ist hier gewollt.
Reinhold Kaub (Präs.): Ich danke für die Berichte. Liebe Freunde! Es ist jetzt schon absehbar, daß es nicht ganz einfach wird, hier zu beraten. Ich bitte auch um eure Aufmerksamkeit. Es wird jetzt gerade eine Frage zum Verständnis des Ganzen gestellt. Ich bitte um Gehör! – Ton bitte!
Fritz Hofstetter (Steinburg): Zwei Verständnisfragen! Variante A sieht das Ausscheiden der Hälfte der Mitglieder jeweils nach zwei Jahren vor. Wie soll es geregelt werden bei dem ersten Wechsel? Das gibt Schwierigkeiten, zumal auch eine ungerade Zahl sich immer schlecht halbieren läßt. Zweite Frage: Zwischen Variante A und Variante B haben wir irgendwo noch da unten etwas anderes stehen. Ist das eliminiert, oder wird das auch behandelt? (...)
Baldur Springmann (Satzungskommission): Diese Frage kann ich gleich beantworten. Wir meinen, daß wir so kooperativ und so demokratisch handeln können, daß freiwillig diejenigen sich einigen im Vorstand, wer im ersten Jahr ausscheidet. Und

wenn nicht, dann wählt doch den ganzen Klub ab, wenn sie sich nicht einigen können! *(Beifall, Heiterkeit)*

Es wird abgestimmt, Variante A als Grundlage für die Diskussion zu nehmen. Zunächst geht es um die Zahl der Vorstandsmitglieder. Karl Kerschgens plädiert für einen kleinen Vorstand. Seine Argumente: Die Vorstandsmitglieder müssen sich fast jede Woche treffen – und das läßt sich bei einer kleinen Gruppe leichter koordinieren. Außerdem sei ein großer Vorstand keine Garantie dagegen, daß einzelne zu mächtig werden.

Dietrich-Wilhelm Plagemann hält dagegen: Die Hauptarbeit leisten die Vorstandsmitglieder zwischen den Versammlungen (Vorbereitung, Korrespondenz, Kontakte). Das kann eine größere Gruppe besser leisten als eine kleine. Außerdem hat ein großer Vorstand die Möglichkeit, sich in einzelne Ausschüsse aufzuteilen. Der Vorschlag, den Vorstand auf 9 Personen zu begrenzen, wird abgelehnt. Man einigt sich auf die Vorgabe des Satzungsausschusses: 17 Mitglieder. Das Präsidium berät. Durch den großen Vorstand, der ja gleichzeitig dem Hauptausschuß angehört, kommt die Satzung in Konflikt mit dem Parteiengesetz. Es gibt zwei mögliche Lösungen: Entweder muß der Hauptausschuß vergrößert werden, oder aber die Vorstandsmitglieder haben dort kein Stimmrecht. Doch zunächst geht die Debatte wieder um die Frage der Rotation.

Peter Hübner (Rosenheim): (. . .) Wir sind der Meinung, daß wir dem Bundesvorstand die Arbeit etwas erleichtern sollten dadurch, daß wir die Amtszeit auf zwei Jahre verlängern. Und wir sind auch der Meinung, daß man das rotierende System nicht unbedingt total durchsetzen sollte, sondern man sollte versuchen, einen vernünftigen Kompromiß zu finden. (. . .) »Die Amtszeit des Bundesvorstandes beträgt zwei Jahre und endet mit der Neuwahl. Einmalige Wiederwahl in das gleiche Vorstandsamt ist möglich. Soll aus wichtigem Grund ein Vorstandsmitglied zum zweiten oder weiteren Male auf seinen Posten wiedergewählt werden, so ist hierfür eine Zweidrittelmehrheit der Bundesversammlung erforderlich. Über einen entsprechenden Antrag ist vor der Wahl der Vorstandsmitglieder in getrennten Wahlgängen zu entscheiden.« Es werden viele gemerkt haben, daß das im Wortlaut dem Vorschlag der Bundessatzungskommission sehr ähnelt. Und es soll ja auch ein Kompromiß zu dem rotierenden System sein. Wir vermeiden lediglich den Ausdruck »rotierendes System«.

Die Zweidrittelhürde solle verhindern, daß der Amtsbonus zur Wiederwahl ausreicht. Baldur Springmann hält dagegen, man solle die Rotation ruhig beim Namen nennen. Er befürwortet die Zweidrittelklausel, aber er will daran festhalten, »daß die Hälfte weitermacht, daß die Kontinuität dabei gewahrt wird. Das andere halte ich wirklich für schlechter, wenn der ganze Verein abgelöst werden muß und die anderen müssen völlig neu anfangen und können bei keinem rückfragen, wie ist das denn gelaufen?«. Springmann erntet großen Beifall.

Ein Antrag vom Kreisverband Schweinfurt: »Das sogenannte rotierende System ist zu streichen« wird abgelehnt. Nach weiteren GOs und Verständnisfragen werden die Absätze 1 und 2 von Paragraph 9 angenommen. An der Ausnahmeregelung für die Wiederwahl entzündet sich dann ein Streit:

Götz Bading (Hannover-Stadt): (. . .) Eine unserer Grundsäulen ist die Basisdemokratie. Abgesehen davon, daß die Verwirklichung dieses Prinzips von der Aktivität und Qualität der Basis abhängt, braucht es meines Erachtens eine wesentliche Voraussetzung. Der Aufbau der Partei darf eine Wissens- und Machtkonzentration auf wenige Personen nicht zulassen. *(Beifall)*

Dazu haben wir das rotierende System und das Wiederwahlverbot des geschäftsführenden Vorstands eingebaut. Das heißt, so sieht's ja jetzt nicht aus. Das war mir gestern nicht klar. Es braucht jetzt nur eine Dreiviertelmehrheit. Ich erweitere darum die Argumentation und beziehe sie auch auf Absatz 2. Aber die Argumentation bleibt im wesentlichen dieselbe.

Absatz 5 der vorliegenden Fassung A schränkt aber diese Konstruktion wieder ein. Es kann jemand aus einem Landesvorstand durchaus Mandatsträger im Bundestag oder in einem Landesparlament sein, sofern die entsprechende Landessatzung nichts anderes vorsieht. Es ist anzunehmen, daß die Landessatzungen hierzu verschiedene Aussagen machen. Um diese mögliche Disparität auszugleichen, ist es notwendig, daß die Bundessatzung hierzu eine deutliche Aussage macht. Weiterhin kann nach dem vorliegenden Absatz 5 ein Mandatsträger der Partei im Europaparlament durchaus Mitglied des Bundesvorstands sein. Auch dies ist meines Erachtens bereits eine Ämterhäufung. *(Beifall)*

Wenn wir außerdem die Repräsentierung unserer Partei durch wenige Führungspersönlichkeiten verhindern wollen und den Schwerpunkt statt auf Personen auf politische Aussagen legen wollen, darf es meines Erachtens auch keine Zweidrittelregelung oder Dreiviertelregelung für sogenannte Ausnahmen geben. *(Beifall)*

Noch ein Satz dazu. Man kann im Stadium der Gründung einer Partei doch nicht einfach sagen, wir mögen möglicherweise zuwenig profilierte Köpfe haben, um unsere grüne Partei zu repräsentieren. Man muß am Anfang im Gegensatz die Weichen dahin stellen, daß es möglich wird, daß wir genügend Köpfe haben, die von unten nach oben vorstoßen. *(großer Beifall)*

Und jetzt mein Antrag ganz konkret: (. . .) in Absatz 2 – »Andere Maßnahmen bedürfen der Dreiviertelmehrheit der Bundesversammlung« – diesen Satz ersatzlos zu streichen und den Absatz 5 dann später, ich weiß nicht, ob ich das jetzt sagen soll, aber prophylaktisch tue ich das schon mal – »Ausnahmen bedürfen hier der Zweidrittelmehrheit« – auch zu streichen und da noch folgende Ergänzung vorzunehmen: »Mandatsträger der Partei im Europaparlament, im Bundestag und in den Länderparlamenten können nicht Mitglied des Bundesvorstandes oder eines Landesvorstands sein.« *(großer Beifall)*

Da Absatz 2 bereits entschieden ist, muß das Plenum erst einer neuen Abstimmung zustimmen. Dann hält ein Teilnehmer die Gegenrede.

Delegierter N. N.: Ich finde das unverschämt, was hier passiert, ja? In der Einladung hat gestanden, daß bis zum 4. 12. Vorschläge gemacht werden können, schriftlich vorliegen müssen. Diese ganzen Dinge sind nicht passiert. Ich hab hier die Vermutung, daß verschiedene Leute wirklich versuchen, 'ne Parteigründung zu verhindern.

Tut mir leid! Also mir wird schlecht bei dem Gedanken! *(vereinzelt Beifall, Zwischenrufe)*
Ich hab Magenschmerzen! Wir haben geschafft wie die Wahnsinnigen, und dann kommen Leute hierhin und machen wieder alles an 'n Arsch! Mist! *(Zwischenrufe, Pfuirufe)*
Ich stell den Antrag, daß dieses Ding nicht noch mal zur Abstimmung vorgelegt wird!
Reinhold Kaub (Präs.): Ja, das haben wir aber gerade schon beschlossen –
Delegierter N. N.: Ja, gut! Die anderen dürfen beschließen und Anträge hier stellen, soviel wie sie wollen. Ihr haltet euch in keiner Weise an irgendeine Regel. Was soll denn das? *(Pfiffe, Widerspruch)*
Reinhold Kaub (Präs.): Danke für den Beitrag! Das war keine Gegenrede gegen den Streichungsantrag, sondern 'ne Aufforderung, wir sollen möglichst zügig verfahren. Das probieren wir! Ich stelle also jetzt zur Abstimmung den Antrag, Satz 2 in Absatz 2, der da lautet »Andere Ausnahmen bedürfen der Zweidrittelmehrheit der Bundesversammlung«, daß der gestrichen wird. Wer ist für die Streichung dieses Satzes? – Danke! Gegenprobe! – Präsidium!
Da das Präsidium das Ergebnis nicht abschätzen kann, muß ausgezählt werden. Während der Abstimmung spricht Marco Panella von der Radikalen Partei in Italien zu der Versammlung. Petra Kelly verliest Grußtelegramme der Britischen Ecology Party, der Irischen Transport- und allgemeinen Arbeitergewerkschaft und der flämischen Nationalen Partei, der Volksunie. Dann spricht der Vorsitzende der holländischen Radikalen Partei, Hermann Verbeek. In einer Resolution an den Schweizer Bundesrat und das Schweizer Volk unterstützen die Delegierten die Forderungen von Edmond Kaiser, dem Begründer des Kinderhilfswerks Terre des Hommes. Er befindet sich seit Tagen im Hungerstreik, um ein Verbot des Waffenexports zu erreichen.
Dann wird das Ergebnis der Abstimmung bekanntgegeben: 406 Delegierte haben gegen die Zweidrittelklausel gestimmt, 292 dafür.
Weiter geht es mit Paragraph 9 Absatz 3, der Zusammensetzung des Vorstands. Die Vorlage sieht vor, daß einer der drei Vorsitzenden für ein Jahr zum/zur SprecherIn gewählt wird. Dietrich-Wilhelm Plagemann beantragt, diesen Posten zu streichen.
Dietrich-Wilhelm Plagemann (Präs.): Zur Antragsbegründung ganz kurz! Es besteht die Gefahr, daß die grüne Bewegung, wie schon häufiger gesagt, mit Einzelpersonen identifiziert wird. Dieser Gefahr wollen wir soweit wie möglich gegensteuern. Das wird in verschiedenen anderen Satzungsparagraphen getan. Deswegen spreche ich mich für eine kollegiale Dreierarbeit der Vorsitzenden aus! *(Beifall)*
Eine Frau meldet sich zur Gegenrede.
Delegierte N. N.: Ich kann mir vorstellen, daß es die Arbeit ziemlich erschwert, wenn immer drei Leute sich aufeinander abstimmen müssen. Einer wird dann immer an die Wand gedrückt. Und das Wort, daß viele Köche den Brei verderben, hat manchmal auch was für sich! Ich wäre dafür, daß einer der Hauptvorstand ist und zwei die Stellvertreter.

Der Sprecherposten wird gestrichen. Bettina Hoeltje meldet sich noch einmal zum Thema Minderheiten.

Bettina Hoeltje (Hamburg-Eimsbüttel): (. . .) Mir ging es vorhin bei meinem Antrag zum Paragraph 7 nicht darum, zugunsten der Frauen die Minderheiten rauszuwerfen. Insofern beantrage ich hier – und das habe ich hier vor der beantragten Abstimmung beantragt, sowohl schriftlich als auch noch mal mündlich – ich beantrage also hier diesen Schlußsatz nicht zu streichen, oder um das formal jetzt korrekt zu machen, diesen Schlußsatz wiederaufzunehmen. Und möchte ganz kurz zur Begründung dem Corny von Hamburg das Wort erteilen, weil es hier um die Fragen der Minderheiten geht. *(Widerspruch)*

Delegierte N. N.: Ja, Gegenrede! Ich möchte dazu sagen, daß manche von denjenigen, die die Frauenrechte vertreten, dabei so äußerst anziehend und weiblich wirken. Das am Rande! *(Unruhe, Zwischenrufe)*

Ich würde fernerhin – Sie können das verstehen, wie Sie wollen! Sie wissen, wie ich's meine!

Jan Kuhnert (Präs.): Zur Sache, bitte!

Delegierte N. N.: Ich möchte weiterhin sagen: Sind wir schon für die Gleichheit statt Gleichberechtigung, machen wir es doch so, daß nächstens die Hälfte der Kinder von Männern zur Welt gebracht werden, ja? *(Unruhe)*

Ja, also um noch mal drauf hinzuweisen, daß es Unterschiede gibt, die einfach vorhanden sind! *(anhaltende Unruhe)*

(. . .) Ich möchte noch sagen, wenn wir als Frauen diese lächerliche Krücke brauchen, daß man uns erst durch Bestimmungen unsere Rechte geben will, wenn wir uns das nicht selber schaffen, dann sind wir selber schuld! *(Beifall)*

Jan Kuhnert (Präs.): Danke! Die Gegenrede ist erfolgt. Wir stimmen jetzt diesen Antrag ab. Wer ist für Einfügung des Satzes »Es wird empfohlen, Frauen paritätisch sowie Minderheiten angemessen zu beteiligen« (. . .)

Der Satz wird eingefügt. Der so veränderte Absatz 3 wird mit wenigen Gegenstimmen angenommen. Beim vierten Absatz gibt es nur einen Streichungsantrag, dieser wird abgelehnt. Absatz 4 wird angenommen.

Wir gehen über zu Absatz 5. Ich verlese noch mal den Wortlaut: »Mandatsträger der Partei im Bundestag oder in Länderparlamenten können nicht Mitglied des Bundesvorstands sein. Ausnahmen bedürfen der Zweidrittelmehrheit.« Dazu gibt es einen Antrag (. . .) Er wurde vorhin gestellt: »Mandatsträger der Partei im Europaparlament, im Bundestag oder in Länderparlamenten können nicht Mitglied des Bundesvorstandes oder eines Landesvorstandes sein.« Ich stimme zunächst diesen Änderungsantrag ab, der auch ausgedruckt war.

In der Gegenrede argumentiert ein Delegierter, daß es sich die Partei noch nicht leisten kann, »Leute wie eventuell Olaf Dinné, wie Herbert Gruhl, wie Delphine Brox aus den kommenden Wahlen des Vorstandes auszuschalten«. Er fordert eine Übergangsregelung. Dieser Antrag wird nicht behandelt, da das Problem in Paragraph 18 geregelt werden soll. Die Klausel über das Verbot der Ämterhäufung wird angenommen.

Auch in den nächsten Abstimmungen will das Plenum verhindern, daß einzelne Parteimitglieder zu mächtig werden oder sich an ihren Mandaten bereichern. Die Delegierten stimmen gegen die Zweidrittelausnahmeklausel für die Wiederwahl prominenter Grüner. Ohne Gegenrede und bei nur wenigen Gegenstimmen angenommen wird die Regelung: »Mandatsträger oder Parteimitglieder, die in einem beruflichen oder finanziellen Abhängigkeitsverhältnis zur Partei stehen, können kein Vorstandsamt bekleiden.«
Ebenfalls angenommen wird der Zusatz vom Kreisverband Hildesheim: »Wer im Vorstand auf Kreis-, Landes- oder Bundesebene ein Amt innehat oder wer als Abgeordneter im Landes-, Bundes- oder Europaparlament bzw. in deren Ausschüssen ein Amt übernimmt, darf für diese Amtszeit keine Aufsichtsratsposten sowie Beraterverträge annehmen oder innehaben.« Damit soll eine Verflechtung von politischen und wirtschaftlichen Interessen vermieden werden. Der Gegenredner argumentiert: »Ich glaube, wir können darauf verzichten, das aufzunehmen. Wenn wir es ernst nehmen mit der Basisdemokratie, müssen wir auch solche Entscheidungen auf Landesebene entscheiden!« Er erntet Pfiffe und Unruhe. Der Antrag wird bei wenigen Gegenstimmen und Enthaltungen angenommen. Baldur Springmann zieht seinen Antrag, einen »ökologischen Rat« zu gründen, zurück. Der Antrag, an dieser Stelle über ein Informations- und Kontaktbüro zu beraten, wird abgelehnt. Der Kreisverband Bergedorf will auch den Lebensstandard der Parteifunktionäre vorab eingrenzen. Dazu soll Paragraph 9 einen Absatz 6 bekommen.
Holger Biedermann (Hamburg-Bergedorf): (. . .) Der Antrag lautet: »Der Lebensstandard aller hauptamtlichen Funktionäre der Partei und aller Mandatsträger sollte unseren ökologischen Erkenntnissen entsprechen und in etwa den Betrag DM 2 000 nicht überschreiten. *(Beifall)*
Alle übrigen Einkünfte von Mandatsträgern (Diäten) werden an die Partei abgeführt, ausgenommen abzurechnender Spesen!« *(Beifall)*
Ich möchte kurz zwei Sätze zur Begründung sagen. Es ist hier eine eindeutige und sehr positive Tendenz gegen jede filzokratische Entwicklung unseres notwendigen Apparates drin. Es ist noch nichts gesagt worden zum Einkommen und zur materiellen Sicherstellung unserer Mandatsträger, und zwar sowohl der Partei als auch künftiger Abgeordneter. Ich glaube, daß, wenn wir ein Mandat in erster Linie als Verpflichtung und als Aufgabe derjenigen, die das Mandat übernehmen, verstehen, dann dürfen wir auf keinen Fall Mandatsträger materiell gegenüber der übrigen Masse der Mitglieder privilegieren. Damit wir die Leute von vornherein ausgrenzen, *(Beifall)* die nur aufgrund eines materiellen Anreizes sich für dieses Mandat zur Verfügung stellen würden. *(großer Beifall)*
Jan Kuhnert (Präs.): Danke! Gegenrede!
Peter Hübner (Rosenheim): Hübner, Rosenheim. Ich hab zwar nichts dagegen, wenn wir beispielhaft versuchen, voranzugehen in der Selbstbeschränkung und der Bevölkerung, auch wenn wir Mandate führen, voranzugehen mit gutem Beispiel. Aber ich möchte darauf hinweisen, daß Sie für 2 000 Mark, und das ist hier definitiv in diesem Antrag enthalten, in Bonn wohl kaum mehr eine Sekretärin bekommen. Und ich möchte auch darauf hinweisen, daß das Familien – *(Unruhe, Zwischenruf:*

»Das sind doch Spesen!«) – also, dann hab ich das falsch verstanden! Wenn das die Spesen sein sollen – dann bitte ich zu berücksichtigen, daß es bei Mandatsträgern unter Umständen auch mal eine Außendiensttätigkeit gibt, wo dieser Spesenbetrag nicht ausreicht. Ich könnte mir vorstellen, wenn einer im Wahlkampf ist und im ganzen Bundesgebiet herumreisen muß, daß ihm die 2 000 nicht reichen! *(Beifall)*
Der Antrag wird abgelehnt. Paragraph 9 wird mit wenigen Gegenstimmen angenommen. Nach einem Wortgefecht über einen weiteren nicht abgedruckten Antrag beginnt die Debatte über Paragraph 10. Der Redner wollte das Gehalt des Bundesvorstands regeln – der jedoch arbeitet ehrenamtlich.
Peter Ehring (Hildesheim): Liebe Freunde! Wir haben jetzt Paragraph 10, um eine dezentrale Parteigliederung und Basisdemokratie zu entwickeln. Ich bitte, diesem Antrag gut zuzuhören. Und zwar beruft er sich darauf, daß die Basisdemokratie auch mit Inhalt gefüllt wird. Um die Basisdemokratie zu verwirklichen, treffen sich alle zwei Monate mindestens drei Mitglieder des Bundesvorstandes mit je drei Mitgliedern der Ländervorstände zu einem Monatsgespräch. Ebenso treffen sich alle zwei Monate mindestens drei Mitglieder des Landesvorstandes mit drei Mitgliedern der Kreisvorstände zu einem Monatsgespräch. Der Kreisvorstand trifft sich einmal im Monat mit den Ortsvorständen zu einem Monatsgespräch. *(Zwischenruf: »Wir müssen auch arbeiten!«)*
Jawohl, ihr müßt auch arbeiten. Ich auch, ich bin auch im Vorstand. – Die Vorstandsmitglieder, die an dem Treffen teilnehmen sollen, sollen möglichst oft aus verschiedenen Vorstandsmitgliedern bestehen. *(Zwischenruf: »Stechuhr!«)*
Auch können die Mitglieder des erweiterten Vorstandes entsandt werden. Alle interessierten Mitglieder dürfen an den Monatsgesprächen teilnehmen – *(Zwischenruf: »Und mit Stechuhr!«)*
Ich bitte um Ruhe! – Die Monatsgespräche finden auf Landesebene am Monatsanfang und auf Bundesebene am Monatsende statt. Dabei sollen auf allen Ebenen die wichtigsten Dinge und Belange besprochen werden und weitergegeben werden. Begründung: *(wachsende Unruhe)*
Jan Kuhnert (Präs.): Bitte! Du solltest doch nur – *(anhaltende Unruhe)*
Peter Ehring (Hildesheim): Damit die Basisdemokratie verwirklicht wird, sind die Monatsgespräche wichtig, denn es wird stets ein Meinungsbild von unten nach oben getragen und ebenso von oben nach unten, damit auch keine (. . .) Einzelentscheidungen von Vorstandsmitgliedern entstehen. Ich bitte, diesen Antrag abzustimmen!
Helmut Lippelt meldet sich zur Gegenrede.
Helmut Lippelt (Satzungskommission): Liebe Freunde! Ich sympathisiere mit dem Antrag. Trotzdem rede ich dagegen! Und ich bitte, jetzt mal genau zuzuhören. Wir haben zu Beginn heute früh, als wir angefangen haben, gesagt: Alles ab Paragraph 3 ist mit einfacher Mehrheit zu verändern. Wir brauchen ein Schnellverfahren. Und was wir haben, ist genau das, daß wieder jeder mit seinen Sachen reinkommen will. (. . .) Ihr wißt vielleicht, daß inzwischen zwei Parteitage laufen. Wir müssen die Möglichkeit zur Vereinheitlichung schaffen mit Paragraph 18. (. . .)

Daß alle möglichen Leute noch was reinbringen wollen, das ist deren Sache, aber eure Sache ist, es wirklich jetzt nicht mehr zuzulassen! Und statt dessen die Versionen – also bei Schiedsgericht und so, da gibt's 'ne A-Version, 'ne Version B usw. – das kann hier von mir ganz schnell vorgetragen werden. Ihr könnt entscheiden so oder so – und dann müssen wir in einer halben Stunde mit der Satzung bis zu Paragraph 17 durch sein! *(Beifall)*

Die Bundesversammlung lehnt den Antrag über die Monatstreffen ab, ebenso einen Änderungsantrag zur Aufteilung der Finanzen zwischen den Parteiebenen. Paragraph 10 wird in der Ursprungsfassung angenommen. Der Geschäftsordnungsantrag, weitere Mitglieder als Gäste in den Saal zu lassen, wird abgelehnt. Das Präsidium macht eine Pause. In dieser Zeit spricht Wolfgang Harich zu den Delegierten. Es ist 13.15 Uhr.

Wolfgang Harich: Verehrte Anwesende, liebe Freunde! Vor genau einem Monat starb Carlo Schmid, der große alte Mann der deutschen Nachkriegs-Sozialdemokratie und einer der wichtigsten Schöpfer des Grundgesetzes. Kurze Zeit danach wurde in der Zeitschrift »Die Zeit« ein Brief Carlo Schmids an den Bundeskanzler abgedruckt, worin er sich ausführlich über DIE GRÜNEN ausließ. Er machte dort unter anderem den Vorschlag, daß eine Kommission gebildet werden möge, bestehend aus zwei Westberliner Theologen – Helmut Gollwitzer und Heinrich Albertz –, aus einem österreichischen Zukunftsforscher – Robert Jungk – und aus mir als einem in der Bundesrepublik lebenden Bürger der DDR, mit dem Ziel, eine Verständigung zwischen Sozialdemokraten und GRÜNEN herbeizuführen zur Verhinderung der Kandidatur von Strauß und zur Verhinderung der Kanzlerschaft von Strauß. *(vereinzelt Beifall)*

Mein Name ist in diesem Dokument versehen mit dem Vorbehalt »vielleicht«. Carlo Schmid wußte genau, nur zu genau, daß ich gerade den parteipolitisch sich formierenden Ökologisten in Westeuropa und damit auch der Partei der GRÜNEN in der Bundesrepublik Deutschland näherstehe als die anderen genannten drei Herren. Er wußte es deshalb, weil, als ich bei ihm eingeladen war, als er mich einlud im Juli, ich gerade von dem Familientreffen der GRÜNEN aus Straßburg kam, wo wir protestiert hatten gegen die 5-Prozent-Klausel in Frankreich und in der Bundesrepublik. *(Beifall)*

Das war ihm bekannt. Carlo Schmid hat dann Mitte Juli bei diesem Gespräch seine Furcht vor einer Kanzlerschaft Strauß zum Ausdruck gebracht. Er hat sich abfällig geäußert über diese kleinen Parteien und hat in diesem Zusammenhang gesagt: »Ich kenne da zum Beispiel August Haußleiter.« Und in diesem Augenblick unterbrach er den Fluß seiner Rede, dachte einen Augenblick nach und sagte dann: »Nein, ich wünsche dem deutschen Volke viele Haußleiters!« *(Beifall)*

Es ist mir bekannt geworden um Weihnachten, daß Carlo Schmid zu dieser Zeit bereits seit einem Monat von seiner unheilbaren Krankheit und seinem nahe bevorstehenden Tod wußte. Und es ist deshalb aller Grund, daß die Sozialdemokratie auch diesen seinen Satz als sein Vermächtnis auffaßt, dementsprechend diesen Satz sehr ernst nimmt und danach handelt. *(Beifall)*

Unter den vorgeschlagenen vieren befindet sich auch mein verehrter Freund Helmut Gollwitzer. Gollwitzer hat vor kurzem Rudi Dutschke zu Grabe getragen, der ja so verdient war um das Zustandekommen des Wahlerfolgs in Bremen. Gollwitzer war aber nicht nur Freund Rudi Dutschkes, sondern auch – man kann sagen – der beste Freund des ersten und bisher letzten sozialdemokratischen Bundespräsidenten der Bundesrepublik, Gustav Heinemann. *(Beifall)*
Und im Hause Gollwitzers hat Gustav Heinemann sein letztes Lebensjahr vollbracht. Gollwitzer ist Zeuge dafür, daß es in diesem Jahre, in diesem letzten Jahre kein wichtigeres Buch für Gustav Heinemann gegeben hat als Herbert Gruhls »Ein Planet wird geplündert«. *(Beifall)*
Daß er dieses Buch jedem, der es wissen wollte, und jedem, der es nicht wissen wollte, zu dringlicher Lektüre empfahl. Und daß er gestorben ist in Furcht vor den Katastrophen, die auf uns zukommen und deren Ursachen in diesem Buch analysiert werden. Ich glaube, Helmut Gollwitzer ist – ohne daß ich ihn jetzt deswegen zu befragen brauchte – ein authentischer Zeuge dafür, zu sagen: Wenn Gustav Heinemann heute noch lebte, gewiß, er würde die tiefe und berechtigte Sorge seines Parteifreundes Carlo Schmid um eine Kanzlerschaft Strauß' teilen. Aber er wäre auch glücklich, wenn er wüßte, daß der Verfasser des Buches »Ein Planet wird geplündert« inzwischen mit der CDU gebrochen hat und heute – *(Beifall)* – von einer neuen Partei, der die Jugend zuströmt, um deren Überleben es geht, emporgetragen wird zu einem der Staatsmänner deutscher Zukunftsmeisterung. *(Beifall)*
Ich sage dies deswegen, damit der Empfänger des politischen Testaments Carlo Schmids – der Bundeskanzler und die Schar seiner Jasager – sich die Sache mit diesem Testament ihres großen, alten Mannes nicht zu leicht vorstellen mögen.
Und wenn der Kronprätendent des Bundeskanzlers, der Technologieminister Volker Hauff, kurz vor diesem Parteitag sich ausgesprochen hat für ein Schnelles-Brüter-Programm, das die Energie dieses Landes für ein Jahrtausend sichern könnte, dann weiß ich auch – und ich brauche ihn deshalb nicht extra zu befragen –, daß mein Freund Robert Jungk, der Verfasser des Buches »Der Jahrtausendmensch« und »Der Atomstaat«, dem Herrn Volker Hauff darauf antworten würde: »So nicht!« *(Beifall)*
Sie, meine verehrten Freunde, haben alle Möglichkeiten, die verhängnisvolle mögliche Kanzlerschaft Strauß zu stoppen. Sie haben aber auch alle Möglichkeiten, gleichzeitig der Sozialdemokratie den Brotkorb – ach was, den Brotkorb, sie sitzt ja an der Futterkrippe – den Korb höher zu hängen, aus dem sie ihr Grünfutter fressen möchte! *(Beifall, Heiterkeit)*
Das werden Sie aber dann schaffen, wenn Sie eines beherzigen, worum ich Sie zum Schluß bitten möchte: Satzungen lassen sich immer mal wieder, wenn die Praxis es als notwendig erweist, revidieren. *(Beifall)*
Nie revidieren lassen aber würde sich die Zerstörung unserer natürlichen Umwelt, die Erschöpfung unserer Ressourcen und die Folgen eines neuen, eines furchtbaren, eines menschheitszerstörenden Nuklearkriegs. Ich danke Ihnen für Ihre Aufmerksamkeit! *(großer Beifall)*

Karl Kerschgens, der die Diskussionsleitung übernommen hat, mahnt zur Eile. Zweieinhalb Stunden vor Tagungsende steht die Parteigründung immer noch auf dem Spiel. Das Präsidium schlägt vor, die Paragraphen 11 bis 17 en bloc zu verabschieden. Erst über 18 soll dann wieder debattiert werden. Der Vorschlag wird angenommen. Um Konflikte mit dem Parteiengesetz zu vermeiden, wird die Zusammensetzung des Bundeshauptausschusses geändert: Je Land werden statt zwei nun drei VertreterInnen in den Bundeshauptausschuß gewählt.

Dann stimmen die Delegierten mit großer Mehrheit für die Paragraphen 11 und 12. Auch die Paragraphen 13 bis 17 werden im Eiltempo verabschiedet. Als die Beratung von Paragraph 18 beginnt, wird vom Präsidium aus einen Geschäftsordnungsantrag gestellt.

Helmut Horst (Präs.): Es wurde vorhin hier so erwähnt, daß inzwischen ein Gegenkongreß hier tagt. Wenn man so will, sind das dann also mehrere Gegenkongresse. Jedenfalls muß allen hier im Saal klar sein, daß eine Opposition gegen den gestern zu Paragraph 2 gefaßten Beschluß hier die Überführung in die neue Bundespartei verhindern kann. Und die Stimmung ist auch so – ich war eben bei einer solchen Beratung von der Alternativen Liste Berlin –, daß dieses Mittel hier auch eingesetzt werden wird, falls nicht noch ein Zugeständnis erreicht werden kann. *(Buhrufe, Unruhe)*

Horst schlägt eine zwanzigminütige Pause vor. In dieser Zeit soll das Präsidium einen Kompromiß formulieren, der die Zweidrittelhürde schafft. Beifall, Widerspruch und Pfiffe aus dem Plenum.

(...)

Ludwig Mörsdorf (Wuppertal): Ich bitte, diesen Antrag entschieden zurückzuweisen! Dieser Antrag beabsichtigt ausschließlich eine weitere Verzögerung des Ablaufs. Man will verhindern, daß wir hier heute zu einer Gründung kommen! *(großer Beifall)*

Der Änderungsantrag zum Paragraph 18 ist längst formuliert. Der liegt hier vor und ist verteilt worden! Das ist also kein überzeugender Grund. Ich bitte, im Verfahren weiterzugehen. *(Beifall – Georg Otto: »Ohne Pause!«)*

Die Abstimmung über den Geschäftsordnungsantrag muß mehrmals wiederholt werden. Dennoch können sich die Präsidiumsmitglieder nicht einigen, welcher Vorschlag mehr Stimmen bekommen hat. Da die genaue Auszählung genauso lange dauern würde wie die Pause, wird die Sitzung von 14.00 bis 14.19 Uhr unterbrochen. Danach spricht Herbert Gruhl.

Herbert Gruhl: Meine lieben Freundinnen und Freunde! Der mit so großen Hoffnungen begonnene Kongreß hat eine kritische Phase erreicht. (...)

Und zwar haben wir uns als Schlußtermin gesetzt 17 Uhr. Und ich hoffe, in Ihrem Namen zu sprechen, daß wir dabei bleiben müssen. *(Beifall)*

Und das gibt uns keine drei Stunden mehr für eine Parteigründung, ein Programm am Schluß und eine Vorstandswahl. Ich kann verschiedenen – *(Zurufe: »Antrag! Antrag!«)*

Ja, nun! Ich bin doch wohl mit meinen Wortmeldungen viel sparsamer umgegangen als viele hier im Saal! *(Beifall, Zurufe)*
Ich beantrage erstens, heute zu beschließen: Die politische Partei DIE GRÜNEN wird heute gegründet. *(Beifall, Zurufe)*
Zwotens: Ihre Satzung ist die heute hoffentlich noch angenommene Satzung. *(Beifall)*
Drittens – vielleicht notieren Sie auch, es sind noch ein paar Punkte – drittens: Das vorläufige Programm ist das Europaprogramm mit Ausnahme der europäischen Teile. *(Buhrufe, Pfiffe, Beifall)*
Karl Kerschgens (Präs.): Liebe Freunde, so geht es nicht! Liebe Freunde, so geht es nicht! Wirklich nicht! Hier hat jeder das Recht –
Herbert Gruhl: Die, die da pfeifen und protestieren, hätten abwarten müssen, bis ich den Punkt 4 genannt habe! Viertens lautet: Das eigentliche Programm wird auf einem Parteitag spätestens Ende Februar verabschiedet. *(Beifall)*
Fünftens: Auf diesem Parteitag wird auch der Bundesvorstand gewählt. Sechstens, und das ist der letzte Punkt: Bis zu diesem Parteitag übt der Bundesvorstand der weiter bestehenden SPV – das heißt, der bis zu diesem Parteitag weiter bestehenden SPV – die Geschäfte der neuen Bundespartei kommissarisch aus. Danke schön! *(Beifall, Zurufe)*
Georg Otto (Hildesheim): Liebe Freunde! Ich möchte eine Gegenrede halten, und zwar folgendermaßen: Wir kommen gar nicht zu der Parteigründung, die unser Freund Dr. Gruhl jetzt beantragt hat und die ich auch will, wenn wir nicht eine Übergangsregelung im Paragraph 18, zum Paragraph 2 fällen. Denn sonst haben wir einen gespaltenen Landesverband in Nordrhein-Westfalen. *(Zuruf: »Das stimmt doch nicht! Red doch nicht so 'n Stuß daher, Mensch!« – Beifall)*
Und dann können wir in Nordrhein-Westfalen nicht in die Landtagswahlen gehen. Deshalb erst die Übergangsregelungen und dann die Parteigründung und dann die Vorstandswahl, und dann haben wir die Sache in der Hand! *(Beifall, Zwischenrufe)*
Die Delegierten lehnen den Antrag von Herbert Gruhl ab und beginnen mit der Beratung von Paragraph 18.
Karl-Götz Bringmann (Satzungskommission): Ich bin Götz Bringmann. Ich bin für die Satzungskommission zu diesem schönen Paragraphen eingeteilt als Referent. Ich hoffe, daß ich einiges geraderichten kann vom juristischen Punkt aus. Ich glaube nämlich nicht einmal, daß irgendein wesentlicher Widerspruch in dem liegt, was wir eben abgestimmt haben, nämlich dem, was Herbert Gruhl beantragt hat und was Georg Otto wollte. Das, was Herr Gruhl nämlich formuliert hat als Beschluß, das kann man ja auch als Inhalt von Paragraph 18 formulieren. Und so was ähnliches habe ich hier als Papier vor mir liegen. Und über die einzelnen Punkte müssen wir abstimmen.
Dazu einige Erläuterungen vorab. Es ist vielen nicht klar, wie wir hier verfahren müssen. Wir befinden uns innerhalb der Versammlung der »SPV der GRÜNEN«. Die kriegt eine neue Satzung. Nach deren alter Satzung ist Zweidrittelmehrheit erforderlich für den Satzungsänderungsbeschluß. Alles, was wir bisher abgestimmt ha-

ben mit einfacher Mehrheit – das war uns völlig klar –, sind zunächst einmal Meinungsbilder. Und wir müssen ganz klar sehen: Wir hätten niemals die ganzen Abstimmungen mit Zweidrittelauszählung durchführen können. Wir haben ganz bewußt die Gesamtabstimmung über die Satzung – und zwar einschließlich, so steht es auch in Ihrer Vorlage des Paragraph 18, wie wir ihn jetzt noch behandeln müssen – zur Schlußabstimmung bringen müssen, und da müssen wir auszählen, und da brauchen wir die Zweidrittelmehrheit. Und da müssen wir doch – das zunächst mal als politisches Wort – da müssen wir doch den Freunden von uns, die jetzt mit einzelnen Teilen der beschlossenen Satzung nicht einverstanden sind, wirklich einmal ans Herz legen, sich zu überle^{0}en, ob sie wollen, daß – sagen wir mal – die Atomindustrieleute heute abend mit Gelächter über den Tischen liegen. *(Beifall, Buhrufe – Stimme beim Präsidium: »Wir müssen erst dieses hier machen, Heiner!«)*
Und also werden wir jetzt den Paragraph 18 in Ruhe behandeln müssen. Und zwar in verschiedenen Punkten. Er ist über das hinaus, was Sie als Vorlage haben, noch erweitert.
Bringmann weist die Gegner des Paragraph 2 noch einmal darauf hin, daß für die als Partei firmierende Berliner AL eine Ausnahmeregelung beschlossen worden ist. Außerdem sollen weitere Absätze den Paragraph 18 so ergänzen, daß die Parteigründung nicht am Zeitmangel scheitert. So sollen bis zum nächsten Parteitag die Vorschriften der Zivilprozeßordnung über das Schiedsverfahren gelten und der Vorstand im Amt bleiben. Bis dahin soll auch das Europawahlprogramm der GRÜNEN gültig bleiben.
Ich denke doch, daß wir uns einigen könnten über diesen Vorschlag. Bitte denken Sie daran, daß wir an diesen Dingen nicht unsere Gründung scheitern lassen dürfen. Wir wollen uns doch nicht lächerlich machen! *(Beifall, Zwischenrufe)*
Während der Rede haben Heiner Ohmstadt und Anke Burmester die Diskussionsleitung übernommen. Sie haben 7 Wortmeldungen vorliegen.
Helmut Kynast (Hamburg-Wandsbek): Meine lieben Freunde! Ich bin gestern und heute hierhergekommen, um mitzuhelfen, einen neuen Anfang zu setzen. Aus diesem Grunde habe ich mich in dieser entscheidenden Phase des Parteitages zu Wort gemeldet, weil ich der Auffassung bin, daß diese Absicht, die sicherlich viele, sehr viele von Ihnen mit mir teilen, zum jetzigen Zeitpunkt gefährdet ist. Und mich treibt die Sorge um die Einheit der Bewegung, die einmal eine Alternative zum bestehenden Parteiensystem werden soll. Ich bin der Auffassung, daß gestern ein Beschluß gefaßt worden ist, der nicht unbedingt diesem Ziel dient. *(Beifall)*
Mir geht es nicht darum, einen Beschluß, der gefaßt ist, auf kaltem Wege zu relativieren oder gar umzustoßen. Mir geht es darum, in dieser letzten Möglichkeit, in der letzten Minute quasi im Paragraph 18 eine Formulierung zu finden, die es unseren bunten und alternativen Freunden möglich macht, bis auf weiteres mit uns zusammenzuarbeiten. *(Beifall)*
(...) Ich bin Grüner, nicht Mitglied irgendeiner Partei, insoweit persönlich nicht betroffen. Aber ich sehe in meinem engsten Umkreis im Kreisverband Hamburg-Wandsbek, daß die Arbeit, die wir dort begonnen haben und die, Freunde, gute An-

fänge gezeitigt hat, durch ein Auseinanderbrechen dieses Landesverbandes zunichte gemacht wird. Und das möchte ich verhindern, und ich glaube, viele Kreisverbände und viele Landesverbände mit mir. *(großer Beifall; Kynast wird auf die Redezeit hingewiesen)*

Letzter Satz! Ich schließe mich daher dem Antrag unserer Freunde aus Nordrhein-Westfalen an, den Paragraph 18 durch den folgenden Satz zu ergänzen, ich zitiere: »Die Landesverbände beschließen autonom Übergangsregelungen.« Vielen Dank! *(Beifall, Zurufe)*

Heiner Ohmstedt (Präs.): Der nächste Redner ist Offe.

Claus Offe (Bielefeld): Mein Name ist Claus Offe, ich komme aus Bielefeld. Ich möchte mich ganz kurz zum Sprecher der Lage und der Empfindungen derjenigen starken Minderheit in diesem Saal machen, die gestern bei der Abstimmung über Paragraph 2 unterlegen ist. Ich möchte diese Gefühle und die Lage, die sich aus ihnen ergibt, noch mal kurz verdeutlichen. Es handelt sich ja nicht darum, und darüber sollte kein Irrtum übrigbleiben, daß diejenigen, die von diesem Paragraph 2 weggedrängt worden sind, Kommunisten, Parteikommunisten, Mitglieder irgendwelcher K-Gruppen sind und daß die jetzt sozusagen grollen und versuchen, daran zu ziehen und zu drehen und die Sache wieder umzukrempeln. Sondern es verhält sich so, daß die Gesamtheit derer, ich schätze jetzt 45 Prozent in diesem Saal, die sich ihrer politischen Herkunft, ihrem politischen Denken nach den bunten, den alternativen, den sozialistischen Gedanken zugehörig fühlen und die sie in diese Partei einbringen wollen, daß diese weggedrängt worden sind und daß diese sehr starke Zweifel haben mußten an ihren Chancen, innerhalb dieser Partei überhaupt zum Zuge kommen zu können. Wir kennen ja diesen Prozeß, der mit Waschzwängen verbunden ist, dem Reinhalten, dem Schielen auf die Unanstößigkeit gegenüber selbst den unbedarftesten Wählern. Wir können das sehr schön ablesen am Beispiel der sozialdemokratischen Partei, die sich genau diesem Mechanismus des Waschzwanges ausgesetzt hat mit dem Radikalenerlaß 1972. *(Beifall)*

Und dann war es immer noch nicht genug und immer noch nicht genug, und dann mußten immer mehr Schnüffeleien eingebaut werden, Kontrollen eingebaut werden. Und gleichzeitig hat es dazu geführt – und das ist auch der Sinn, jedenfalls die Funktion, aber ich glaube auch bei vielen der Sinn dieses Paragraph 2 –, ein ganzes linkes Spektrum abzuschrecken für die zukünftige Mitarbeit in der Partei – *(Widerspruch)* –, diese wegzudrängen und zu sagen, wir bleiben hier unter uns, und wenn ihr bunt und alternativ und sozialistisch denkt, dann bleibt ihr besser draußen! *(anhaltender Widerspruch)*

Das ist das Signal, das von diesem Beschluß ausgeht! *(weitere Zwischenrufe; Hinweis auf die Redezeit)*

Gut, darüber werden wir ja diskutieren. Es besteht jedenfalls – darüber kann kein Zweifel bei irgend jemand jetzt noch vorherrschen, und das ist der Grund für die Aufregung im Augenblick und das Geschrei – die akute Gefahr, daß diese Partei nicht gegründet wird aus diesem Grund. Und ich möchte euch wirklich bitten, diese

Lage der 45-Prozent-Minderheit, die keine Minderheit ist, zu verstehen und zu würdigen und daraus den Schluß zu ziehen, daß eine Änderung und Ergänzung im vorgenannten Sinne von Paragraph 18 unbedingt erforderlich ist, damit diese Partei heute nachmittag zustande kommt. Danke schön! *(Beifall)*

Heiner Ohmstedt (Präs.): Der nächste Redner ist Schneider. Ich bitte doch, daß alle Delegierten, die hier vorne zum Mikrofon kommen und ihre Beiträge bringen, ungestört ihre Beiträge bringen können. Ich glaube, das ist gute demokratische Gepflogenheit, so etwas! *(Beifall)*

Dirk Schneider (AL Berlin): Liebe Freunde, um euch einmal deutlich zu machen, wie tief uns der gestrige Beschluß getroffen hat und was für eine Angst wir davor haben, daß er eine gemeinsame Partei verunmöglicht, möchte ich eine kurze Erklärung vorlesen, die die Alternative Liste Westberlin eben in einer Versammlung von über 100 ihrer grünen und autonomen Delegierten verabschiedet hat und die auch von sehr vielen anderen grünen, bunten und alternativen Listenvertretern unterstützt wird. Die Erklärung lautet: »Der Beschluß, daß in der künftigen Partei DIE GRÜNEN Mitglieder anderer Parteien nichts zu suchen haben, steht in direktem Gegensatz zu den Prinzipien von Offenheit und Vielfalt, unter denen die bunten und alternativen Listen angetreten sind. Angesichts der gravierenden Bedrohungen für das Leben und alle Menschen, die sich in den Stichworten Atomstaat, weltweite Kriegsgefahr, Giftkatastrophen und anderem ausdrücken, müssen alle demokratischen und ökologischen Kräfte ohne jede Ausgrenzung an der Formulierung einer grundlegenden Alternative zusammenarbeiten.« Der gestern gefaßte Beschluß verbietet konkret den Mitgliedern der formalen Partei Alternative Liste Westberlin wie den Mitgliedern von SPD, FDP, KPD und EFP und vielen anderen die Mitarbeit in den GRÜNEN. *(Widerspruch)*

Der Paragraph 2 der Satzung ist für uns nicht bloß formal unvereinbar, sondern er zerreißt den politischen Konsens zwischen grün und bunt. *(Beifall; Hinweis auf die Redezeit)*

Inhaltlich führt er beim Versuch, eine politische Alternative zur Partei zu finden, die gleiche Praxis der Gesinnungsschnüffelei wie bei den gewerkschaftlichen Unvereinbarkeitsbeschlüssen und der Berufsverbotepraxis der etablierten Parteien wieder ein. *(Beifall, Pfiffe)*

Eine Sonderregelung für die AL Berlin, weil diese ja eigentlich eine Wählergemeinschaft sei, ist für uns in diesem Zusammenhang nicht akzeptabel. *(Beifall)*

Wir werden den Beschluß in unserer künftigen politischen Praxis nicht akzeptieren und weiterhin mit allem Nachdruck gegen jede Form von Unvereinbarkeitsbeschlüssen kämpfen. Wir sind unter diesen Umständen nicht bereit, dem Überführungsbeschluß der SPV DIE GRÜNEN in die Bundespartei DIE GRÜNEN zuzustimmen, sondern nur dann, wenn ein für alle kompromißfähiger Weg gefunden wird, der dem vielfach bekundeten Willen Ausdruck gibt, eine wirklich breite Zusammenführung ökologischer und basisdemokratischer Kräfte in der Partei zustande zu bringen. Wir appellieren an alle Delegierten, den Beschluß von Nordrhein-Westfalen hier intensiv zu diskutieren. Wir selber schlagen für die Formulierung des Paragra-

phen den Satz vor: ›Die Landesverbände haben das Recht, zu einzelnen Paragraphen der Satzung Übergangsregelungen festzulegen.‹« *(Beifall)*
Heiner Ohmstedt (Präs.): Der nächste Redner ist Wolschner aus Berlin. Ich bitte doch die Redner, die hier vorne sprechen wollen, daß Sie genau und exakt ihre Redezeit von drei Minuten einhalten. Wir müssen das sonst ganz unnachgiebig wirklich in dieser brisanten Phase ahnden!
Klaus Wolschner (AL Berlin): Mein Name ist Klaus Wolschner. Ich komme aus Berlin. Ich bin dort auch Mitglied der Alternativen Liste. Wir sind hierhergekommen nach Karlsruhe, um mit euch zusammen heute diese Partei zu gründen. Wir sind hierhergekommen in der festen Überzeugung, daß, um so ein Bündnis, das wir wollen, zustande bringen zu können, wir von dem, was wir als unsere eigene Meinung formuliert haben im Programm der Alternativen Liste Westberlin, daß wir da Abstriche machen müssen, daß wir aufeinander zugehen müssen. Wir haben aber auch hier gestern – und da haben wir zugestimmt, und ich glaube, die meisten hier, die nicht in den alternativen Listen drin sind, haben hier auch zugestimmt – wir haben festgestellt, daß die Grundlage und das Prinzip unserer gemeinsamen politischen Arbeit der Dialog sein soll.
Ich glaube, wenn durch die jetzt von der Satzungskommission hier vorgeschlagene Regelung der Satzung, die eine sehr starke Minderheit unterdrückt, daß durch so eine Regelung dieses Prinzip des Dialogs verletzt und zerstört würde. Deswegen könnten wir bei so einer Regelung wahrscheinlich nicht mehr mitmachen. Wir würden allerdings – und das hat ja Dirk Schneider hier auch ausgeführt – wir würden einer solchen Kompromißformulierung – wieder Kompromiß, weil wir nämlich für eine Einigung sind – einer solchen Kompromißformulierung der autonomen Regelung von Übergangsbestimmungen würden wir zustimmen.
Dabei möchte ich jetzt noch einmal in zwei Sätzen feststellen, wie wir diese autonome Übergangsregelung begreifen. Das muß ganz klar sein, damit es da hinterher keine Mißverständnisse gibt. Autonome Übergangsregelung heißt für uns, daß solch eine Regelung nicht befristet ist. *(Unruhe; Hinweis auf die Redezeit)*
Das steht in dem Antrag drin. Ich kann nur einen der Gründe anführen, weswegen das für uns wichtig ist. Wir haben in Berlin 50 000 Stimmen bekommen (...) und das sage ich vor allem den GRÜNEN: Wenn es hier nicht zu einer Einigung kommen wird, wird das Konsequenzen haben –
Anke Burmester (Präs.): Ich bitte, das Rednerpult zu räumen!
Klaus Wolschner (AL Berlin): – für jede gemeinsame Basisaktivität – *(das Mikrofon wird ausgestellt)*
Heiner Ohmstedt (Präs.): August Haußleiter spricht als nächster.
August Haußleiter (AUD): Meine lieben Freunde! Wir gründen hier die erste neue Partei auf deutschem Boden seit 1945. Die Parteien, die nach 1945 gegründet wurden – SPD, FDP, CDU/CSU –, hatten Vorgängerorganisationen, hatten alle Programmvorstellungen, die bereits vorgefestigt waren, und hatten alte Funktionärskader, die sich weitgehend über das Wesentliche einig waren. Hier entsteht die erste,

völlig neue Bewegung, und so etwas setzt eine ungeheure Integrationsbemühung voraus. *(Beifall)*
Das ist eine Forderung, die an uns alle gestellt ist. Und da nennen wir das, was zu gründen ist, eine Partei. Nach dem Parteiengesetz ist eine Partei eine Wahlorganisation, die ihren Parteicharakter verliert, wenn sie sechs Jahre lang nicht zur Wahl angetreten ist. Deshalb war an sich im Paragraph 2 der Satzung das Wort »konkurrierende Partei« überflüssig. Und ich möchte hier zu Protokoll geben, daß es sich nach dem Parteiengesetz stets um konkurrierende Parteien handelt und handeln muß. Das ist der Tatbestand.
Und nun will ich ein zweites sagen. In dieser Lage sind Übergangsregelungen notwendig, unvermeidlich! Und wenn wir uns basisdemokratisch nennen, dann müssen diese Übergangsregelungen von den örtlichen Verbänden vorgenommen werden. *(Beifall)*
Und deshalb halte ich diesen Ergänzungsvorschlag zum Paragraph 18 – »Die Landesverbände beschließen autonom Übergangsregelungen« – für durchaus notwendig, angemessen und richtig. *(Beifall)*
Ich bin nicht der Meinung, daß wir heute und hier die gestrige Diskussion noch einmal aufnehmen sollten. Das würde nur neue Wunden öffnen. Ich bin der Meinung, wir müssen begreifen, daß hier die Basis selbst den Integrationsprozeß fortzusetzen hat, den wir hier in erstaunlicher Disziplin auf uns genommen haben! *(großer Beifall)*
Heiner Ohmstedt (Präs.): Der nächste Redner ist Merck.
Friedrich-Wilhelm Merck (Hamburg-Harburg): Mein Name ist Friedrich-Wilhelm Merck. Ich bin der offiziell beauftragte Sprecher des Landesverbandes Hamburg für Satzungsfragen. Ich bedaure sehr, daß ich gestern nicht die Gelegenheit hatte, vor der Abstimmung über den Paragraph 2 hier im Namen des Landesverbandes das Wort zu ergreifen. Ich habe es mit aller Kraft versucht, aber es ging nicht, weil hier vorne mit den Zetteln etwas geschoben wurde, ich darf das bitte so sagen. *(Widerspruch)*
Ja, das ist leider der Fall, ich gehöre selbst der Satzungskommission an. Und ich darf Ihnen auch sagen, ich bin Mitglied der Europäischen Föderalistischen Partei EFP. Ich sage das aus einem ganz bestimmten Grunde. Und zwar deswegen, weil ich von der Vorarbeit, die ich bisher geleistet habe, mich bemüht habe, ohne parteipolitische Eigenbröteleien dieser ganzen Gruppe eine Struktur der Freiheit zu geben, die stärker ist als die Freiheitsstruktur der etablierten Parteien. *(Beifall)*
Das ist unser Modell! Das ist das Hamburger Modell! Und diese Struktur der Freiheit kann nicht mit Ausgrenzungen arbeiten, sondern sie hat eine ungeheure Anziehungskraft auf alle anderen, die hier sind. Und diese ungeheure Anziehungskraft bezieht sich auch vor allen Dingen auf noch heute in der SPD stehende Menschen, die zu uns rüberwollen, aber von uns blockiert würden, wenn wir diese Regelungen stringent durchführen. *(Beifall)*
Wir haben hier vorgeschlagen und schließen uns dem – *(anhaltender Beifall, Pfiffe)*
Ja! Das sind nicht nur SPD-Leute, meine Damen und Herren! Das sind auch Leute

von der freien Wählergemeinschaft in Baden-Württemberg, die über eine Million Stimmen hinter sich haben! Das darf ich Ihnen auch mal sagen. Ja! Diese Leute in die GRÜNEN zu integrieren, das würde Sie über die 5 Prozent bringen und über die 40 Prozent in Baden-Württemberg! Ja! So sieht es aus! Das sind die politischen Verhältnisse! Und alles andere ist doch kleinkariert. *(großer Beifall, Pfiffe)*
Meine Damen und Herren! Wir sagen heute Übergangsregelungen, weil wir wissen, daß dieser Lernprozeß noch nicht zu Ende ist. Und weil wir wissen, daß wir hier und da sabotiert werden und wir uns dagegen wehren müssen. Und man sagt natürlich, sabotiert werden wir von den anderen. Nein, die anderen können uns gar nicht sabotieren, meine Damen und Herren! Das werden wir sehen in diesem Lernprozeß, und deswegen wird diese Übergangsregelung für uns genau das bringen, was wir brauchen, um an den Wahlen integer und klar mit eigener Linie teilzunehmen. Wir haben –
Heiner Ohmstedt (Präs.): Redezeit!
Friedrich-Wilhelm Merck (Hamburg-Harburg): Ich bedanke mich. Ich will nur noch ein Schlußwort sagen. – Wir haben einen Prozeß in Gang gebracht in Hamburg, wo die Leute, die früher mal ihre Zuflucht glaubten suchen zu müssen bei irgendwelchen, die im Hintergrund staatszentralistische oder totalitäre Ideologien hatten, die haben wir rausgezogen aus diesem Bildungsprozeß hin zu einem politischen Bildungsprozeß der Freiheit. Und ich möchte Sie bitten, diesem zuzustimmen und diesem Vorschlag, der abgestimmt ist mit den verschiedenen Landesverbänden – »Die Landesverbände beschließen autonom Übergangsregelungen« –, in dieser Form zu verabschieden. Ich danke Ihnen, meine Damen und Herren! *(großer Beifall)*
Heiner Ohmstedt (Präs.): Für das Präsidium möchte ich ganz kurz das Wort ergreifen. Das Präsidium wehrt sich mit aller Entschiedenheit gegen Unterstellungen, die dahin gehen, hier vorne sei in der Rednerliste gemauschelt worden. *(vereinzelt Beifall)* Wir haben nach besten Kräften versucht, in einer riesigen Antragsflut die größtmögliche Gerechtigkeit walten zu lassen, und ich bitte, das zu akzeptieren! *(Beifall)*
Anke Burmester (Präs.): Der nächste Redner ist Herr Mörsdorf.
(Am Redepult nimmt ein anderer Delegierter Aufstellung – Heiner Ohmstedt: »Bitte, du bist nicht dran!«)
Ich bitte, das Podium zu räumen für Herrn Mörsdorf!
Ludwig Mörsdorf (Wuppertal): Liebe Freunde! Ich habe vorweg eine Bitte: Hören Sie bitte auf, diejenigen hier im Saal – und das gilt für jede Veranstaltung, an der GRÜNE beteiligt sind – diejenigen, die gegen eine Doppelmitgliedschaft sind, als Antikommunisten zu diffamieren! Wer so argumentiert – *(großer Beifall)* –, unterscheidet sich in nichts von den diffamierenden Argumentationen der Etablierten. *(Beifall)*
Liebe Freunde, unsere Probleme und unsere Bedenken gehen weit darüber hinaus. Hier haben 140 Delegierte mehr, das sind die Vertreter von 1 400 Mitgliedern der GRÜNEN, ganz eindeutig die Mitgliedschaft, das heißt die Doppelmitgliedschaft,

abgelehnt. Und nun wird versucht – und das ist ja verständlich auch, für die Interessen der Gruppierungen, die sich hier dafür stark machen, ist es verständlich –, wird versucht, über die Hintertür die Doppelmitgliedschaft doch wieder einzuführen. *(großer Beifall)*
Und nun wundert man sich darüber, daß mittlerweile auch die GRÜNEN diese Taktiken durchschaut haben! Wir haben sie ja oft genug erlebt. Wir in Nordrhein-Westfalen haben im Mai den Landtagswahlkampf zu bestreiten. Der Bürger in Nordrhein-Westfalen ist seit mindestens zwei Generationen antikommunistisch indoktriniert worden. Ich lehne das ab. Aber als politischer Mensch muß ich das so sehen und muß, wenn ich eine Wahl gewinnen will, diese Gesichtspunkte in meine politischen Überlegungen mit einbeziehen! *(Pfiffe, Buhrufe, Beifall)*
Anke Burmester (Präs.): Die Redezeit ist beendet!
Ludwig Mörsdorf (Wuppertal): Da wir in Nordrhein-Westfalen aber durchaus gesehen haben, daß wir auch Mitgliedern aus anderen politischen Gruppierungen die Möglichkeit bieten müssen, in dieser grünen Bewegung mitzuarbeiten, sie kennenzulernen, ihren Standort zu orten, haben wir ausdrücklich in der Satzung für Nordrhein-Westfalen beschlossen, daß eine Mitarbeit in Nordrhein-Westfalen möglich ist. Das ist alternativ, das gibt es in keiner anderen Partei! *(Beifall)*
Anke Burmester (Präs.): Die Redezeit ist beendet. Bitte noch einen Abschlußsatz!
Ludwig Mörsdorf (Wuppertal): Liebe Freunde! Das Argument, daß hier ausdrücklich konkurrierende Parteien ausgeschlossen werden sollen, das kann uns doch nicht überzeugen! Jede Partei konkurriert mit jeder anderen, nicht nur zu Wahlkampfzeiten, sondern während der ganzen Epoche! Und ich fordere Sie auf, einem Antrag, der eine Auflösungsmöglichkeit für die Personen, die willig sind, in dieser neuen grünen Partei mitzuarbeiten, vorsieht, bis Ende Februar zuzustimmen – vor dem Wahlkampf in Baden-Württemberg und rechtzeitig vor dem Wahlkampf in Nordrhein-Westfalen! Vielen Dank!
(Renate Haußleiter: »Ich würde aber erst den drannehmen, und dann erst ›bis zum nächsten Parteitag‹ als Zusatz! Das ist besser so, das entschärft die Lage!«)
Heiner Ohmstedt (Präs.): Es liegen jetzt zum Paragraph 18 mehrere Änderungsanträge vor.
(Jan Kuhnert: »Lies die erst mal vor, die beiden!«)
Zunächst einmal lese ich die beiden mir vorliegenden Änderungsanträge vor.
(Peter Sellin: »Nordrhein-Westfalen hast du vergessen!«)
Kleinen Moment bitte! *(Präsidium berät)*
Also ich muß mich eben belehren lassen. Es stand auf der Rednerliste noch ein Redner drauf aus Nordrhein-Westfalen. Der Vertreter von Nordrhein-Westfalen teilt sich seine Redezeit mit Herrn Hasenclever. Bitte!
Wolf-Dieter Hasenclever (Tübingen): Viele aus Baden-Württemberg und aus anderen Ländern können den von Herrn Haußleiter – und sinngemäß ja auch den von den Freunden aus der Alternativen Liste Berlin – formulierten Sachen zustimmen mit folgendem Zusatz: »Übergangsregelungen regeln die Landesverbände autonom«, so

war der Sinn von Herrn Haußleiter. Zusatz: ». . .zur Anpassung ihrer Satzungen an die Satzung des Bundesverbandes.« Damit klar ist, daß hier nicht beabsichtigt ist – von keinem, wie ich gehört habe – ein Unterlaufen der Satzung des Bundesverbandes durch einzelne Landesverbände, sondern daß es hier um das ehrliche Bemühen geht, die Satzung der Landesverbände im Hinblick auf ihre Schwierigkeiten, die wir akzeptieren und respektieren müssen, tatsächlich in angemessenen Fristen zu lösen. *(Beifall)*

Martin Schata (Nordrhein-Westfalen): Ich möchte eine Erklärung des Landesvorstandes Nordrhein-Westfalen vorlesen, die einstimmig verabschiedet worden ist: »Die Landespartei DIE GRÜNEN Nordrhein-Westfalen ist entstanden aus einem offenen und breiten Zusammenschluß bunter, alternativer und grüner Listen, die in Nordrhein-Westfalen mit großem Erfolg den Kommunalwahlkampf geführt haben und dadurch in mehreren Kommunalparlamenten vertreten sind. *(vereinzelt Beifall)*

Voraussetzung für das Zustandekommen dieses Bündnisses war für viele von vornherein die Absage an Unvereinbarkeitsbeschlüsse. *(vereinzelt Beifall)*

Voraussetzung war und ist auch, daß sich diese Partei nach dem Grundsatz der Basisdemokratie von unten nach oben aufbaut und von vornherein gerade auch in ihrer Struktur jede zentralistische Führung von oben verhindert. *(Beifall)*

Diesen Prinzipien entspricht die Satzung der Landespartei DIE GRÜNEN Nordrhein-Westfalen, nämlich daß alle wesentlichen Entscheidungen, so auch die Frage der Mitgliederaufnahme, auf der Kreisverbandsebene geregelt werden. *(Beifall)*

Nur so ist der Entwicklung in Nordrhein-Westfalen in der Basisbewegung, der Bürgerinitiativbewegung und dem Kampf für demokratische Rechte zu entsprechen. Diese Arbeit kann in Nordrhein-Westfalen nur fortgesetzt werden und eine Chance haben, große Teile der Arbeiterbewegung einzubinden, wenn wir die begonnene Politik des breiten Bündnisses fortsetzen und nicht das, was an der Basis an konkreten arbeitsfähigen Bündnissen entstanden ist, durch einen Beschluß, wie er gestern zu Paragraph 2 gefaßt worden ist, wieder hinter unsere eigene Politik zurückbringen. Mit den Augen nach Bremen und Baden-Württemberg ist die Mehrheit dieser Versammlung –«

Anke Burmester (Präs.): Bitte zum Schluß kommen!

Martin Schata (Nordrhein-Westfalen): »– über die Situation in Nordrhein-Westfalen, die auch heißt, im Mai einen entscheidenden Wahlkampf führen zu müssen, hinweggegangen. Wir haben zu keinem Zeitpunkt versucht, mit Erpressungen wie Auszug aus dieser Versammlung –«

Anke Burmester (Präs.): Ich bitte den Redner, zum Schluß zu kommen!

Martin Schata (Nordrhein-Westfalen): Es sind noch zwei Sätze! – ». . . und Verhinderung der Parteigründung unsere Vorstellungen durchzusetzen. Wir respektieren die getroffene Entscheidung zu Paragraph 2, werden uns aber mit allen Kräften dafür einsetzen, daß dieses Bündnis in seiner ganzen Breite in Nordrhein-Westfalen erhalten bleibt.« *(Beifall)*

Der Antrag, die Änderungsvorschläge nicht zu behandeln, wird abgelehnt. Der Ergänzungsantrag von Hasenclever wird als der weitestgehende eingestuft, als erster abgestimmt und angenommen. Zwei Anträge, die Übergangszeit zu befristen, werden abgelehnt. Im Saal herrscht große Unruhe. Als die Abstimmung angefochten wird, beschließt das Präsidium eine zehnminütige Beratungspause. Um 15.26 geht es weiter...

Anke Burmeister (Präs.): Das Präsidium bittet alle Delegierten, sich auf ihre Plätze zu setzen, damit wir zügig weiterverfahren können.

Heiner Ohmstedt (Präs.): Ich bitte die Delegierten, sich hinzusetzen, weil wir jetzt zu den Schlußabstimmungen kommen und weil wir dafür vom Präsidium aus klare Übersichten brauchen. – Ich sage schon mal vorsorglich, daß die Helfer auf ihre Plätze gehen.

Reinhold Kaub (Präs.): Wir bitten, insbesondere hier vor dem Podium den Raum etwas frei zu machen.

Heiner Ohmstedt (Präs.): Ich möchte ganz kurz verlesen: Hier ist eine Anfechtung der Abstimmung zum Antrag Hasenclever gewesen, und zwar wurde moniert, daß die Reihenfolge der beiden Anträge zu Paragraph 18 geschäftsordnungswidrig war. *(vereinzelt Beifall)*

Dazu erklärt das Präsidium, daß vorher per Abstimmung genau die Verfahrensweise festgelegt war und die Anfechtung damit hinfällig wird. – Wir kommen jetzt zur Schlußabstimmung der Paragraphen 1 bis 17. *(Beratung im Präsidium)*

Vor der Schlußabstimmung muß noch ein vergessener Änderungsantrag zu Paragraph 18 abgestimmt werden. Die Formulierung »Die Landesverbände beschließen bis zum nächsten Parteitag autonom Übergangsregelungen« wird abgelehnt. Eine Delegierte hatte argumentiert: »Wir sind nicht grundsätzlich gegen Fristen, aber wir wenden uns dagegen, das bürokratisch auf zwei bis drei Monate zu beschränken. Und das ist keine Autonomie, das ist eine Galgenfrist.«

Dann erhält Irmgard Neubert aus Pforzheim das Wort. Sie verlangt »Wiederholung der Abstimmung von Paragraph 2 (...), weil hier ja die Wurzel des ganzen Übels liegt«. Das Präsidium berät und lehnt dann ab: »Dieses war leider nach Meinung des Präsidiums kein Geschäftsordnungsantrag.« Ein Geschäftsordnungsantrag hätte lauten müssen: »Wiederbefassung mit Paragraph 2.« Im Saal herrscht wieder Unruhe.

Heiner Ohmstedt (Präs.): Einen kleinen Moment bitte! Zunächst einmal treten wir jetzt in die Schlußabstimmung zu den Paragraphen 1–17 ein. *(Widerspruch, Pfiffe)*

Jan Kuhnert (Präs.): Liebe Freunde! Darf ich vielleicht zum Verständnis folgendes sagen. Bitte hört etwas sorgfältiger beim Verfahren zu! Das Präsidium hat vorgeschlagen, erst 1 bis 17 mit einfacher Mehrheit zu verabschieden, dann das Problem der Frage Gründungsbeschluß usw., und dann kommt Paragraph 18. Wir müssen doch erst die Satzung beenden, dann können wir den Paragraph 18 behandeln. Also GO-Anträge auf Befassung mit 18 kommen erst hinten ran!

Mehrere Delegierte widersprechen lauthals. Einer verlangt: »Die Frau muß doch noch mal drankommen!« Heiner Ohmstedt erteilt ihr das Wort.

Irmgard Neubert (Pforzheim): Also ich stelle den Antrag auf Wiederbefassung mit Paragraph 2. *(Bravorufe, Beifall, Pfiffe)*

Dieter Hornemann (Stuttgart): Gegenrede zu diesem GO-Antrag! Dieter Hornemann, Kreisverband Stuttgart. Ich halte es für illusionär, wenn gesagt wird, daß auf die Wählerstimmung zu schauen nicht sinnvoll sei. Denn wenn wir nicht gewählt werden, dann können wir die Ziele, für die wir antreten, nicht verwirklichen. *(Beifall)*

Der Antrag wird abgelehnt, und dann werden die Paragraphen 1–17 in der Schlußabstimmung verabschiedet – großer Beifall!

Jan Kuhnert (Präs.): Ich bitte doch jetzt auch wirklich vom Präsidium aus, Beifalls- oder Mißfallenskundgebungen zu unterdrücken, denn die Entscheidung über die Form der Überführung der Satzung findet durch Diskussion des entscheidenden Paragraph 18 statt. Also Jubel, auf welcher Seite auch immer, ist verfehlt. *(vereinzelt Beifall)*

Heiner Ohmstedt (Präs.): Bevor wir in die Beratung des Paragraph 18 eintreten können, müssen wir eine programmatische Aussage abgeben, damit wir dann den Gründungsbeschluß machen können.

Im Eiltempo stellen Herbert Gruhl und Jan Kuhnert für die Programmkommission die Entwürfe zum Programm der Grünen vor. Herbert Gruhl berichtet, daß bei einigen Teilen noch große Meinungsverschiedenheiten bestehen und der Bereich »Mensch und Gesellschaft« noch gar nicht ausreichend vorbereitet ist. Es ist unmöglich, das Programm in den wenigen verbleibenden Minuten zu beraten und zu verabschieden. Gruhl schägt vor, bis zu einem Programmparteitag das Programm der Europawahl sinngemäß zu übernehmen. Gruhl und Kuhnert machen Vorschläge, die darauf hinauslaufen, daß sich die Delegierten im Eilverfahren auf Teile des Programmentwurfs einigen. Dadurch könnte wenigstens ein Teil der Satzung schon in Karlsruhe beschlossen werden.

Die Debatte gerät immer mehr unter Zeitdruck: Unklarheiten, Widersprüche und Mißverständnisse verzögern weiter. Die Delegierten beschließen dann, sich nicht mit dem Programm zu befassen (519 Nein-Stimmen). Bis zum 31. 3. 1980 soll ein Programmparteitag einberufen werden. Bis dahin soll entweder das Europaprogramm oder die Offenbacher Präambel gelten.

Es ist jetzt 16.30 Uhr.

Die Delegierten entscheiden, daß in der Übergangszeit bis spätestens zum 31. 3. 1980 das Europaprogramm gelten soll.

Dietrich-Wilhelm Plagemann (Präs.): (. . .) Damit haben wir – und ich möchte mich im Namen des Präsidiums bei allen Beteiligten für die außerordentliche Disziplin gerade in dieser schwierigen Phase bedanken –, haben wir die Programmdiskussion soweit gerettet, daß wir über Paragraph 18 zum Gründungsbeschluß kommen können. *(Karl-Götz Bringmann: »Du mußt noch den 18 aufrufen!«)*

Selbstverständlich! Wobei die Behandlung des Paragraph 18 als nächstes ansteht, so daß ich jetzt wieder übergeben kann an Heiner Ohmstedt und Anke Burmester.
(Renate Haußleiter: »Befassung Paragraph 18 Absatz 1«)
Heiner Ohmstedt (Präs.): Wir kommen zur Abstimmung des – *(Beratung im Präsidium)*
Gut. Wir haben hier eine Vorlage von der Programmkommission zum Paragraph 18 – *(Renate Haußleiter: »Bringmann hat sie schon eingebracht.«)*
– der Bringmann hat sie schon eingebracht – Absatz 1. Der Absatz 1 lautet: »Diese Satzung tritt am Tage der Beschlußfassung hierüber in Kraft.« Erhebt sich dagegen Widerrede? *(Zwischenrufe)*
Ein Delegierter meldet sich mit einer Verständnisfrage. Damit die Abstimmung zügig durchgeführt werden kann, wird ihm das Mikrofon abgestellt. Auch alle Geschäftsordnungsanträge werden abgelehnt.
Thomas Ebermann aus Hamburg-Altona meldet sich zur Gegenrede. Doch er beginnt eine Erklärung »für diejenigen, die gegen diesen Paragraph 18 abstimmen werden. (...) Damit dieses Verhalten nicht mißinterpretiert wird: Dieses Verhalten von uns bedeutet nicht, daß wir uns der Schaffung einer GRÜNEN Partei entgegenstellen wollen. Das ist weiterhin unser Bestreben. Aber es bedeutet, daß wir hiermit mißbilligen wollen, daß uns so erschütternd wenig Kompromißbereitschaft –«
Auch ihm wird das Mikrofon abgestellt. Das Plenum stimmt für Satz 1. Bei der Gegenrede für Absatz 2 kommt der Einwand, dies sei eine Satzungsänderung. Deshalb sei eine Zweidrittelmehrheit notwendig.
Karl-Götz Bringmann (Satzungskommission): Liebe Freunde! Ich will das noch mal erläutern. Wir machen jetzt beim Paragraph 18 Einzelabstimmung der einzelnen Absätze oder Sätze. Da machen wir auch wieder einfache Mehrheit, wie wir das bei jedem Paragraphen vorher auch gemacht haben. Lediglich der Gründungsbeschluß, der nämlich die Annahme der Gesamtsatzung enthält, bedarf einer Zweidrittelmehrheit. Ich habe das vorhin nicht vorgetragen, weil das nicht Thema des 18 war. Ich will vielleicht noch mal eben den Gründungsbeschluß, damit ihr alle Bescheid wißt, vorläufig erstmal vorlesen, damit ihr das seht, worüber nachher mit Zweidrittelmehrheit abzustimmen ist. Der lautet also folgendermaßen (...): »Nachdem die hier Versammelten eine Satzung beschlossen haben, beschließen sie, die SPV DIE GRÜNEN in die gleichnamige Bundespartei überzuleiten. Zu dem Zwecke ergänzen sie die zuvor beschlossene Satzung um den Paragraph 18.« Wobei ich allerdings noch dazu sagen muß, nachdem wir vorhin darüber abgestimmt haben, daß das Europaprogramm nunmehr gelten soll, auch mein Paragraph zu der Programmfrage dann in diesen Paragraph 18 reinkommt. Den müssen wir gleich auch noch abstimmen, (...) Ist das jetzt verständlich? *(Beifall)*
Wenn nicht, dann müssen wir jetzt noch Verständnisfragen zulassen.
(Renate Haußleiter: »Sind keine da! Jetzt geht's los. Mach so weiter wie bisher!«)
Heiner Ohmstedt (Präs.): Gut. Also wir kommen zu Absatz 2 von Paragraph 18.

Absatz 2 lautet: »Gleichzeitig tritt die bisherige Satzung der SPV DIE GRÜNEN außer Kraft.« Bitte eine – *(Renate Haußleiter: »Nein, keine Gegenrede!«)* Bitte die Karten hoch!

(Manfred Zieran: »Das geht nicht! Das muß der letzte Satz sein!« Anke Burmester: »Mensch, das haben wir eben geklärt!«)

Es ist gerade eben erklärt worden. – Gegenstimmen? – Gut, damit ist Satz 2 angenommen. Drittens: »Doppelmitgliedschaft in AUD, GAZ, GLU ist bis zum 30. 4. 1980 zulässig.« Eine Gegenrede dazu? *(Renate Haußleiter: »Ist kein GO-Antrag. Wir brauchen keine Gegenrede!«)*

Ach so, Entschuldigung! Ich muß mich belehren lassen. Es gibt weiterhin keine Gegenreden. Das ist ein Antrag der Antragskommission. Also werden wir das abstimmen lassen. Wer tritt für diesen Passus ein? Ich bitte um das Kartenzeichen! – Gegenprobe! – Damit ist Paragraph 3 angenommen. Danke. *(Unruhe)* Absatz 4: »Die Regelung von Paragraph 9 Absatz 5 gilt erst ab 1. 1. 81.«

Karl-Götz Bringmann (Satzungskommission): Das ist die Klausel, die wir intern immer als »Gruhl-Klausel« behandelt haben, nämlich ich will das –

(Zwischenruf: »Ich beantrage, eine persönliche Erklärung abgeben zu dürfen!«)

Ja, Entschuldigung, kommt gleich dran, kommt gleich dran! – Wir haben außer diesem Mandatsträger noch viele andere Mandatsträger inzwischen, und denen müssen wir oder wollten wir auf jeden Fall eine Überleitungsmöglichkeit, eine Bedenkfrist – was sie nun wollen, ob sie in der Organisation oder im Mandat arbeiten wollen – belassen. Und die war hier vorgeschlagen worden von der Satzungskommission bis zum Ende dieses Jahres. Darüber wäre abzustimmen.

Heiner Ohmstedt (Präs.): Also noch mal zur Wiederholung. Absatz 4 lautet: »Die Regelung von Paragraph 9 Absatz 5 gilt erst ab 1. 1. 81.« Wer dafür ist, bitte die Karten heben! – Gegenstimmen? – Gut, damit ist Absatz 4 angenommen.

Ganz kurz eine Sache dazu. Ich muß dazu sagen, auch wenn hier im Moment Unmut aufkommt: Ich möchte alle Delegierten bitten, die jetzt in ganz vorbildlicher Weise eine sehr schnelle Entscheidung hier fällen, daß wir alle wirklich sehr gestreßt sind und daß das nicht durch unnötige Emotionen noch weiter aufgeheizt wird. Ansonsten finde ich das Klima wirklich sehr gut im Moment. Wir kommen zu Absatz 5. Der Absatz 5 heißt: »Die in Paragraph 2 getroffene Regelung berührt nicht die Mitgliedschaft in der AL Berlin, die den Zwängen des Berliner Wahlgesetzes folgend sich als Partei konstituieren mußte.« Wer stimmt für diesen Absatz? – Wer stimmt dagegen? *(große Heiterkeit, langer Beifall)*

Die Absätze 5 und 6 werden angenommen. Bei Absatz 7 (»Diese Satzung ist ab Paragraph 3 während der nächsten zwei Bundesversammlungen mit einfacher Mehrheit änderbar.«) meldet sich ein Delegierter.

Uwe Carstensen (Köln): Ich möchte dazu eine Gegenrede halten. *(Widerspruch)*

Doch! Dazu konnte bisher noch gar nicht Stellung genommen werden. Keiner wußte das! *(Beifall)*

Und zwar: Wir haben uns bemüht, vorhin verschiedene Lösungen zu finden, um für den Paragraph 18, auch im Wege des Paragraph 18 eine kompromißfähige Lösung zu finden. Und das beruht auch darauf, einen realen Minderheitenschutz hier zu praktizieren. Wenn aber auch für den Paragraph 18 für die nächsten Parteitage nur die einfache Mehrheit reicht für eine Änderung, so ist dieser Minderheitenschutz tatsächlich nur eine Galgenfrist. Und das finde ich nicht korrekt. Deswegen meine ich, sollte man nur die Pagraphen 1–17 auf den nächsten beiden Parteitagen mit einfacher Mehrheit ändern können.

Heiner Ohmstedt (Präs.): Es geht nicht um die Paragraphen 1–17, sondern konkret um Absatz 7.

(Renate Haußleiter: »Paragraph 3 bis 17!«)

Paragraph 3 bis 17.

(Helmut Horst: »Ich spreche dagegen!« – weitere Zwischenrufe, anhaltende Unruhe)

Gut. Ich komme jetzt zur Abstimmung. Wer ist für diesen Absatz? Bitte die Hand!

(Unruhe und Proteste beim Präsidium; Karl-Götz Bringmann gibt eine Erläuterung)

Heiner Ohmstedt (Präs.): Gut. Also, wir setzen jetzt einen Zusatz. Der Absatz 7 heißt jetzt: »Diese Satzung ist ab Paragraph 3 bis Paragraph 17 während der nächsten zwei Bundesversammlungen mit einfacher Mehrheit änderbar.« Wer ist dafür? – Gegenprobe! – Danke. Damit ist der Punkt angenommen. – Kleinen Moment! *(Beratung im Präsidium)*

Wir kommen zu Punkt 8 des Paragraph 18, der lautet: »Das bisherige Programm der SPV (Europawahlprogramm) bleibt bis zur Beschlußfassung über ein neues Programm der Partei in Kraft. Die Beschlußfassung hierüber erfolgt mit einfacher Mehrheit. Bis zum 30. 3. 80 ist eine Bundesversammlung abzuhalten.« Wer ist für diesen Antrag? – Wer ist dagegen? – Danke.

Die Mehrheit ist dafür.

Kommen wir zu Absatz 9! Absatz 9 Paragraph 18: »Die Mitglieder des Bundesvorstandes.« *(Zwischenruf: »Noch 15 Minuten!«)*

Ja, das weiß ich. Danke! – »Die Mitglieder des Bundesvorstandes, Schiedsgerichtes sowie die Kassenprüfer der SPV bleiben bis zur satzungsmäßigen Neuwahl im Amt.«

Wer ist für diesen Antrag? – Wer ist dagegen? – Danke schön.

Die Mehrheit ist dafür.

Gut. Satz 10. Kleinen Moment!

(Helmut Horst: »Der GO-Antrag von Berlin!« – Ernst Hoplitschek: »Der Reihe nach die GO-Anträge behandeln!« – Unruhe im Saal)

Wir kommen jetzt zur weiteren Behandlung der GO-Anträge, die vorgelegen haben bzw. die im Moment noch offen sind. Dazu sind wir verpflichtet, die zu behandeln. Und ich bitte, diese Disziplin weiter beizubehalten. (. . .)

Jan Kuhnert (Präs.): Wenn hier vorne ein bißchen Ruhe herrscht, schaffen wir diesen einen Satz auch noch! Wir sind im Verfahren abgebrochen über Paragraph 18 letzter Satz. Und zwar über die Übergangsregelung der Landesverbände. Es ist vom Präsidium festgestellt worden, daß wir den Teil der Abstimmung einfach abgebro-

chen haben. Wir haben erst den Hasenclever-Antrag abgestimmt und haben den Haußleiter-Antrag nicht mehr abgestimmt. *(Unruhe)*
Dieser Fehler ist uns unterlaufen. Deswegen nehmen wir jetzt an, ziehen wir uns jetzt den Geschäftsordnungsantrag Mayr an, machen uns den zu eigen, und das bedeutet: Wir wiederholen eine Alternativabstimmung, Formulierung Haußleiter versus Formulierung Hasenclever.
Heiner Ohmstedt (Präs.): Moment, die müssen vorgelesen werden. Und zwar, wo ist denn dieser Vorspann, dieser dusselige? *(Beratung im Präsidium)*
Also, ich bitte jetzt aufzupassen. Wir haben über den Antrag von Hasenclever abgestimmt. Der Antrag Hasenclever – ich lese den noch mal zur Erinnerung vor – lautete: »Die Landesverbände beschließen autonom Übergangsregelungen zur Anpassung ihrer Satzungen an die Satzung des Bundesverbandes.« Das hatten wir vorhin abgestimmt. Es liegt jetzt ein weiterer Antrag von August Haußleiter vor zum Paragraph 18, der heißt einfach: »Die Landesverbände beschließen autonom Übergangsregelungen.« Punkt, nichts weiter.
(Beifall – Stimmen beim Präsidium: »Wir müssen abstimmen jetzt!« – Renate Haußleiter: »Wir haben noch fünf Minuten!«)
Um uns die leidige Diskussion über die weitergehenden Anträge zu ersparen, werden wir diese beiden Anträge alternativ abstimmen. *(Beifall)*
Können wir das als Konsens betrachten?
(Zustimmung – Zwischenruf: »Der weitergehende Antrag war angenommen worden!« – Manfred Zieran: »Das nützt doch nichts!«)
Ich lasse jetzt die beiden Anträge zu Paragraph 18 abstimmen.
(Jan Kuhnert: »Der Antragsteller wünscht das Wort.«)
Ich bitte! Ganz ruhig! Der Hasenclever, der den ersten Antrag gestellt hat, der möchte noch eine Erklärung dazu abgeben. *(Protest, Unruhe)*
Wolf-Dieter Hasenclever (Tübingen): Darf ich jetzt mal was sagen? Das war doch ein Geschäftsordnungsantrag des Präsidiums, nicht wahr? Und da kann man ja wohl auch noch eine Gegenrede zu halten. Ich meine, das ist doch wohl selbstverständlich. Vor allen Dingen, weil vorhin ja die Mehrheit der Versammlung darüber abgestimmt hatte, daß mein Antrag der weitergehende war und – *(Beifall)*
– das war ja eine Abstimmung. Ich will jetzt nur sagen, warum meiner Meinung nach eine alternative Abstimmung, also ich rede gegen eine alternative Abstimmung. Und zwar deshalb, weil meines Erachtens doch die beiden Anträge sich inhaltlich außerordentlich ähnlich sind. *(Widerspruch)*
Zur Begründung. Es geht ja bei –
Heiner Ohmstedt (Präs.): Danke! Danke!
Wolf-Dieter Hasenclever (Tübingen): Pardon!
Heiner Ohmstedt (Präs.): Vielen Dank! Wir werden jetzt, um das Verfahren ganz demokratisch weiter zu führen, werde ich mich beim Plenum versichern, ob unsere geplante Vorgehensweise gebilligt wird.

(Zwischenruf einer Delegierten: »Das ist ungeheuerlich, weil hier jedesmal die Minderheit bestimmt!«)
Es sieht so aus: Vom Präsidium kommt der Vorschlag, den Paragraph 18, Erweiterung von Hasenclever, alternativ zum Antrag Haußleiter abzustimmen. *(Beifall)*
Die Abstimmung gibt ein unklares Ergebnis. Auch bei der Wiederholung können sich die Präsidiumsmitglieder nicht über das Stimmenverhältnis einigen. Zurufe aus dem Plenum verlangen: »Auszählen!«
Jan Kuhnert (Präs.): Ich bitte um Ruhe! Wir stimmen zunächst über einen schriftlich gestellten Geschäftsordnungsantrag ab: In Abänderung der Tagesordnung ist der Geschäftsordnungsantrag gestellt, Beschlüsse auch nach 17 Uhr zu fassen. Gibt es eine Gegenrede zu diesem Geschäftsordnungsantrag?
(Heiner Ohmstedt: »Da hinten, formal!«)
Formal! Bitte schön, es geht jetzt hier um vier Minuten! Wir stimmen darüber ab. »Bis 17.15 Uhr« ist der Geschäftsordnungsantrag gestellt. 17.15 Uhr! Ich bitte um Ruhe! Der Geschäftsordnungsantrag lautet, Beschlüsse auch noch bis 17.15 Uhr. Wer ist dafür? – Ich bitte um das Kartenzeichen! – Danke. Gegenstimmen? – Gut. Danke. *(mit Mehrheit angenommen)*
Heiner Ohmstedt (Präs.): Wir beraten noch eben über die Mehrheitsverhältnisse. *(Beratung im Präsidium)*
Darf ich bitte um Gehör bitten! Damit das Präsidium abgesichert ist, damit wir alle wissen, wie die Mehrheitsverhältnisse tatsächlich aussehen, lassen wir die Abstimmung auszählen. *(Widerspruch)* Doch! Ich bitte jetzt also: Wer ist für den Antrag Hasenclever? Bitte die Hände hoch! Die Helfer bitte schnell abzählen! Die Helfer bitte, unsere unermüdlichen! – Es wird abgestimmt der Antrag Hasenclever. Bitte die Hände oben lassen!
Es wird im Saal ausgezählt.
Wilhelm Knabe (Präs.): Ich bitte die Helfer, möglichst schnell nach vorne zu kommen, damit wir die Zeit nützen. – Wir machen darauf aufmerksam, daß man die Uhr zehn Minuten angehalten hat, daß also die Uhr im Saal nicht mehr stimmt!
Heiner Ohmstedt (Präs.): Nun ist die Überraschung hier vorne aber einigermaßen perfekt! Der Antrag – ich bitte jetzt, genau zuzuhören! – der Antrag Hasenclever wurde gerade eben zurückgezogen. *(tobender Beifall)*
Wolf-Dieter Hasenclever (Tübingen): Pardon! Jetzt wird aber hier die Sache etwas chaotisch! Ich habe diesen Antrag nicht zurückgezogen! Das ist eine – *(Proteste und Zwischenrufe)*
Hört zu! Aber wir müssen jetzt zu einem sinnvollen Verfahren kommen. Nachdem hier in meiner Meinung nach sehr schlechter Weise vom Präsidium aus vorgegangen worden ist – *(Beifall)*
Das Präsidium hat hier nicht richtig taktiert und auch nicht richtig gehandelt! Es ging bei meinem Antrag – bitte hört jetzt mal zu, und jetzt müßt ihr auch im Präsidium mal ein bißchen undogmatisch sein bitte, vielleicht seid ihr es ja auch sonst –, es ging hier bei diesen beiden Anträgen von Herrn Haußleiter und von mir in der Sa-

che darum, der Alternativen Liste Berlin und dem Landesverband Nordrhein-Westfalen und auch den Hessen die Möglichkeit zu geben, in aller Ruhe Übergangsregelungen in eigener und autonomer Verantwortung zu beschließen. Das ist die Intention von Herrn Haußleiter und von mir. Von beiden! Das ist vorhin sehr deutlich gesagt worden.
Zweitens: Es war der Verdacht auszuräumen – und zwar von allen! –, daß man sich hier nicht an demokratische Mehrheitsentscheidungen halten will. Jeder wollte sich dran halten, jeder wollte einfach für seine Verhältnisse diese Dinge in Ruhe behandeln und beraten und durchführen können. Das war doch der Sinn von beiden Anträgen, nämlich eine Freiheit an der Basis zu gewährleisten. Und der einzige Unterschied zwischen diesen beiden Anträgen war, daß es in dem Antrag von mir darum ging, daß Veränderungen, Übergangsregelungen nur in Richtung auf die Bundessatzung möglich sind, und daß das im Antrag Haußleiter nicht explizit drinsteht. So, das war also der Unterschied. Und jetzt gibt es natürlich, wenn ihr euch so furchtbar erregt über diese Sache, die meiner Meinung nach eine Selbstverständlichkeit ist, dann könnte man auch noch zu einem anderen Verfahren kommen. Deswegen würde ich dann eine Unterbrechung dieser Sitzung beantragen. *(Widerspruch)*
Pardon, ihr seht doch selber, das ist doch nicht sehr erfreulich, was hier abläuft. Wenn hier zum Beispiel die Landesvorstände oder die Landesverbände Berlin, Hamburg, Nordrhein-Westfalen erklären können, daß sie bereit sind, Übergangsregelungen in Respektierung der Bundessatzung zu machen, dann wäre hier doch schon sehr viel gewonnen. Es geht doch hier nur darum, daß der Verdacht ausgeräumt werden muß, daß manipuliert werden soll. Um nichts anderes geht es!
(Friedrich-Wilhelm Merck: »Ich erkläre für Hamburg, daß wir die Bundessatzung respektieren genauso wie das Grundgesetz!«)
August Haußleiter: Meine lieben Freunde! Ich möchte eine ganz kurze Erklärung zu dem Antrag abgeben. Es handelt sich um folgendes: In der Phase, in der wir uns befinden, müssen die einzelnen Bundesländer in der Lage sein, ihre örtlichen Probleme demokratisch zu lösen. Das ist der Sachverhalt. *(Beifall)*
In dieser Lage ist in diesen Antrag vieles hineingeheimnist worden, was nicht in ihm steckt. Und ich möchte sagen: Ich verstehe die Lage von Hasenclever, aber wir können in einer basisdemokratischen Partei nicht fordern, daß die Landessatzungen an die Bundessatzung grundsätzlich angepaßt und in sie eingefügt werden. *(großer Beifall)*
Das ist keine Niederlage für irgendeine Richtung, sondern das ist eine Übergangsbestimmung in einer soeben sich gründenden Partei. *(Beifall)*
Heiner Ohmstedt (Präs.): Ich möchte den Herrn Hasenclever fragen, ob er seinen Antrag aufrechterhält. Wird der Hasencleversche Antrag aufrechterhalten? *(Zurufe: »Nein!«)*
Anke Burmester (Präs.): Das Votum wollen wir von Wolf-Dieter Hasenclever hören!

(Dietrich-Wilhelm Plagemann: »Kleinen Moment! Sie wollen noch einen Moment. Eine Minute! Dreißig Sekunden!«)

Heiner Ohmstedt (Präs.): Kleinen Moment! Kleinen Moment! Es haben sich Unstimmigkeiten ergeben. Ich glaube nicht, daß wir die jetzt durch Vehemenz wegkriegen. Ich glaube jetzt, jede Vehemenz würde die Sache irgendwie verschlimmern. Bitte, ich möchte wissen, ob der Herr Hasenclever den Antrag aufrechterhält.

(Wolf-Dieter Hasenclever: »Ja!«)

Ja. *(Beifall)*

Der Hasenclever hält den Antrag aufrecht. Wir stimmen also neu ab.

(Manfred Zieran: »Habt ihr denn die Stimmenzahl von der ersten Abstimmung?« – große Unruhe)

Ja, es muß neu abgestimmt werden. *(Zurufe: »Schiebung!«)*

Wir stimmen jetzt alternativ ab.

(Manfred Zieran: »Ist die erste denn ausgezählt?«)

Wer ist für den Hasencleverschen Antrag? Bitte die Karten!

(Renate Haußleiter: »Du nimmst den immer zuerst. Das versteh ich nicht!« – Zwischenrufer: »Seid ihr toll geworden? Der ist doch abgestimmt worden!« – Manfred Zieran: »Das ist ein neues Verfahren!«)

Es ist jetzt ein neues Wahlverfahren! Bitte die Karten hoch, wer für den Hasencleverschen Antrag ist! – Gegenprobe! – Das zweite ist die Mehrheit! *(minutenlanger johlender Beifall und lautstarke Proteste)*

Dietrich-Wilhelm Plagemann (Präs.): Liebe Freunde! Hört noch mal einen kleinen Moment zu! Eine Sekunde, Leute! Wir machen hier mit Sicherheit, der Klaus-Heiner Ohmstedt macht mit Sicherheit hier die richtigste Lösung! Wir haben die Wiederholung der Abstimmung deshalb hier angekündigt, und dabei bleibt es auch, weil während der Auszählung die Zurückziehung des Hasencleverschen Antrags bekannt gegeben wurde. Deswegen mußte selbstverständlich der Wahlgang wiederholt werden. Man kann doch nicht einen gestörten Wahlgang gelten lassen. *(anhaltender Protest)*

Wir machen eine Auszählung der beiden Abstimmungen. Wir beurteilen das nicht nach mündlichem Eindruck. Und damit ist beiden Seiten – *(anhaltende Zwischenrufe: »Der war bereits abgestimmt!«)* – recht getan! Und die wirklichen Stimmverhältnisse werden durch die Auszählung am klarsten. Also, wir lassen jetzt auszählen. Ich bitte die Helfer, in Aktion zu treten. Für den Antrag Hasenclever, wer ist dafür? *(Zwischenrufe: »Nein, der ist doch abgestimmt!«)*

Daran, daß ich auch die Karte hebe, seht ihr wohl, daß ich hier nicht in eine bestimmte Richtung manipuliere, liebe Freunde! Wie kommt ihr denn zu diesen Vorwürfen?

(Anhaltende erregte Debatten beim Podium – Manfred Zieran: »Jetzt bring ihn nicht durcheinander! Sag noch mal, daß die Helfer jetzt auszählen sollen.«)

Die Helfer sollen bitte auszählen, wer für den Antrag Hasenclever ist. Alle, die für den Antrag Hasenclever sind, haben jetzt die Chance, das noch einmal zu bekunden.

– Dieses Problem ist nur durch Auszählung zu lösen. Aber ich sehe nicht ein, warum das nicht durch Auszählung zu lösen ist. Auszählung ist doch das eindeutigste Ergebnis. Ich verstehe gar nicht den Unmut. Die Zählhelfer gehen jetzt bitte rum. Und ich bitte die Delegierten alle inständig, an ihre Tische zu gehen, damit ausgezählt werden kann. Bitte, die Delegierten an ihre Tische gehen, damit ausgezählt werden kann. Die Auszählung kann nicht geschehen, solange einige Leute nicht auf ihrem Platz stehen. Ich bitte diejenigen, die uns jetzt Vorwürfe machen, daß sie damit ihrer eigenen Sache schaden, wenn sie jetzt nicht auf ihrem Platz stehen und die Stimmkarte hochheben.

(Erregter Zwischenrufer beim Präsidium: ». . . hat was zu sagen, Himmel, Arsch und Zwirn noch mal!«)

Mensch, Klaus, sieh das doch ein! Diese Abstimmung bringt doch diese einzige Klärung! Es ist nur eine einzige Klärung möglich, und zwar durch Auszählung jetzt.

(Reinhold Kaub: »Nein, das ist nicht wahr!« – Ernst Hoplitschek: »Hier gibt's einen GO-Antrag.« – Reinhold Kaub: »Ich bitte das Präsidium um die Erteilung des Wortes zu einer persönlichen Erklärung!« – Heiner Ohmstedt: »Wir sind in der Abstimmung!« – Reinhold Kaub: »Ich fechte die Wiederholung der Wahl an! Kommt, gebt mir das Wort!« – Heiner Ohmstedt: »Nein!«)

Wir beenden jetzt die Abstimmung über den Antrag Hasenclever. Dort, wo noch nicht durchgezählt ist, bitte weiterhin die Stimmkarten hochheben. Bitte weiterhin die Stimmkarten hochheben, wo noch nicht ausgezählt wurde für den Antrag Hasenclever.

(Manfred Zieran zu Reinhold Kaub: »Ja, fechte sie an und laß den Dieter erst mal in Ruhe hier.«)

Bitte immer dort, wo noch nicht voll ausgezählt worden ist, noch die Karte heben, damit wir ein sauberes Ergebnis haben.

(Ernst Hoplitschek: »Ein Antrag zur Verlängerung! Hier!« – »Du mußt die Zeit verlängern jetzt.« – Manfred Zieran: »Ganz ruhig bleiben alle! Wir haben noch zehn Minuten!« – Dietrich-Wilhelm Plagemann: »Nein, wir müssen um fünf Minuten verlängern!«)

Bitte die Auszähler weiterarbeiten und die Delegierten die Karten weiter hochheben, solange noch nicht zu Ende ausgezählt worden ist! Bitte die Arme weiterhin hochhalten! Liebe Freunde, eine Auszählung ist doch der einzige Klärungsprozeß, der uns hier weiterhilft.

(Die Auszählung dauert an.)

Ich glaube, es ist inzwischen durchgesickert, daß diese Auszählung die wirkliche Klärung der Verhältnisse bringt und damit im allgemeinen Interesse liegt, und zwar von allen Gruppen.

(Ernst Hoplitschek: »Du mußt den GO-Antrag machen zur Zeitverlängerung!« – Heiner Ohmstedt: »Nein, wir haben noch fünf Minuten!« – Christine Bernbacher: »Dies hier muß gemacht werden, daß es verlängert ist, sonst ist die Frist abgelaufen!«)

Ist hier am Tisch von Bayern ausgezählt? Liebe Freunde! Widrige Umstände bringen uns immer wieder in die Zeitschwierigkeit. Wir haben jetzt noch vier Minuten. Deshalb liegt hier ein Antrag vor zur Rettung der heutigen Gründung, eine Verlängerung –

(Zurufe: »Die Uhr geht nach!«)

Ja, die Uhr geht nach! Es ist jetzt zehn nach, nach meiner Uhr ist es jetzt zehn nach. Wir haben noch fünf Minuten. Hier ist ein Antrag auf Verlängerung der Abstimmung bis 17.30 Uhr. *(Widerspruch)*

17.30 Uhr, das sind noch 15 Minuten mehr, das müßte reichen.

(Zuruf: »Gegenrede!« – Christine Bernbacher: »Keine Gegenrede mehr!« – anhaltender Widerspruch)

Gegenrede gegen die Verlängerung, hier vorne!

Delegierter N. N.: Gegen den Antrag auf Verlängerung muß ich unbedingt Gegenrede halten im Namen der norddeutschen Delegierten. Wir haben eine Sammelkarte für den Hamburger Zug und müssen unbedingt diesen Zug bekommen, und der nächste Zug fährt sechs Stunden später, und für den hätten wir keine Fahrkarten, das heißt die Fahrkarten würden also verfallen, weil die Sammelkarte also verbilligt für diesen speziellen Zug angemeldet worden ist.

Dietrich-Wilhelm Plagemann (Präs.): Danke. Das war die Gegenrede. Wir stimmen also ab. Wer ist für eine Verlängerung auf 17.30 Uhr als Puffer? – Danke. Wer ist gegen eine solche Verlängerung? – Ist mit überwältigender Mehrheit angenommen die Verlängerung auf 17.30 Uhr. Wahlhelfer 1 ist noch nicht da!

Jan Kuhnert (Präs.): Wahlhelfer Nr. 1 bitte sofort zum Präsidium! Wahlhelfer 1 bitte sofort hierher!

Dietrich-Wilhelm Plagemann (Präs.): Der Wahlhelfer 1 ist nicht in der Lage auszuzählen, weil an den Tischen die Delegierten nicht sitzen. Wir bitten die Delegierten, sich für den Wahlhelfer 1 zu setzen. – Ja, wir beeilen uns. Wir beeilen uns ja wahnsinnig! Kinder, wir beeilen uns doch! – So, alle Personen für den Wahlhelfer 1 bitte an den Tisch zurück! Delegierte an den Tisch zurück, damit er auszählen kann. Wahlhelfer 1 muß auszählen können! Ja, das ist hier der Tisch von Bayern. Vielen Dank! Noch wenige Minuten, dann haben wir es doch geschafft. Wenige Minuten noch!

(Stimme beim Präsidium: »Wir versuchen, das bis 17.20 Uhr hinzukriegen!)

Wahlhelfer 1 ist fertig. Dann können wir weitermachen. Bitte alle Delegierten die Karte heben, wer für den Antrag August Haußleiter stimmt! Bitte die Karten heben für den Antrag August Haußleiter! Wir bitten die Auszähler, in Aktion zu treten. Und noch einmal bitten wir alle Delegierten, auch Bernd Vogel, noch einen Augenblick an seinem Tisch auszuharren, der Gründungsbeschluß erfolgt ja in wenigen Minuten. Vielen Dank, Bernd, du rettest die Sache! – Für den Antrag August Haußleiter wird zur Zeit gestimmt. – *(Heiner Ohmstedt: »Sag, daß anschließend sofort der Gründungsbeschluß kommt!«)*

Liebe Freunde! Im Anschluß an diese Abstimmung über den Antrag August Haußleiter findet sofort der Gründungsbeschluß statt.
(Dietrich-Wilhelm Plagemann zu Heiner Ohmstedt: »Und den Gründungsbeschluß machst du wieder. Wie abgesprochen, den machst du! Du hast dir sicher überlegt, was du da sagen willst. Ich nämlich nicht!«)
So, liebe Freunde! Wir warten jetzt noch die Auszählung ab, und wir bitten euch alle, die paar Minuten noch auszuharren, bis es zum Gründungsbeschluß hier kommt. Dazu ist es erforderlich – bitte, liebe Freunde, versteht das –, dazu ist es erforderlich, daß die Delegierten sich auf ihren Plätzen aufhalten. Bitte begebt euch schon jetzt auf eure Plätze zurück, für wenige Minuten. Wir haben jetzt zwei Tage hart gearbeitet, und für diese wenigen Minuten bitte noch auf die Plätze zurück! Und dann übergebe ich das Mikrofon an Klaus-Heiner Ohmstedt und Anke Burmester, die den Gründungsbeschluß durchführen werden hier. Bitte setzt euch für die wenigen Minuten auf eure Plätze! – Wir bitten die Delegierten, noch eben auf ihre Plätze zurückzugehen! Bitte, liebe Freunde, habt Verständnis, daß unsere Freunde aus Norddeutschland bis auf Schleswig-Holstein als erste gerne rausmöchten, weil sie den Zug noch kriegen müssen im Anschluß an die Gründung, und geht doch jetzt noch mal auf eure Plätze! Freunde, setzt euch doch auf eure Plätze, wir müssen noch die Stimmen feststellen beim Gründungsbeschluß!
Es vergehen weitere zwei Minuten
Delegierter N. N.: Ich möchte noch einmal zur Organisation für die Norddeutschen ansagen: 17.56 Uhr fährt unser Zug. Wir haben einige Gehbehinderte, wir müssen jetzt praktisch los. Wir müssen sofort die Abstimmung jetzt machen. Und dann dürfen nur wir raus. Bitte zögert nicht! Egal wie es ist. Wir müssen jetzt die Abstimmung machen! Wir brauchen für die Gehbehinderten mindestens zwanzig Minuten!
Dietrich-Wilhelm Plagemann (Präs.): Danke. Okay. Wir geben das Ergebnis der ausgezählten Abstimmung bekannt. Der Antrag Haußleiter – ich bitte um Ruhe und bitte auf den Plätzen bleiben für den Gründungsbeschluß –, der Antrag August Haußleiter erhielt 478 Stimmen, der Antrag Wolf-Dieter Hasenclever 397 Stimmen.
(Jubel und Beifall)
Damit ist der Antrag August Haußleiter angenommen. Wir kommen dann zum Gründungsbeschluß, und ich übergebe das Mikrofon an Klaus-Heiner Ohmstedt und Anke Burmester.
Heiner Ohmstedt (Präs.): »Nachdem die hier Versammelten eine Satzung –« Kleinen Moment! *(entnervt zu seinem Tischnachbarn Götz Bringmann: »Was ist denn das hier für 'n Text, Mensch!«)* »Nachdem die hier Versammelten eine Satzung verabschiedet haben, beschließen sie, die SPV DIE GRÜNEN in die gleichnamige Bundespartei überzuleiten. Zu diesem Zwecke ergänzen sie die zuvor beschlossene Satzung um den Paragraph 18.« Wer diesem Gründungsbeschluß zustimmt, den bitte ich um das Kartenzeichen.
(Karl-Götz Bringmann: »Das muß ausgezählt werden. Es müssen zwei Drittel sein!« – Anke Burmester: »Komm, komm, das könnt ihr anschließend machen!« – Bringmann:

»Zwei Drittel müssen festgestellt werden. Es muß ausgezählt werden!« – Ein anderes Mitglied des Präsidiums: »Zähl nur die Gegenstimmen, dann hast du's!«)
Gegenstimmen bitte!
(Anke Burmester: »Das ist Zweidrittelmehrheit, ganz klar!«)
Die Mehrheit ist da.
(Delegierte springen klatschend von ihren Stühlen auf – minutenlang anhaltender Beifall.)
Damit muß ich feststellen – nach diesem Abstimmungsergebnis muß ich feststellen, daß sich die GRÜNEN als Bundespartei gegründet haben.
(Beifall, minutenlang anhaltender Sprechchor: »Weg mit dem Atomprogramm!«)
Das Präsidium schließt hiermit die Sitzung. Wir bedanken uns für euren Großmut, und wir wünschen euch eine gute Heimfahrt. Macht's gut!
Wilhelm Knabe (Präs.): Ich bitte, noch einmal kurz herzuhören! Wir haben gesagt: »Weg mit dem Atomprogramm!« Wir sollten auch sagen, weg mit dem Müll, den wir hier produziert haben! Wir bitten den Hausmeister, uns Plastiksäcke zu bringen, damit wir den Müll da reintun können. Gestern abend sah es schauderhaft aus!
(Ende: 17.30 Uhr)

TEIL ZWEI

10 Jahre danach

Gespräche mit Gründungsmitgliedern

Wolf-Dieter Hasenclever:
»DIE GRÜNEN sind eine stinknormale Partei geworden«

Wolf-Dieter Hasenclever hatte es bei den Sozialdemokraten zum Ortsvereins-Vorsitzenden und Mitglied im Landesvorstand der Jusos in Baden-Württemberg gebracht, als er im Dezember 1977 nach elfjähriger Mitgliedschaft seinen Austritt aus der SPD erklärte. Bereits in dem damaligen offenen Brief, den er und seine Frau Connie zur Begründung an die GenossInnen richteten, taucht jener Begriff auf, den Hasenclever später als weltanschauliches Konzept bei den GRÜNEN verankern wollte: »Es kommt jetzt darauf an, eine geistige Grundlage für die notwendige ›kopernikanische Wende‹ in der Politik zu schaffen, hin zu einem *ökologischen Humanismus* und Sozialismus.« Auf der Suche nach einem neuen parteipolitischen Betätigungsfeld stießen die Hasenclevers auf die »Aktionsgemeinschaft Unabhängiger Deutscher« (AUD), der sie wegen des ökologischen Profils und der pazifistischen Ausrichtung »trotz mancher unausgereifter Programm-Vorstellungen« beitraten. Den beiden gelernten Pädagogen – sie Kunsterzieherin, er Mathematik- und Physiklehrer – gefiel, daß es in der AUD »lernfähige Menschen und nicht zuletzt ein nennenswertes organisatorisches Netz (gab), das sich später bei der Gründung der GRÜNEN als äußerst hilfreich erweisen sollte«. Die fand im »Ländle« einige Wochen früher als im Bund statt, und Wolf-Dieter Hasenclever wurde im Herbst 1979 einer der Gründungsvorsitzenden des baden-württembergischen Landesverbands. Als DIE GRÜNEN im März 1980 bei den Landtagswahlen im Südwesten zum zweiten Mal (nach Bremen) den Sprung in ein Landesparlament schafften, zog Hasenclever in den Stuttgarter Landtag ein und wurde Vorsitzender des grünen Abgeordneten-Sextetts, dem unter Hinweis auf die Geschäftsordnung des Parlaments der formelle Fraktionsstatus verweigert wurde. Nach seinem Ausscheiden aus dem Landtag 1984 beteiligte er sich zunächst noch an Versuchen, die Richtung der Partei mit »ökolibertären« Ideen zu beeinflussen, hat sich aber inzwischen weitgehend aus den Aktivitäten der GRÜNEN zurückgezogen. »Ich bin zwar noch Mitglied«, sagt der zum Leiter des renommierten Landschulheims Marienau bei Lüneburg avancierte Oberstudienrat, »aber mehr aus Gewohnheit.«

Michael Schroeren: *Wie kam der Gründungsparteitag der GRÜNEN ausgerechnet nach Karlsruhe?*

Wolf-Dieter Hasenclever: Das war eigentlich meine Schuld. DIE GRÜNEN standen damals in Baden-Württemberg vor der Landtagswahl im März 1980, und wir wurden von der Landespresse noch sehr stiefmütterlich behandelt, von manchen Zeitungen sogar ganz ignoriert. Ich dachte hoffnungsfroh, daß ein Bundesparteitag der GRÜNEN unseren Nachrichtenwert bei den Medien heben würde. Deswegen hatte ich als damaliger Landesvorsitzender darum gebeten, den Gründungsparteitag nach Karlsruhe zu legen, um auf diese Weise positive Impulse für die Landtagswahl zu setzen.

Und, hat die Versammlung euch die erhofften positiven Impulse gebracht?

Sie hat die Aufmerksamkeit der Medien auch für unseren Wahlkampf etwas erhöht, aber nicht im Sinne einer positiven Berichterstattung. Im Vordergrund stand weniger, was DIE GRÜNEN wollten, sondern eine Menge von Unterstellungen, aber teilweise auch durchaus zutreffenden Beobachtungen über die Zerrissenheit der GRÜNEN, über die Flügelpositionen, die sich übrigens gar nicht so sehr von dem unterschieden, was wir heute an Strömungen in der Partei vorfinden. Natürlich hatte dieses eher negative Medienecho mit dem teilweise turbulenten Verlauf der Versammlung zu tun. Unterm Strich gesehen glaube ich dennoch, daß es kein Fehler war, den Parteitag nach Karlsruhe zu ziehen. Denn auch dies habe ich in der Politik gelernt: Besser, man macht Schlagzeilen, auch wenn's negative sind, als gar keine.

So chaotisch wie es in Karlsruhe zuging: hättest du den GRÜNEN zehn Jahre gegeben?

Durchaus. Ich hatte eigentlich auch schon vorher, als die »Sonstige Politische Vereinigung der GRÜNEN« gegründet wurde, das Gefühl: Jetzt findet ein Aufbruch statt. Und so erging es auch vielen meiner Freunde. Wir spürten, daß die Gründung der GRÜNEN dem tiefen Wunsch und einer breiten Strömung unserer Generation entsprach.

Warst du dir denn in Karlsruhe sicher, daß es überhaupt zur Parteigründung kommen würde?

Nein, das stand zeitweilig sehr auf der Kippe. Der Anfang verlief ja noch ganz friedlich, als Gruhl und ich unsere Eröffnungsreden hielten. Da ließen wir noch ganz eindrucksvolle Appelle vom Stapel. Ich hatte auch das Gefühl, das kam zunächst mal gut an. Aber dann gab es einen ganz merkwürdigen Stimmungsumschwung, als sich herausstellte, daß es bei den Ultralinken – eigentlich waren wir ja alle eher links, zumindest im politischen Spektrum, aber manche fanden sich selbst noch viel linker – sehr starke Vorbehalte gegen die grüne Partei gab. Im nachhinein kommt es einem ja völlig albern vor, daß die Gründung der GRÜNEN beinahe an der Frage der Doppelmitgliedschaft gescheitert wäre.

Du meinst, diese Frage hatte keine großen Auswirkungen auf die Geschichte der GRÜNEN?

Ja. Eigentlich hatte sie überhaupt keine Auswirkungen. Letztlich war das eine vorgeschobene Fragestellung. Dahinter stand im Grunde genommen ein ganz anderer Konflikt, der aber nicht offen angesprochen wurde.

Nämlich?

Dahinter stand die ganz unterschiedliche und zum Teil gegensätzliche Herangehensweise der verschiedenen Gruppierungen an diese neue Partei. Es gab Leute, die klipp und klar sagten: »Wir sind und bleiben in erster Linie Kommunisten, und in zweiter Linie benutzen wir DIE GRÜNEN als Transportmittel für unsere politischen Ideen.« Als das so deutlich rauskam im Laufe der Debatten, gingen natürlich vor allem bei denen, die als Natur- und Umweltschützer zu den GRÜNEN gekommen waren, aber auch bei mir und anderen, die einen wirklichen Neuanfang versuchen wollten, die Vorhänge runter.

Die damalige Frage lautete, ob ein GRÜNER gleichzeitig Mitglied in einer anderen

Partei sein darf, womit im allgemeinen die damaligen K-Gruppen gemeint waren. Wieso war das eigentlich ein solches Reizthema?
Unser Problem war nicht, woher die Leute kamen, sondern wohin die Reise mit den GRÜNEN gehen sollte. Wir, das heißt meine Freunde im baden-württembergischen Landesverband, waren uns mit den Anthroposophen des »Achberger Kreises« darin einig, daß es nicht gut sei, wenn bei dem Neuanfang, den wir wollten, Leute mitmachten, die gleichzeitig noch in alten Organisationen verwurzelt waren, die wir historisch für überholt hielten.
War es denn nicht ein bißchen viel verlangt, allen, die damals dazukamen, quasi über Nacht ein Bekenntnis zu einer neuen grünen Identität abzuverlangen?
Vielleicht. Aber wir waren überzeugt, daß der Marxismus in seiner realen Ausformung historisch am Ende war, daß es jetzt darauf ankam, einen Neuanfang zu definieren. Und damit schien er uns unvereinbar zu sein. In dieser Annahme fühlten wir uns von Leuten wie Rudolf Bahro gut verstanden.
Täuscht der Eindruck, daß diese Unvereinbarkeiten mehr gegenüber marxistischen und kommunistischen Positionen artikuliert wurden und weniger gegenüber rechten Konzepten, die es ja auch gab?
Dieser Eindruck ist falsch. Zumindest für uns in Baden-Württemberg kann ich sagen, daß wir diese Diskussion in noch viel schärferem Maße gegen ehemalige Funktionäre einiger rechter Splittergruppen geführt haben, die versuchten, bei den GRÜNEN Fuß zu fassen. Gegenüber dieser Richtung empfanden wir ein noch viel stärkeres Mißtrauen, und wir haben mit außerordentlich drastischen und auch juristischen Methoden dafür gesorgt, daß diese Leute ganz schnell wieder aus der Partei verschwanden.
Glaubst du nicht, daß über die letzten zehn Jahre hinweg betrachtet die Ex-K-Gruppen-Linken größere Lernprozesse hinter sich gebracht haben als der eher konservative und bürgerliche Teil der GRÜNEN?
Nein, das halte ich für ganz falsch. Das mag zutreffen für einige prominente Wortführer der konservativen Ökologen wie Herbert Gruhl, die relativ unbeweglich auf ihrem Kurs geblieben sind. Aber das gilt nicht für die große Masse der grünen Parteimitglieder in diesem Spektrum. Ich habe sehr viele Einzelschicksale vor Augen, die einen unwahrscheinlichen Prozeß des persönlichen Umbruchs durchgemacht haben, einen Prozeß, der ihnen zum Beispiel ermöglicht hat, sich mit Leuten zu befassen, die bis dahin ein rotes Tuch für sie waren. Daß sie etwa in aller Offenheit Rudi Dutschke anhörten und plötzlich merkten: Der will ja gar nicht so schreckliche Dinge, wie wir immer geglaubt haben, im Gegenteil, es ist sogar notwendig, sich mit ihm zu verbünden. Und die, denen es so erging, bildeten die überwiegende Mehrzahl der damaligen Mitglieder der GRÜNEN.
Du glaubst nicht, daß bei den K-Gruppen-Leuten ein ähnlicher Lernprozeß stattfand?
Zunächst einmal nicht. Später in vielen Fällen sicher auch. Ich glaube, DIE GRÜNEN leiden aber noch heute darunter, daß viele derjenigen, die damals aus diesen K-Gruppen kamen, nicht kapierten, daß DIE GRÜNEN ein wirklicher Neuanfang

sein müssen. Daß hier sehr viele Einzelpersonen im Grunde genommen nie aus ihren alten Löchern herausgekommen sind, sondern statt dessen versucht haben, unter allen möglichen Tarnschildern für ihre alten Überzeugungen in den GRÜNEN weiter zu agitieren. Das war schon in Karlsruhe sehr deutlich und wurde auf späteren Parteitagen immer klarer.

Du hast jetzt mehrfach davon gesprochen, daß DIE GRÜNEN ein »Neuanfang« hätten sein sollen. Läßt sich beschreiben, worin für dich dieses Neue bestand oder bestehen sollte?

Für mich und für meine Freunde in Baden-Württemberg bestand dieser Neuanfang zunächst einmal in dem Bruch mit den herrschenden Ideologien des Westens wie des Ostens. Ausgangspunkt unserer Überlegungen war die Idee des »Ökologischen Humanismus«. Entlang dieser Grundidee haben wir in langen Diskussionen versucht, eine Art »philosophische Grundsatzerklärung« für die GRÜNEN zu entwerfen, deren Formulierungen sich in der Satzungspräambel des Landesverbands Baden-Württemberg wiederfinden, aus der ich zitieren möchte: »Ökologischer Humanismus heißt, daß aus dem Wissen um die Endlichkeit unseres Planeten und aus dem Bewußtsein der konkreten Zusammenhänge seiner Lebensgesetze die verantwortliche Erhaltung und Pflege der Natur an die Stelle ihrer gewissenlosen Ausplünderung zu treten hat. Ökologischer Humanismus heißt, daß der Mensch als personales und soziales Wesen erkannt wird, dessen unantastbare Würde in seiner Fähigkeit liegt, sein Leben im verantwortlichen Zusammensein mit seiner Umwelt, Mitwelt und Nachwelt schöpferisch zu führen.« An diesen Sätzen wird sichtbar, wie hochtrabend der Anspruch war, den wir an uns selber stellten. Und gegen diesen Passus liefen die Linksradikalen im Landesverband Sturm.

Warum liefen sie Sturm dagegen?

Diese Sätze formulieren eine Lösung von den herrschenden Ideologien. Vielleicht lief ein Teil der Linken deswegen dagegen Sturm, weil er sich davon nicht lösen wollte. Das ist nach wie vor eine sehr harte Kritik, die ich am damaligen Verhalten einiger Linker habe.

Was bedeutete »Ökologischer Humanismus« als politisches Handlungskonzept?

Zunächst stellt er einen Anspruch an den Politikstil. Und auf Grundlage unserer Vorstellungen hatten wir uns im baden-württembergischen Landtag den Stil zu eigen gemacht, mit dem politischen Gegner, ob er nun Lothar Späth hieß oder Uli Lang, konstruktiv zu reden und zu versuchen, bei ihm den gleichen Überzeugungsprozeß einzuleiten, den wir selber auch durchgemacht hatten.

Das hat euch den Vorwurf der Naivität eingetragen.

Richtig. Aber das war uns, offen gestanden, egal. Wir wußten ja, daß dieser Vorwurf völlig danebenging. Wir glaubten, daß es um eine Gedankenrevolution geht, daß eine ökologische Umwälzung nur im Konsens mit der Mehrheit der Bevölkerung stattfinden kann und nicht gegen sie. Das war für uns so völlig selbstverständlich, daß wir uns immer recht fassungslos nach den Diskussionen mit den Ultralinken wiederfanden, die mehr oder weniger auf Konfliktstrategien setzten. Ökologischer

Humanismus hieß für uns demgegenüber: mühseliges Argumentieren, Positionen aufweichen statt verhärten, auf Scheinargumente offen eingehen, um so Umdenkungsprozesse in die Wege zu leiten. Und ich denke schon, daß es uns wirklich gelungen ist, bei einzelnen unserer politischen Gegner wesentliche Umdenkungsprozesse einzuleiten.

Kannst du Beispiele nennen?

Ja. In der Auseinandersetzung um den Bau des Atomkraftwerks Wyhl am Kaiserstuhl haben wir in enger Koordination mit den örtlichen Bürgerinitiativen die Regierung gelöchert mit Debatten, Anfragen und anderen parlamentarischen Vorstößen. Wir haben dieses Thema immer wieder genutzt, um zu verdeutlichen: Der Bau dieses AKWs ist für uns ein entscheidender Knackpunkt, an dem sich zeigt, ob dieser Staat lernfähig ist oder nicht.

Glaubst du, daß durch eure Arbeit irgend jemand von den anderen Parteien im Landtag davon überzeugt worden ist, Wyhl nicht zu bauen?

Warum letzten Endes Wyhl nicht gebaut wurde, hatte viele Faktoren, die ganz schwer zu analysieren sind. Ich weiß aber aus vielen Gesprächen, die ich damals geführt habe, daß unsere Argumente bei sehr vielen Abgeordneten der anderen Parteien tief gesessen haben, so daß es der Regierung zunehmend schwerer wurde, die Dinge in gewohnter Weise von oben herab durchzusetzen. Zumindest haben wir dazu beigetragen, daß in diesem Landtag eine sehr viel kritischere Atmosphäre entstand, daß bei den einzelnen Abgeordneten, auch bei denen der Regierungsfraktion, ein sehr viel größeres Selbstbewußtsein aufkam und daß insgesamt auch der lokale Widerstand, der sich innerhalb der regierenden CDU ohnehin schon in Ansätzen gezeigt hatte, durch unsere parlamentarischen Aktivitäten sehr gestärkt worden ist. Also ein wirklicher Demokratisierungsprozeß im Kopf ist durch uns schon in Gang gebracht worden. Und wenn man liest, was beispielsweise Lothar Späth heute über seine Erfahrungen mit den GRÜNEN im Landtag schreibt, dann wird man sehr deutlich feststellen, daß er das auch so empfunden hat. Es ist also keineswegs Schönfärberei, wenn ich das so sage, sondern entspricht den Tatsachen.

»Ökologischer Humanismus« war euer Konzept in Baden-Württemberg. Auf Bundesebene habt ihr damit nicht sehr viel Anklang gefunden. Oder?

Es ging weit über Baden-Württemberg hinaus. In Niedersachsen und Bayern hat es vielleicht den größten Einfluß gehabt. Aber von der Bundespartei ist diese Idee im Grunde genommen nicht akzeptiert worden.

Man kann also nicht sagen, daß »Ökologischer Humanismus« der Gründungskonsens der GRÜNEN war?

Nein, das glaube ich nicht.

Was war dann der Gründungskonsens der GRÜNEN?

Das ist eine gute Frage, das frage ich mich heute noch. Ich glaube, der Gründungskonsens war letztendlich sehr mager. Er bestand im Grunde genommen in dem Willen, sich für einen ökologischen Umbau der Gesellschaft einzusetzen. Aber in welche Richtung dieser Umbau gehen sollte, blieb unklar. Ob das nun bedeutete, den herr-

schenden Kapitalismus zu überwinden und durch einen ökologischen Sozialismus zu ersetzen, oder ob es hieß, den bürgerlichen Kapitalismus mit ökologischen Akzenten zu korrigieren, das ist nie richtig zusammengebracht worden.
Du meinst nicht, daß es einen inhaltlichen Gründungskonsens gab?
Nein, er war mehr formal.
Inwiefern formal?
In Baden-Württemberg hatten wir ganz im Sinne unserer Vorstellungen von Ökologischem Humanismus versucht, die Idee von der Einheit in der Vielfalt zur Grundlage unserer politischen Arbeit zu machen. Das war natürlich auch bei uns kein lupenreiner Konsens, aber hatte als inhaltliches Konzept durchaus eine breite Basis in unserem Landesverband. Im Unterschied dazu wurde auf Bundesebene die »Einheit in der Vielfalt« nie zu einer gemeinsamen positiv verstandenen Idee, sondern zum formalen Rettungsanker, um diesen divergierenden Haufen überhaupt zusammenzuhalten und die real vorhandenen Differenzen zu kaschieren.
Trotzdem wurde ständig von der »grünen Identität« gesprochen.
Je weniger man sie hat, um so mehr muß man sie beschwören. Das ist doch immer so in der Politik.
Viele sehen den inhaltlichen Gründungskonsens der GRÜNEN in den vier programmatischen Grundsäulen »ökologisch, sozial, basisdemokratisch und gewaltfrei«.
Nein, das waren formale Begriffe. In den Kommissionen, die das Programm und die Satzung vorbereiteten, haben wir so lange miteinander geschimpft, geredet und gebrüllt, bis dieser rein formale Minimalstkonsens übrigblieb. Ich möchte fast behaupten, das ging zu wie bei Abrüstungsverhandlungen im frühen Stadium, wo man sich irgendwann darauf einigt, alle strittigen Fragen auszuklammern und den kümmerlichen Rest als großen Konsens zu verkaufen.
Wo lagen denn die Meinungsverschiedenheiten?
»Ökologisch« war sicherlich am wenigsten umstritten; für Umweltschutz waren halt alle irgendwo. Die kritischsten Diskussionen gab es beim Begriff »basisdemokratisch«. Bezog sich das auf einen Umbau der Demokratie oder auf innerparteiliche Strukturen? Für einige Linksradikale war das quasi die Einstiegsforderung in eine anarchische, für manche auch kaderdemokratische Umstrukturierung der Gesellschaft. Wir verstanden darunter die institutionelle Ergänzung unserer Demokratie durch direktdemokratische Elemente, also sehr konkrete Dinge wie Volksbegehren und Volksentscheid, Verbandsklagerecht und Beteiligung von Bürgerinitiativen an Planfeststellungsverfahren.
Und was hieß »basisdemokratisch« in bezug auf die innerparteilichen Strukturen?
Das schlug sich in der Satzung der Partei nieder: Verbot der Ämterhäufung, Rotation usw. Ich war zum damaligen Zeitpunkt für das Rotationsprinzip, aber gegen die zweijährige Rotation – ich hatte eher an einen Zeitraum von acht Jahren gedacht.
Mir scheint, es hat damals überhaupt keine Rotationsgegner gegeben. Wie erklärst du dir, daß solche basisdemokratischen Strukturen wie die Rotation für so viel Unruhe und Konflikt innerhalb der GRÜNEN gesorgt haben?

Weil »Basisdemokratie« zum Kampfbegriff der fundamentalistischen Strömungen wurde, um bestimmte Machtpositionen durchzusetzen. Es war so, daß in den ersten Monaten und Jahren der GRÜNEN die Ämter und Mandate der Partei besetzt waren mit Leuten aus der Gründungsgeneration, die entweder eher realpolitisch dachten oder, wie etwa Petra Kelly, ausgesprochen charismatische Persönlichkeiten waren. Für diese Leute war es sehr schwer, zum Teil gar nicht zu verkraften, daß ihnen nach zwei oder drei Jahren gesagt wurde: Ihr habt eure Sache zwar prima gemacht, aber jetzt müßt ihr, bitte schön, ganz basisdemokratisch rotieren. Die einen haben sich trotzdem an die Vereinbarung gehalten, für etliche andere, die als Persönlichkeiten auch wichtig waren für DIE GRÜNEN, war es der »casus knacksus«, der Bruchpunkt mit der Partei. Ich glaube, DIE GRÜNEN haben es nicht verstanden, eine Balance zwischen dem Persönlichkeitsrecht des einzelnen und dem Massenanspruch der Basis auf Kontrolle und Mitsprache zu finden.

War das Rotationsprinzip schlecht oder war es schlecht gehandhabt oder war es »menschliches Versagen«?

Das Prinzip ist nach wie vor ein guter basisdemokratischer Vorsatz, wenn es nicht zu weit getrieben wird. Aber wir haben das Kind mit dem Bade ausgeschüttet und insofern das an sich vernünftige Prinzip der Rotation verfälscht. Wir haben die Persönlichkeitsansprüche des einzelnen verkannt, auch die Tatsache, daß Politik sehr wesentlich von Personen transportiert wird. DIE GRÜNEN haben sich in diesem Punkt immer außerordentlich widersprüchlich verhalten. Wenn etwa August Haußleiter eine seiner glänzenden Reden auf Parteitagen hielt, bereiteten ihm die Delegierten zu Hunderten und mit Tränen in den Augen stehende Ovationen. Gleichzeitig wollten sich DIE GRÜNEN nicht eingestehen, daß es Leute gibt, die besser als andere in der Lage sind, Stimmungen und Meinungen zu artikulieren, und daß es demokratischen Prinzipien überhaupt nicht widerspricht, wenn diese Leute als Sprachrohre fungieren und in einem positiven Sinne Führungsaufgaben übernehmen.

Du hast jetzt schon mehrfach von »Fundamentalisten« und »Realpolitikern« gesprochen.

Damals haben wir das noch nicht so genannt.

Kann man sagen, daß sich am Anfang mehr oder weniger alle GRÜNEN als das verstanden haben, was später mit dem Etikett »Fundi« versehen wurde?

Eher ja. Eine Regierungsbeteiligung war für uns ja kein Thema.

Dieses fundamentale Selbstverständnis äußert sich sehr deutlich im ersten Satz der Präambel zur Satzung, die in Karlsruhe verabschiedet wurde: »DIE GRÜNEN sind die grundlegende Alternative zu den herkömmlichen Parteien.«

Ja, diesen Satz habe ich sehr warmherzig unterschrieben.

Und heute? Sind DIE GRÜNEN heute noch diese Alternative?

Nein, beileibe nicht. Leider.

Was sind sie denn? Das kleinere Übel?

Ja. DIE GRÜNEN sind eine stinknormale Partei geworden, obwohl sie bei vielen immer noch ein besseres Image haben als die anderen Parteien. Aber die Unterschiede zu den etablierten sind sehr, sehr gering geworden. Und das finde ich verdammt schade.

Sind DIE GRÜNEN noch Hoffnungsträger?

Nein, auch das leider nicht. Ich glaube, daß DIE GRÜNEN diese ganz wesentliche Funktion verloren haben, jedenfalls für die Jugendlichen. Wenn ich zum Beispiel mit den jungen Leuten in meiner Schule rede, die zum Teil ökologisch sehr engagiert sind, stelle ich immer wieder fest: Die interessieren sich für DIE GRÜNEN ebensowenig wie für die CDU oder für die SPD. DIE GRÜNEN machen offenbar eine Politik, die jedenfalls an den Jugendlichen total vorbeiläuft.

Und woran liegt das deiner Meinung nach?

Die Stärke und die Faszination, die DIE GRÜNEN für viele junge Leute hatten, lag darin, daß sie als grundlegende Alternative zu dem Geschwätz und dem Gezerfe der alten Parteien angesehen wurden, weil sie sich eben nicht an dem Spiel um Macht und Posten beteiligen wollten. Diese Ausstrahlung haben sie zu einem großen Teil verloren.

Hast du eine Erklärung für diese Entwicklung? Haben DIE GRÜNEN sich geändert oder die anderen?

Die anderen Parteien haben sich ein bißchen geändert und DIE GRÜNEN ganz gewaltig. Den GRÜNEN ist es nicht gut bekommen, daß sie im Zuge der hessischen Entwicklungen seit 1983 die Perspektive grundlegender Reformen zugunsten kurzfristiger und kurzatmiger Realpolitik aus dem Auge verloren haben. Wir, die wir uns als ökologische Humanisten verstanden und noch verstehen, hatten mit der Frage einer grünen Regierungsbeteiligung an sich keine ideologischen Bauchschmerzen. Andererseits war Machterwerb für uns kein Ziel an sich, sondern gebunden an die Chance und die Absicht, konkrete Schritte im Hinblick auf grundlegende Reformen durchzusetzen. Wir waren im Grunde baß erstaunt, als in Hessen, wo sich die Diskussion am frühesten zuspitzte, plötzlich ein Realoflügel auftauchte, der ein größeres, zum Teil auch persönliches Interesse an Macht artikulierte als an fundamentalen Reformen.

Hältst du die damalige Entscheidung der hessischen GRÜNEN für falsch, eine Koalition mit der SPD einzugehen?

Nein. Ich denke, in Hessen waren DIE GRÜNEN durch den Druck der Öffentlichkeit, auch durch den Erwartungsdruck der eigenen Basis, gezwungen, in die Regierung zu gehen. Ich werfe ihnen nicht vor, daß sie diese Erfahrung gemacht haben. Ich finde es prinzipiell richtig, daß sich die hessischen GRÜNEN nicht aus der Verantwortung gestohlen haben, als CDU und FDP im Parlament in die Minderheit geraten waren. Aber ich glaube auch, daß sich DIE GRÜNEN damals zu deutlich auf das Pokern um Ministersessel und Staatssekretärsposten eingelassen und zu wenig Courage bewiesen haben, sich zu ihren Grenzen zu bekennen und ihrem Koalitionspartner seine Grenzen aufzuzeigen. Ich will das im nachhinein nicht verurteilen. Vielleicht ist diese Entwicklung auch zwangsläufig, und ganz sicher ist dies auch ein

Stück Selbstkritik, weil es uns als Gründungsgeneration offensichtlich nicht gelungen ist, das zu verhindern.

Haben DIE GRÜNEN sich auf Regierungsbeteiligung orientiert, bevor sie ihre Rolle als Opposition richtig gespielt hatten?

So generell stimmt das. Aber das ist nicht die Ursache dafür, daß es mit ihnen geistig und ideologisch krachend bergab gegangen ist. Für mich ist die Regierungsbeteiligung, wie gesagt, keine ideologische Frage. Es kommt vielmehr darauf an, wie man mit dieser Situation umgeht: Läßt man sich vom Koalitionspartner in seinen Überzeugungen einkassieren, oder versteht man es, trotzdem das Alternative, das Neue, die geistigen Grundlagen der GRÜNEN deutlich zu machen? Das Problem war und ist: Den GRÜNEN konnte dies gar nicht gelingen, weil sie keine geistigen Grundlagen hatten, jedenfalls keine, über die sie sich einig waren. Ich behaupte nach wie vor: Wäre es gelungen, DIE GRÜNEN inhaltlich auf dem geistigen Fundament des Ökologischen Humanismus zu formieren, dann hätten sie sich an der Frage der Regierungsbeteiligung nicht so aufgerieben. Da sie aber statt dessen unterschiedliche Strömungen herausbildeten, mußte ihr Profil, das man vorher noch mit verbalem Kleister zusammengeflickt hatte, in der Regierung zwangsläufig verschwimmen.

War das Fehlen einer gemeinsamen philosophischen Grundlage nicht geradezu eine konstitutive Bedingung für das Entstehen der GRÜNEN? Sie wollten ganz bewußt keine Weltanschauungspartei werden.

Das ist richtig. Wahrscheinlich ging es nicht anders.

Hältst du es für aussichtslos, daß die GRÜNEN noch zu einer gemeinsamen geistigen Grundlage finden?

Da müßte man innerhalb der GRÜNEN ein bißchen Missionarsarbeit leisten. Ich weiß nicht, wer dazu noch Lust hat. Ich bin ja noch Mitglied bei den GRÜNEN, aber vielleicht mehr aus Gewohnheit. Aussichtslos ist es wahrscheinlich insofern nicht, als ich nach wie vor glaube, daß sich unsere ganze Gesellschaft in diese Richtung umorientieren muß und vielleicht schon dabei ist, sich sogar an den GRÜNEN vorbei oder trotz der GRÜNEN dorthin zu entwickeln. Was wir seit dem Herbst 1989 in der DDR erleben, ist ja auch eine Bewegung, für Basisdemokratie, Ökologie, soziale Gerechtigkeit, und sie ist offensichtlich gewaltfrei. Daran sehen wir, daß die Ideen, unter denen DIE GRÜNEN sich vor zehn Jahren zusammengefunden haben, wieder zu einer enormen Volksbewegung führen. Ich bin sicher, daß dies nicht ohne Rückwirkungen auf die Bundesrepublik bleiben wird. Die Veränderungen werden hier zwar langsam, aber dramatisch kommen, und vielleicht ist es möglich, im Rahmen dieser Neuorientierung auch eine ideenmäßige, eine philosophische Grundlage für DIE GRÜNEN zu finden.

Kann es sein, daß DIE GRÜNEN ihr schneller Erfolg erschlagen hat?

Na, so überwältigend ist der ja nicht.

Zumindest waren sie erfolgreich in dem Sinne, daß sie, von einigen wichtigen Ausnahmen abgesehen, in alle Parlamente kamen, für die sie kandidierten.

Diesen Erfolg hatten wir ja erwartet, das ist keine Entschuldigung. Eher ist es der

Verfall in die parlamentarische Routine und konkret wohl auch die physische und psychische Überbeanspruchung derjenigen, die ich im positiven Sinne als »Führungspersonal« der Partei bezeichnen möchte: Leute, die in der Lage sind, Impulse zu setzen, weiterzudenken, die Diskussion weiterzutreiben, Kristallisationspunkte zu bilden. Davon gab und gibt es bei den GRÜNEN zu wenige.

Siehst du Versäumnisse beim grünen »Führungspersonal«?

Wenn ich von mir selber ausgehe, glaube ich, daß ich die Diskussion mit der Parteibasis zu sehr vernachlässigt habe. Ich habe vielleicht zu viel Wert auf die Außendarstellung der GRÜNEN gelegt und zu spät gemerkt, daß unterdessen die Basis zerbröckelte. Dadurch entstand mit meinem Zutun in den Medien und in der Öffentlichkeit ein Bild von den GRÜNEN, das letztlich von der Parteibasis, die es hätte tragen müssen, gar nicht nachvollzogen werden konnte. Ich hatte das Gefühl, daß ich in der Außendarstellung und auch in der Bewußtseinsbildung ein anderes Bild der GRÜNEN vor Augen hatte als die Parteibasis. Das führte unvermeidlich zu Spannungen und, was meinen Teil betrifft, zu der Konsequenz, daß ich nach vier Jahren aus dem Landtag rotierte und nicht erneut kandidierte.

Der Erfolg der GRÜNEN war nicht überwältigend, hast du gesagt. Was haben sie denn erreicht?

DIE GRÜNEN haben viel dazu beigetragen, daß sich der Bewußtseinswandel im Hinblick auf die ökologische Umorientierung der Gesellschaft und auf Abrüstung und Blockfreiheit beschleunigt hat. Auf der konkreten Ebene sind sie über punktuelle Erfolge nicht hinausgekommen. Sie haben auch den etablierten Parteien wichtige Anstöße gegeben. Die SPD ist heute zum Beispiel sehr viel aufgeschlossener für die Forderung nach Volksabstimmung und Volksentscheid. Ohne DIE GRÜNEN wäre das sicher nicht passiert. Es ist nicht zu verkennen, daß DIE GRÜNEN insbesondere auf kommunaler Ebene ganz konkrete Erfolge gehabt haben, wenn es etwa um die Verhinderung von Schnellstraßen und anderen Projekten ging.

Kann man sagen, daß DIE GRÜNEN eigentlich in erster Linie eine Kommunalpartei statt eine Bundespartei geblieben sind?

Von ihrer konkreten Wirkung her würde ich das bejahen. DIE GRÜNEN haben in der Kommunalpolitik weit mehr bewirkt als in der Bundespolitik. Und auch von ihrem Selbstverständnis her läßt sich sagen, daß gerade die Verbindung von Bürgerinitiativen und Partei, die den GRÜNEN so wichtig war, auf der kommunalen Ebene immer am besten funktioniert hat.

Kommen wir noch mal zum Ausgangspunkt zurück. Wenn du an den Karlsruher Gründungsparteitag zurückdenkst, welche Situation ist dir von diesem Wochenende am nachhaltigsten in Erinnerung geblieben?

Das sind meine Gespräche mit Joseph Beuys, der mich sehr stark beeindruckt hat. Er hatte so eine hoffnungsfrohe, optimistische und zukunftsweisende Ausstrahlung. Ich habe mich damals am Rande des Parteitages sehr lange mit ihm unterhalten.

Worüber habt ihr miteinander gesprochen?

Beuys war wie wir der Meinung, daß es entscheidend sei für die Perspektive der

GRÜNEN, ihre philosophische Grundlinie klar zu definieren, und daß alle, die der gleichen Meinung seien, dafür sorgen müßten, dies innerparteilich durchzusetzen. Er war sehr optimistisch, daß das gelingen könnte. Und mit diesem Optimismus hat er mir damals sehr geholfen. Ich hatte mich in der Frage der Doppelmitgliedschaft persönlich ganz stark engagiert, und als ich am Schluß in dem großen Knatsch mit den Linken den kürzeren ziehen mußte, war ich ziemlich deprimiert, weil ich unseren schönen Landtagswahlkampf in Baden-Württemberg zerplatzen sah. Da hat mich Beuys persönlich sehr nett getröstet und wieder aufgerichtet und gesagt: »Wolf-Dieter, das klappt schon. Wir werden es schon schaffen.« Er hatte das feste Gefühl, daß wir den Sprung in den Landtag von Baden-Württemberg schaffen würden. Und es klappte ja auch.

Sind zehn Jahre GRÜNE ein Grund zum Feiern?

Zehnjährige Geburtstage feiert man natürlich immer. Und DIE GRÜNEN haben ja, wie gesagt, punktuell einiges erreicht.

Aber zum Schulterklopfen besteht kein Anlaß?

Da stimme ich zu.

Haben DIE GRÜNEN eine Zukunft?

Ich bin mir nicht mehr so sicher wie zu Beginn der ersten zehn Jahre. Es werden in den nächsten Jahren mit großer Wahrscheinlichkeit Probleme auf uns zukommen, die nach einer wirklichen Umorientierung in der Politik verlangen. Die Bundesrepublik, die mit Herrn Kohl quasi im Dornröschenschlaf vor sich hindümpelt, wird konzeptionell andere, neue Antworten zu finden haben auf die Frage nach der europäischen Einigung, nach der deutschen Einheit und insbesondere nach der Bekämpfung der ökologischen Katastrophe, auf die wir im wesentlichen ungehemmt zusteuern. Und dann wird ein größerer Teil vor allem der jüngeren Wähler fragen: Wo sind denn die politischen Kräfte, die uns zukunftsweisende Ideen vermitteln, die unsere Wünsche aufnehmen und – wie DIE GRÜNEN einmal formulierten – für die Zukunft unserer Kinder sorgen? Diese Kräfte werden notwendig sein und auch entstehen. Ob DIE GRÜNEN der Kristallisationspunkt dieser Kräfte sein werden, weiß ich nicht. Das hängt davon ab, ob sie die Kraft zur philosophischen Neuorientierung oder Wiederbesinnung finden, ob sie stark genug sind, auch solche Persönlichkeiten in ihren Reihen zuzulassen, die glaubwürdig sind und den Mut haben, abweichende Meinungen zu vertreten, und vielleicht auch so etwas besitzen wie Charisma. Wenn DIE GRÜNEN das schaffen, werden sie eine Zukunft haben.

Herbert Gruhl:
»DIE GRÜNEN haben ihre Chance verpaßt!«

Seit der Veröffentlichung seines Buchs »Ein Planet wird geplündert« im Jahr 1975 gilt Herbert Gruhl nicht nur als Wegbereiter ökologischen Bewußtseins in der Bundesrepublik, sondern auch als politischer Vordenker wertkonservativer Ökologiepolitik. Seit 1969 gehörte er der CDU-Fraktion des Deutschen Bundestags an und war deren umweltpolitischer Sprecher, bevor er 1978 seinen Austritt aus der CDU erklärte. Mit der einen Tag später ins Leben gerufenen »Grünen Aktion Zukunft« (GAZ) glaubte er, die allenthalben aus dem Boden sprießenden und zum Teil gegeneinander arbeitenden grünen Wählerinitiativen zusammenführen zu können und im Wettlauf um die Bildung einer bundesweiten grünen Wählervereinigung die Nase vorn zu haben. Nachdem sich bei den Landtagswahlen 1978 in Hessen und Bayern jedoch gezeigt hatte, daß die konservativ geprägte GAZ ebenfalls nur einen geringen Teil des grünen Wählerpotentials erreichen konnte, gab sie ihren bundesweiten »Alleinvertretungsanspruch« auf und ging zur Europawahl 1979 mit mehreren anderen Gruppierungen eine bundesweite Listenverbindung unter dem Namen »DIE GRÜNEN« ein – einer »Sonstigen Politischen Vereinigung« (SPV) im Sinne des Europawahlgesetzes. Gruhl wurde einer der drei Gründungsvorsitzenden und kandidierte hinter Petra Kelly auf der SPV-Liste zum Europaparlament. Weil ihm das im März 1980 in Saarbrücken beschlossene Parteiprogramm der GRÜNEN insgesamt zu links erschien, zog er sich aus der Parteiarbeit zurück und trennte sich 1981 ganz von den GRÜNEN. Der bald darauf von ihm gegründeten »Ökologisch-Demokratischen Partei«, seinem dritten Anlauf, fühlt er sich weiterhin verbunden, obwohl seine Meinungsverschiedenheiten mit der ÖDP inzwischen so groß geworden sind, daß er im Frühjahr 1989 auf eine erneute Vorstandskandidatur verzichtete.

Michael Schroeren: *Sie haben in Karlsruhe die Eröffnungsrede zur Gründungsversammlung der GRÜNEN gehalten. Wissen Sie eigentlich noch, was Sie damals gesagt haben?*

Herbert Gruhl: Nein, das weiß ich im einzelnen nicht mehr.

Im Protokoll der Versammlung ist nachzulesen, daß Sie unter anderem ein Grußtelegramm von jemandem verlesen haben, den Sie als »unseren ökologischen Freund« bezeichneten. Sein Name ist Valentin Oehen, Parlamentsabgeordneter aus der Schweiz.

Auch das könnte ich jetzt aus dem Gedächtnis nicht mehr sagen.

Kannten Sie Herrn Oehen persönlich?

Ja.

Dann war Ihnen sicherlich auch bekannt, daß er in der Schweiz hauptsächlich gegen Gastarbeiter und eine angebliche Überfremdung auftrat?

Das stimmt nicht, da muß ich ausdrücklich widersprechen. Das gilt für seinen Vorgänger im Amt des Parteivorsitzenden der »Nationalen Aktion« der Schweiz, für

Herrn Schwarzenbach, der diese Partei auch unter dem Aspekt der Einwanderung in die Schweiz gegründet hatte. Als Oehen den Vorsitz der »Nationalen Aktion« übernahm, hat er ausdrücklich die ökologischen Gesichtspunkte weit in den Vordergrund geschoben. Oehen hatte mich darauf angesprochen, ob wir nicht einen internationalen ökologischen Arbeitskreis gründen sollten. Diesen Kreis haben wir erst einmal beschränkt auf die deutschsprachigen Länder Österreich, Schweiz und Bundesrepublik. Es hat damals mehrere Treffen gegeben, an denen Vertreter der unterschiedlichsten Parteien, auch von SPD und FDP – ich war damals CDU-Abgeordneter – teilgenommen haben. Von diesen Zusammenkünften kannte ich Herrn Oehen sehr genau. Ihn derartig darzustellen ist völlig falsch.

Er war immerhin Mitbegründer der Nationalen Aktion.

Nein, er war kein Mitbegründer. Er ist später dazu gestoßen. Der erste Vorsitzende und Gründer war James Schwarzenbach. Unter Oehens Vorsitz wurde die Ökologie zentraler Schwerpunkt der Partei. Außerdem hat Oehen vor etwa zwei Jahren die »Nationale Aktion« verlassen, weil dort Kräfte an Boden gewannen, die weniger ökologisch dachten als er und die Einwanderung in die Schweiz wieder stärker in den Vordergrund schieben wollten.

In der Frage der Bevölkerungs- und Einwanderungspolitik vertreten Sie eine ganz ähnliche Auffassung.

Ich habe immer den ökologischen Grundsatz vertreten, daß die Bevölkerungsdichte in einem gewissen Verhältnis zu den Naturgegebenheiten stehen muß. Dieses Verhältnis ist längst überschritten. In diesem Punkt sehe ich überhaupt keine Gemeinsamkeit mehr mit den GRÜNEN. Ich halte es für völlig absurd, daß eine Partei, die sich ökologisch nennt, den Standpunkt vertritt, unser Land müsse für alle Welt offen sein, ja sogar die Parole ausgibt: »Bedrückte aller Völker, kommt in die Bundesrepublik Deutschland!« Diese Frage wird immer brisanter, einmal durch die Zunahme der Weltbevölkerung, und zweitens durch das Anwachsen der Zahl derjenigen aus der dritten Welt, die irgendwo Zuflucht suchen. In dieser Hinsicht ist die Haltung der GRÜNEN weder ökologisch noch vernünftig.

Was wäre denn Ihrer Ansicht nach eine ökologische Position bezüglich der Einwanderungsproblematik?

Zunächst bedeutet es die Klarstellung, daß wir kein Einwanderungsland sein können.

Das heißt, die Bundesrepublik auch für DDR-Flüchtlinge dichtzumachen?

Nein, ganz und gar nicht. Ich habe nichts dagegen, daß die Übersiedler aus der DDR zu uns kommen. Laut Grundgesetz sind das deutsche Staatsangehörige, und das ist eines der wenigen Dinge, die in Ordnung sind, während das meiste, was in der Bundesrepublik Deutschland – aber genauso in allen Nachbarländern – läuft, in der Zielsetzung nicht in Ordnung ist. Darin bin ich sogar mit der jetzigen Regierung weitgehend einig, daß wir uns Einwanderungen aus der ganzen Welt einfach nicht mehr leisten können und daß wir als Nation und als Deutsche schon verpflichtet sind, dagegen Politik zu betreiben.

Wenn Sie das Einwanderungsproblem als ein ökologisches begreifen, dann spielt es doch keine Rolle, aus welchem Land Leute einwandern wollen.
Doch: Wenn man ökologisch denkt, muß man anerkennen, daß es gewachsene Völker, Sprachen und Kulturgemeinschaften gibt. DIE GRÜNEN hingegen halten alle Menschen der Welt für austauschbar wie Nummern. Das geht nicht. Es ist eben nicht jeder gleich. Ob einer aus Indien kommt, aus Südamerika oder aus der DDR, ist ein großer Unterschied. Und wenn wir Verpflichtungen haben, die wir nicht umgehen können, dann gelten diese Verpflichtungen zunächst gegenüber denen, die unsere Sprache, unsere Kultur und unser Schicksal teilen. Für solche Zusammenhänge haben DIE GRÜNEN kein Verständnis, und insofern sind sie doch wieder voll und ganz Kinder des materialistischen Zeitalters. Auch deswegen habe ich mich bei den GRÜNEN fremd gefühlt.
Finden Sie nicht, daß es auch etwas mit Humanität zu tun hat, wenn man sagt, unser Boot ist zwar sehr voll, aber es soll noch jeder mit rein dürfen, der in Not ist, auch wenn es eng wird?
Humanität ist immer ein schöner Begriff. Der läuft ja auch unter dem Stichwort Fernstenliebe: Man tut viel lieber etwas für diejenigen, die weit weg sind, als für diejenigen, die nahe sind. Ich bin da mehr für die praktische Humanität dort, wo sie der einzelne wirklich tätigen kann. Statt von der Regierung zu fordern, sie solle sich für Nicaragua und überall in der Welt einsetzen, sollten die Menschen selbst Humanität pflegen. Dazu gibt es nirgendwo konkretere und völlig unkomplizierte Möglichkeiten als im Verhältnis zu den Menschen in der DDR, mit denen jede zweite oder dritte Familie bei uns enge verwandtschaftliche Beziehungen hat. Es ist doch höchst natürlich, daß man diejenigen aufnimmt, mit denen man ohnehin ein gemeinsames historisches Schicksal teilt und direkte Verknüpfungen hat bis in die Blutsverwandtschaft hinein.
Kommen wir zurück zum Gründungsparteitag der GRÜNEN vom Januar 1980. Ist das eigentlich ein Wochenende, an das Sie sich gerne erinnern?
Nein, nicht unbedingt gern. Aber immerhin war das der letzte Parteitag, wo man noch meinen konnte, daß die Entwicklung der GRÜNEN in ihren weiteren Auswirkungen absehbar sei.
Welche Dinge sind es, die Sie dieses Ereignis in vorwiegend negativer Erinnerung behalten lassen?
Das sind vor allem die Störungen durch die »Stadtindianer«, die uns eine Zeitlang aufgehalten haben. Dabei wurde auch sichtbar, daß man mit totaler Gewaltfreiheit nicht arbeiten kann, sondern daß man sich manchmal gegen die andere Gewalt wehren muß. Und das ist damals in Karlsruhe nicht geschehen. Zum anderen empfand ich als besonders negativ, daß die Abstimmung über die Frage der Doppelmitgliedschaft, die am ersten Tag bereits gelaufen war, am nächsten Tag mit gegenteiligem Ergebnis wiederholt wurde – unter anderem auf Betreiben von August Haußleiter. Das war meine erste negative Erfahrung und Enttäuschung mit Haußleiter, denn er warf seine Linie gegen die Doppelmitgliedschaft über Nacht um, weil er gewissen

Leuten entgegenkommen wollte. Bis dahin war ich mit ihm gut ausgekommen. Wegen dieser Dinge habe ich Karlsruhe nicht in so angenehmer Erinnerung. Daß die eigentlichen Kontroversen erst später in Saarbrücken losgingen, läßt Karlsruhe rückblickend aber noch als erträglich erscheinen.

Das ist aber erstaunlich, daß Sie gerade mit dem Punkt der Doppelmitgliedschaft negative Erinnerungen verbinden. Zumindest in einigen Zeitungen hieß es hinterher, daß die Bunten und Alternativen auf diesem Parteitag eine Niederlage einstecken mußten.

Nein, die haben eigentlich keine Niederlage eingesteckt. Es war doch ihr Bestreben, die Doppelmitgliedschaft zu gestatten, und das ist auch durchgegangen.

Aber als Delegierte wurden die meisten Bunten und Alternativen nicht zugelassen.

Das ist ein ganz anderer Punkt. Das waren ja keine Delegierten, das wäre eine völlig falsche Darstellung, sondern linke Gruppen, die nach Karlsruhe gekommen waren und einfach Stimmrecht beanspruchten. Man hat ihnen dieses Stimmrecht nicht gegeben, weil sie den GRÜNEN noch nirgendwo beigetreten waren. Darum ging es. Und das ist abgelehnt worden, das ist richtig. Aber das war in meinen Augen eigentlich nur eine Selbstverständlichkeit, daß nicht jeder zur Tür reinkommen und mitstimmen konnte.

Worin lag Ihrer Meinung nach der Gründungskonsens der GRÜNEN, in dem sich alle Beteiligten trotz ihrer Gegensätze einig waren?

Die wohl größte Einigung bestand in der Gegnerschaft gegen die Atomenergie. Einen breiten Konsens gab es auch über die Umweltprobleme, wie sie auch die Bürgerinitiativen aufgegriffen hatten. Die Bestrebungen, andere Punkte in den Vordergrund zu bringen – die Frauenfrage, soziale Fragen überhaupt und dann den Paragraph 218 –, nahmen erst zu, als weitere Mitglieder eintraten, also nach dem relativ erfolgreichen Abschneiden bei der Europawahl 1979. Erst dieses gute Abschneiden hat ja viele herbeigelockt, die ursprünglich gar nicht kommen wollten und mit dem Grundanliegen auch wenig zu tun hatten. Über diese schnellen Eintritte ist die Partei einfach in eine andere Richtung gebracht worden, was man so ohne weiteres nicht voraussehen konnte. Das deutete sich in Karlsruhe an und wurde dann in Saarbrükken vollends deutlich.

Damals ist immer wieder betont worden, daß man nicht einfach eine Partei gründen wolle, wie es schon genügend andere gab, sondern eine Partei mit neuen und anderen, nämlich demokratischen Strukturen. War dieser Aspekt für Sie genauso wichtig?

Die Struktur der Partei völlig anders zu gestalten, das hielt ich sogar für falsch. Ich war der Überzeugung, daß man es mit den starken etablierten Kräften – also nicht nur mit den alten Parteien, sondern auch mit den gut organisierten Kräften der Industrie und der Gewerkschaften, die ja die gleiche Wachstums- und Atompolitik verfolgten – nur aufnehmen könnte, wenn man denen eine Kraft entgegenstellt, die wenigstens so gut organisiert ist wie die FDP. Unter diesem ganzen Geschwätz von den »neuen Formen« habe ich mir nie allzuviel vorstellen können. Und die Geschichte beruhigt mich außerordentlich, denn es hat sich herausgestellt, daß DIE GRÜNEN in dieser Hinsicht durchaus nichts Neues geschaffen haben, sondern daß sie mit ihrer angeblichen »Basisdemokratie« heute in Bonn so agieren wie alle anderen Parteien auch, wenn nicht sogar schlechter. Wenn ich heute noch irgendwo von »Basisdemokratie« bei den GRÜNEN reden höre, dann kann ich nur lachen.

Was war denn Ihrer Ansicht nach das Neue bei den GRÜNEN, das sie von allen anderen Parteien unterschied?

Ihre revolutionär neue Zielsetzung, den Verzicht auf das wirtschaftliche Wachstum durchzusetzen. Es war ja der inhaltliche Kern all meines Redens und Schreibens, daß wir das Wachstumsprinzip als das zentrale Problem erkennen müssen, gar nicht mal das Umweltproblem, weil ich das Umweltproblem als automatische Folge der Wachstumspolitik ansehe. Und das war ein Punkt, den DIE GRÜNEN nur bis zur Europawahl 1979 uneingeschränkt vertreten haben – das damalige Wahlprogramm stammt weitgehend aus meiner Feder. Erst nachher in Saarbrücken kam all das hinein in das Parteiprogramm wie in einen Warenhauskatalog, wozu man sagen mußte: »Wenn ihr das alles wollt, dann müßt ihr auch Wachstum haben, selbst wenn ihr das Gegenteil sagt!«

Hätten DIE GRÜNEN sich auf diesen Punkt beschränkt, wären sie dann nicht noch stärker dem Verdacht ausgesetzt gewesen, nur eine 1-Punkte-Partei zu sein?

Es wird in der Bevölkerung und auch in den anderen Parteien leider bis heute noch nicht begriffen, daß Ökologie nicht ein Punkt ist, sondern unser ganzes Leben erfaßt und alles von ihr abhängt. Wenn ich von Wachstum spreche, dann ist doch schon die ganze Wirtschaft einbegriffen: die Energiewirtschaft, die Verkehrspolitik usw. Da bleibt doch kein Bereich der Wirtschaft und Politik unberührt. Deswegen war der Vorwurf der 1-Punkte-Partei immer absurd.

Zum Gründungskonsens der GRÜNEN gehört wohl auch die Radikalität, mit welcher der Anspruch der fundamentalen Opposition formuliert wurde. Etwa im ersten Satz der in Karlsruhe beschlossenen Satzungspräambel: »DIE GRÜNEN sind die Alternative zu den herkömmlichen Parteien.« Waren Sie mit dieser Radikalität einverstanden?

Ja, sicher.

Waren Sie damals also ein Fundi?

Vielleicht bin ich das heute noch. In verschiedener Hinsicht bin ich tatsächlich Fundamentalist. Die rot-grüne Koalition, wie sie in Hessen gelaufen ist und jetzt in Berlin läuft, halte ich für eine hoffnungslose Angelegenheit. Sie führt zu nichts. Gemessen an dem, was eigentlich geschehen müßte, ist das für die Katz. Solche Bündnisse können das Wesentliche auch gar nicht durchsetzen bei dem immer noch relativ geringen Bewußtseinsstand der Bevölkerung über diese Probleme, und weil solche Koalitionen den ganzen Beamten- und Verwaltungsapparat gegen sich haben. Das bleiben hoffnungslose Versuche. Daß DIE GRÜNEN schon solche Koalitionen mit Begeisterung anstreben, zeigt im Grunde nur, daß sie auf dem Weg zu einer stinknormalen Partei sind, die zum Teil noch normaler ist als die alten. Radikal war ich nicht in bezug auf die Einführung neuer Methoden, sondern in bezug auf eine völlig andere Zielsetzung der Politik, in der radikalen Abkehr vom wirtschaftlichen

Wachstum. Und diese Radikalität ist tatsächlich so fundamental, daß sie heute noch nirgendwo voll aufgegriffen wird, nicht einmal bei den GRÜNEN.

Aber das kann doch nur in Ihrem Sinne sein, wenn DIE GRÜNEN dabei sind, ihren strukturellen Ballast wie zum Beispiel die Rotation über Bord zu werfen, und so zu einer normalen Partei werden.

Also gut, den strukturellen Ballast haben sie nach und nach so weit über Bord geworfen. Das Bedauerliche ist aber, daß sie – das möchte ich jetzt beinahe ironisch sagen – auch den ökologischen Ballast gleich mit abgeworfen haben, um für die SPD überhaupt koalitionsfähig zu werden. DIE GRÜNEN haben in beiden Bereichen Zugeständnisse gemacht, aber im zweiten hätten sie hart fundamentalistisch bleiben müssen. Da hätten sie sagen müssen, daß eine Koalition erst in Frage kommen könne, wenn sich auch die SPD weit mehr ökologischen Zielen zugewandt hat. Sie hätte einen viel, viel längeren Atem haben müssen!

Als Oppositionspartei?

Ja. Aber die Erfahrung zeigt, daß offensichtlich auch neue politische Parteien solch langen Atem nicht aufbringen, sondern sofort gierig auf Ämter sind. Und das führt sie in die alten Gleise zurück. Den Etablierten ist es herrlich gelungen, die grünen Abgeordneten dort in Bonn zu beschäftigen. Ich weiß ja, wie das läuft. Alle machen schön und brav ihre Arbeit in ihren bestimmten kleinen Kämmerchen und in ihren zuständigen Ausschüssen und sind jetzt Bestandteil dieser großen Mühle. Den alten Parteien konnte gar nichts Besseres passieren als diese Entwicklung, die DIE GRÜNEN genommen haben.

Wie erklären Sie sich diese Entwicklung?

Es fehlt in unserem Land, aber auch anderswo, noch sehr an dem geänderten Bewußtsein in der Bevölkerung, das einer Partei das Fundament geben würde, wirklich für eine andere ökologische Politik einzutreten. Ich schätze den Anteil der Bevölkerung, der die ökologischen Notwendigkeiten echt begriffen hat, auf zwischen drei und vier Prozent. Selbst unter den Wählern der GRÜNEN sind wahrscheinlich nicht mehr als ein Drittel, die die ökologische Problematik voll begriffen haben, sonst würden DIE GRÜNEN nicht solche Thesen aufstellen wie die zur Einwanderungsfrage.

Was bringt Sie zu dieser Einschätzung?

Die Erfolglosigkeit der GRÜNEN ist doch der beste Beweis dafür. Man kann es doch wohl nicht als Erfolg bezeichnen, wenn eine solche Partei angesichts der Überlebensprobleme, angesichts des Wissens darum, daß unsere Kinder und Enkel nicht mehr werden leben können, bei Wahlen über die 10-Prozent-Grenze nicht hinauskommt.

Ihr eigener Erfolg lag ja vornehmlich auf publizistischem Gebiet. Ihr Buch »Ein Planet wird geplündert« hat zweifellos viel dazu beigetragen, daß sich bei uns ein Umweltbewußtsein ausbreitete. Als Politiker ist Ihre Erfolgsbilanz hingegen weitaus bescheidener. Woran liegt das Ihrer Meinung nach?

Wenn Sie so wollen, ist selbst meine publizistische Auswirkung gering. Ich sagte schon, daß es mit dem ökologischen Bewußtsein bei uns nicht weit her ist. Wenn ich mich getäuscht habe, dann darin, daß ich dieses Bewußtsein höher eingeschätzt habe aufgrund des Erfolges meines ersten Buches. Im Laufe der politischen Betätigung mußte ich dann erkennen, daß das von mir erwartete Bewußtseinspotential bei weitem nicht vorhanden ist. Hinzu kommt, daß ich mich in den folgenden Jahren nicht nur um die Politik gekümmert habe, sondern auch um meine eigene Weiterbildung in diesen Fragen: Ich habe Bücher und Aufsätze geschrieben, viele Vorträge gehalten und damit meine Tätigkeit zu sehr zersplittert. Rückblickend glaube ich, daß es besser gewesen wäre, wenn ich mich weniger der politischen als vielmehr der aufklärerischen Arbeit gewidmet hätte. Nach dem Austritt aus der CDU, den ich nach wie vor für richtig halte, hätte ich mich nicht mehr ins politische Gewühle begeben, sondern publizistisch arbeiten sollen. Die Politik ist ein hoffnungsloser Kampf, der Nerven und Gesundheit der Menschen auffrißt und letzten Endes zu nichts führt. Beweis: DIE GRÜNEN.

Sind Sie enttäuscht oder verbittert darüber, daß andere, also DIE GRÜNEN, die politischen Früchte ernten, die Sie zumindest mit ausgesät haben?

Die ernten doch gar nichts!

Sie werden gewählt, das ist doch schon was.

Nein, das ist noch gar nichts. Was tun DIE GRÜNEN denn in Bonn? Was kommt dabei raus? Daß sie nicht Gesetze durchdrücken können, wenn sie in der Opposition sind, das ist ja klar. Aber welche Signale kamen denn von dort? Statt auf die Pauke zu hauen und beharrlich an den Überlebensthemen festzuhalten, laufen sie ständig allen möglichen aktuellen Themen hinterher wie die alten Parteien. Ich kann nicht sehen, daß DIE GRÜNEN etwas von Bedeutung erreicht haben. Und darum kann ich auch nicht bedauern, daß ich nicht dabei bin. Im Gegenteil, ich habe einen Horror bei der Vorstellung: Wenn ich bei diesen turbulenten Fraktionssitzungen dabeigesessen hätte, die da abgelaufen sind, wäre mir der Kaffee hochgekommen. Insofern bin ich sogar zufrieden, daß ich den Haufen damals verlassen habe.

Es hat offenbar in diesem Land einen historischen Augenblick gegeben, in dem eine ökologisch orientierte Partei eine Chance hatte, sich zu etablieren. Diese Chance ist von den GRÜNEN genutzt worden –

Die haben doch ihre Chance gar nicht genutzt, in meinen Augen haben sie diese Chance vertan.

Alle weiteren Versuche danach sind doch fehlgeschlagen, auch der Ihrige mit der ÖDP.

Gut, die Chance war eben auch nicht vorhanden. Der Bewußtseinsstand der Menschen in dieser Beziehung ist wie gesagt noch viel zu niedrig. Und ich sehe auch ganz pragmatisch ein, daß DIE GRÜNEN wahrscheinlich Anfang der achtziger Jahre gar nicht über 5 Prozent hinausgekommen wären, wenn sie nicht auch anderen Gruppen Versprechungen gemacht hätten, wenn sie nicht an und für sich widersprüchliche Interessen aufgegriffen hätten. Aber mir war damals schon bewußt, daß der Krach zwischen diesen widersprüchlichen Interessen spätestens dann losgehen würde, wenn sich die Frage stellte: »Wofür sind wir denn nun eigentlich?« Und dieser Krach beschäftigt DIE GRÜNEN ja nun bis heute.

Einer konnte an dem Gründungskongreß in Karlsruhe nicht mehr teilnehmen, weil er wenige Tage vorher wohl an den Spätfolgen des auf ihn verübten Attentats gestorben war: Rudi Dutschke. In den voraufgegangenen Monaten hatte er sich aktiv in die Gründung der GRÜNEN eingeschaltet. Wie empfanden Sie als Konservativer das Auftreten Dutschkes, der ja eine Leitfigur der Linken war?

Positiv.

Inwiefern positiv?

Dutschke war wenige Tage vor seinem Tod in meinem Büro in Bonn. Wir diskutierten über den Entwurf des Bundesprogramms der GRÜNEN. Es stellte sich heraus, daß ich mit ihm weit größere Berührungspunkte hatte als mit vielen anderen, die damals bei den GRÜNEN mitmachten. Es war ja auch schon damals bekannt, daß ein großer Teil der Linken einen ziemlichen Haß auf ihn hatte. Dutschke sagte mir, es müßten mehr deutschlandpolitische Forderungen ins Programm, auch Forderungen bezüglich der Gewährung von Menschenrechten und Freiheiten im Ostblock. Er meinte, wir hätten uns um diese Probleme herumgedrückt. Und da hab ich mir gesagt: Gut, wenn er dafür ist! Von mir aus sowieso! Aber wie kommt das wohl bei den anderen an? Auf jeden Fall nahm ich mir nach diesem Gespräch vor, auf diesen Punkt einen stärkeren Akzent zu legen, wo ich nun wußte, daß ich dabei auf Dutschkes Unterstützung rechnen konnte; obwohl ich gemerkt hatte, daß er damals bereits bei vielen »Linken« abgemeldet war.

Glauben Sie, daß die Entwicklung der GRÜNEN einen anderen Verlauf genommen hätte, wenn Rudi Dutschke nicht so früh gestorben wäre?

Ja, das könnte durchaus sein. Wenngleich er einen großen Teil seines Einflusses verloren hatte, so halte ich es doch für möglich, daß sein Einfluß ausgereicht hätte, um schon in Saarbrücken bei der Verabschiedung des Parteiprogramms für andere Mehrheiten zu sorgen.

Ein anderer prominenter Linker der Gründerzeit war Rudolf Bahro. Wie beurteilen Sie seine damalige Rolle?

In meinen Augen hat Bahro damals keine positive Rolle gespielt.

Inwiefern nicht?

Er hat in Karlsruhe den Teil der Linken, die drauf und dran waren auszuziehen, beschworen dazubleiben.

Ihnen wäre lieber gewesen, wenn er sie beschworen hätte, abzuhauen?

Nein, wenn er sie hätte ziehen lassen! Er hätte ja gar nichts sagen brauchen. Statt dessen beschwor er sie zu bleiben. Und viele von denen, die auf seine Intervention hin blieben, gehörten zu einer Grauzone, wo man nicht wußte, ob sie echte Mitglieder der GRÜNEN waren oder nicht. Bahros Einfluß hat also mit dazu geführt, daß DIE GRÜNEN ab Karlsruhe in eine andere Richtung kippten.

War es nicht in Ihrem Sinne, daß Bahro die Mitglieder der damaligen K-Gruppen mit Erfolg aufforderte, ihre Organisationen aufzulösen und den GRÜNEN beizutreten?

Aber was bedeutete das denn? Nach seiner Einschätzung waren die Betätigungs- und Erfolgschancen bei den GRÜNEN größer als in den K-Gruppen, was sich als richtig erwies. Bahro ist für mich einer der typischen Fälle, daß Mitglieder zu den GRÜNEN kamen, die ihren Lern- und Orientierungsprozeß noch vor sich hatten. Bahro kam frisch mit gewissen idealen Vorstellungen aus der DDR, mit diffusen Einschätzungen der Dinge hierzulande als »Medienstar«. Er stieß mehr *auf* die GRÜNEN als *zu* ihnen und trat wenige Jahre später wieder aus, eigenartigerweise mit der Begründung, daß ihm das Tierschutzprogramm der Partei nicht radikal genug sei. Mit solch einem einzigen Punkt den Parteiaustritt zu begründen, fand ich höchst merkwürdig, das hätte ich nicht gemacht. Für mich läßt sich Bahros Rolle auf die Formel bringen: Bahro kam, und Dutschke mußte sterben.
Was wollen Sie damit sagen?
Das können Sie dem vorhin Gesagten entnehmen. Daß Bahro kam und Dutschke ausfiel, hat die Entwicklung der GRÜNEN sehr beeinflußt. Vieles wäre sonst vermutlich anders gelaufen.
Angesichts Ihrer negativen Bilanz erübrigt sich die Frage, ob Sie finden, daß der zehnte Geburtstag der GRÜNEN ein Anlaß zum Feiern ist.
Für mich ist dies gewiß kein Anlaß zum Feiern. Aber es ist ein historisches Datum von Bedeutung, das Beachtung verdient.
Sie haben damals von einem Jahrhunderterelgnis gesprochen.
Habe ich das? Sie sehen, daß man den Mund nie zu voll nehmen soll.

Wilhelm Knabe:
»DIE GRÜNEN haben die Ökologie sträflich vernachlässigt«

Wie Herbert Gruhl gehört Wilhelm Knabe zu denen, die als »Wertkonservative« zu den GRÜNEN kamen. Der gebürtige Dresdner war seit 1946 Mitglied der Ost-CDU und fand nach seiner Übersiedlung im Jahre 1959 in der hiesigen CDU seine politische Heimat. Als Diplomforstwirt und Regierungsdirektor in der nordrhein-westfälischen Landesanstalt für Ökologie war Umweltschutz sein Beruf, lange bevor Bürgerinitiativen dafür auf die Straße gingen. Nachdem er erkannt hatte, daß er in der Umweltbehörde immer zur bloßen Sisyphusarbeit verurteilt sein würde, solange die politischen Weichenstellungen sich nicht änderten, ging er in die grüne Politik und engagierte sich zunächst bei Bürgerprotesten gegen umweltschädliche Industrie- und Autobahnprojekte. 1978 beteiligte er sich an der Gründung der »Grünen Liste Umweltschutz« in Nordrhein-Westfalen, deren Vorstandsmitglied er bis zur Fusion mit der grünen Bundespartei war. Von 1982 bis 1984 gehörte er dem Bundesvorstand der GRÜNEN als Sprecher an. Seit 1987 ist er Bundestagsabgeordneter und umweltpolitischer Sprecher der GRÜNEN-Fraktion.

***Michael Schroeren:** Welche Situation geht dir durch den Kopf, wenn du an den Gründungsparteitag der GRÜNEN denkst?*

Wilhelm Knabe: Ich hatte am ersten Tag bis spät abends die Versammlungsleitung gehabt und deshalb am zweiten Tag länger geschlafen. Als ich auf dem Weg in die Halle quer über den Parkplatz ging, sah ich einen Mann, der jedes Auto auf dem Parkplatz fotografierte. Ich fragte ihn, warum er das mache. »Ach«, meinte er, »ich interessiere mich nur für die Aufkleber.« Etwas mißtrauisch ging ich mit ihm ein Stück weiter und bemerkte, daß die Parkwächter ihn sehr ehrerbietig grüßten. »Ach«, sagte ich, »sind Sie etwa von der Stadtverwaltung, daß Sie die Leute hier kennen?« – »Ja«, sagte er, »ich bin von der Stadtverwaltung. Wir überlegen, ob das Parkplatzangebot hier ausreicht. Zu dem Zweck müssen wir natürlich festhalten, woher die Autos kommen.« Das erschien mir völlig absurd. Als ich dann in die Halle kam, schlugen die Wogen der Erregung gerade sehr heftig und hoch. Da erbat ich mir das Wort für eine kurze Mitteilung und sagte: Leute, während ihr euch hier streitet, werden draußen eure Autonummern fotografiert. Ich glaube, wir sollten lieber zusammenhalten und sehen, daß wir zusammen was Neues schaffen.

Dieses Neue ist jetzt zehn Jahre alt. Ein Grund zum Feiern?

Zum Feiern nicht, aber zum Freuen schon.

Für wen?

Für alle: für die GRÜNEN, für die Gesellschaft und ich glaube auch ein Stück für die Umwelt.

Welchen Grund zur Freude können die haben?

DIE GRÜNEN sind der erste und dazu noch gelungene Versuch, etwas grundsätzlich Neues in der Politik zu schaffen: Zum einen ist diese Partei nicht von oben herab gegründet worden, sondern von unten gewachsen. Zum anderen ist dies das erste Mal, daß sich Kräfte aus unterschiedlichen politischen Lagern zusammengefunden haben, weil sie erkannten: Es gibt eine neue Aufgabe. Diese neue Aufgabe kann keiner von uns alleine lösen, sondern wir brauchen uns gegenseitig. Und das hat ja auch etwas genützt.

Auf die Erfolgsbilanz kommen wir später zurück. Worin lag diese neue Aufgabe?

DIE GRÜNEN führte die Erkenntnis zusammen, daß wir gegen Ende dieses Jahrhunderts mit der Bewältigung der ökologischen Frage vor einer ähnlich gewaltigen Herausforderung stehen, wie es für die Menschen des 19. Jahrhunderts die soziale Frage war. Nicht umsonst nennt die in Karlsruhe verabschiedete Satzungspräambel »ökologisch« als erste der vier programmatischen Grundsäulen der GRÜNEN. Und neu war auch die Erkenntnis, daß die ökologischen Probleme nicht isoliert gelöst werden können, sondern nur im sozialen, wirtschaftlichen und demokratischen Kontext.

Das allein mußte noch kein Grund sein, eine neue Partei zu gründen.

Uns war klar geworden, daß wir es auf der Gegenseite mit mächtigen und potenten Gegnern zu tun haben und daß wir an diese Aufgabe mit einer handlungsfähigen Organisation herangehen mußten. Die Kräfte der damaligen Umweltbewegung drohten weiter zu zersplittern. Ein loser Zusammenschluß wie zur Europawahl '79 schien uns nicht mehr ausreichend. Fast überall hatten sich Landesparteien der GRÜNEN gegründet. Wir brauchten eine Bundespartei als tragfähiges und haltbares Dach, unter dem sich alle Teile versammeln konnten.

Es wäre doch denkbar gewesen, statt dessen die Bürgerinitiativen als Organisationsform zu stärken, von denen sich viele schon unter dem Dach des »Bundesverbands Bürgerinitiativen Umweltschutz« zusammengeschlossen hatten. Der BBU erklärte 1979, die Parteiform sei ein Rückschritt gegenüber dem überparteilichen BI-Prinzip.

Ich sah in der Gründung der GRÜNEN keinen Rückschritt, sondern eine notwendige Ergänzung der BI-Arbeit. Bürgerinitiativen können die Parteien auf Trab bringen, stoßen aber sehr schnell an ihre Grenzen. Ich weiß aus eigener Erfahrung in mehreren Bürgerinitiativen gegen Autobahnbau und Atomkraftwerke, daß die Politiker nur dann zur Räson kommen, wenn an ihren Sesseln gerüttelt wird. Erst die Angst vor Wahlniederlagen und Machtverlust läßt die Etablierten Rücksicht auf die Bevölkerung nehmen. Nur ein Beispiel: Jahrelang protestierten Bürgerinitiativen von Solingen und Siegburg bis Oberhausen und Essen gegen die A31, die von Politikern und Behörden als die wichtigste Autobahn des Rheinlandes bezeichnet wurde. Proteste, Demonstrationen und 100 000 Unterschriften, die wir gesammelt hatten, ließen die Politiker völlig kalt. Erst nach der Kommunalwahl 1979, wo die GRÜNEN in Mülheim 4,8 Prozent und entlang der geplanten Trasse über 10 Prozent erreichten, geriet Ministerpräsident Rau ins Grübeln. Ich war dabei, als er von Reportern gefragt wurde, wie er die Erfolge der GRÜNEN bewerte. Er sagte, das müsse er noch analysieren. Da bin ich zu Rau und habe gesagt, ich könne ihm vielleicht bei der Analyse helfen: In Mülheim hätte sich der Kampf gelohnt, wenn die A31 nicht gebaut würde. Das war dienstags. Und am Donnerstag darauf beschloß das Kabinett, diese Autobahn zu streichen, die vorher noch als das wichtigste Straßenbauprojekt in Nordrhein-Westfalen bezeichnet worden war. Da haben wir gesehen, was wir ausrichten können, wenn Politiker Angst vorm Wähler haben.

Dieser Erfolg wäre ohne die Vorarbeit der Bürgerinitiativen wohl nicht möglich gewesen.

Das ist wahr.

Heute ist von der Bürgerinitiativen-Bewegung in der Zeit vor Gründung der GRÜNEN nicht mehr viel übriggeblieben. Hat sich die Befürchtung von damals bewahrheitet, daß DIE GRÜNEN die Bürgerinitiativen aufsaugen würden?

Da ist was Wahres dran. Aber das liegt nicht nur an den GRÜNEN. Bürgerinitiativen haben immer ein kurzes Leben gehabt und sind stets sehr stark von Einzelpersonen abhängig gewesen, die andere mitgezogen haben. Wenn solche Aktivisten wegfallen, bedeutet das häufig das Ende. Zudem sind Bürgerinitiativen immer nur möglich für kurzfristige und sehr konkrete, lokal gebundene Ziele. Es gibt zig Initiativen gegen bestimmte Müllverbrennungsanlagen und einzelne Mülldeponien, aber keine Bürgerinitiative, die sich generell gegen die Verpackungsflut und die falsche Müllpolitik richtet. Da wird häufig noch nach dem Sankt-Florians-Prinzip agiert.

Ich behaupte, über dieses Stadium waren die Bürgerinitiativen bei Gründung der GRÜNEN längst hinaus.

Da bin ich anderer Meinung. Das ließ sich allenfalls für einige wenige Initiativen sagen.

Spätestens seit der Auseinandersetzung um das AKW Wyhl forderten die Anti-Atomkraft-Bürgerinitiativen: »Kein AKW in Wyhl und auch nicht anderswo!«

Zugegeben, das Thema Atomenergie ist die große Ausnahme. Aber bei den Verkehrsinitiativen war es eher die Regel, daß man nur die Probleme vor der eigenen Haustür lösen wollte. Hinzu kommt ein weiterer Punkt: Bürgerinitiativen können kein Ersatz sein für eine neue Entwicklungspolitik, eine andere Außenpolitik, eine tatsächliche Abrüstungspolitik usw. Dies muß auf den politischen Ebenen ausgetragen werden.

Die negativen Erfahrungen, die Bürgerinitiativen mit den etablierten Parteien und Politikern gemacht hatten, führten bei Gründung der GRÜNEN zu basisdemokratischen Zugeständnissen wie Rotation, Verbot der Ämterhäufung usw.

Das waren keine Zugeständnisse an irgend jemanden, sondern positiv verstandene Maßnahmen, die unseren Erfahrungen entsprachen und zu einer neuen basisdemokratischen Kultur führen sollten.

Wie erklärst du dir, daß DIE GRÜNEN immer mehr von diesen Prinzipien über Bord werfen und von neuer politischer Kultur so wenig zu spüren ist?

Ich glaube, es hat mit einer Verschiebung unserer Zielperspektive zu tun. Am Anfang ging es den GRÜNEN vor allem darum, einen Bewußtseinswandel zu schaffen, indem sie selber mit gutem Beispiel und neuen Prinzipien vorangingen. Wer aber die politische Bühne betritt, kommt um die Machtfrage nicht herum. Sobald ich sie stelle, gewinnt sie beherrschenden Einfluß und gefährdet die Prinzipien, die gerade zur Teilung und Kontrolle der Macht geschaffen wurden. So ist es den GRÜNEN ergangen. Sie haben einen Teil ihrer guten Prinzipien dem Willen zur Macht geopfert.

Viele in der Partei finden das überhaupt nicht schlimm, sondern halten es sogar für notwendig, um »vernünftig« Politik machen zu können.

Da bin ich entschieden anderer Meinung. Ich hielte es für fatal und geradezu töricht, wenn DIE GRÜNEN sich völlig den Strukturen der alten Parteien anpassen würden. Die Trennung von Parteiamt und Parlamentsmandat zum Beispiel halte ich für einen großen Fortschritt gegenüber den anderen Parteien.

Und die Rotation?

Auch eine Rotation halte ich für wichtig. Die Rotation nach zwei Jahren war zweifellos unsinnig. Aber wer volle zwei Legislaturperioden im Bundestag mitgemacht hat, ist nicht mehr derselbe, der braucht dringend eine Regeneration. Wenn ich etwa an Petra Kelly denke: Was ist aus ihr geworden? Sie flüchtet aus der Bundesrepublik nach Tibet, Australien, Japan oder Indien und gibt dort gute Ratschläge. Aber zu Hause wird sie nicht mehr gehört.

Worin bestand nach deiner Meinung der sogenannte Gründungskonsens der GRÜNEN?

Vor allem in der Bereitschaft und der Fähigkeit, vom anderen zu lernen. Ich selbst habe früher von der Dritten-Welt-Problematik wenig verstanden und verdanke den GRÜNEN und den mit ihnen verbundenen Initiativen sehr viel in dieser Hinsicht. Aus meiner Zeit in der DDR kannte ich die Kritik am Kapitalismus, wußte aber natürlich auch um die Schattenseiten des real existierenden Sozialismus. Insofern war ich nicht gerade anfällig für platte sozialistische Parolen. Mich interessierte, wie wir es denn machen wollten, und ich hatte ein offenes Ohr für alle Ideen, die mir neu waren. Und so stritten wir uns heftig, waren aber auch bereit, dem anderen zuzuhören.

Was ist davon geblieben?

Leider nicht viel. Da ist mehr Verhärtung als Offenheit. Ich habe den Eindruck, daß DIE GRÜNEN heute oftmals Gegensätze konstruieren, wo allenfalls verschiedene Akzente und Schwerpunkte gesetzt werden. Jede kleine Meinungsverschiedenheit geht gleich ins Grundsätzliche und wird mit schlimmen Vorwürfen und Totschlag-Argumenten geführt. Das ist kein konstruktiver, produktiver Streit mehr.

Sind DIE GRÜNEN heute noch das, was sie laut Satzung sein wollen, nämlich »die grundlegende Alternative zu den herkömmlichen Parteien«?

Dieser Satz war von Anfang an eine riesige Selbstüberschätzung. Auch GRÜNE sind Menschen und machen Fehler, möchten gerne groß erscheinen, wenn sie nicht so toll sind.

Wenn das so ist, wie du sagst, müßten DIE GRÜNEN zumindest in diesem Punkt ihre Satzung ändern.

Ja. Es wäre ehrlicher, wenn sie diesen Satz streichen würden.

Zu Beginn unseres Gesprächs hast du gesagt, das Neue an den GRÜNEN sei gewesen,

daß sie der Ökologie Vorrang vor allem anderen geben wollten. Was habt ihr, die ihr als Ökologen zu den GRÜNEN gekommen wart, darunter verstanden?
Für uns hieß ökologische Politik, den Schwerpunkt auf das Überleben der Menschheit und der Erde zu richten. Also den Zeithorizont nicht nur auf morgen oder die nächste Wahl zu verengen, sondern weit in die Zukunft auf die kommenden Generationen zu richten. Zweitens sagten wir: global denken, vor Ort handeln. Also für unser Land und die Menschen hier Politik zu machen, aber nicht egoistisch, sondern immer auch unter dem Aspekt, wie sich unser Handeln weltweit und auf die gesamte Menschheit auswirkt. Drittens bedeutet der ökologische Ansatz, in Kreisläufen und vernetzten Systemen zu denken statt in linearen Beziehungen.
Eine Reihe von GRÜNEN, die so dachten, haben sich schon nach kurzer Zeit enttäuscht wieder abgewandt, weil sie im Saarbrücker Programm diesen ökologischen Vorrang vermißten.
Ich finde das Saarbrücker Bundesprogramm mit seinem grundlegenden Ansatz immer noch hervorragend.
Herbert Gruhl hat DIE GRÜNEN nicht zuletzt wegen der wirtschaftspolitischen Forderungen verlassen, die in Saarbrücken formuliert wurden.
Gruhls Kritik fand ich teilweise verständlich, seine Konsequenz aber falsch. Ich hielt es für notwendig und habe es begrüßt, daß wir in Saarbrücken versucht haben, die ökologische Frage mit wirtschafts- und gesellschaftspolitischen Vorstellungen zu verbinden. Ökologie und Menschenrechte gehören für mich grundsätzlich zusammen. Eine ökologische Gesellschaft kann nur eine demokratische sein, und das bedeutet, daß auch die Produktionsverhältnisse und die Wirtschaftsstrukturen demokratisiert werden müssen. Das Saarbrücker Programm enthält weitgehende Forderungen dazu, die ich teile. Vielleicht ist es in seinem Wirtschaftsteil aber am wenigsten ausgereift. Denn wir teilten zwar die Kritik am Kapitalismus und sahen im real existierenden Sozialismus keine Alternative. Aber über eine ökologische Wirtschaftspolitik gab es noch die wenigsten wirklich klaren Vorstellungen. So stellten sich auch Widersprüchlichkeiten ein, etwa wenn angesichts des Elends in der dritten Welt mehr Wohlstand versprochen wird. Diese Punkte wogen für mich aber nicht so schwer, weil ich mit den Grundlinien übereinstimmte.
Täuscht der Eindruck, daß heute kaum jemand bei den GRÜNEN noch weiß, was im Saarbrücker Programm steht?
Alle Programme kranken daran, daß sie wenig gelesen werden und keine große Bindewirkung haben, erst recht nicht bei den GRÜNEN. Bisher ist noch jeder Versuch gescheitert, jemanden auf das Bundesprogramm der GRÜNEN festzulegen.
Und wie hältst du's damit?
Ich habe damit keine Probleme. Im Gegenteil: Ich versuche auf x-Veranstaltungen diesen fundamentalen Ansatz des Saarbrücker Programms herauszuholen, und das gelingt auch. Die Klimakatastrophe bestätigt doch die Radikalität dieses Programms in ganz vielen Punkten. Die Nachsorgementalität, die sich auch viele GRÜNE inzwischen zugelegt haben, führt doch nur zu kosmetischen Maßnahmen. Der Kataly-

sator im Auto und der Filter im Kraftwerk, den auch DIE GRÜNEN lautstark gefordert haben, ist zwar gut und schön, hilft aber überhaupt nichts gegen das Kohlendioxyd bei der Verbrennung und gegen die FCKWs. Da müssen Produktionsverbote und Betriebsstillegungen her. Das ist die radikalste und konsequente Forderung, und die wird im Saarbrücker Programm erhoben.

Hat denn ökologisches Denken bei den GRÜNEN heute noch den Stellenwert, den es mal hatte und der ihm nach deiner Meinung zukommen müßte?

Nein, DIE GRÜNEN haben die Ökologie sträflich vernachlässigt. Die Bundestagsfraktion hat es in all den Jahren niemals für nötig befunden, einen Ökologen zu ihrem Sprecher zu wählen. Bei allen bisherigen Mitgliedern des Fraktionsvorstands rangierte die Ökologie an zweiter oder dritter Stelle hinter anderen Schwerpunkten. Das gleiche gilt für den Parteivorstand, der zudem noch die Einrichtung eines Ökologiereferates über Jahre verschleppt hat.

Du sagtest zu Beginn, DIE GRÜNEN hätten der Umwelt genützt. Was haben DIE GRÜNEN auf ökologischem Gebiet bewirkt in den letzten zehn Jahren?

DIE GRÜNEN haben sehr viel erreicht.

Die Wälder sterben weiter, das Ozonloch wird größer, die Gewässerverschmutzung nimmt zu, Atomkraftwerke werden nicht abgeschaltet.

Moment! Ich behaupte nicht, sie hätten alles oder auch nur genug erreicht. Das wäre zuviel verlangt. Aber es ist doch unbestreitbar, daß sich hauptsächlich unter dem Einfluß der GRÜNEN die Bedingungen für Umweltpolitik enorm zum Besseren verändert haben. DIE GRÜNEN haben die Umweltdiskussion zu einer politischen Diskussion gemacht. Jede Regierung steht heute unter dem Zugzwang, ihre Entscheidungen oder Unterlassungen unter umweltpolitischen Aspekten zu rechtfertigen.

Das sind eher indirekte Nebeneffekte. Die parlamentarische Erfolgsbilanz der GRÜNEN ist gleich Null.

Da bist du schlecht informiert. Unsere Erfolgsbilanz ist für eine Oppositionspartei sehr beachtlich. Ich will nur zwei Beispiele nennen: Der Entwicklungsausschuß hat erst vor kurzem auf Initiative der GRÜNEN und gegen den erklärten Widerstand des zuständigen Ministeriums beschlossen, die Verwendung tropischer Hölzer in allen Gebäuden des Bundes einzuschränken, wenn auch mit einigen unnötigen Abschwächungen. Und daß der Zwischenbericht der Klima-Enquete-Kommission des Bundestags zu 80 Prozent vernünftige ökologische Positionen vertritt, die Wirklichkeit schonungslos beschreibt und Betroffene aus Ländern der dritten Welt zu Wort kommen läßt, führe ich im wesentlichen auf unseren Einfluß zurück.

Woran liegt es, daß DIE GRÜNEN dennoch die Meinungsführerschaft in ökologischen Fragen weitgehend an die SPD verloren haben?

Ich glaube, das hat zwei Ursachen. Zum einen haben sich unsere Sprecher, egal ob Bundesvorstand oder Fraktionsvorstand, in diesem Bereich nicht überzeugend darstellen können, aus den bereits erwähnten Gründen. Zum anderen liegt es ganz banal gesagt daran, daß es die Medien mehr interessiert, wenn Jutta Ditfurth und Joschka Fischer auf einem Bundesparteitag der GRÜNEN übereinander herziehen, als wenn ich zum Beispiel auf derselben Versammlung über Ökologie und Menschenrechte als Schwerpunkt grüner Politik berichte.

Liegt es nicht auch daran, daß DIE GRÜNEN selber ihre ökologische Programmatik weitgehend auf das zurückschrauben, was mit der SPD als machbar erscheint?

Bei mir nicht, kein Stück!

In ihrem »Ökologischen Umbauprogramm« forderten DIE GRÜNEN schon vor drei Jahren die Einführung von Umweltsteuern und Öko-Abgaben. Jetzt bestimmt die SPD diese Debatte.

Die Debatte um die Öko-Steuer haben die GRÜNEN verschlafen, das ist richtig. Aber in vielen Punkten gehen wir ja viel weiter ins Grundsätzliche.

Das sagt aber keiner mehr.

Natürlich sagen wir das. Wenn etwa Herr Töpfer ein Milliardenprogramm gegen die Wasserverschmutzung auflegt, um den Stickstoff aus den kommunalen Abwässern zu klären, dann sind wir die einzigen, die sagen, das Geld ist zum Fenster rausgeschmissen, wenn nichts gegen die Überdüngung der Felder getan wird, zum Beispiel durch eine Stickstoffsteuer, denn von den Äckern fließt der Stickstoff letzten Endes ins Grundwasser und in die Nordsee. Alle Leute sind heute für die Wiederverwertung von Altpapier, aber niemand außer den GRÜNEN kümmert sich darum, daß die Druckfarben im Altpapier alle möglichen Giftstoffe enthalten, so daß man dieses Papier spätestens nach dem zweiten Umlauf keinem Kind mehr in die Hand geben kann. Der Ansatz der GRÜNEN, die Verschmutzung an der Quelle, also in der Produktion, zu stopfen anstatt sie später durch Recycling oder mit Filtern abzumildern, ist nach wie vor gültig und die einzig richtige Lösung.

Angenommen DIE GRÜNEN würden mit der SPD in Koalitionsgespräche gehen, was wären deine Punkte für eine ökologische Wende?

Als erstes der Ausstieg aus der Atomenergie.

Darüber wird in der SPD kaum noch gestritten, höchstens noch über die Zeitspanne.

Wir sagen: Der sofortige Ausstieg ist möglich. Ob das nun heißt, von heute auf morgen oder erst in einem oder zwei Jahren, ist Verhandlungssache. Aber der Ausstieg muß schnell und unverzüglich erfolgen. Eine Verschiebung auf den Sankt-Nimmerleins-Tag, wie von manchen in der SPD immer noch zu hören ist, kommt für uns nicht in Frage. Zweitens würden wir auf eine andere Abfallwirtschaft drängen: Die Müllberge müßten mit klaren gesetzlichen Maßnahmen verringert werden.

Also auch mit Produktionsverboten?

Am Verbot bestimmter Produkte führt kein Weg vorbei, wenn ich zum Beispiel an die sogenannten Mischverpackungen denke, die aus verschiedenen Stoffen hergestellt werden und deshalb nicht wiederverwertbar sind. Denkbar wäre auch ein Werbeverbot für umweltschädliche Produkte. Drittens müßte die gesamte Verkehrspolitik radikal umgekehrt werden: weg von der Bevorzugung des Autos und des Flugzeugs, hin zum öffentlichen Personenverkehr und flächendeckender Verkehrsberuhigung in den Städten. Der vierte Punkt wären einschneidende Maßnahmen zur Energieeinsparung. Das Allermindeste, was wir in solchen Verhandlungen erreichen müßten, wäre ein Programm, um den Energieverbrauch in der Bundesrepublik in relativ kurzer Zeit um die Hälfte zu reduzieren. Die Mittel dazu sind längst vorhanden: einerseits durch Wärmedämmung und neue energiesparende Geräte, also technische Effizienzsteigerung, andererseits durch die Bereitschaft und die Förderung der Verbrauchseinschränkung. Wenn das binnen kurzer Zeit gelingt, dann steht auch dem sofortigen Ausstieg aus der Atomenergie nichts mehr im Wege.

Möchtest du eine Prognose über die Zukunft der GRÜNEN abgeben?

Vor zehn Jahren habe ich gesagt: Die Existenzberechtigung der GRÜNEN entscheidet sich am Verhalten der anderen Parteien. Wenn eine von ihnen den Umweltschutz zur ersten Priorität erklärt, werden DIE GRÜNEN überflüssig. Heute möchte ich sagen: DIE GRÜNEN sind nach wie vor nötig und bilden immer noch Schubkraft, obwohl auch sie ihre Prioritäten teilweise verschoben haben. Ich erhoffe mir gerade von den ausländischen GRÜNEN, die sich in der letzten Zeit überall in der Welt gebildet haben, daß von dort Anstöße zu uns zurückkommen, die wir vor Jahren nach außen gegeben haben. Ich habe manchmal die Befürchtung, daß wir hier in der Bundesrepublik im Wohlstand und in der Gewöhnung an Macht und Einfluß versacken. Das wäre für uns tödlich. DIE GRÜNEN haben eine Zukunft, wenn einerseits die Bürger auch uns auf die Füße treten und die Einhaltung unserer Versprechungen einfordern und wenn wir andererseits Anstöße insbesondere aus der dritten Welt aufnehmen, Gerechtigkeit zwischen Nord und Süd herzustellen. Wenn beides läuft, habe ich keine Sorge um die Zukunft der GRÜNEN; wenn eines fehlt, werden wir vielleicht irgendwie überleben; wenn aber beides fehlt, werden wir zu einem etablierten Haufen, der seine Existenzberechtigung verloren hat.

Rudolf Bahro:
»Was DIE GRÜNEN leisten konnten, ist erschöpft«

Aufgewachsen in der DDR, war Rudolf Bahro ein überzeugter Marxist, gehörte fast 25 Jahre lang der »Sozialistischen Einheitspartei Deutschlands« (SED) an und wirkte als politischer Funktionär mit einer Schlüsselposition in der DDR-Industrie. Seit Mitte der sechziger Jahre erkannte er, daß diese Partei nicht mehr an der Verwirklichung der sozialistischen und humanistischen Ziele des Marxismus interessiert war. Mit der Invasion der ČSSR durch die Armeen des Warschauer Paktes erreichte seine Desillusionierung den Höhepunkt. So wurde er quasi im »Nebenberuf« Systemkritiker und ging in jahrelanger Arbeit nach Feierabend daran, eine kritische Analyse des real existierenden Sozialismus zu erarbeiten. Als er sie 1977 unter dem Titel »Die Alternative« im Westen veröffentlichte, wurde er verhaftet und zu acht Jahren Gefängnis verurteilt. Nach mehr als zwei Jahren Haft wurde er aufgrund anhaltender internationaler Proteste im Oktober 1979 in die Bundesrepublik abgeschoben. Hier geriet er mitten in die Vorbereitungen zur Gründung der GRÜNEN, in die er sich sofort und mit Leidenschaft hineinbegab. Sein Appell, »Rot und Grün, Grün und Rot gehen gut zusammen«, den er auf der Offenbacher Versammlung der GRÜNEN im November 1979 vortrug, war vor allem eine Aufforderung an die in kommunistischen Sekten zersplitterte Linke, jeglichen dogmatischen Ballast über Bord zu werfen, um »den echten und aussichtsreichen Ansatz einer kulturell umwälzenden Massenbewegung«, den er in den GRÜNEN erkannt zu haben glaubte, nicht zu gefährden. Von 1982 bis 1984 gehörte er dem Bundesvorstand der Partei an. Ähnlich spektakulär, wie Bahro zu den GRÜNEN kam, verabschiedete er sich von ihnen: Auf der Bundesversammlung 1984 in Hamburg zog er vor surrenden Fernsehkameras und im Blitzlichtgewitter der Fotografen einen zornigen Schlußstrich unter dieses Stück seiner politischen Biographie. Fortan widmete er sich dem, was er 1983 »neues Benediktinertum« genannt hatte: dem Aufbau öko-spiritueller Kommunen und Klöster, von denen »umwälzender Einfluß auf das allgemeine Bewußtsein« der Gesellschaft ausgehen solle. Sein eigenes kleines »Kloster«, das den Namen »Lernwerkstatt« trägt, versucht Bahro seit einigen Jahren in einem kleinen Dorf in der Eifel aufzubauen. Seine neueren Gedanken über »Die Logik der Rettung« sind in einem Buch dieses Titels nachzulesen.
Postskriptum: Es hätte nicht viel gefehlt, und mein Gespräch mit Rudolf Bahro wäre den Umwälzungen in der DDR zum Opfer gefallen. Als wir uns Anfang Oktober 1989 zum Interview trafen, trieben die massenhaften Proteste der Demokratiebewegung zwar ihrem Höhepunkt entgegen, aber noch hatte Rudolf Bahro wohl nicht daran gedacht, in die DDR zurückzukehren, aus der er zehn Jahre zuvor »ausgebürgert« worden war. Nun drohte er gen Osten zu entschwinden, bevor er zur Autorisierung des Manuskripts gekommen war. Er hat sich dann trotz der Hast und Hektik des Umzugs die Zeit dazu genommen, wofür ich ihm besonders dankbar bin. Auf die Gründe, die Rudolf Bahro zu seiner Rückkehr in die DDR veranlaßten, konnten wir seinerzeit nicht zu sprechen kommen. Doch erschließt sich aus manchen seiner damaligen Antworten einiges, was diesen Entschluß erhellen und zum Beispiel erklären kann, warum er Mitte November 1989 auf die Frage, ob er wieder in die SED einzutreten gedenke, antwortete: »Ich bin aus der SED nicht ausgetreten, sondern ausgeschlossen worden. Aber ich wäre der letzte, der da jetzt austreten würde.«

Michael Schroeren: *Welche Erinnerung hast du an jenes Wochenende in Karlsruhe vor zehn Jahren, als DIE GRÜNEN gegründet wurden?*
Rudolf Bahro: Das war wenige Wochen nach meiner Ausreise aus der DDR. Ich war damals noch gar nicht ganz da, und zwar weniger in politischer als in psychologischer Hinsicht. Da war noch eine Scheibe zwischen mir und den Verhältnissen hier. Woran ich mich noch am allerdeutlichsten erinnern kann, war das Schauspiel, das Baldur Springmann und ich dort zusammen auf der Bühne gegeben haben.
Welches Schauspiel meinst du?
Ich bekam das Wort, gleich nachdem Baldur Springmann geredet hatte, und wir fielen uns in die Arme, als wir uns am Rednerpult begegneten. Das war eine Demonstration, daß Leute mit derartig verschiedenen Biographien tatsächlich ein gewisses Vertrauen zueinander fassen können.
Du sagst, es war ein Schauspiel. War es gespielt?
Nein, das war wirklich so. Das ergab sich ganz spontan. Ich habe diese Situation in guter Erinnerung, und ein schwacher Draht verbindet mich immer noch mit Baldur, obwohl ich nicht mehr viel mit ihm zu tun habe.
Deine damalige Rede drehte sich im wesentlichen um die Aufforderung an die K-Gruppen, ihre diversen Sekten aufzulösen. Was hat dich dazu getrieben?
Ich konnte die Identitätsängste und -nöte der verschiedenen linken Gruppierungen überhaupt nicht mehr verstehen. Auf dem Hintergrund meiner eigenen Erfahrungen in der DDR war mir sonnenklar, daß es gar nichts anderes gibt für die Linke, als diesen ganzen Sektiererkram und das Hüten von Wahrheiten des 19. Jahrhunderts aufzugeben, gleichzeitig aber die Substanz des Marxismus und Sozialismus, die ich sah und die auch heute nicht gleich Null ist, ins neue Feld zu werfen. Zunächst glaubte ich noch, es käme erst einmal darauf an, die Sozialisten hier zusammenzufassen, weil ich in deren Zersplitterung das ungelöste Problem der Linken seit '68 sah. Durch die erwähnte Scheibe zwischen mir und den hiesigen Verhältnissen hatte ich allerdings nicht wahrgenommen, daß dieser Punkt längst gegessen war und daß sich die K-Gruppen nicht einfach vereinigen ließen. Ich hatte die Illusion, daß die auf einen Appell hin ihr Sektierertum fallenlassen könnten. Das war rein psychologisch gesehen natürlich absurd, denn auf der Basis des Sozialismus können sich Sozialisten niemals einigen, wenn sie gegensätzlicher Meinung sind, sondern höchstens auf einem dritten Feld.
Dieses dritte Feld sollten DIE GRÜNEN sein?
Ja. Allerdings war es nicht etwa das Ergebnis einer tiefsinnigen Analyse jener Wochen, daß ich geglaubt hätte, das Problem der Vereinigung der Linken auf diese Weise lösen zu können. Sondern meine Einsicht bestand lediglich darin: Warum erst diesen Zwischenschritt machen, wenn die ökologische Frage ohnehin die neue Kernfrage ist, von der aus Politik jetzt aufgebaut werden muß?
Dein Appell hatte ja trotzdem einige Wirkung. Eigentlich hätte man erwarten können, daß die Konservativen dir diesen Einsatz danken würden. Aber eher das Gegenteil war der Fall. Herbert Gruhl war alles andere als begeistert über den Zustrom der Linken.

Na ja, das war sozusagen die dritte Konstellation um diesen Karlsruher Parteitag. Herbert Gruhl wollte vermeiden, daß ich in Karlsruhe aufkreuze. Ich nehme an, daß er nicht an meiner Integrität und Wahrhaftigkeit zweifelte. Aber er sah, daß ich quasi den K-Gruppen-Leuten Tür und Tor in den GRÜNEN öffnete. Für ihn waren das politische Gegner, während ich mich um bloß »taktische« Dinge mit ihnen stritt, das allerdings sehr hart.

Du selbst hast in Karlsruhe demonstrativ deinen Beitritt zu den GRÜNEN erklärt.

Na ja, eigentlich hat sich mein Beitritt in einem Hotel vollzogen, ich weiß nicht mehr genau, ob es in Köln oder Bonn war, ganz kurz nach meiner Ankunft in der Bundesrepublik. Der »Spiegel« hatte soeben ein Interview mit mir veröffentlicht, in dem ich gesagt hatte, es käme jetzt darauf an, die Sozialisten auf die GRÜNEN hin zu formieren. Da kamen Milan Horacek und Rudi Dutschke mich besuchen und erzählten mir, daß sie genau deswegen schon bei den GRÜNEN mitmachten, Rudi damals in Bremen, wo die Grüne Liste gerade in die Bürgerschaft gekommen war. Er machte mir klar, daß ich mich jetzt gleich entscheiden müsse. Das war wenige Tage vor dem Offenbacher Kongreß der GRÜNEN Anfang November 1979. Dort habe ich dann meine eigentliche Eintrittsrede gehalten. Formell bin ich aber erst in Karlsruhe eingetreten.

Du hast dich gewissermaßen erst mit den GRÜNEN verlobt und später geheiratet.

(lachend) Ja, wenn man das auf ganz altmodische Weise versteht, wo das Verlöbnis eigentlich zählt und die Heirat dann nur noch Formsache ist.

Was waren die wesentlichen Gründe, die dich dazu bewogen, bei den GRÜNEN mitzumachen?

Carl Amery hatte schon vor meiner Ankunft im Westen gesagt, ich sei ein heimlicher GRÜNER, und damit hatte er völlig recht. Amery hatte das einfach aus dem 10. Kapitel meines Buchs »Die Alternative« geschlossen. In diesem Kapitel über die »Bedingungen und Perspektiven der allgemeinen Emanzipation heute« hatte ich die sowjetische Version des Club of Rome verarbeitet und schon recht konkret dargelegt, daß das herrschende Konzept des Sozialismus an seine ökologischen Grenzen gestoßen ist, daß die fortlaufende Produktion von Massengütern als Grundlage der menschlichen Emanzipation nicht fortgesetzt werden kann. Dieser Gedanke ist übrigens einer der beiden Punkte in dem über 200 Seiten dicken Schlußteil meines damaligen Buches, der in der sowjetischen Perestroika noch nicht wirklich durchkommt (der andere betrifft die Wiedergeburt der Partei). Die KPdSU sieht zwar inzwischen, wieviel sie kaputtgemacht hat. Aber daß es am Industrialismus selbst und als solchem liegt: diese Debatte steht der Sowjetunion unter Gorbatschow noch bevor. Die Fragen, die ich in meiner »Logik der Rettung« behandle, werden dort etwa von Valentin Rasputin *gegen* die »Modernisierer«, die »Westler« aufgeworfen. Ich hatte aber schon in der »Alternative« auf einen Kommunismus gesetzt, in dem sich die immateriellen Ebenen des Lebens lohnen, damit die Konkurrenz um Einfamilienhäuser, Autos, Jobs, Prestige, Nobelpreise usw. mindestens an die zweite Stelle rücken kann.

Hast du damals für dich die Organisationsform Partei problematisiert?
Nein, jedenfalls nicht grundsätzlich. Das ist auch ganz einfach zu erklären durch meine politische Sozialisation in der SED. Das diesbezügliche Fazit in meinem Buch lautete nicht etwa »Nieder mit der kommunistischen Partei!«, sondern: »Die kommunistische Partei ist tot, es lebe die kommunistische Partei!« Ich habe das den »Bund der Kommunisten« genannt, der gesellschaftsoffen ist und dem alle Bewußtseinsanteile im Volke angehören, die auf diese allgemeine Emanzipation gerichtet sind. Insofern war ich von der Vorstellung politischer Parteien nicht geheilt ...
... und wohl auch nicht von der Illusion, dieses Parteikonzept auf die hiesigen Verhältnisse übertragen zu können?
Eine kommunistische Partei an der Macht ist freilich gar keine Partei im hiesigen Sinne. Meine »Alternative« war leninistisch im besten Sinne, so wie Michail Gorbatschow, was die meisten hier nicht erkennen, in der jetzt möglichen Weise »Leninist« ist.
DIE GRÜNEN wollten ja alles andere als Rädchen im Getriebe sein, sondern die grundsätzliche Alternative zu allen herkömmlichen Parteien bilden.
Genau. Das war die Riesenillusion. Ich habe diesen Anspruch ganz ernst genommen, während sie wohl doch von vornherein dazu bestimmt waren, ein Rädchen mehr im Parteiensystem zu sein. Mein Fundamentalismus hatte ja weniger mit der Frage zu tun, ob DIE GRÜNEN mit der SPD sollten oder nicht, sondern betraf die Wurzeln des grünen Engagements, die Kritik an den Fundamenten dieser Industriezivilisation.
Wann ist dir klar geworden, daß deine Vorstellung von der Rolle der GRÜNEN eine Illusion war?
Das habe ich erst im nachhinein richtig realisiert. Aber es begann sich zuzuspitzen in den Debatten vor der Bundestagswahl 1983. Ich vertrat auf den Parteitagen die Auffassung, daß die industrielle Massenproduktion die Ursache der ökologischen Krise sei und daß wir deshalb den Auszug aus dem Industriesystem propagieren müßten, egal, ob wir dafür 2, 3, 4 oder 6 Prozent der Stimmen bekämen. Um die 5 Prozent zu bekommen, war es quasi unanständig, solche Ideen auszusprechen. Da wurde mir zum erstenmal richtig klar, daß sich die meisten GRÜNEN überhaupt nicht über die ökologische Krise im klaren sind.
Den Rest hat dir dann wahrscheinlich der Weg der hessischen GRÜNEN gegeben, die sich 1984 zu einer Zusammenarbeit mit der SPD entschlossen.
Das Grundmotiv hinter meiner Ablehnung nicht bloß von Koalition, sondern auch von Tolerierung und dergleichen war mein Unvertrauen in die GRÜNEN. Ich hatte einfach schon gesehen: Da liegt ein Auftrag vor uns, tiefgreifender und revolutionärer als alles, was an Umwälzungen in der Geschichte jemals passiert ist, aber DIE GRÜNEN sind hoffnungslos überfordert, sind noch nicht das Subjekt dafür. Was die Hessen vorexerzierten, machte mir klar, daß sie eigentlich bloß epiphänomenal sind, also die Begleitmusik spielen, statt Motor dieser Umwälzung zu sein.
Worin sahst du die Aufgabe der grünen Partei? Was hätte sie konkret tun müssen?

Sie hätte sich so radikal wie möglich auf die geistige Fragestellung hinter der ökologischen Problematik konzentrieren, in der Bevölkerung für diese Bewußtseins- und Konsensveränderung arbeiten müssen, statt sich am Kleinarbeiten der Öko-Problematik zu beteiligen. Heute sind alle Leute grün, und was ist passiert? Hubert Weinzierl hat seinem Buch über 25 Jahre Arbeit in der Naturschutzbewegung den Titel gegeben: »Passiert ist gar nichts.« Er meint damit, daß sich in puncto Naturschutz nichts getan hat, während jeden Tag ungeheuer viel in puncto Naturzerstörung passiert. Wir sind jeden Tag dichter dran am Kollaps. Angesichts dessen hielt ich es für ungeheuerlich, einfach dazu überzugehen, dieses System hier mitzuregieren. Dagegen richtete sich dann auf der Versammlung 1984 in Hamburg mein etwas hysterischer Aufschrei.

Inwiefern hysterisch?

Das hängt mit der DDR zusammen oder mit dem Osten oder mit meinem Kommunist-Sein, wie du willst, jedenfalls mit diesem Hintergrund. Als ich drüben rausging, habe ich meinen Antrag auf Entlassung aus der Staatsbürgerschaft der DDR geschrieben und dazu gesetzt: »Ich gehe nicht als Feind.« Das heißt, ich verstand mich als Parteigänger für die Menschheitssache, wie ich sie sah. Daran hatte ich ja Anteil, und dafür hatte ich ja auch gebrummt. Und in der Mitte dieser Austrittserklärung aus der DDR steht, daß ich überzeugt bin, mit meiner »Alternative« einen Beitrag zur Entwicklung der DDR geliefert zu haben. Und ich bin sicher, daß sich das in der nächsten Zeit noch verstärkt zeigen wird. Das war der Hintergrund, mit dem ich zu den GRÜNEN kam. Ich trat ihnen, mit Rudi Dutschke als Paten gewissermaßen, bei in der Überzeugung, daß sie hier nicht dazugehören. Nun stellte sich zu meiner Enttäuschung heraus, daß sie nur die vierte Partei sind. Und da habe ich – in der alten Sprache, aber die steckte ja noch in meinem Hinterkopf – mit dem hysterischen Tenor reagiert: »Was? Ihr wollt dieses imperialistische Zentrum mitregieren? Ich nicht!« Dahinter stand wohl auch noch ein psychologischer Faktor. Ich kam ja aus politischen Verhältnissen, wo die Partei für ihre Mitglieder immer auch so etwas wie eine Mutterfunktion hat. Und für mich, der ich etwas von diesem Hölderlintypus des Muttersohnes an mir habe, war diese Auseinandersetzung mit der SED irgendwie auch Krieg mit der Mutter gewesen, der gegenüber man dennoch nicht die letzte Loyalität aufgibt. Ich habe damals in Hamburg wesentliche Sachen gesagt. Aber Richtigkeit in diesem und jenem Punkt ist doch nicht dasselbe wie die Wahrheit. Und wahr ist: Im Grunde können die GRÜNEN gar nicht anders sein, als sie sind. Es ist ja nicht so, daß sie keinen Beitrag geleistet haben und jetzt leisten. Aber offenbar waren sie gar nicht dazu bestimmt, die Lösung zu sein, und ich habe ihnen das immer anhexen wollen.

Deinen Austritt aus den GRÜNEN hast du inhaltlich damit begründet, daß dir das Tierschutzgesetz der GRÜNEN nicht radikal genug war. Das haben viele Leute als sehr skurril empfunden.

Die haben meine Begründung nicht mitgekriegt. Natürlich hat sich meine Kritik an den GRÜNEN auf diesem Gebiet zugespitzt, weil ich darin ein Symptom dafür sah, wie opportunistisch sie mit den Kernpunkten einer ökologischen Politik umgingen. Das hing auch mit meiner Liebe zusammen, mit Christine Schröter, war aber kein Zufall. Bei dem Thema Tierschutz ging es schon mehr als in puncto Atomkraftwerke um das Prinzip Leben: Welches Grundverhältnis zur Natur haben wir eigentlich? Wollen wir da überhaupt etwas Grundsätzliches ändern? Und ich habe nie intensiver als mit Christine und in der Auseinandersetzung mit ihr erfahren, wie sehr ich selber in der Wissenschaftslogik denke, die zu den Tierversuchen führt, und daß sich das im Politikverständnis niederschlägt. Die Struktur des wissenschaftlichen Umgangs mit der Welt, die sich an der Praxis des Tierversuchs zeigt, ist dieselbe wie in der politischen Strategie und Taktik. Immer stellt man machtorientierte Berechnungen an, ehe man existentiell betroffen handelt. DIE GRÜNEN hatten sich also gegen Tierversuche ausgesprochen mit Ausnahme solcher Versuche, die humanistisch gesehen notwendig seien. So denkt jeder »vernünftige« Tierexperimenter, wenn er nicht gerade Sadist ist, auch. Was der Mensch sich da überhaupt erlaubt und inwiefern dieses ganze Denkmuster selbst mörderisch ist – dazu keine Aufklärung. Mit einer solchen Kompromißlösung kann man zwar konventionell konsensfähig werden, aber kein neues Bewußtsein wecken. Und so verhielten sich DIE GRÜNEN auf allen Gebieten grüner Politik.

Du hast damals DIE GRÜNEN nicht nur verlassen, sondern ihnen ziemlich deutlich den Kampf angesagt . . .

. . . und den dann nicht geführt. Zunächst hatte ich damals immer noch ernsthaft gemeint, die Fundamentalisten in den GRÜNEN sammeln zu sollen. Aber dann habe ich gemerkt: Stopp, ich bin nur dabei, Reisende aufhalten zu wollen, aus eher privaten Identitätsgründen. Im Geist dieser Rede war ein irrationaler Moment.

War es nicht eine doppelte Illusion, der du bei den GRÜNEN unterlegen bist? Bei deinem Eintritt die Täuschung über den Charakter der GRÜNEN, bei deinem Austritt die Täuschung über die angedrohten Konsequenzen? Ich denke zum Beispiel an deine Hamburger Drohung, für DIE GRÜNEN feindliches Hinterland schaffen zu wollen. Davon ist ja nicht viel zu spüren.

Sag ich ja, daß ich diesen Gedanken alsbald fallenließ, vor allem um die eigenen Kräfte für was Positives freizubekommen. Eigentlich war ich längst auf dem Weg zu der generellen Einsicht, daß keinerlei feindlicher Umgang zu irgend etwas gut ist. Du hast auch recht, was meine Täuschung beim Eintritt in DIE GRÜNEN betrifft. Aber ich bin wirklich froh darüber, daß ich diese Illusion hatte. Nur aktiv kann man sich eine politische Situation aneignen. Wäre ich damals schon schlauer gewesen und dieser Illusion nicht aufgesessen – ich weiß nicht, ob ich fähig gewesen wäre, aus bloß taktischen Gründen bei den GRÜNEN mitzumachen. Ich habe nämlich tatsächlich nicht taktisch mitgemacht. Ich war wirklich davon überzeugt, daß es so geht, wie meine Rede auf dem Offenbacher Kongreß der GRÜNEN im November 1979 es zum Ausdruck brachte.

Damals hast du gesagt: »Grün und Rot, das geht gut zusammen!«

Vor allem habe ich gesagt, daß wir alle guten Geister rufen müssen, daß wir eine andere große Koalition quer zu den alten politischen Lagern schaffen müssen, die entlang der Symptome der Weltzerstörung sich aufbaut und eine Rettungspolitik sucht. Und das ist nach wie vor richtig. Diese weitblickenderen Dinge hätte ich nicht zustande gebracht ohne den Glauben an DIE GRÜNEN als weiterreichendes Fahrzeug. Ich denke, daß ich innerhalb der GRÜNEN viele Gedanken entwickelt habe, die noch politisches Gemeingut werden oder sogar schon im Begriff sind, es zu werden.

Zum Beispiel?

Sieh dir Joschka Fischers neues Buch »Der Umbau der Industriegesellschaft« an! Im Unterschied zu anderen finde ich das gar nicht so schlecht, oder genauer gesagt, ich finde darin etwas, was viele überhaupt noch nicht gemerkt haben: Fischer hat in den letzten fünf Jahren etwas sehr Wichtiges dazugelernt. Er möchte natürlich gerne der Öko-Schiller in einem möglichen rot-grünen Kabinett werden, auch wenn er nicht so recht dran glaubt. Dieser subjektive Machtwille steckt mit drin. Aber anders als früher wirft er die Machtfrage jetzt um der Sache willen auf. Diesen Gedanken hat er vielleicht selber noch nicht zu Ende gedacht, weil er so verdammt pragmatisch rangeht. Fischer ist nicht so blöd, nicht zu wissen, daß ein Umweltminister, auch wenn seine Machtposition noch so schön erdichtet ist, nichts vermag, es sei denn, das Amt mit der Richtlinienkompetenz zieht mit. Das aber, weiß Fischer ebenso, hat in Wirklichkeit auch wenig Macht. Also stellt sich die Frage, wie die gesamte politische Klasse, die in Wirklichkeit Finanzklasse ist, wie also die Herren Herrhausen und Reuter auf längere Sicht über Ökologie denken. Und Fischer kommt zu dem Schluß, daß diese Herren, weil ihnen ihre eigene physische Bedrohung infolge des Öko-Kollaps klar wird, sich eines Tages selber fragen könnten: Wollen wir nicht endlich eine politische Macht schaffen, die der Wirtschaft den notwendigen ökologischen Rahmen vorgibt? Was ja erst mal wie eine Ungeheuerlichkeit klingt. Aber in Wirklichkeit ist es dieser Gedanke, auf den Fischers Buch hinzielt, und der ist meiner Meinung nach objektiv richtig, sobald man die genannten Herren selbst wieder von der Summe abzieht. In dieser Weitsicht bewährt sich einfach, daß Joschka Fischer immer jemand war, der sich nicht selbst was vormachte. Er hat nicht geschwindelt. Er hat immer gesagt und gezeigt, was ihn innerlich umtrieb. *(Lachend)* Buddha heißt ja »der vollkommen Erwachte«, und neulich hat mich einer gefragt, ob Joschka nicht wacher sei als ich hier bei dem Versuch, den kommunitären Grund für eine andere Denk- und Daseinsweise im Politischen mitzugestalten.

Joschka als vollkommen Erwachter? Ich finde, die Rolle als »Häuptling übernächtigter Fischer« in einem Berliner Szene-Kabarett steht ihm besser.

(lachend) »Vollkommen erwacht« habe ich ja nicht gesagt, sondern »wacher«. Sein Konzept ist mehr als Kabarett.

Wenn DIE GRÜNEN, wie du sagst, nicht die Alternative sind, welche Rolle spielen sie dann?

Ich komme noch mal auf Joschka Fischer zurück. Er hatte sich damals in Hessen diese Ministererfahrung geleistet und sozusagen gesamtgesellschaftliche Verantwortung geübt. Und ich habe dauernd dagegen gesprochen und gesagt, du darfst diese Erfahrung nicht machen. Dieses Gegenreden war in einem viel tieferen Sinne falsch als auf der Ebene der Argumente, die damals hin und her geflogen sind. Es war existentiell falsch. Ich denke, DIE GRÜNEN sind für viele Leute eine Sozialisationsstation, um gesamtgesellschaftliche Verantwortung lernen zu können. Und in dieser Station machen sie dann die Erfahrung, daß das Spiel, auf das sie gesetzt haben, nicht aufgeht. Fischer zieht zunächst den Schluß, daß er in diesem Amt mehr Macht braucht. Offenbar muß das gesellschaftlich durchexerziert werden, bis wir sehen: Diese ganze ökotechnische Perspektive ist Quatsch, ist viel gründlicher illusionär, als es meine Vorstellungen über DIE GRÜNEN waren.

DIE GRÜNEN als notwendiges Durchgangslager zum Baum der Erkenntnis?

Das liegt auf derselben Ebene, wie wenn ein Entwicklungshelfer, wenn er einigermaßen ehrlich ist, immer die Erfahrung macht, er hat da draußen vielleicht viel Schaden angerichtet, aber für sich etwas gelernt. So grün wie DIE GRÜNEN waren, als sie antraten, sind jetzt alle. Damit ist das, was sie zu leisten vermochten, erschöpft. In ihrem jetzigen Stadium sind DIE GRÜNEN eigentlich nicht mehr Grün, sondern Heu. Vielleicht wächst ja durch den östlichen Perestroika-Impuls noch mal was nach. In den neunziger Jahren wird die Mehrheit der Gesellschaft mitkriegen, daß es das System der industriekapitalistischen Massenproduktion selbst ist, das uns umbringt.

Roland Vogt:
»Die Linken haben DIE GRÜNEN besetzt«

Roland Vogt ist gelernter Politologe und Jurist, zieht als Berufsbezeichnung jedoch »Friedensarbeiter« vor. Seine erste politische Sozialisation erfuhr er in der SPD, die er 1977 aus Protest gegen ihre Befürwortung der Atomenergie verließ. Seit Beginn der siebziger Jahre wurde seine politische Erfahrung geprägt durch die Mitarbeit in Bürgerinitiativen und die Teilnahme an der Bürgerbewegung gegen Atomkraftwerke. Als Mitglied im Vorstand des Bundesverbands Bürgerinitiativen Umweltschutz (BBU) plädierte er seit 1978 für einen offensiven Umgang der Bürgerinitiativen mit den aufkommenden grünen und bunten Wählerinitiativen und trug dazu bei, daß der BBU in der Diskussion um die Gründung einer bundesweiten grünen Partei mitmischte. Er selbst beteiligte sich 1978 in Berlin an der Gründung der Alternativen Liste. Weil der Bürgerinitiativenverband gleichwohl auch gegenüber den GRÜNEN auf Überparteilichkeit bedacht war, mußte Roland Vogt, ebenso wie seine Vorstandskollegin Petra Kelly, die Arbeit im BBU-Vorstand ruhen lassen, als sie 1979 bei der ersten Direktwahl des Europäischen Parlaments für die »Sonstige Politische Vereinigung DIE GRÜNEN« an vorderster Stelle kandidierten. Von 1983 bis 1985 war er Abgeordneter der GRÜNEN im Bundestag. 1989 kandidierte er erneut für das Europaparlament, allerdings auf einem der hinteren Listenplätze. 1988 beteiligte er sich an der Gründung des »Bundes für Soziale Verteidigung«, als dessen Pressesprecher er zur Zeit fungiert.

***Michael Schroeren:** Wenn du an den Gründungsparteitag der GRÜNEN vor zehn Jahren in Karlsruhe denkst, welche Situation ist dir am nachhaltigsten in Erinnerung geblieben?*

Roland Vogt: Ich saß damals in der rheinland-pfälzischen Delegation, und im Saal herrschte eine gewisse Nervosität, weil die Versammlung viel länger dauerte als geplant und vor allem die Berliner und norddeutschen Delegierten ihre Züge nicht verpassen wollten. Wenn sie aber vorzeitig abgereist wären, hätte es vielleicht keine ausreichende Mehrheit für die Parteigründung gegeben. Als es dann schließlich soweit war und die Spannung sich löste, da fing jemand an mit dem Slogan »Weg mit dem Atomprogramm! Weg mit dem Atomprogramm!«. Das hat sich dann so langsam über den ganzen Saal verbreitet, bis alle mitriefen. Auf mich wirkte dieser Sprechchor aus der Anti-AKW-Bewegung in dieser Situation ein bißchen aufgesetzt. Für mich war das kein so revolutionärer Gründungstag, denn es gab ja vorher schon die Europa-GRÜNEN. Mir ging die Frage durch den Kopf, ob diese Parteigründung nicht bald zu Entfremdungen führen werde und ob nicht angesichts dessen die Begeisterung unangemessen war.

Dieser Parteibildungsprozeß ist ja nicht ohne Widerspruch vonstatten gegangen. Es gab damals nicht wenige Leute, denen das ganze Projekt nicht links genug war. Es gab aber auch Kritiker, die meinten, daß die Parteibildung der ganzen außerparlamentarischen

Bewegung ein sehr enges Korsett überstülpen würde. Dieser Einwand bezog sich auf eine sehr grundsätzliche Kritik an der Institution des bürgerlichen Parlamentarismus. Was sagst du zu dieser Kritik nach zehnjähriger Erfahrung mit dieser Institution? Hat sie nicht vieles von dem vorweggenommen, was heute die Probleme der GRÜNEN kennzeichnet?

Das ist richtig. Die Kritik damals war berechtigt. Und wir, die wir aus den Bürgerinitiativen oder anderen Emanzipationsbewegungen kamen, hatten genau aus diesen Gründen erhebliche Skrupel mit der Gründung einer Partei. Beim Europawahlkampf '79 hatten wir uns noch innerlich damit überlisten können, daß wir sagten, wir sind ja gar keine Partei, sondern nur eine »politische Vereinigung« im Sinne des Europawahlgesetzes. Daß daraus jetzt eine richtige Partei werden sollte, bedeutete auch eine gewisse Verengung unserer bisherigen Arbeitsweise in Bürgerinitiativen, und das bereitete uns Unbehagen. Also ein Großteil der Kritik war berechtigt. Aber ich wüßte heute noch nicht, wie wir es hätten anders machen müssen. Das Nichtwissen bezieht sich auf die Frage des Verhältnisses von außerparlamentarischen Bewegungen und parlamentarischer Vertretung. Es ist heute noch nicht geklärt, wo da die Partei ihren Schwerpunkt haben sollte.

Gedacht war an eine Partei neuen Typs, die lediglich eine strategische Variante der sozialen Bewegungen sein sollte. Von dir stammt die bekannte Formel, die Partei solle das parlamentarische Spielbein, die außerparlamentarische Bewegung das Standbein sein. Viele haben dieses Bild schon damals für Augenwischerei gehalten.

Es war aber durchaus ernst gemeint als Programm. Natürlich hängt die Lebensfähigkeit einer solchen Denkfigur von der Intaktheit der beteiligten Faktoren ab. Wir haben damals nicht genug bedacht, daß irgendwann der Elan der Bewegungen so stark nachläßt, daß am Ende das Standbein schwächer ist als das Spielbein.

Du sagst, ihr hättet es nicht genug bedacht. Die Befürchtung, daß durch den Einzug in die Parlamente die außerparlamentarische Arbeit ins Hintertreffen geraten würde, ist doch sehr deutlich geäußert worden.

Ich habe damals ein weiteres Bild benutzt, um zu erklären, was wir wollten: Man kann nicht säen, um dann die Ernte auf dem Feld verfaulen zu lassen, sondern man muß die Ernte in die Scheune bringen. Und die Scheune in diesem Bild ist das Parlament, wo der Druck, der von außen ausgeübt wird, in neue Gesetze und neue Rahmenbedingungen umgeschmolzen werden muß. Wobei klar ist, daß das nicht in Reinkultur geschieht, denn wir sind ja nicht die einzige Kraft in diesem Parlament. Aber man kann dies nicht diesen anderen Kräften überlassen, zumindest solange nicht, wie es noch einen signifikanten Unterschied zwischen den herkömmlichen Parteien und uns gibt, was die Entschlossenheit angeht, die ökologische Katastrophe aufzuhalten oder radikale Abrüstung durchzusetzen oder eine wirkliche Dritte-Welt-Politik oder eine Frauenemanzipationspolitik zu machen usw. Und dies sehe ich heute noch so.

Hast du nicht das Gefühl, daß ihr euch in bestimmten Dingen getäuscht habt?

Doch, zumindest in einem Punkt. Was ich nicht vorausgesehen habe, ist ein Prozeß, den ich lange Zeit nur hinter vorgehaltener Hand die »Verlinkung der GRÜNEN« genannt habe und heute auch offen so bezeichne, aber wahrscheinlich zu spät.

Was meinst du damit?

Es ist ein Unglück für die Entwicklungsgeschichte der GRÜNEN, daß diese Partei, die anders gemeint war, die der Tendenz nach eine ökologische Volkspartei hätte werden können, plötzlich nach links gedrängt worden ist, und zwar durch eine Flut von Leuten aus den ehemaligen K-Gruppen, die sich in die GRÜNEN hinein auflösten. Sie hatten zwar sehr viel dazugelernt, was Ökologie, Frieden und andere Bereiche angeht, konnten aber ihr Hauptgebrechen nicht ablegen, nämlich ihr kadermäßiges Vorgehen.

Hat sich das nach deiner Meinung auch im Programm der GRÜNEN niedergeschlagen?

Ja sicher, leider. Wenn es sich nur formal niedergeschlagen hätte in so ein paar verrückten Ideen wie zum Beispiel der Zweijahresrotation, dann wäre es noch einigermaßen zu ertragen gewesen. Am deutlichsten hat es sich im Programm der Alternativen Liste Berlin niedergeschlagen. Der Einfluß der KPD, die damals in Berlin ihre Hochburg hatte und sich seit 1978 massiv in die AL hinein auflöste, hatte zur Folge, daß wichtige Fragen wie der Primat der Ökologie vor der Ökonomie und das Prinzip der Gewaltfreiheit in der AL nie wirklich verankert wurden. Und dieselben Leute, die sich in Berlin mit Händen und Füßen gegen die ursprüngliche Gründungsidee und gegen die programmatische Festlegung auf Gewaltfreiheit gewehrt hatten, sind dann auf dem Gründungsparteitag der GRÜNEN in Karlsruhe unter dem Banner »ökologisch, sozial, basisdemokratisch, gewaltfrei« in die Halle einmarschiert. Und mit ihnen gleichartige Kräfte aus Hamburg, Frankfurt und anderen Hochburgen von K-Gruppen. Unter diesen Stellvertreterorganisationen gab es schon vorher Absprachen, verschiedene Dinge umzustoßen und ganz anders zu machen.

Du behauptest, DIE GRÜNEN wurden die Beute linker Unterwanderungsstrategen?

Ich behaupte, daß es eine Ansammlung von Studentenpolitikern aus dem Jahre 1968 war, die versucht haben, mit den Methoden, die sie damals gelernt und praktiziert haben gegenüber der Öffentlichkeit und untereinander, diesen kleinen Apparat, dieses pflegebedürftige Pflänzchen an sich zu reißen. Die haben buchstäblich die GRÜNEN besetzt. Und ich stelle fest, daß Dinge, die vorher in den GRÜNEN unbestritten waren – beispielsweise ein ganz klares Bekenntnis zur Gewaltfreiheit, zur Sozialen Verteidigung, zum Vorrang der Ökologie –, an einer bornierten, syndikalistischen, romantisch-arbeiterbewegungsverhafteten Haltung gescheitert sind, die dieselben Leute heute längst aufgegeben haben. Das sind ja Leute, die sich rasant, zum Teil erschreckend opportunistisch, verwandelt haben.

An wen denkst du da konkret? Willst du das an Namen festmachen?

Nein, möchte ich nicht. Das ist einfach eine Stilfrage.

Du sagst, das Bekenntnis der GRÜNEN zu Gewaltfreiheit, Sozialer Verteidigung usw. sei an diesem »Verlinkungsprozeß« gescheitert. Kannst du das erläutern?

Das hat sich bereits auf dem Parteitag 1981 in Offenbach gezeigt, wo das Friedensmanifest der GRÜNEN verabschiedet wurde. Damals wurde versucht, die soziale

Verteidigung aus dem Programm rauszukippen, und dabei gab es eine unheilige Allianz zwischen den extrem Linken, also ehemaligen K-Gruppen-Angehörigen, und den sogenannten Bürgerlichen. Beide haben aus meiner Sicht ein *geklärtes* Verhältnis zur Gewalt und teilen das gleiche Mißverständnis von gewaltfreier direkter Aktion. Die Bürgerlichen wollen, daß der Staat das Maß an Gewalt mehr oder weniger behält, das er hat: Polizeigewalt und eine gewisse militärische Abschreckungsgewalt. Für sie bedeutet Gewaltfreiheit die Beschränkung auf legales Handeln. Und diese K-Gruppen-Leute, die damals ja noch eine starke Chinaorientierung hatten, mißtrauten der Gewaltfreiheit vor allem aus ideologischen und geopolitischen Gründen. Für sie war das Bekenntnis zur Gewaltfreiheit gewissermaßen vorweggenommener Revolutionsverrat und eine Schwächung der revolutionären Bewegungen sowie des »sozialistischen Lagers«.

Vielleicht läßt sich an diesem Thema ganz gut der Veränderungsprozeß bei den GRÜNEN nachvollziehen. Mir scheint, daß viele von denen, die damals dieses linke Mißverständnis von Gewaltfreiheit hatten, heute eher die bürgerliche Interpretation übernehmen, also Gewaltfreiheit auf legales Handeln und allenfalls symbolische Regelverstöße reduzieren. Teilst du diese Beobachtung?

Durchaus. Beide Positionen sind wie gesagt miteinander verwandt. Ein Teil der heutigen Realos, die früher ganz radikale Linke gewesen sein mögen – wobei mir auch gleichzeitig klar wird, wie nichtssagend der Linksbegriff ist –, haben die aktive, subversive Kraft der direkten gewaltfreien Aktion nie begriffen. Die haben nur begriffen – salopp gesagt –, daß man über den Umweg der Staatsgewalt schneller zu Macht und Einfluß kommt als über den Weg des Steineschmeißens im Frankfurter Westend. Das ist ihr Lernprozeß, der aber im Grunde genommen nur ein Prozeß von Bauernschläue ist. Diese Leute sind im Begriff – sie haben es damals schon versucht und werden es auf jedem weiteren Programmparteitag versuchen –, diese anstrengenden Prinzipien der GRÜNEN über Bord zu werfen, weil sich damit ja nicht so schnell »Staat machen« läßt. Das heißt, man kriegt nicht so schnell eine Position als StaatssekretärIn oder MinisterIn.

Die Frage ist doch, ob dieses radikal verstandene Prinzip von Gewaltfreiheit in einer politischen Partei, die auf Machterwerb angelegt ist, überhaupt eine Chance haben kann. Konsequente Gewaltfreiheit bedeutet doch auch eine Absage an Staatsgewalt.

Theoretisch und analytisch ist es richtig, daß es einen Widerspruch gibt, der rein gedanklich unauflösbar ist, zwischen der Idee der Gewaltfreiheit und der Idee der Teilhabe an Staatsfunktionen, solange der Staat, in der Definition Max Webers, die Institution mit dem legitimen Monopol auf Gewaltsamkeit ist. Wobei ich persönlich nicht das Gewaltmonopol in Frage stelle, sondern die Akkumulation der Gewalt des Staates. Denn darin sehe ich die historische Herausforderung: Es geht um das Experiment, gleichzeitig von innen heraus und von außerhalb staatliche Gewalt abzubauen. Dazu muß es innerhalb und außerhalb des Apparats Gewährsleute geben, die daran arbeiten. Die klare Unterscheidung zwischen Partei und Bewegung hat sich vielleicht noch Gandhi leisten können, wenn er sagte: Ich, Gandhi, bleibe rein und mache gewaltfreie direkte Aktionen und überlasse das schmutzige Geschäft der Staatsfunktionen anderen wie den Nehrus. Diesen Luxus können wir uns heute nicht mehr leisten, weil wir sonst an dem entscheidenden Punkt versagen, nämlich diese Gewaltakkumulation beim Staate sowohl von innen als auch von außerhalb abzubauen und aufzulösen.

Am Beispiel Gewaltfreiheit hast du beschrieben, wie schier unaufhaltsam die Partei dabei ist, sich von ihren programmatischen Grundsätzen zu entfernen. Ist der Einsatz für die Beibehaltung dieser Prinzipien innerhalb der GRÜNEN aussichtslos?

Ich will nicht so sehr von Prinzipien reden, weil man dann wie ein Prinzipienreiter erscheinen könnte. Ich bin dafür, daß wir für die Erhaltung der Grundsubstanz der GRÜNEN kämpfen, daß wir die Koalitionsfrage zum Beispiel nicht so stellen: Wer zieht wen über den Tisch, sondern: Wer treibt wen über seine Grenzen hinaus? DIE GRÜNEN müssen die SPD, deren Bewußtsein in mancher Hinsicht einbetoniert ist – in überholte Haltungen und Aufgabenstellungen –, über ihre Grenzen hinaustreiben. Das ist die historische Aufgabe und Pflicht der GRÜNEN. Koalitionsfähig im Sinne der grünen Grundsubstanz wäre heute eine Partei, die genauso rigoros an die Frage des Abbaus der Staatsgewalt herangeht, die genauso radikal im ökologischen Sinne vorgeht, zum Beispiel an die sofortige Stillegung der Atomkraftwerke, wie das DIE GRÜNEN gemeint haben. Und diese Radikalität der grünen Grundsubstanz ist um eines Linsengerichts willen schon zur Hälfte oder gar zu drei Vierteln verraten worden, weil sich Leute, die nichts lieber wollen als schon übermorgen Minister oder Staatssekretär zu sein, diese Radikalität abkaufen lassen, und zwar auf eine unheimlich leichtsinnige Art.

Du meinst, die SPD ist dabei, DIE GRÜNEN über ihre Grenzen hinauszutreiben, statt umgekehrt?

Karsten Voigt sagt den GRÜNEN schon seit Jahren, daß sie für die SPD erst dann koalitionsfähig wären, wenn sie ihr Verhältnis zur Bundeswehr und zur NATO geklärt haben und beides bejahen. Die SPD verlangt von den GRÜNEN, daß sie diese aus meiner Sicht völlig anachronistische Armee anerkennen, daß sie die NATO-Zugehörigkeit der Bundesrepublik im Sinne der Abschreckungsdoktrin respektieren und daß sie letztlich die Militarisierung Westeuropas mitmachen. Und der harte Kern der Realos läßt sich das einfach abhandeln. Jüngstes Beispiel: der Vorschlag des GRÜNEN-MdB Hubert Kleinert, den Tornado der Bundeswehr mit einem Aufwand von 250 Millionen Mark zu »defensivieren«. Jeder Militärfachmann würde bestätigen, daß das Unsinn ist, weil dieser Tornado eindeutig als offensives Waffensystem konzipiert ist. Er soll im Tiefstflug ins feindliche Hinterland eindringen und dort vernichtende Schläge führen. Es gibt in England zwar Tornados, die als Abfangjäger benutzt werden. Das sind aber ganz andere Maschinen, die mit dem Bundeswehr-Tornado nur den Namen gemeinsam haben. Diese »defensiven« Tornado-Abfangjäger müßten also erst gekauft werden. Mit anderen Worten: Ein grüner Bundestagsabgeordneter macht sich stark dafür, daß die Bundesrepublik für mehrere hundert Millionen Mark weitere Tornados anschafft, und verkauft diesen Vorschlag in der Öffentlichkeit auch noch als »Abrüstungshaushalt« der GRÜNEN! Orwell läßt grüßen.

Das Abrüstungskonzept der GRÜNEN ist doch die Soziale Verteidigung, offiziell zumindest. Wie ist es zu erklären, daß darauf überhaupt nicht Bezug genommen wird?

Weil sich gewisse Leute inzwischen dafür genieren. Vielleicht haben sich diese Herrschaften schon immer für die eigentliche Grundsubstanz der GRÜNEN geniert. Und da sie nie ein wirklich tieferes Verhältnis dazu hatten, fällt es ihnen relativ leicht, das über Bord zu werfen. Aber ich sage dennoch: Es lohnt sich nach wie vor, für diese Gründungssubstanz zu kämpfen. Es gibt ja noch Leute bei den GRÜNEN, die sich erinnern, wie es gemeint war.

Wie war es denn gemeint? Gab es denn diesen Gründungskonsens überhaupt?

Ja, sicher. Dieser Gründungskonsens besteht aus den vier programmatischen Säulen oder Grundprinzipien der GRÜNEN: ökologisch, gewaltfrei, basisdemokratisch und sozial.

Offenbar hat aber jeder etwas anderes darunter verstanden.

Das glaube ich nicht. »Gewaltfrei« und »ökologisch« waren eigentlich völlig eindeutig. Der Begriff »sozial« war ein Formelkompromiß, um das Wort »sozialistisch« zu vermeiden. »Solidarisch« wäre vielleicht die bessere Lösung gewesen. Bei dem Begriff »basisdemokratisch« muß ich zugeben, daß er am unklarsten war. Man hat damals versucht, Basisdemokratie durch eine Art von imperativem Mandat zu verwirklichen, durch Basisanbindung der Abgeordneten, Zweijahresrotation in den Parlamenten und durch eine Diätenregelung, nach der jeder Abgeordnete die Hälfte der Diäten in den Öko-Fonds einzahlen mußte. Wie brüchig diese administrativen Vorkehrungen inzwischen geworden sind, ist ja bekannt. Letztlich sind diese Instrumente von einer kadermäßig operierenden Funktionärsclique dazu mißbraucht worden, wirklich kraftvollen Individuen, die aber ehrlich waren im Sinne des Grundkonsenses, das Leben zu versauern und dafür zu sorgen, daß sie schließlich an den Rand gedrängt wurden.

Es ist aber doch unbestreitbar, daß diese Prinzipien Ausdruck eines weitverbreiteten Mißtrauens gegenüber abgehobenen Institutionen und den etablierten Parteien waren.

Darin liegt die Tragik. Wenn das Mißtrauen gegenüber den Etablierten der Anstoß zum Beispiel für die Rotation war, dann hat man das zu Unrecht ausgelassen an den Leuten, gegen die man nun wirklich kein Mißtrauen hätte haben müssen.

Wieso nicht? Vertrauen ist gut, Kontrolle ist besser.

Weil es Leute waren, die wußten, warum sie das alles machen, die aus den konkreten Bewegungen kamen. Ich will nicht idealisieren, aber so war es. Die erste Generation, auch noch die zweite, hat es ernst gemeint mit der Gründungsidee der GRÜNEN und meint es auch heute noch ernst. Das Ungeheuerliche ist doch, daß ausgerechnet Kaderfunktionäre sich zur Instanz des Mißtrauens, gewissermaßen zu den Robespierres der GRÜNEN aufschwangen, um diese Leute der ersten und zweiten Generation zu diskreditieren. Und die für diese Kaderleute übrigens sehr nützliche Nebenwirkung besteht darin, daß sie durch ihr Agieren diese Prinzipien so ausgehöhlt und unglaubwürdig gemacht haben, daß sie heute, wo sie selber rotieren müßten, gar nicht mehr gelten. Um es mal ganz trivial zu sagen: Ich habe gegen die Zweijahresrotation zugunsten von Dauerparlamentariern dieser Couleur gekämpft. DIE GRÜNEN haben leider nicht erkannt, daß andere vor ihnen auch schon was gelernt haben. Nicht von ungefähr ist ja immerhin eine Vierjahresrotation in unsere Verfassung eingebaut.

Das ist doch keine Rotation.

Nach vier Jahren muß sich jeder Kandidat der Wiederwahl stellen, was nicht heißt, daß er gewählt werden muß.

Aber er kann unbegrenzt oft kandidieren.

Das kann man ja begrenzen, meinetwegen auf zwei Perioden, wobei ich auch da nicht dogmatisch vorgehen würde. Es könnte im einen oder anderen Fall durchaus sein, daß man sagt, diese Person brauchen wir für den oder den Zweck meinetwegen auch noch für eine dritte Periode.

Das hat nun überhaupt nichts mehr mit Rotation zu tun.

Vielleicht. Ich halte einfach diesen Aufwand, der betrieben worden ist, sowohl um die Frage der Diätenabführung als auch um die Rotation, für übertrieben und sinnlos. Wenn es wirklich um eine Begrenzung der Mandatszeit gegangen wäre, hätte man sich des ursprünglich so gemeinten Instruments der Wiederwahl bzw. der Nichtwiederwahl der Kandidaten nach vier Jahren bedienen können. So aber wurden die Inhalte, für die sich die Leute im Parlament abstrampelten, in den Hintergrund gedrängt durch die Frage: Rotierst du nun oder nicht? Damals hat eine Unkultur angefangen, wo das Desinteresse an den Inhalten zur Norm wurde, wo man als Abgeordneter verdächtigt wurde, seinen Inhalt nur deswegen vorzutragen, weil man als Kandidat wiederaufgestellt werden wolle. Es wurde einfach nicht mehr geglaubt, daß es einem tatsächlich um den Inhalt geht.

Findest du nicht, daß diese basisdemokratischen Strukturen auch ein wichtiger Teil des Gründungskonsenses der GRÜNEN waren?

Nicht sosehr wie die inhaltlichen Grundsätze.

Sie waren doch quasi der Preis, mit dem die Zustimmung vieler Bürgerinitiativen und Basisgruppen zur Parteigründung erkauft wurde.

Mag sein, daß sie für manche diese Funktion hatten. Aber für die Erfinder dieser Strukturen hatten sie diese Funktion nicht. Für die Erfinder hatten sie nur eine Aushebel- und Kontrollfunktion gegenüber bestimmten Kräften und Personen. Die Bürgerinitiativen hat das Ganze ziemlich kalt gelassen. Frag doch mal die Leute vom Kaiserstuhl, von den badisch-elsässischen Bürgerinitiativen, wie wichtig ihnen die Zweijahresrotation oder die Frage ist, ob Meier, Müller oder Schulz nun tatsächlich 7 000 DM statt 5 000 DM im Monat an Diäten abführen.

Gerade die Kaiserstühler hatten aufgrund ihrer Erfahrungen eine sehr starke Skepsis und Abneigung gegen das Berufspolitikertum entwickelt.

Das ist richtig.

Und solche Erfahrungen führten doch letztlich dazu, daß diese basisdemokratischen Grundsätze in die Satzung der GRÜNEN aufgenommen wurden.
In diesem Punkt muß ich allerdings Dissens anmelden. Ich bin aufgrund meiner Erfahrungen zu dem Ergebnis gekommen, daß es in bestimmten Bereichen – zum Beispiel in der Abrüstungspolitik, wo ich genaueren Einblick habe – nicht anders geht, als daß professionell gearbeitet wird, so daß dort Menschen über vier, acht, vielleicht sogar zwölf Jahre arbeiten können und dadurch immer auf dem neuesten Stand sind. Die Folge dieses wohlfeilen Gebots des Nichtberufspolitikers ist doch, daß es einen beruflichen Apparat an die Stelle der Mandatierten setzt. Letzten Endes führt es dazu, daß eine Crew professioneller Mitarbeiter und Assistenten an die Stelle der Abgeordneten tritt. Die einen sind gewählt, die anderen nicht. Die einen machen die Ochsentour ihrer Aufstellung durch alle Ebenen und Strömungen mit, haben aber hinterher gar nichts mehr zu sagen. Den größten Nutzen davon hat der Regierungsapparat, der weiß, daß er's nur mit halben Abgeordneten zu tun hat, die er nach zwei Jahren eh wieder los ist. Also braucht er sie nicht so ernst zu nehmen.
Hältst du das Experiment »GRÜNE« generell für gescheitert? Oder ist es für eine Bilanz noch zu früh?
Ich denke, daß dieses Experiment noch weitergeht. Und ich glaube, daß das letzte Wort darüber jetzt noch nicht gesprochen werden muß. Ich hoffe es zumindest.
Wohin werden sich DIE GRÜNEN nach deiner Einschätzung entwickeln?
Wenn das so weitergeht wie zur Zeit, dann entwickeln sie sich zu einer grünen FDP, zu einer Partei des erweiterten Selbstbetrugs. Wenn jemand sich selbst tötet und vorher noch andere ermordet, spricht man im Strafrecht von erweitertem Selbstmord. Dementsprechend könnte man in der Politik von erweitertem Selbstbetrug sprechen, wenn jemand sich selbst betrügt, aus pragmatischen Gründen unscharf denkt und aus dieser Unschärfe entstehende Formulierungen als Programm ausweist, indem er zum Beispiel von einem Abrüstungsprogramm spricht, wenn es sich eindeutig um ein Rüstungsprogramm handelt. Damit betrügt er auch die ursprünglichen AnhängerInnen. Da aber das Volk um ihn herum, seine Parteikollegen und Freunde ja gar nicht so hohe Ansprüche haben, wie sie eigentlich haben sollten, fällt ihnen das auch gar nicht auf. Da hat er dann das Hochgefühl, vier, acht oder gar zwölf Jahre an den Hebeln der Macht gewesen zu sein. Irgendwann mal wird er aber vor eine kritische Instanz zu treten haben, und dann wird er feststellen: »Du hast diesen großen Betrug und Selbstbetrug mitgemacht. Du hast sogar Leute davon abgehalten, kritischer und radikaler an die Dinge ranzugehen. Den Beitrag, den du eigentlich historisch hättest erbringen müssen zum Abbau der Gewalt und zur Rettung dessen, was noch zu retten ist, den hast du nicht erbracht. Du hast versagt.« Aber immerhin haben er und seine KollegInnen dann die Pensionsberechtigung, können also erster Klasse am Weltuntergang teilnehmen.
Kein sehr positives Resümee.
Es ist ja nicht das einzig Denkbare. Es folgt der Methode, sehr kritisch in der Auseinandersetzung mit den Tatsachen zu sein, aber in der Erwartung, dadurch einen An-

reiz zu geben, dieser Tatsachenentwicklung entgegenzuwirken. Das heißt nach meinem Verständnis, zu dem Gründungskonsens der GRÜNEN zurückzukommen, der für mich weit vor Karlsruhe liegt: zu begreifen, daß wir in einem zivilisatorischen Umbruch sind, in dem es der Menschheit gelingen könnte, Krieg, Rüstung und Gewalt zu überwinden, so wie zum Beispiel im letzten Jahrhundert die Sklaverei überwunden wurde, und intensiv für diesen zivilisatorischen Wandel einzutreten.

Wo siehst du da die größeren Chancen, innerhalb der GRÜNEN oder außerhalb?

Ich sehe die große Chance in der Wechselwirkung zwischen beiden Ebenen darin, daß man sich diese anstrengende Doppelarbeit ständig zum Auftrag macht. Die Frage ist, ob es innerhalb der GRÜNEN noch Leute gibt, die so denken, und ob diese Leute organisierbar sind. Denn in der Anfangszeit waren sie so erfüllt von ihrer Aufgabe und von dem Vertrauen auf eine gewisse Automatik, daß sie es sträflicherweise versäumt haben, sich zu organisieren und die Bildung von Fraktionen mehr den K-Gruppen und verwandten Geistern überlassen haben. Das ist für mich eine offene Frage, aber auch ein Appell, daß sich die Leute überlegen sollen, gerade nach zehn Jahren GRÜNE, ob sie nicht statt eines mehr oder weniger künstlich aufgesetzten »GRÜNEN Aufbruchs '88« versuchen sollten, die grüne Substanz zu erhalten, und das heißt natürlich dann auch organisatorisch und personell daran zu arbeiten.

Petra Kelly: **»Nicht nur Revolutionen fressen ihre Kinder«**

Wie kaum ein anderes Mitglied der GRÜNEN stand Petra Kelly gleich bei Gründung der neuen Partei im Rampenlicht der Öffentlichkeit. Die Medien, zwanghaft darauf aus, politische Bewegungen auf Einzelpersonen zu reduzieren, stürzten sich begierig auf »die zarte, blonde Kleine, die immer ein bißchen verfroren aussieht« (so der *stern* 1982 in einer Titelgeschichte), und glaubten, in ihr »die grüne Verführung« und »Deutschlands Grüne Nr. 1« gefunden zu haben. Zumindest im Ausland hat Petra Kelly das Image der wichtigsten Persönlichkeit der GRÜNEN bis heute nicht eingebüßt. Die gelernte Politologin ging nach dem Studium in Washington und Amsterdam zur EG nach Brüssel, wo sie seit 1973 als Verwaltungsrätin beim Wirtschafts- und Sozialausschuß arbeitete. Obwohl sie zur selben Zeit der SPD beitrat, wurde die europäische und internationale Frauen-, Friedens- und Ökologiebewegung zu ihrer eigentlichen politischen Heimat. 1978 wurde sie in den Vorstand des Bundesverbands Bürgerinitiativen Umweltschutz (BBU) gewählt. 1979 verließ sie unter Protest die SPD und beteiligte sich an der Gründung der »Sonstigen Politischen Vereinigung« DIE GRÜNEN, als deren Listenführerin sie bei den ersten Direktwahlen zum Europäischen Parlament kandidierte. Von 1980 bis 1982 war sie eine der drei SprecherInnen im Parteivorstand und zog 1982 als Spitzenkandidatin der GRÜNEN in den bayrischen Landtagswahlkampf. 1983 kam sie in den Bundestag und gehörte bis 1984 dem ersten Fraktionsvorstand der GRÜNEN an. Obwohl sie sich 1985 der Aufforderung zur Rotation widersetzte, nominierte sie der bayrische Landesverband der GRÜNEN 1987 ein weiteres Mal für den Bundestag. Damit wird Petra Kelly am Ende der laufenden Legislaturperiode geschafft haben, was keinem grünen MdB bisher gelang: acht Jahre ohne Unterbrechung im Bundestag zu sitzen. Daß es ihr gelingen könnte, den eigenen Rekord mit einer dritten Bundestagskandidatur für DIE GRÜNEN einzustellen, erscheint eher unwahrscheinlich, nachdem ihr bayrischer Landesverband im November 1989 beschlossen hat, Abgeordnete nach zwei Legislaturperioden nicht erneut aufzustellen. Ob sie indes überhaupt daran interessiert ist, weiterhin Aufgaben für DIE GRÜNEN zu übernehmen, darf nach ihren Aussagen in unserem Gespräch bezweifelt werden.

***Michael Schroeren:** Warum hast du dich geweigert, zu rotieren?*

Petra Kelly: Ich habe von Anfang an gesagt, daß ich die Zweijahresrotation für eine völlig illusorische und unausgereifte Idee halte.

Diese Erkenntnis hat andere nicht daran gehindert, sich dennoch an einmal getroffene Vereinbarungen zu halten und den Nachrückern Platz zu machen.

Aus rein taktischen Gründen! Weil sie mit Recht darauf spekulierten, daß diese Beschlußtreue mit einer erneuten Nominierung für die folgende Periode belohnt würde. Die meisten von denen, die rotiert sind, waren gegen das Rotationsprinzip, haben aber tunlichst darüber geschwiegen, um ihre Chancen nicht zu verderben. Wer sich wie ich von vornherein offen dazu bekannte, Gegner der Rotation zu sein, bezog öffentliche Prügel. Ich habe KollegInnen in der ersten grünen Bundestagsfraktion kennengelernt, die innerlich fast daran kaputtgingen, daß sie entgegen ihrer Überzeugung rotieren sollten, aber es nicht fertigbrachten, ihre Überzeugung zu äußern. Ich finde, daß diese Doppelbödigkeit und Heuchelei die erste Fraktion der GRÜNEN völlig korrumpiert hat.

Du meinst, daß andere mit dem Prinzip schlecht umgingen, konnte rechtfertigen, daß du es völlig ignorierst? Vor Jahren hast du dem »Spiegel« gesagt, kein Grüner dürfe an seinem Sessel kleben.

Ich klebe nicht an meinem Sessel. Ich habe immer gesagt, und dazu stehe ich bis heute: Ich will die Arbeit, die ich bei meiner Kandidatur angeboten habe, gut machen und zu Ende bringen. Das geht nicht, wenn man nach zwei Jahren seinen Stuhl räumen muß. Ich war nie finanziell von den GRÜNEN abhängig und kann jederzeit zurück in den Beruf. Im übrigen bedarf es ja nicht der Rotation, um zu verhindern, daß in Bonn Abgeordnete arbeiten, die nicht mehr das Vertrauen der Basis haben. Das kann doch bei jeder Kandidatenaufstellung durch demokratisches Abstimmen geregelt werden. Ich habe mich nach den ersten vier Jahren auch nicht aktiv um eine erneute Kandidatur bemüht, sondern bin von mehreren Kreisverbänden darum gebeten worden, wobei ich mich wegen der gravierenden ökologischen Probleme in dieser Region für den Kreisverband Freising entschieden habe.

Mir scheint, du gehst etwas selektiv mit dem Votum der Parteibasis um. Dem Ruf der Freisinger bist du gerne gefolgt, als aber auf dem bayrischen Landesparteitag in Aschaffenburg 1985 dein Antrag auf Mandatsverlängerung nicht die erforderliche 70-Prozent-Mehrheit erlangte, hast du dich einfach darüber hinweggesetzt.

Diese Darstellung ist nicht richtig. Die Landesversammlung in Aschaffenburg hat seinerzeit nicht über meine Mandatsverlängerung abgestimmt, sondern – an meinem Beispiel – darüber, ob es überhaupt Ausnahmen von der Rotation geben soll.

Die Abstimmung ergab eine Mehrheit von 60 : 40 Prozent gegen Ausnahmen von der Rotation. Dennoch bist du nicht rotiert.

Mit diesem Beschluß war die ursprüngliche Geschäftsgrundlage aufgehoben worden, wie sie bei der Kandidatenaufstellung gegolten hatte: nämlich daß die Arbeit jedes Abgeordneten von der Landesversammlung bewertet und dann erst darüber abgestimmt wird, ob er sie fortsetzen soll oder nicht. Tatsächlich gab es diese Bewertung jedoch nicht, sondern es wurde nur noch unter der Prämisse abgestimmt, daß es keine Ausnahme von der Rotation geben dürfe. Das war ein klarer Bruch der Beschlüsse, die DIE GRÜNEN 1983 in Sindelfingen gefaßt hatten und die damit auch für mich ihre Gültigkeit verloren. Es war ja paradox, daß mir damals auf der Versammlung viele sagten: »Petra, das ist kein Beschluß gegen dich, du hast unheimlich gute Arbeit geleistet, aber es ging halt ums Prinzip.« Das war genau das Gegenteil dessen, was mit den Sindelfinger Beschlüssen in Aussicht gestellt worden war. Das fand ich schlimm, denn ich hatte mich ja immer offen dazu bekannt, daß ich gerne als Abgeordnete arbeite, daß mir diese Arbeit wichtig ist und gerade im Bereich Kinderkrebs nicht unfertig abgebrochen werden kann. Es hat sich auch ausgezahlt, denn erst im vierten Jahr in Bonn habe ich endlich eine konkrete Verbesserung durch meine Bundestagsarbeit für krebskranke Kinder erreicht. Die Haltung mancher, die sagen: »Eigentlich will ich ja gar nicht kandidieren, aber die Basis drängt mich«, habe ich immer für pure Heuchelei gehalten.

Wäre es im Sinne der Glaubwürdigkeit der GRÜNEN nach außen hin nicht klüger gewesen, dennoch zu rotieren?

Ich glaube nicht, daß die Rotationspraxis die Glaubwürdigkeit der GRÜNEN gefördert hat. Das Prinzip ist doch völlig ad absurdum geführt worden dadurch, daß grüne FunktionärInnen von einem Amt ins andere rotieren: vom Landtag in den Bundesvorstand, vom Bundesvorstand in den Bundestag usw. Und Antje Vollmer, die sich immer als glaubwürdige Hüterin der Rotation aufführt, verkündet inzwischen lauthals, daß sie gegebenenfalls bereit ist, aus dem Bundestag in eine rot-grüne Regierung zu rotieren. Die ursprüngliche Absicht, die hinter dem Rotationsprinzip stand, Berufs- und Machtpolitikertum zu verhindern, würde auch eine solche »Querrotation« ausschließen. Jedenfalls für den, der das Rotationsprinzip angeblich verteidigt. Ganz abgesehen davon scheint es niemanden zu stören, daß sich inzwischen längst eine Art grüne Funktionärsbürokratie etabliert hat, die total immobil ist.

Bei Gründung der GRÜNEN und eine Zeit danach warst du in der Öffentlichkeit die Galionsfigur der GRÜNEN. In den letzten Jahren ist es eher still um dich geworden. Man hört weniger von dir und hat den Eindruck, daß du dich aus den internen Streitereien heraushältst. Sind dir DIE GRÜNEN gleichgültig geworden?

Ganz im Gegenteil. Ich melde mich andauernd im Inland und Ausland zu Wort und beziehe Position zu vielen Sachfragen. Traurig ist, daß meine Wortmeldungen in den Medien hierzulande nicht mehr so rüberkommen wie früher. Im Ausland habe ich nach wie vor die Möglichkeit, meine Arbeit transparent zu machen, und dort ist es nicht still um mich geworden. Die Auslandspresse behandelt mich sehr fair. Im Gegensatz zur Presse hier, die mich seit Jahren so gut wie boykottiert.

Wie erklärst du dir denn das geänderte Medienecho?

An meiner oder unserer Medienarbeit liegt es bestimmt nicht. Die war damals nicht besser als heute. Ich glaube, ein bestimmter Teil der Bonner Presse hat ein ausgeprägtes Interesse an Rot-Grün. Wer sich dieser Erwartung nicht fügt oder ihr sogar zuwiderhandelt, wird von diesen Medien ignoriert und aus der Berichterstattung ausgeblendet, ausgenommen vielleicht Jutta Ditfurth. Ich war verblüfft zu sehen, wie schnell sich das nach dem Einzug der GRÜNEN in den Bundestag 1983 bemerkbar gemacht hat. Je intensiver ich meiner Arbeit im Auswärtigen Ausschuß und in Menschenrechtsfragen nachging und mich für bestimmte Inhalte grüner Politik engagierte, desto weniger wurde ich von der Inlandspresse beachtet. Die Unterdrückung Tibets, die Situation der Ureinwohner Australiens und der Indianer Nordamerikas, Gernika, Kambodscha, Ost-Timor usw. – all dies sind Themen, die von der Bonner Presse als unwesentlich abgetan werden. Das ist ein Zeichen schlimmer Ignoranz. Der langweilige »grüne Tratsch« interessiert weit mehr. An dem beteilige ich mich aber nicht. Wenn ich mich heute in Fraktionsauseinandersetzungen einmische, dann wird das zwar vielleicht noch notiert, aber mehr am Rande. Als Hubert Kleinert im

September 1989 den unglaublichen Vorschlag machte, die Bundesregierung solle viele Millionen Mark für angeblich defensiv umrüstbare Tornado-Bomber ausgeben, und dies auch noch als grünen »Abrüstungshaushalt« vorstellte, war ich die erste, die darauf mit scharfen Presseerklärungen reagierte. Ich war entsetzt, wie wenig davon hier in den Medien rüberkam.

Fühlst du dich als Opfer der Medien?

Im Inland ja. Es gibt auch einzelne Redaktionen, die es mir wahrscheinlich nie verzeihen werden, daß ich mit ihnen nicht rede. Ich halte mich seit mehr als neun Jahren konsequent an den »Bild«-Boykott und bin bestürzt darüber, daß viele meiner grünen KollegInnen überhaupt nichts mehr dabei finden, der »Bild«-Zeitung Interviews zu geben. Die drehen inzwischen den Spieß sogar um und werfen mir vor, ich sei elitär und würde die vier Millionen »Bild«-Leser ignorieren. Dazu kommt, daß die deutschen Auslandskorrespondenten meine grünen Aktionen und Aktivitäten zusammen mit Gert Bastian im Ausland, über die dort ausführlich berichtet wird, einfach totschweigen.

Aber es liegt bestimmt nicht nur an den Medien, daß man weniger von dir hört. Hat es nicht auch etwas mit der Entwicklung der GRÜNEN in den letzten zehn Jahren zu tun?

Sicher. Aber in erster Linie liegt es daran, daß die Medien ein pragmatisches Bild der GRÜNEN pflegen möchten. Sie möchten »vernünftige« GRÜNE, die sich einbinden lassen in den herrschenden gesellschaftlichen Konsens. Oder solche, die ihre Zeit hauptsächlich darauf verwenden, Pressekontakte zu ölen, statt konkrete und kontinuierliche Arbeit in ihren Bereichen zu leisten. Leider ist in der grünen Partei die Meßlatte schon lange nicht mehr das, was man für die Lösung einzelner gesellschaftlicher Konfliktbereiche tut, sondern wie oft wer zu welcher Talkshow eingeladen wird. Und viele Promis passen sich dieser Werteskala an. Nicht mal Jutta Ditfurth scheut vor Interviews in der »Regenbogen-Presse« zurück. Haben wir denn so etwas nötig?

Ist die Entwicklung der GRÜNEN über dich hinweggegangen?

Vielleicht. DIE GRÜNEN sind heute nicht mehr das, was ich einmal mit dem Schlagwort »Antiparteien-Partei« gemeint habe, die ich mir übrigens immer noch wünsche. DIE GRÜNEN bieten zur Zeit ein derartig verworrenes und kaputtes Bild, daß ich im Moment nicht genau weiß, mit welcher grünen Partei wir in den nächsten Bundestagswahlkampf gehen werden. Im Augenblick fühle ich mich wie in der Rolle eines Zuschauers, der sich über das atemberaubende Tempo wundert, mit dem DIE GRÜNEN sich zu ihrem Nachteil verändern. Die »Sozialdemokratisierung« der GRÜNEN, die ich schon seit 1986 feststelle, schreitet voran. Wenn das so weitergeht, frage ich mich: Wozu denn noch eine grüne Partei?

Was verändert sich bei den GRÜNEN zum Nachteil?

Noch vor einigen Monaten hieß es bei den GRÜNEN: NATO bedeutet Aufrüstung, und die NATO kann kein Friedensbündnis sein. Jetzt heißt es plötzlich überall, daß die NATO eigentlich gar nicht so schlimm ist, daß wir drin bleiben und sie von innen reformieren sollen. Das ist nicht mehr gewaltfreie grüne Politik! Früher waren wir absolute GegnerInnen bestimmter chemischer Stoffe und Produkte. Heute wird bei den GRÜNEN sogar über Grenzwerte für Dioxin, Blei und Radioaktivität diskutiert, und man taktiert mit einem möglicherweise sehr langsamen Ausstieg aus der Atomenergie, um die SPD im Hinblick auf die nächste Bundestagswahl zu beruhigen.

Taktik wozu?

Viele Leute bei den GRÜNEN orientieren sich und die Partei ganz stark auf die Gruppierung, die man einmal verlassen hat, auf die SPD. Das ist genau der Weg zurück dahin, von wo wir uns 1979 mit Gründung der GRÜNEN verabschiedet haben. Anstatt unsere radikalen grünen Utopien – zum Beispiel Soziale Verteidigung, Blockfreiheit usw. – konkret und unbeirrbar weiterzuentwickeln, werden wir von der Entwicklung im Warschauer Pakt überholt und bewegen uns immer kompromißbereiter auf die Sozialdemokratie zu.

Viele sehen darin den Ausdruck eines Reifungsprozesses der GRÜNEN.

Wieso ist es ein Zeichen von Reife, wenn eine Partei ihre Identität und ihr Profil preisgibt, um einer anderen Partei zu gefallen? Früher waren wir reif genug, deutlich herauszustellen, was uns von der SPD trennt und was uns gemeinsam ist. Heute bemüht man sich schon fast krampfhaft um den Nachweis, daß man brav und berechenbar geworden ist und, wie mein Kollege Hubert Kleinert sagt, »realitätsbezogene Politik« macht. Das heißt, daß man zu akzeptieren bereit ist, was man vorher abgelehnt hat: NATO, Bundeswehr, EG-Binnenmarkt, Einheitliche Europäische Akte usw. Das halte ich nicht für realitätsbezogene Politik, sondern für die größte Unterwerfung, die ich mir vorstellen kann. Realitätsbezogen sind für mich die radikalen Ideen und Konzepte, die DIE GRÜNEN am Anfang aufgestellt haben in einer Welt, deren Realität aus Hunger, Elend, ökologischen Katastrophen und Gewalt in vielfacher Form besteht. Gerade damit aber befassen sich grüne Gremien und Delegiertenversammlungen immer weniger.

Radikale Ideen und Konzepte können konkrete Politik nicht ersetzen.

Natürlich nicht. Aber konkrete Politik muß sich an diesen Ideen und grünen Zielvorstellungen zumindest orientieren. Wenn eine Partei als antimilitaristische und gewaltfreie Partei antritt, dann kann sie an den Verteidigungshaushalt nicht so herangehen, daß sie anfängt rumzuknobeln, wie viele Millionen von einem Waffensystem auf ein anderes umverteilt werden könnten. Sie muß in der Lage sein, im Bundestag zum Beispiel die völlige Streichung dieses Haushalts zu beantragen und zu begründen, warum er in der Politik der GRÜNEN überhaupt keinen Sinn und Platz hat. Ein weiteres trauriges Beispiel ist der Umgang der Partei mit dem Konzept der Sozialen Verteidigung. Gerade diejenigen, die Rot-Grün anstreben, trauen sich nicht einmal mehr, dieses Konzept in rot-grüne Gespräche einzubringen, halten es aber als verschwommenes Fernziel vor der Friedensbewegung hoch. Purer Opportunismus!

Ein »Realo« hat mal gesagt, Visionen gehörten nicht auf die Regierungsbank.

Schlimm genug. Denn dieser Satz bedeutet wirklich das Ende grüner Politik. Er zeigt, daß man sich absolut von allem verabschiedet hat, was jemals erdacht, erträumt oder gewünscht war. Er bedeutet die Rückkehr zur klassischen Sachzwangpolitik, die DIE GRÜNEN einmal bekämpft haben: »Leute in der Alternativbewegung, fahrt ruhig in Urlaub und ruht euch aus, dann können wir in Ruhe Politik da oben machen; unsere grünen Minister werden das schon für euch regeln.« Eine solche Haltung hat für mich nichts mehr mit den GRÜNEN zu tun. Ich glaube auch, daß grüne MinisterInnen noch nicht zu unseren Visionen passen. Denn der Regierungspartner SPD müßte erst lernen, grüne Visionen zu respektieren. Davon kann jedoch heute noch keine Rede sein. Und wie löst man zum Beispiel den Widerspruch zwischen gewaltfreier Politik und einem zukünftigen grünen Innenminister? Darüber wird erst gar nicht diskutiert.

Du hast gesagt, die GRÜNEN entwickeln sich hinter ihre Anfänge zurück. Was war denn damals anders als heute?

Es herrschte eine große Aufbruchstimmung. Wir hatten zwar 1979 den Sprung ins Europaparlament nicht geschafft, aber fast eine Million Stimmen bekommen. Das gab uns unheimlich viel Zuversicht. Wir wußten, wir sind auf dem richtigen Weg, und man kann uns nicht wegkriegen. Und ich glaube, es herrschte auch eine größere Einigkeit als heute über das, was wir wollten. Es war zum Beispiel völlig klar, daß wir die Europäische Gemeinschaft in der bestehenden Form ablehnen, daß wir statt dessen ein ziviles und entmilitarisiertes Europa der Regionen wollen, das auch den Osten einschließt, daß wir für die Abschaffung der Militärblöcke und für Soziale Verteidigung sind. Es gab eine Reihe von Konzepten, die so eindeutig waren, daß man sich allenfalls über verschiedene Wege zu ihrer Realisierung gestritten hat. Heute stellen viele diese Konzepte vollkommen in Frage und basteln an einer grünen FDP.

Ich habe meine Zweifel, ob die inhaltliche Einigkeit damals so weit ging, wie du sagst.

Natürlich gab es auch ziemliche Differenzen in einzelnen Fragen. Ich weiß noch, daß Baldur Springmann, Herbert Gruhl und andere großes Bauchweh hatten mit Themen wie Südafrika, Rüstung und dritte Welt, Feminismus usw. Es gab Dissens auch an anderen Punkten. Aber das war viel undramatischer als jetzt. Denn da war zugleich auch der gute Wille, es mit großer Toleranz gemeinsam zu schaffen, damit ein Herbert Gruhl es aushält mit einem ehemaligen Mitglied vom Kommunistischen Bund in Hamburg und umgekehrt. Vor allem gab es keine Fraktionierung in Flügel mit konkurrierenden Machtansprüchen, und die grüne Mitgliedschaft zog weitgehend an einem Strang. Sie war damals viel aktiver und kreativer als heute.

Sehr lange hat diese Toleranz aber nicht vorgehalten. Wenige Wochen nach Karlsruhe, auf den Parteitagen in Saarbrücken und Dortmund, gab es die ersten Austritte.

Ja, das schon. Aber es waren nur einzelne, die absprangen. Der Gesamtkonsens war noch da. Mir war ganz klar, daß wir einige verlieren würden, daß es noch Streit und Schmerzen geben würde. Da war diese Aufbruchstimmung, aber ohne Euphorie. Denn es war ein delikates Bündnis, wo jeder Rücksicht auf den anderen nehmen mußte. Es gab in Saarbrücken eine Szene, die für mich zum Ausdruck brachte, wie bedroht unsere Harmonie doch war: Nach meiner Wahl zu einer der drei SprecherInnen im Bundesvorstand hatte ich von einigen grünen Frauen einen bunten Strauß Tulpen bekommen. Und dann kam jemand aus der Gruppe um Gruhl auf mich zugestürzt, nahm eine Schere und köpfte die Tulpen. Damit war klar, daß die Gruppe um Gruhl mich nicht als Sprecherin akzeptieren wollte. Diese Spannungen steigerten sich in der Folge.

Aufbruchstimmung ohne Euphorie, sagst du. Die Delegierten in Karlsruhe haben aber ziemlich gejubelt, nachdem die Gründung der GRÜNEN verkündet worden war. War dir nicht nach Jubeln zumute, oder was hast du in dieser Situation empfunden?

Dieses Jubeln habe ich bei den GRÜNEN oft erlebt. Ich jubele da nie mit. Ich bin eher eine Skeptikerin und Pessimistin. Natürlich war das für mich ein sehr schöner Augenblick. Ich war froh und auch ein bißchen erleichtert, aber mir war nicht zum Jubeln zumute. Mir war auch noch furchtbar unwohl von den vielen langen Auseinandersetzungen, die wir in den Monaten davor im BBU geführt hatten. Viele meiner besten Freunde in den Bürgerinitiativen hielten die Gründung einer Partei für einen total falschen Weg. Wir standen unter dem Druck, dauernd beweisen zu müssen, daß diese Partei trotz aller Bedenken eine gute Sache sei. Ich argumentierte auch ständig gegen die großen Zweifel an, die ich selber in mir spürte, ob es nicht zu früh sei für die Gründung einer Partei. Ich befürchtete damals schon, daß eine spontane grüne Bewegung im Parteienkorsett viel von ihrem Schwung verlieren und grüne »Parteisoldaten« heranbilden würde. Leider ist uns diese typisch deutsche Entwicklung nicht erspart geblieben. Und auch die Autoritätsgläubigkeit ist uns nicht mehr fremd.

Du hast selber in Karlsruhe nur ein einziges Mal das Wort ergriffen, und zwar, um Grußbotschaften zu verlesen.

Ja. Ich fand es sehr wichtig, den Delegierten und der Presse deutlich zu machen: Wir stehen hier nicht alleine und handeln nur für uns, sondern viele Menschen und Gruppen im Ausland sind mit uns solidarisch und setzen große Hoffnungen auf uns. Gerade an dem europäischen und internationalen Aspekt der GRÜNEN lag mir sehr viel. Schließlich hatten sich DIE GRÜNEN im Kontext der Europawahlen formiert und eine Zusammenarbeit mit grünen und alternativen Gruppen im Ausland entwickelt. Schon diese Wortmeldung mußte ich mir erkämpfen. Die männlichen grünen Dauerredner, die auf allen Kongressen auf Redelisten kommen, waren schon damals dabei. Für weitere Wortmeldungen hatte ich keine Chance. Und so war es bei vielen weiteren Parteitagen, wo ja fast nur noch WortführerInnen der verschiedenen Flügel zu Wort kamen. Unabhängige GRÜNE, wie ich es bin und bleibe, hatten da wenig Chancen.

Ist es, im nachhinein betrachtet, nicht ein bißchen typisch für die abgehobene Rolle, die du bei den GRÜNEN später eingenommen hast, daß du dich auf dem Gründungsparteitag weniger an den Debatten beteiligst, sondern Grußadressen verliest?

Ich halte das Wort »abgehoben« für völlig falsch. Solche Bezeichnungen machen mich schon traurig. Mir kam es nie in den Sinn, Arbeit zu delegieren; ich habe sie immer selbst gemacht und mich dabei gesundheitlich fast ruiniert. Von 1973 bis 1982 habe ich fast ununterbrochen beim Aufbau der grünen Kreisverbände an der Basis mitgewirkt – *neben* meiner vollen Berufstätigkeit in Brüssel. Und dann habe ich ein Jahr lang, bis 1983, von der EG ohne Gehalt beurlaubt, über 400 grüne Veranstaltungen bestritten, um den GRÜNEN in den Bundestag zu helfen. Ich habe bis heute nicht aufgehört, selber zu kopieren, zu tippen, zu übersetzen, zu verschicken, zu archivieren – was jeder weiß, der mich kennt. Auch im Bundestag sehen zwei Drittel meines Arbeitstages so aus. Die Selbstausbeutung zum Beispiel bei der Organisation des von mir initiierten »Erstschlag-Tribunals« in Nürnberg im Februar 1983 oder bei der Vorbereitung der Tibet-Anhörung im April 1989 ist für mich schon eher typisch als »Abgehobenheit«. Jeden Tag sieben bis acht Stunden selber fast alle Post und Anfragen zu bearbeiten, und zwar ganz gewissenhaft, hat mit Abgehobenheit nichts zu tun. Andere lassen ihre Post unbeantwortet, setzen sich über Anfragen hinweg oder leiten sie weiter – das ist abgehoben!

Und was die Parteigründung angeht, so läßt sich mein Engagement wohl kaum an der Zahl der Wortmeldungen auf dem Gründungsparteitag messen. Ich habe mich sehr intensiv an den Gründungsdebatten beteiligt; so gehörte ich unter anderem der Satzungskommission an. Übrigens war es in der Anfangsphase keineswegs selbstverständlich, daß Vorstandsmitglieder bei Bundesversammlungen die Eröffnungsrede halten oder überhaupt öfter reden durften. Das hat sich erst später ergeben. Damals gab es eher eine »Anti«-Stimmung, wenn »Promis« das Wort ergriffen.

Trotzdem hat die Eröffnungsrede in Karlsruhe ein Vorstandsmitglied gehalten, nämlich Herbert Gruhl.

Ja. Aber es gab einen Riesenkrach deswegen. Gruhl wollte diese Rede unbedingt halten, und man hat sie ihn schließlich auch halten lassen als eine Art graue Eminenz, weil man ihn wohl als bürgerliches Aushängeschild wollte. Ich fand das falsch und war dagegen. Mich störte diese typisch deutsche Politikerhaltung, diese Selbstverständlichkeit, mit der Gruhl ganz in der Tradition eines CDU-Politikers meinte, als erster reden zu müssen. Ich fand, wir nahmen allmählich zuviel Rücksicht auf ihn. Ich kann nicht vergessen, daß wir zum Beispiel vor lauter Verunsicherung, Gruhl würde das gemeinsame kleine Parteibüro platzen lassen, einmal Rudi Dutschke heimlich in die Geschäftsstelle schmuggeln mußten.

Wie bitte?

Ja. Die Geschäftsstelle der GRÜNEN befand sich damals in einem kleinen Bungalow, den Herbert Gruhl gemietet hatte. Für ihn war das ganz klar zuallererst seine Geschäftsstelle, wo er das Sagen hatte. So haben wir einmal abends Rudi Dutschke heimlich durchs Fenster ins Haus gebracht vor lauter Angst, Gruhl könnte ihn tagsüber bei uns sehen. Ich fand, das zeigt, welche Autoritätsperson Gruhl sein wollte, wie intolerant er war. Das konnte so nicht lange gutgehen. Gerade Rudi Dutschke war ein glaubwürdiger Vertreter der GRÜNEN.

War Gruhl nicht gut auf Rudi Dutschke zu sprechen?

Nur nach Rudis Tod, und dann wollte Gruhl in Karlsruhe unbedingt auch noch den

Nachruf halten. Er sah keinen Platz in der Partei für das linke Spektrum, dem Rudi Dutschke angehörte. Für mich war der Konflikt mit Gruhl total vorprogrammiert. Zwischen uns gab es kaum Punkte der Übereinstimmung. Im Grunde habe ich nie begriffen, was ihn, aber auch andere Leute wie Baldur Springmann, um nur zwei zu nennen, zu den GRÜNEN gebracht hatte.

1980 traten DIE GRÜNEN als grundlegende Alternative zu den herkömmlichen Parteien an. Sind sie das heute noch oder eher das kleinere Übel?

In ihrer jetzigen Verfassung sind sie eindeutig in der Rolle des kleineren Übels. Dennoch stehen sie in der tristen Parteienlandschaft der Bundesrepublik für viele Menschen immer noch als eine Alternative da. Aber mehr in einem abwartend-resignativen Sinne, nicht mehr in der Art eines hoffnungsvoll-mitreißenden Aufbruchs. Der generelle Tenor ist: DIE GRÜNEN sind immer noch ein bißchen ehrlicher, glaubwürdiger und fleißiger als die anderen, aber ihren Biß haben sie verloren. Joseph Beuys hat kurz vor seinem Tod gesagt: DIE GRÜNEN sind stinklangweilig geworden. Und damit hat er den Nagel auf den Kopf getroffen. DIE GRÜNEN sind eine richtige Machterwerbs- und Wahlkampfpartei geworden, sehr taktisch und routiniert, ständig auf sich selbst fixiert. Aber eigentlich stören sie keinen mehr, weil sie ihre Aufmüpfigkeit verloren haben. Statt Sand im großen Getriebe zu sein, haben sie selber ihr kleines grünes Getriebe entwickelt, das den Eindruck verbreitet: Es läuft und läuft, und irgendwann kommen wir irgendwo auch an die Macht, und dann machen wir alles anders.

Du meinst, DIE GRÜNEN sind keine Machtkontrollgruppe mehr, sondern eine Machterwerbsgruppe?

Ja, und zwar im ganz alten, etablierten Sinne. Die »Macht oben« zu kontrollieren interessiert viele in der Partei nicht mehr. Jetzt geht's nur noch um Teilhabe an der alten Macht über Menschen, die wir doch transformieren wollten.

Wenn du bei dem bleibst, was du 1982 gesagt hast –, die Zukunft der GRÜNEN könne nicht darin liegen, daß sie Machterwerb im Stil der etablierten Parteien betreiben –, darfst du den GRÜNEN jetzt keine Zukunft mehr geben.

Ich bin mir tatsächlich nicht sicher, ob DIE GRÜNEN die nächste Wahl oder das, was danach folgen wird, mit ihrer Identität überleben werden. Vielleicht überleben sie, dann aber nicht mehr als grüne Partei, obwohl sie dann wahrscheinlich immer noch so heißen werden. Vielleicht wird aus ihnen eine deutsche Version der holländischen Liberalen »D'66«, die in die Regierung gelangt, ökologische Reparaturpolitik macht, hier und da etwas verbessert, aber grundsätzlich nichts ändert und nichts heilt. Und dann ist die Geschichte der GRÜNEN eigentlich zu Ende. Aber selbst wenn das eintritt und die bundesdeutschen GRÜNEN scheitern, glaube ich immer noch, daß der Weg in die Zukunft, wenn es sie für uns gibt, grün ist.

Wie erklärst du dir diese Entwicklung? Du hast einmal geäußert, es könne sich eines Tages als Fehler herausstellen, in die Parlamente zu gehen. Sind DIE GRÜNEN am Parlamentarismus gescheitert?

Nein. Ich glaube weder, daß es falsch war, in die Parlamente zu gehen, noch daß

DIE GRÜNEN durch ihre Parlamentsarbeit so geworden sind. Das hat vielmehr mit ihrem eigenen Fehlverhalten zu tun, damit, daß sie ihre Identität preisgegeben haben, daß sie ständig Abstriche an ihren radikalen Forderungen machen, um endlich als Koalitionspartner akzeptabel zu sein. Das hängt natürlich auch mit Personen zusammen, die bei den GRÜNEN den Ton angaben. Joschka Fischer, Otto Schily, Hubert Kleinert und andere verkörpern nach außen eine Politik, mit der die anderen Parteien gut leben können. Und dann ist es nur logisch, daß unsere Gegner anfangen, uns aufzuteilen: in die Guten, mit denen man reden kann, und in die Schlechten, die nicht ernst zu nehmen sind. Und das Schlimme ist, daß DIE GRÜNEN sich untereinander auch schon aufgeteilt haben in diejenigen, die auf Kongressen mitreden dürfen, und solche, die sich dem Trend zu Rot-Grün grundsätzlich widersetzen und ausgegrenzt werden. Was natürlich um so leichter ist, weil die dogmatischen Linken bei uns ein überholtes Modell einer grünen altlinken Kaderpartei herbeiwünschen. Das ist eine ebenso schlechte Politik wie die der Realos. Beide Flügel gehen ins Extreme und überlassen damit das Feld mehr und mehr der »Aufbruch«-Gruppe um Antje Vollmer – einer Gruppe, die angeblich integrierend wirken will, tatsächlich aber selbst die Macht innerhalb der Partei und Fraktion anstrebt. Für unabhängige Grüne gibt's kaum mehr Platz.

Hältst du diesen Trend der GRÜNEN für umkehrbar?

Ich habe die Hoffnung noch nicht ganz aufgegeben. Es gibt vielleicht noch eine Möglichkeit, wenn auch keine sehr große, das Ganze radikal umzudrehen. Das wird sich bis zum Frühjahr 1990 zeigen, wenn DIE GRÜNEN ihr Programm zur Bundestagswahl beschließen. Vielleicht gibt es einen Aufschrei in der Partei, wenn die Basis liest, wie wenig von den grünen Ansprüchen übriggeblieben ist. Wenn also Egon Bahr recht behält, der nach dem Treffen zwischen SPD-Leuten und einigen GRÜNEN auf Schloß Crottorf süffisant mitteilte, seine grünen Gesprächspartner hätten überhaupt keinen Protest angemeldet, als er von der Notwendigkeit einer europäischen Atomstreitmacht gesprochen habe.

Vor drei Jahren hast du gesagt: »Ich arbeite weiter in den GRÜNEN, solange DIE GRÜNEN die bleiben, die ich 1979 mitgegründet habe, solange sie nicht korrupt werden.« Nach allem, was du in diesem Gespräch gesagt hast, müßtest du schon längst weg sein.

Meine weitere Mitarbeit bei den GRÜNEN hängt davon ab, daß zwei Befürchtungen nicht eintreten, die ich habe. Erstens: DIE GRÜNEN geben in ihrem nächsten Wahlprogramm ihre Identität so weit auf, daß sie für eventuelle Gespräche mit der SPD nach der Wahl eigentlich gar keine Verhandlungskommission mehr brauchen, weil sie mit der SPD nichts mehr zu verhandeln haben. Zweitens: Sie beschließen ein noch akzeptables Wahlprogramm, schicken aber in diese Verhandlungskommission nur Leute, die schon längst mit der SPD unter einer Decke stecken; denn dann ist es überhaupt keine Verhandlungskommission mehr. In beiden Fällen wären wesentliche Inhalte, für die ich mich all die Jahre vehement eingesetzt habe – eine antimilitaristische, pazifistische und ökologische Grundhaltung, einseitige Abrüstung und Soziale Verteidigung, Kompromißlosigkeit bei den Menschenrechten, um nur einiges zu nennen –, verloren. Dann wären DIE GRÜNEN für mich nicht mehr die grüne Partei, für die und mit der es sich zu kämpfen lohnt. Dann würden sich auch viele, die ich kenne und schätze bei den GRÜNEN, die Frage stellen, ob es Sinn macht, sich noch länger an einem Schattenboxen in dieser Partei zu beteiligen.

Jüngst hat Otto Schily, wenn auch aus anderen Gründen, diese Frage für sich beantwortet und ist zur SPD gegangen. Was sagst du dazu?

Ich war überrascht über den Zeitpunkt und bin auch ein wenig betroffen, schließlich hat man lange zusammengearbeitet und kennt sich seit Gründung der GRÜNEN. Aber eigentlich ist dieser Übertritt zur SPD nur konsequent und ehrlich, denn im Grunde hat Otto die ganzen letzten Jahre SPD-Politik vertreten. Letztlich hinausgetrieben hat ihn allerdings die Scheinheiligkeit der Rotationsdebatte in Nordrhein-Westfalen. Ich fürchte, daß Ottos Schritt bei vielen GRÜNEN eine enorme Enttäuschung auslösen wird, weil sie spüren, daß sich etwas zersetzt, was uns bisher zusammengehalten hat. Wir haben es immer geschafft, die Bandbreite von Ditfurth bis Schily unter einem Dach zu halten. Ich glaube, Ottos Austritt kann als deutliches Zeichen dafür verstanden werden, daß ein Desintegrationsprozeß bei den GRÜNEN im Gange ist, den die SPD noch beschleunigen kann, wenn sie auch anderen GRÜNEN ein ähnliches Angebot macht.

Du glaubst, Otto Schily wird nicht der einzige GRÜNE sein, der zur SPD geht?

Die SPD hat immer das Ziel und die Hoffnung gehabt, daß DIE GRÜNEN, oder wenigstens einige von ihnen, eines Tages zu ihr zurückfinden. Ich glaube, daß sie deshalb versuchen wird, Ottos Übertritt als Signal für diese Richtung zu propagieren. Ich könnte mir durchaus denken, daß sie in den nächsten Wochen und Monaten auch anderen prominenten GRÜNEN sichere Bundestagskandidaturen anbieten wird, um sie zu sich herüberzuziehen. Manche werden wohl DIE GRÜNEN auch nur deshalb verlassen, weil sie deren Selbstzerfleischung und das schlimme menschliche Klima in der Partei nicht mehr ertragen. Nicht nur Revolutionen fressen anscheinend ihre Kinder!

Es scheint ein typisches Phänomen für die GRÜNEN zu sein, daß sie immer eine ganze Reihe von Leuten hatten, bei denen man nie sicher sein konnte, wie lange sie dabeibleiben.

Richtig, das ist ein Phänomen. Ich weiß nur nicht, ob das typisch für DIE GRÜNEN ist. Aber ich habe das Phänomen inzwischen bei allen grünen Parteien entdeckt. Für viele sind DIE GRÜNEN eine politische Durchgangsstation, um zu grünen Kandidaturen zu kommen, manche andere, die ich aus ersten Gründerjahren kenne, die wirklich hervorragende Arbeit geleistet haben, sind jetzt zum Beispiel bei Greenpeace. Erstaunlich viele arbeiten in spirituellen Gruppen mit, und das ist sehr verständlich angesichts der menschlichen Kälte bei uns. Andere haben sich ins Privatleben zurückgezogen, weil ihnen grüne Politik zuviel geworden ist. Und viele von denen, die noch dabei sind, wissen selber nicht, warum. Ich kenne Leute in grünen Gremien und Fraktionen, aber auch grüne Mitarbeiterinnen, wo ich mich manchmal frage: Haben die wirklich was mit den grünen Themen am Hut, oder sind die hier nur gelandet, weil sie erkannt haben, daß man mit den GRÜNEN zu einem schnellen Mandat kommen kann? Es gibt immer mehr Trittbrettfahrer und immer weniger wirklich GRÜNE. Natürlich gibt es nach wie vor auch solche, die sehr intensiv und zäh bei den grünen Themen bleiben. Aber wie lange noch?

Du hast von deinen eigenen Zweifeln gesprochen, die du bei Gründung der GRÜNEN hattest. Nach allem, was du heute sagst, haben sich diese Zweifel wohl bestätigt.

Was mit dieser Partei geschehen ist, konnte eigentlich niemand voraussagen. Zumindest verläuft dieser Normalisierungsprozeß der GRÜNEN ganz anders, als von denjenigen erwartet, die ihn vorhergesagt haben. Was mich heute so pessimistisch stimmt, ist vor allem, wie unbemerkt und unwidersprochen von der grünen Basis dieser Prozeß verläuft; wie beliebig auf grünen Delegiertenversammlungen Jubel und Beifall verteilt werden, auch wenn es sich um gegensätzliche Standpunkte handelt; daß es Aufregung gab, als Petra Kelly nicht rotierte, aber keinen Aufschrei mehr, als Otto Schily für Porsche warb, Hubert Kleinert einen Rüstungshaushalt als »Abrüstungshaushalt« tarnte. Ich frage mich immer häufiger: Wie stark sind eigentlich die originär grünen Anliegen, für die wir vor zehn Jahren aufgebrochen sind, in der Partei und bei den WählerInnen verankert? Was ist eigentlich von der grünen Identität und von dem tiefgreifenden Anspruch der Gründerzeit geblieben? Ich habe das Gefühl, er wird immer oberflächlicher, ausgefranster und verschwommener. DIE GRÜNEN laufen allen Themen hinterher, ergreifen wenig Initiative, wollen es fast jedem recht machen und verlieren das, wofür sie wirklich angetreten waren, immer mehr aus den Augen. Mein Wunsch wäre, daß DIE GRÜNEN sich vier oder fünf grüne Themen und Ziele setzen, die sie mit aller Kompromißlosigkeit verfolgen, auch wenn sie dann vielleicht nicht über 7 oder 8 Prozent hinauskommen. Da bleibe ich bei meiner früheren Aussage: Wenn DIE GRÜNEN zum Beispiel 8 Prozent Zustimmung für die Forderung bekämen, die Armee bei uns abzuschaffen, dann wären mir diese 8 Prozent lieber als 20 Prozent, die für eine Reform der kleinen Schritte in der NATO sind. DIE GRÜNEN dürfen nicht für konturlose Mehrheiten, die nicht aus der ökologischen Krise führen, den Anspruch aufgeben, Avantgarde einer ökologischen und pazifistischen Transformation zu bleiben.

Otto Schily: **»Irgendwann reißt halt der Geduldsfaden«**

Politik ist die zweite Karriere des Anwalts Otto Schily, der selber von sich sagt, ein »politischer Spätentwickler« zu sein. Bekannt wurde der in München, Hamburg und Berlin ausgebildete Jurist durch seine Arbeit als Verteidiger in politischen Prozessen der siebziger Jahre. Mit dem Selbstverständnis eines radikalen Demokraten wandte er sich schon damals publikumswirksam gegen alle Versuche, die Befugnisse der Strafverfolgungsbehörden auf Kosten der verfassungsmäßigen Grundrechte des einzelnen zu erweitern. Auf seine anthroposophische Erziehung führt er es zurück, daß er »von Haus aus mit ökologischen Fragestellungen schon zu einem Zeitpunkt vertraut« gewesen sei, als manche seiner Weggefährten im »Sozialistischen Deutschen Studentenbund« noch glühende Verfechter der Atomenergienutzung waren. 1978 beteiligte er sich an den Diskussionen zur Gründung der Alternativen Liste Berlin und engagierte sich im Bundestagswahlkampf 1980 zusammen mit dem Künstler Joseph Beuys für DIE GRÜNEN. 1983 kam Schily über die Liste des nordrhein-westfälischen Landesverbands in den Bundestag und gehörte dem ersten Fraktionsvorstand der GRÜNEN an. Während er mit seiner Arbeit als Parlamentarier, vor allem im Flick-Untersuchungsausschuß, auch bei politischen Gegnern Anerkennung erntete, geriet er über die Jahre in einen immer schärferen Konflikt mit seiner Partei, die sich nicht in die Rolle eines »Juniorpartners« der SPD fügen mochte, die Schily ihr zudachte. Womit spätestens seit 1985 immer wieder öffentlich gerechnet wurde, geschah schließlich zu einem Zeitpunkt, der die meisten BeobachterInnen dann doch überraschte: Anfang November 1989 verkündete Otto Schily seinen Übertritt zur SPD. Als ich ihn zwei Wochen danach zum Interview treffe, ist ihm die Rolle als »richtiger« Sozialdemokrat noch so neu, daß er sich mehrfach dabei ertappt, wie er in gewohnter Manier von »uns GRÜNEN« spricht.

***Michael Schroeren:** Wollen wir unseren LeserInnen dieses Gespräch in Du- oder in Sie-Form zur Kenntnis geben?*

Otto Schily: Von mir aus in Du-Form.

Seit ein paar Tagen mußt du dich von wildfremden Leuten duzen lassen, dazu noch als »Genosse Schily«. Stört dich das gar nicht?

(lachend) Das hab ich mir bei den GRÜNEN auch schon anhören müssen. Da bin ich nicht so penibel.

Wie schön. DIE GRÜNEN sind zehn Jahre alt. Ein Grund zum Feiern?

DIE GRÜNEN können auf die Gründung ihrer Partei und auf die geleistete Arbeit im großen und ganzen stolz sein. Es ist eines der größten Verdienste der GRÜNEN, daß sie bestimmte Fragestellungen, die aus der Diskussion völlig ausgeblendet waren oder nur ein Schattendasein führten, in die Mitte des politischen Diskurses gerückt haben. Ich denke vor allem an die Frage der Ökologie. Dies festzustellen schmälert keineswegs die Verdienste von Leuten wie Erhard Eppler und Freimut Duve, die sich, lange bevor es zur Gründung der GRÜNEN kam, um ökologische Fragestellungen gekümmert haben, allerdings ohne nennenswerten Erfolg in ihrer eigenen Partei. Erst durch das Aufkommen der GRÜNEN bekamen sie innerhalb der SPD wieder mehr Spielraum.

Du hast die Gründung der GRÜNEN in Karlsruhe miterlebt. So chaotisch wie diese Versammlung ablief, hättest du gedacht, daß DIE GRÜNEN zehn Jahre überdauern?

Ja. Ich habe von den Prophezeiungen, die in den GRÜNEN nur eine kurze Scheinblüte sahen, nichts gehalten. Es war schon damals absehbar, daß in dieser neuen Partei eine große Kraft steckte, die sie zu einem dauerhaften Bestandteil des politischen Spektrums machen würde – ungeachtet vieler Hypotheken, die sich DIE GRÜNEN aufgeladen haben.

Welche Hypotheken?

Zum Beispiel die doktrinären Gruppierungen, die mit in DIE GRÜNEN hineingekommen sind, die sich von ihrem verkrusteten Denken nicht lösen konnten.

Du glaubst nicht, daß alle Beteiligten damals gleich viel dazugelernt und alte Vorstellungen abgelegt haben?

Das glaube ich nicht. Eine ganze Reihe von GRÜNEN sind doch sehr dem dogmatischen, sektiererischen Denken verhaftet geblieben, und manche betrachten DIE GRÜNEN bis heute erklärtermaßen als ein Vehikel, um ihre alten Vorstellungen durchzusetzen. Das hat auch zu der bedauerlichen Fraktionierung innerhalb der GRÜNEN geführt. Ich war nie sehr glücklich darüber, daß es zur Herausbildung einer sogenannten »Realo-Fraktion« kam. Aber das war ja lediglich eine Reaktion auf die Existenz dogmatischer und mit Scheuklappen versehener Gruppierungen. Wenn es möglich gewesen wäre, bestimmte Fragen relativ vorurteilsfrei und flexibel zu diskutieren, wäre es wahrscheinlich nicht zu diesen starken Kontrasten und Fraktionsbildungen innerhalb der GRÜNEN gekommen.

Was war denn nach deiner Auffassung der Gründungskonsens der GRÜNEN, der Punkt, auf den sich alle Beteiligten verständigen konnten?

DIE GRÜNEN sind aus zwei Grundströmungen in der deutschen Politik hervorgegangen. Die eine ist die radikaldemokratische Tradition seit 1848, der in den vergangenen 150 Jahren nicht gerade ein glückliches Schicksal beschieden war und die sich auch in der Nachkriegsgeschichte eher in außerparlamentarischen Oppositionsbewegungen artikuliert hat, von der Anti-Atomtod-Bewegung in den fünfziger Jahren bis zur Anti-Notstands-Bewegung und der studentischen APO in den sechziger Jahren. Die zweite wichtige Grundströmung ist die ökologische, die allerdings erst in den siebziger Jahren hinzukam. In der Verbindung dieser beiden Strömungen sehe ich den Gründungskonsens der GRÜNEN.

Das erklärt vielleicht die historische Herkunft der GRÜNEN, aber noch nicht das, was möglicherweise als Gründungskonsens daraus hervorging. Hat es diesen Konsens überhaupt gegeben, oder waren das Formelkompromisse?

Ich glaube schon, daß die vier Grundsäulen, die DIE GRÜNEN damals in ihrem Programm aufstellten – ökologisch, sozial, basisdemokratisch und gewaltfrei –, einen Konsens beschreiben. Aber der war natürlich nicht im Detail und bis ins Kleingedruckte ausdiskutiert. Vielleicht war dieser Konsens auch nur gedanklich und eher gefühlsmäßig vorhanden, ohne daß die darin versteckten Dissense wahrgenommen wurden.

Bestand der Gründungskonsens nicht auch in einem sehr radikalen Selbstverständnis, wie es im ersten Satz der in Karlsruhe beschlossenen Satzungspräambel zum Ausdruck kommt: »DIE GRÜNEN sind die grundlegende Alternative zu allen herkömmlichen Parteien«?

Natürlich ging es den GRÜNEN darum, sich sehr hart gegenüber dem abzugrenzen, was sie als etablierte Parteien und verkrustete politische Struktur wahrnahmen, die nicht mehr lebendig und kreativ ist. Deshalb gehörte dieses Selbstverständnis als grundlegende Alternative bestimmt zur Grundstimmung und zum Grundkonsens der GRÜNEN.

Auch in dieser fundamentalen Weise?

Sicher auch in einer fundamentalen, radikalen Weise. Ohne dieses Grundverständnis wäre dieses Unternehmen vermutlich nicht in Gang gekommen.

Dann könnte man sagen, daß am Anfang der GRÜNEN alle das waren, was später mit dem Etikett »Fundi« bezeichnet wurde?

Nein, das kann man nicht sagen. Ich halte es mit der von Milan Horacek gewählten Formel, Reformpolitiker in fundamentaler Absicht zu sein. Natürlich wollten wir radikale, fundamentale Veränderungen der Gesellschaft. Als Grüner in der SPD will ich sie auch heute noch. Daran hat sich nichts geändert. Aber das Wort »Fundamentalist« geriet in einen Gegensatz zu Reform und Realitätstüchtigkeit. Es wurde zur Farce, zu einer Pose, die nachher in den schrecklichsten Wirrnissen endete.

DIE GRÜNEN haben sich in den vergangenen zehn Jahren beträchtlich verändert. War das Anpassung oder ein Reifeprozeß?

Sowohl als auch. DIE GRÜNEN haben in den letzten zehn Jahren einen durchaus erfreulichen Reifeprozeß durchlaufen, was ich für eine erstaunliche und wichtige Leistung in der bundesdeutschen Politik halte. Auch Anpassung ist nicht unbedingt etwas Schlechtes. Wenn sich jemand, der aus Italien kommt, einen warmen Mantel überzieht, dann paßt er sich vernünftigerweise den hiesigen Klimaverhältnissen an. Wenn wir zum Beispiel lernen mußten, mit der Geschäftsordnung des Deutschen Bundestags umzugehen oder uns auf gewisse parlamentarische Grundregeln einzulassen, dann sehe ich darin eine positive Anpassung. Es gibt gewiß auch eine negative Anpassung, bei der das eigene politische Profil eingeebnet wird. Das mag es hier und da bei den GRÜNEN auch gegeben haben.

Wo zum Beispiel?

Da fällt mir jetzt kein Beispiel ein, das müßte man im Zusammenhang diskutieren.

Wenn der Unterschied zwischen Anpassung und Reifeprozeß so schwer zu beschreiben ist, hilft uns vielleicht ein dritter Begriff weiter, den du selber ins Spiel gebracht hast: Zwischen dir und den GRÜNEN sei ein »Entfremdungsprozeß« eingetreten, heißt es in der Begründung deines Parteiwechsels. Wer hat sich denn da von wem entfremdet: DIE GRÜNEN von Otto Schily oder umgekehrt?

Das war wahrscheinlich ein beiderseitiger Prozeß, wie bei jeder Trennung. Bei den GRÜNEN gibt es allerdings einen heiklen Punkt, mit dem ich immer weniger zurechtkommen konnte: Ich glaube, daß DIE GRÜNEN Schwierigkeiten haben, mit Personen richtig umzugehen, nicht so eine Art von Wegwerfmentalität gegenüber Menschen zu praktizieren. DIE GRÜNEN haben überhaupt deutlich Probleme mit Begriffen wie Individualität, Freiheit, Eigensinn und Toleranz. Und manche Diskussionen, die nach meiner Auffassung längst zu einer Klärung geführt haben müßten, waren mir bei den GRÜNEN auf die Dauer einfach zu mühsam. Irgendwann reißt halt der Geduldsfaden.

Da du es selber bei jeder Gelegenheit erwähnst, ist nicht schwer zu erraten, was du meinst: das staatliche Gewaltmonopol.

Die bekannte Diskussion um das Gewaltmonopol des Staates gehört zweifellos dazu. Gerade in dieser Frage bin ich ganz bewußt und absichtsvoll bei den GRÜNEN mißverstanden oder mißinterpretiert worden. Man hat mir zum Beispiel vorgeworfen, ich wolle die Rolle des Staates überhöhen. Dabei bin ich jemand, der für die weitgehende Entstaatlichung der Gesellschaft eintritt.

Nanu! Otto Schily als Anarchist?

Das wäre ein weiteres Mißverständnis, obwohl mir die ursprüngliche Idee des Anarchismus, nämlich Gewalt- und Herrschaftslosigkeit, keineswegs unsympathisch ist. Ich bin jedenfalls alles andere als ein Verehrer von staatlicher Gewalt. Ich sage nur: Wenn es in der Gesellschaft Konflikte gibt, die nicht anders als mit Sanktionen zu lösen sind – etwa wenn es darum geht, Körperverletzung, Vergewaltigung oder gar Mord zu verhindern –, dann geht das nur in einem rechtsstaatlich verbürgten Verfahren, und dann darf niemand anders als der Staat aufgrund der institutionellen Garantien das Recht haben, Sanktionen zu verhängen. Daß es vielen GRÜNEN soviel Anstrengung bereitet, dies einzusehen, kann ich bis zu einem gewissen Grade nachvollziehen und mir mit der Herkunft vieler Leute aus den K-Gruppen erklären, die sich immer als exterritorial zum Staat und nicht als ein Teil des Staates verstanden haben. Aber nach zehn Jahren, meine ich, müßten auch DIE GRÜNEN soweit sein, daß sie sich nicht mehr wie der Suppenkasper gegen den demokratischen Grundkonsens des staatlichen Gewaltmonopols sträuben. Daß sie dazu nicht in der Lage waren, hat den Entfremdungsprozeß natürlich gefördert.

Hat sich der Schulmeister Schily von seiner Klasse entfremdet?

Es hat nichts mit schulmeisterlicher Belehrung zu tun, wenn ich versucht habe, DIE GRÜNEN von der Notwendigkeit bestimmter demokratischer Spielregeln zu überzeugen. Ich will nicht bestreiten, daß ich ein Mensch mit einem sehr soliden Selbstbewußtsein bin. Ich glaube durchaus mit Recht von mir behaupten zu können, daß ich eine Person bin, die politisch etwas bewirken kann. Wenn ich dann das Gefühl bekomme, DIE GRÜNEN wollen mich gar nicht, ich bin sozusagen nur noch geduldet oder darf als Galionsfigur die Säle füllen und im Flickausschuß meine forensischen Fähigkeiten zur Geltung bringen, aber ansonsten soll ich in der Partei irgendwelchen pseudorevolutionären Phrasendreschern oder grauen Karrieristen das Feld überlassen, dann ist es doch konsequent, daß ich mich lieber dorthin wende, wo ich willkommen bin.

Du bist ein Mensch mit sehr solidem Selbstbewußtsein, sagst du. Läßt sich das auch von deiner Fähigkeit zur Selbstkritik sagen?

Gewiß, ja.

Wieso hast du denn deine eigenen Meinungsänderungen und Gedankensprünge eher den GRÜNEN als Fehler in die Schuhe geschoben, statt dich zum eigenen Kurswechsel zu bekennen?

Ich wüßte nicht, daß ich das jemals getan habe.

Dann will ich ein Beispiel nennen. Vor fünf Jahren hast du Schlagzeilen mit der Äußerung gemacht, das Wiedervereinigungsgebot in der Präambel des Grundgesetzes sei überholt und illusionär. Vor kurzem hast du in einem Interview der Illustrierten »Bunte« die GRÜNEN kritisiert, weil für sie die Zweistaatlichkeit ein Wert an sich sei. Müssen DIE GRÜNEN umlernen, weil Otto Schily umgelernt hat?

Nein. Ich habe nicht nur ein solides Selbstbewußtsein, sondern auch noch ein ausgezeichnetes Gedächtnis. Ich habe mich damals in der Tat dagegengewandt, aus der Präambel des Grundgesetzes ein Gebot zur Wiedervereinigung herauszulesen. Ich habe aber auch schon damals gesagt, daß daraus ebensowenig das Gegenteil folgen kann, nämlich das Verbot einer Neuvereinigung. Ich bin also gegen die Tabuisierung der deutschen Einheit und zugleich dafür, diese Frage bis zur Entscheidung in einer späteren Situation offenzuhalten. Wobei ich damals wie heute betone, daß für mich die Wiederherstellung eines Bismarck-Reiches oder eines großdeutschen vierten Reiches absolut undenkbar ist. Genau das habe ich auch der »Bunten« gesagt. Also in diesem Punkt habe ich meine Meinung überhaupt nicht geändert.

Damals hast du gegenüber der Deutschen Presseagentur bezweifelt, »ob es die beste Situation sei, wenn alle Deutschen unter einem Staatsdach versammelt würden«. Und im ZDF war von dir zu hören, wir sollten uns besser damit abfinden, »daß sich im Nachkriegseuropa zwei deutsche Staaten entwickelt haben«. In der »Bunten« warnst du fünf Jahre später davor, »den Gedanken an einen einheitlichen deutschen Staat aus unserer Phantasie auszublenden«. Ist das kein Unterschied?

Ich finde, was ich damals gesagt habe, läßt sich durchaus mit meinen heutigen Äußerungen in Einklang bringen.

Damals sollten wir uns mit der Zweistaatlichkeit abfinden, heute sollen wir über die deutsche Einheit phantasieren.

Ich gebe zu, daß sich die Nuancen zwischen damals und heute etwas verschoben haben. Aber inzwischen hat ja Geschichte stattgefunden und ist einiges passiert. Und es ist doch selbstverständlich, daß wir jederzeit im Lichte neuer Ereignisse prüfen müssen, ob die Zweistaatlichkeit in einer gesamteuropäischen Struktur noch einen Sinn macht oder nicht. Ich habe den Einduck, daß DIE GRÜNEN statt dessen diesen Zustand unter allen Umständen festschreiben wollen, und ich tue mich, wie gesagt, schwer damit, wenn Positionen dogmatisch definiert werden. Ich kann mich weder

der Ansicht anschließen, daß Deutschland »unter allen Umständen« wiedervereinigt werden muß, noch der spiegelbildlichen, daß dies »unter keinen Umständen« geschehen dürfe.

Warum bist du eigentlich nie in den Bundesvorstand der GRÜNEN gegangen, um die Richtung der Partei direkter zu beeinflussen?

1980 habe ich einmal kandidiert, und zwar ganz bewußt, weil ich verhindern wollte, daß Herbert Gruhl in den Vorstand kommt. Das habe ich auch erreicht. Man hat mir aber vor dem zweiten Wahlgang zu verstehen gegeben, daß ich gegen den ebenfalls kandidierenden Dieter Burgmann keine Chance hätte. Daraufhin habe ich meine Bewerbung zugunsten von Dieter Burgmann zurückgezogen. Aus heutiger Sicht war das ein Fehler. Später habe ich noch einmal erwogen, für den Parteivorstand zu kandidieren, dann aber Abstand davon genommen, weil ich nach meiner Einschätzung keine Mehrheit finden würde. Meine Erfahrungen auf den Bundesversammlungen der GRÜNEN waren ja nicht immer die erfreulichsten. Und im übrigen war ich immer der Meinung, daß ich ein guter Parlamentarier bin und meine erste Priorität in der parlamentarischen Arbeit liegen sollte.

Deiner schärfsten innerparteilichen Widersacherin Jutta Ditfurth hast du einmal eine »wahnhaft verzerrte Wahrnehmung der Wirklichkeit« vorgeworfen. Zeugt es denn von einem ausgeprägten Realitätssinn des Realissimo Otto Schily, wenn er jetzt von der SPD eine »entschlossene Reformpolitik im Sinne ökologischer, sozialer und demokratischer Zielsetzungen« erwartet?

Das zeugt durchaus von Realitätssinn. In der SPD ist im Zuge der Ausarbeitung des Programms »Fortschritt '90« eine interessante Debatte in Gang gekommen, die zu einem praxisfähigen Konzept mit hohem Profil geführt hat. Nicht zufällig hat Antje Vollmer eingestanden, daß DIE GRÜNEN demgegenüber ins Hintertreffen geraten sind.

Das Umweltmagazin »Natur« kommt zu dem Urteil, daß die Genossen mit ihrem Nürnberger Beschluß zum Atomausstieg binnen zehn Jahren auf der Stelle treten und nicht nur sich, sondern auch die Wähler betrogen haben.

Dieses Urteil von »Natur« finde ich ungerecht. Die Kompetenzen für die Atomenergiepolitik liegen letzten Endes bei der Bundesregierung. Auch DIE GRÜNEN haben damit ihre eigenen leidvollen Erfahrungen gemacht, insbesondere Joschka Fischer seinerzeit als hessischer Umweltminister.

Immerhin hat er sich, wenn auch begrenzt, auf den Konflikt mit der Landesregierung und der Atomindustrie eingelassen.

Sicherlich hat die SPD in der Vergangenheit gravierende Fehler in der Atompolitik zu verantworten, das ist unverkennbar. Aber um so wichtiger ist es dann ja, daß jemand wie ich mit dafür sorgt, daß die ökologischen Zügel bei der SPD straffer angezogen werden.

Ist das nicht vergebliche Liebesmüh, wenn die SPD ist, was du früher gesagt hast, nämlich »eine große Partei mit starkem Trägheitsmoment«?

Diese Äußerung stammt von Peter Glotz, und ich habe sie einmal wiederholt. Inzwischen hat die SPD erheblich an Dynamik gewonnen. Aber selbst aus grüner Sicht gibt es bekanntlich nur eine Perspektive in einem Bündnis mit der SPD.

Du verstehst dich als Grüner in der SPD. Ich habe immer geglaubt, Rot-Grün solle eine Koalition zwischen SPD und GRÜNEN sein. Findet Rot-Grün jetzt statt dessen innerhalb der SPD statt?

Nein. Rot-Grün geht natürlich nur mit Rot und Grün. Aber es gibt ja auch Überschneidungen. DIE GRÜNEN sind jetzt mehrheitlich, schätzungsweise sogar zu zwei Dritteln, für Rot-Grün. Das ist gut so. Jetzt kommt es aber darauf an, die SPD für die ökologische Diskussion zu öffnen. Ohne diese Öffnung der SPD kommen wir auf diesem Gebiet nie zu einer Veränderung. Ich behaupte schon jetzt, daß die ökologische Kompetenz bei der SPD sich sehr stark verbessert hat.

Kann man die SPD nach ihren Worten beurteilen? Oder muß man sie nicht vielmehr daran messen, was sie in der Regierung angerichtet hat?

Man muß jeden nach seinen Worten und nach seinen Handlungen beurteilen. Daß es in der Exekutive manchmal schwierig ist, umzusetzen, was man in der Legislative gefordert hat, haben inzwischen auch DIE GRÜNEN lernen müssen. So hat die von mir sehr geschätzte Berliner Umweltsenatorin Michaela Schreyer sowohl von der Alternativen Liste als auch von der SPD Kritik wegen ihrer Müllpolitik einstecken müssen. Ich verhehle nicht, daß auch ich der SPD gelegentlich den Widerspruch zwischen ihren Worten in der Opposition und ihren Taten in der Regierung vorgehalten habe, häufig sehr polemisch zugespitzt. Eine Partei muß ihre Glaubwürdigkeit im Auge behalten und darauf achten, daß sich keine Widersprüche auftun, wo diese nicht durch die Umstände erzwungen werden und kein anderer Ausweg bleibt. Eine Politik nach der Devise: »Was stört mich mein Geschwätz von gestern?« könnte ich nicht mittragen. Ich werde mich auch in der SPD dafür einsetzen, daß solche Widersprüche nicht entstehen.

Du bist der erste prominente GRÜNE, der dorthin zurückgegangen ist, von wo DIE GRÜNEN sich seit Ende der siebziger Jahre mühsam abgenabelt haben. Ist das nicht ein Signal dafür, daß die SPD es schafft, DIE GRÜNEN zu sich zurückzuholen?

Damit kein Mißverständnis entsteht: Ich war noch nie in der SPD. Ich war vor meinem Eintritt bei den GRÜNEN noch nie Mitglied irgendeiner Partei. Ich finde auch, es darf nicht so eine Verratsideologie aufkommen. Es muß möglich sein, daß jemand einen solchen Schritt vollzieht, ohne daß dies mit entsprechenden Begriffen befrachtet wird. Wenn man es begrüßt, daß jemand von der SPD zu den GRÜNEN kommt, dann muß man auch akzeptieren können, daß ein anderer aus bestimmten politischen Überlegungen den umgekehrten Weg geht. Ich habe mir den Schritt weiß Gott nicht leicht gemacht. Und ich habe, glaube ich, einen Zeitpunkt gewählt, wo DIE GRÜNEN diesen Schritt verkraften können.

Viele wundern sich trotzdem darüber, daß du ausgerechnet dann zur SPD gewechselt bist, als DIE GRÜNEN, wie du selbst sagst, zu zwei Dritteln auf Schily-Kurs sind.

Auf »Schily-Kurs« leider nur, was die strategische Grundorientierung angeht. Ich mache kein Geheimnis daraus, daß ich schon früher überlegt habe, zur SPD zu gehen. Aber ich wollte mich nicht damit belasten, daß durch meinen Schritt die Stimmenzahl der GRÜNEN möglicherweise so weit absinkt, daß sie nicht wieder in den Bundestag kommen. Jetzt ist die Situation ein wenig anders. DIE GRÜNEN haben ein stabiles Stimmenpotential, das über 5 Prozent hinausreicht. Das ändert sich auch nicht durch meinen Abschied. DIE GRÜNEN werden sich natürlich mit mir und mit der SPD auseinanderzusetzen haben. Wir werden in einen, wie ich hoffe, friedlichen und freundlichen Wetteifer um die bessere Politik und die Stimmen der WählerInnen eintreten.

Vor zwei Jahren, als viel eher mit deinem Wechsel zur SPD gerechnet wurde, sagte dein damaliger Fraktionskollege Hubert Kleinert: »Wenn Otto geht, dann geht er nicht alleine.« Wird er damit recht behalten?

Wer weiß?

Du hältst es nicht für denkbar, daß die SPD versucht, mit Angeboten, die vergleichbar sind mit dem, was du von ihr bekommen hast, weitere GRÜNE zu sich herüberzuziehen?

Was habe ich denn von der SPD bekommen?

So wie es aussieht, eine Direktkandidatur im Wahlkreis München-Land und möglicherweise einen sicheren Platz auf der bayrischen Landesliste der SPD.

Wenn du annimmst, daß irgend jemand bei der SPD Wahlkreiskandidaturen und Listenplätze austeilen kann, dann irrst du gewaltig. Die SPD-Basis ist sehr selbstbewußt und läßt sich nichts von oben vorschreiben. Damit also kein falscher Klang hineinkommt, möchte ich eines klarstellen: Es hat keinerlei Handel stattgefunden. Ich bin ohne Zusagen und mit vollem Risiko in die SPD gegangen. Meine Gesprächspartner bei der SPD haben nicht im geringsten den Eindruck aufkommen lassen, als ob sie mich aus den GRÜNEN mit einem hübschen Präsent »herauslocken« wollen.

Angesichts des Timings der Aktion fällt es schwer, dem politisch gewieften Taktiker Otto Schily zu glauben, daß er sich ohne Absicherung in den freien Fall begibt.

Du kannst mir das glauben oder nicht: Es gibt keinerlei Netz. Aber weil ich mich entschlossen hatte, den Schwerpunkt meiner politischen Aktivitäten nach Bayern zu verlegen, hat es insofern ein Timing gegeben, als ich mich danach erkundigt habe, wann dort bestimmte Entscheidungen fallen. Es wäre doch albern, von mir zu erwarten, daß ich dies nicht bedenke. Natürlich habe ich Vorgespräche geführt, ob ein Tätigkeitsfeld in Bayern überhaupt denkbar und möglich ist. Das kann man mir wohl kaum verargen. Das hat aber einen ganz anderen Charakter als eine Mandatszusage oder die Mitnahme eines Bundestagsmandats. Und was das Timing betrifft, kann ich nur wiederholen: Ich hätte diesen Schritt auch zu einem anderen Zeitpunkt, etwa zwei Monate früher, tun können. Dann wäre ich aber in das unmittelbare Vorfeld einer Wahl hineingeplatzt, und das in einer Region, in der ich selber als Bundestagskandidat aufgetreten bin, nämlich in Nordrhein-Westfalen. Vielleicht weiß man bei den GRÜNEN auch einmal zu würdigen, daß ich sehr bewußt diesen Zeitpunkt nicht gewählt habe.

Noch einmal: Ist das ein Alleingang zur SPD, oder werden dir weitere GRÜNE folgen?
Ich kann nicht ausschließen, daß auch andere von den GRÜNEN den Weg in die SPD finden. Wenn das der Fall wäre, würde ich mich sogar freuen. Aber damit das klar ist: Ich habe nicht versucht, irgend jemand dahingehend zu beeinflussen, daß er quasi in einer gemeinsamen Aktion mit mir geht. Jedoch weiß ich sehr wohl, daß sich zu anderen Zeitpunkten auch andere GRÜNE sehr konkret mit dem Gedanken eines Wechsels zur SPD beschäftigt haben.
Eingangs habe ich gefragt, ob es dich stört, wenn dich jetzt wildfremde Menschen mit »Genosse Schily« anreden. Darin äußert sich ja auch ein Stück politischer Kultur, die dir nicht gerade auf den Leib geschneidert ist. Könnte es sein, daß du dich bei der SPD bald genauso einsam fühlst wie zuletzt bei den GRÜNEN?
Das hoffe ich nicht. Ich habe sehr positive Reaktionen in vielen Regionen, in Berlin und in der gesamten Bundesrepublik und besonders auch in Bayern. Die Unterstützung sehr vieler Menschen ist eine große Ermutigung. Daß es auch in der SPD Schwierigkeiten gibt, weiß ich. Und daß mir manche Dinge nicht vertraut und fremd sind, ist auch klar. Das Wort »Genosse« kommt mir noch schwer über die Lippen. Aber zur langen Geschichte dieser Partei gehört nun einmal die Tradition dieser Anrede. Das finde ich sehr respektabel, und deshalb werde ich schon in Kürze gut damit umgehen können.
In deiner Austrittserklärung hast du davon gesprochen, mit der SPD eine Reformpolitik für »ökologische, soziale und demokratische« Ziele zu verfolgen. Das sind drei von den vier Grundsäulen der GRÜNEN. Die vierte fehlt: »gewaltfrei«. Ist das Zufall?
Die Gewaltfreiheit gehört auch dazu.
Kann man mit der SPD gewaltfreie Politik machen im Sinne von zivilem Ungehorsam?
Es haben sich viele Sozialdemokraten an gewaltfreien Aktionen der Friedensbewegung beteiligt.
Dein Respekt für die Leistungen der GRÜNEN sei ungeschmälert, heißt es weiter. Was haben DIE GRÜNEN geleistet?
Ich glaube, daß sich DIE GRÜNEN in der leider häufig weniger beachteten Kleinarbeit auf kommunaler Ebene sehr große Verdienste erworben haben. Ich habe zum Beispiel hohen Respekt davor, daß eine von mir sehr geschätzte Kommunalpolitikerin der GRÜNEN in Landshut mit wahnsinnig viel Mühe ein Müllkonzept für ihre Stadt erarbeitet hat. Wenig später hat der Bürgermeister dieses Konzept zwar als CSU-Politik verkauft, aber das verringert den Wert einer solchen Arbeit überhaupt nicht. Ähnliches gilt für den Einsatz der GRÜNEN beim Schutz von Biotopen oder für ihre Beteiligung an Friedens- und Dritte-Welt-Initiativen usw.
Und sonst nichts?
Selbstverständlich habe ich auch großen Respekt vor dem, was die Bundestagsfraktion der GRÜNEN in vielen Anfragen und Gesetzesinitiativen geleistet hat. Auch das wird nicht deshalb im Wert geschmälert, weil ich die Partei wechsle. Ich würde mir selber untreu werden, wenn ich heute sagen würde, das ist alles Mist. DIE GRÜNEN werden, wenn sie eine Bestandsaufnahme erstellen, sicherlich viel Licht und

Schatten in der eigenen Arbeit entdecken. Ich will nun aber nicht in Lobhudelei gegenüber den GRÜNEN ausbrechen. Es gibt bei ihnen selbstverständlich auch ungeheuere Schwächen und großes Versagen. Aber ich finde es richtig, wenn ich zum Zeitpunkt der Trennung zurückstelle, wo ich die Schwächen der GRÜNEN sehe, und statt dessen hervorhebe, wo ihre Stärken sind.

Verständlich, daß du hier nicht unnötig deine Wahlkampfmunition verpulvern willst.

Ich werde auch nicht im Wahlkampf auf DIE GRÜNEN eindreschen. Wer meint, ich wolle bei der SPD die Rolle des Kronzeugen gegen die GRÜNEN spielen, der täuscht sich.

Was wird aus den GRÜNEN ohne Otto Schily?

DIE GRÜNEN werden für die nächste Zeit ein stabiler Faktor in der bundesdeutschen Politik bleiben. Ob sie ihr Potential sehr weit ausbauen können, bezweifle ich allerdings.

Wird es DIE GRÜNEN im Jahre 2000 noch geben?

Ich bin sicher, daß sie in den nächsten Bundestag kommen. An der 5-Prozent-Hürde werden sie nicht scheitern. In einigen Bundesländern werden sie allerdings Probleme haben.

In welchen?

Darüber wollen wir jetzt den Mantel der Barmherzigkeit breiten. Wie sich DIE GRÜNEN entwickeln, hängt natürlich auch davon ab, welche Kräfte bei ihnen die Oberhand gewinnen. Wenn DIE GRÜNEN es nicht schaffen, bestimmte Fragen zu klären und sich von Widersprüchlichkeiten ihres Programms zu verabschieden, dann werden sie in einem Ghetto verharren. Manchmal habe ich den Eindruck, DIE GRÜNEN haben sich in ihrem Ghetto eingerichtet und wollen dort gar nicht heraus.

Welche Punkte wären das?

Das wäre Stoff für ein längeres Gespräch. Ich will nur drei Punkte nennen: DIE GRÜNEN kommen nicht umhin, ihr Verhältnis zum staatlichen Gewaltmonopol positiv zu klären, sich zum Prinzip der Rechtsstaatlichkeit zu bekennen und ihre dogmatische Haltung zur Deutschlandpolitik abzulegen, die in den nächsten Jahren eine erhebliche Rolle in der politischen Auseinandersetzung spielen wird. Es gibt keine konsistente Außenpolitik, keine klaren Vorstellungen über Finanz- und Währungspolitik, kaum Ansätze für eine vernünftige Wirtschaftspolitik. Aber wenn DIE GRÜNEN viele richtige radikale Zielsetzungen, die sie vertreten, in praktikable Konzepte umsetzen können, dann hätten sie vielleicht Chancen.

Und wie stehen die Chancen dafür?

Bei der Beurteilung dieser Frage will ich mich lieber zurückhalten. Gewiß sind die Chancen nicht gestiegen dadurch, daß ich zur SPD gegangen bin.

Am Schluß deiner Austrittserklärung zitierst du Francis Bacon mit den Worten: »Bedenke, daß die Jahre vergehen, und achte darauf, nicht immerfort das gleiche zu tun.« Den Spruch verstehe ich in diesem Zusammenhang nicht. Ich nehme nicht an, daß du zur SPD gegangen bist, um eine andere Politik zu machen als bisher.

Nein. Aber ich mache sie in einem anderen Rahmen und an einer anderen Stelle. Insofern paßt dieser Spruch sehr gut, den ich übrigens dem Prospekt des Wagenbach-Verlages entnommen habe – ich kann mich nicht rühmen, den schönen Satz bei Francis Bacon entdeckt zu haben.

Helmut Lippelt:
»Die Zeit des großen Wachstums der GRÜNEN ist vorbei«

Dreizehn Jahre war Helmut Lippelt SPD-Mitglied, bevor er 1977 wegen der Atompolitik mit »seiner« Partei brach. Seither hat er bei den GRÜNEN stets an vorderster Stelle mitgemischt: Der »Grünen Liste Umweltschutz« (GLU) Niedersachsen, in die er 1978 eintrat, verschaffte er als Vorstandsmitglied ein fortschrittliches und basisdemokratisches Profil. Als Mitglied in den Kommissionen für Satzung und Programm, die ab dem Herbst 1979 die Umwandlung der GRÜNEN von einer »Sonstigen Politischen Vereinigung« in eine Partei vorbereiteten, hatte er maßgeblichen Einfluß auf den Gründungsprozeß. Von 1980 bis 1981 gehörte er dem Bundesvorstand der neuen Partei an. Danach war er von 1982 bis 1985 Abgeordneter der ersten GRÜNEN-Fraktion im niedersächsischen Landtag, dann für ein Jahr Sprecher im Landesvorstand, bevor er 1987 in den Bundestag kam. Dort amtiert er zur Zeit als einer der drei FraktionsprecherInnen der GRÜNEN.

***Michael Schroeren:** Du bist einer von den Gründungseltern der GRÜNEN, die uns ihre Memoiren bisher hartnäckig vorenthalten haben. Wie lange willst du uns noch auf die Folter spannen?*

Helmut Lippelt *(lachend):* Ach weißt du, ich bin Historiker. Ich habe DIE GRÜNEN immer als Projekt betrachtet und mir gesagt, wenn dieses Projekt scheitert oder wenn ich in diesem Projekt scheitere, dann werde ich immer noch die Zeit haben, um danach in meinen Beruf zurückzugehen und die Geschichte der GRÜNEN zu schreiben.

Nun ist das »Kind«, das ihr damals in die Welt gesetzt habt, zehn Jahre alt geworden. Ist es für euch noch wiederzuerkennen?

Für mich schon. Ich bin immer davon ausgegangen, daß DIE GRÜNEN nicht der Ausdruck einer neuen Klasse sind. Neue Klassen emanzipieren sich im Rahmen der Gesellschaft heute nicht mehr. Eine neue Partei muß, wenn sie unter den Öffentlichkeitsbedingungen des 20. Jahrhunderts überhaupt Bestand haben will, eine ganz breite soziale Basis haben. Wie aber kann sie das, wenn sie nicht mehr Ausdruck einer neuen Klasse ist? DIE GRÜNEN haben diese Frage beantwortet, indem sie Ausdruck des Betroffenheitsprinzips sind. Die Betroffenheit von ökologischer Krise und sozialer Benachteiligung durchzieht alle politischen Sozialisationen, von den Wertkonservativen bis zu den Linkssozialisten. Diese Bandbreite galt es zu akzeptieren und sogar zu begrüßen. Wir mußten davon ausgehen, daß dann ein Überformungsprozeß zu einer eigenen grünen Sozialisation einsetzen würde. Ich habe immer vermutet, diese Entwicklung ende dann irgendwo links von der Mitte. Ob das links von der SPD ist, wie viele gemeint haben, oder ob das mehr linksliberal ist, das lasse ich dahin estellt. Ich habe ohnehin den Unterschied zwischen »linkssozialistisch« und »linksliberal« nie so scharf empfunden. Ich fühle mich eigentlich links, egal ob man das nun »liberal« oder »sozial« nennt. Ich denke, das sind zwei Parallelen, die sich im Unendlichen treffen.

Ist denn aus den GRÜNEN das geworden, was du dir damals vorgestellt hast?

Man kann die Entwicklung einer politischen Partei ja nicht mathematisch berechnen, jedes Ding wird anders. Womit ich nicht so sehr gerechnet habe, ist die Schnelligkeit des Generationswechsels bei den GRÜNEN. Die Gründergeneration wurde noch sehr stark geprägt durch das Gefühl, der eigenen Betroffenheit auch in der Politik Ausdruck geben zu müssen. Wir hatten unsere beruflichen Erfahrungen größtenteils schon hinter uns oder waren stärker durchs Berufsleben geprägt. Für die zweite Generation hingegen, die vielfach als Schüler oder Studenten dazukam, waren die GRÜNEN ein Angebot wie andere Parteien auch. Sofern sie eine politische Karriere planten, begriffen sie DIE GRÜNEN sogar als ein außerordentlich faszinierendes Parteiprojekt. Das sage ich ganz ohne Vorwurf, das muß, glaube ich, so sein. Ich beobachte allerdings mit großem Amüsement, daß inzwischen bereits die dritte Generation antritt und ich in die Rolle eines Opas gerate, in der ich mich aber auch ganz wohl fühle.

Weiß diese dritte Generation genügend von den Wurzeln der GRÜNEN?

Wenn überhaupt, dann wohl mehr in Form von Legenden und Erzählungen. Es gibt ja noch keine gründliche oder tiefergehende Geschichte der Partei. So hängt es denn sehr vom Interesse des einzelnen ab, was er über die Geschichte der GRÜNEN weiß. Und da wir unser Interesse sehr viel stärker auf die aktuellen Probleme richten, finde ich das auch ganz richtig. Wir wollen ja keine Nationalisten züchten, die immer über nationale Geschichte nachdenken. Wir beziehen aus der Geschichte Gott sei Dank keine Handlungsanleitung. Deshalb finde ich es nicht schlimm, wenn die jetzt Neukommenden überhaupt kein Interesse für die Geschichte der Partei mitbringen. Ich finde es sogar normal.

Der Historiker Lippelt müßte eigentlich mehr daran interessiert sein, daß die Geschichte seiner Partei weitervermittelt wird und nicht verschüttgeht.

(lachend) Der Historiker Lippelt hat, als er im Schuldienst war, ganz bewußt keine Geschichte mehr unterrichtet, sondern Gemeinschaftskunde. Im Ernst: Ich bin gerade aufgrund meiner historischen Studien immer wieder darauf gestoßen, daß die Menschen zu schnell und vorzeitig aus der Geschichte lernen wollen und dann doch nur das Falsche lernen. Historisches Bewußtsein ist gewiß sehr wichtig, aber es muß sehr viel breiter angelegt sein. Wir brauchen ganz andere Koordinaten des historischen Bewußtseins, als wir sie in der traditionellen Form von Staats-, Nations- und Parteiengeschichte vorfinden.

Laß uns trotzdem versuchen, in der Geschichte der GRÜNEN zu blättern. Erinnerst du dich eigentlich gerne an das Wochenende vor zehn Jahren, als DIE GRÜNEN gegründet wurden?

Diese früheren Parteitage waren voll von Überraschungen und deswegen immer spannend. Ja, ich erinnere mich gern an dieses Wochenende. Und als wir dann am Schluß plötzlich ausbrachen in den rhythmischen Ruf: »Weg mit dem Atomprogramm!«, das war schon ein schöner emotionaler Höhepunkt. Es war natürlich nervig bis dort hinaus, aber ich erinnere mich gerne daran, trotz alledem.

Was war denn besonders nervig für dich?

Die Auseinandersetzungen um die Zulassung der autonomen Delegierten aus den Bunten und Alternativen Listen, die nicht in die Partei eingetreten waren, stellten uns vor eine große Zerreißprobe. Um die Gründung der Partei einigermaßen geordnet hinzukriegen, hatten wir ja zur Vorbedingung gemacht, daß in den einzelnen Bundesländern Delegierte gewählt werden sollten, und zwar ein Delegierter pro zehn Mitglieder der »Sonstigen Politischen Vereinigung DIE GRÜNEN«. Vor allem in Hamburg, aber auch in anderen Städten gab es bekanntlich große Auseinandersetzungen um die Frage, ob man bei den GRÜNEN eintreten sollte oder nicht. Ich erinnere mich noch, daß Jürgen Reents, der sich in Hamburg sehr für den Eintritt in DIE GRÜNEN eingesetzt hatte, in einer höchst dramatischen Aktion kurz vor Ablauf der Meldefrist mit einem Bündel von Eintrittsformularen aus Hamburg nach Bonn geflogen kam, so daß Hamburg vertreten war einerseits mit den ordentlich gewählten SPV-Delegierten und andererseits mit Leuten aus der Bunten Liste, die als autonome Delegierte mitgründen wollten. Nun mußten die schon eingetretenen Mitglieder der Bunten Liste an den Türen des Saales den Gründungsprozeß gegenüber ihren alten Genossen verteidigen, die sich dem Zwang zum vorherigen Eintritt nicht hatten unterwerfen wollen. Das war eine enorme Zerreißprobe.

Mir scheint, Karlsruhe war die vielleicht letzte Bundesversammlung, wo man das Gefühl haben konnte, es strömen Leute aus unterschiedlichen Ecken in den GRÜNEN zusammen. Schon wenige Wochen später in Saarbrücken zeichnete sich ab, daß auch wieder welche weggehen würden. Die ersten, die gingen, waren Leute um Gruhl und Springmann. Hast du das damals bedauert?

Bei Gruhl habe ich es bedauert, weil er in seiner Art etwas sehr Überzeugendes hatte, und wir wollten ja diesen weiten Bogen von Rudi Dutschke bis zu Herbert Gruhl spannen. Probleme bereitete uns sein undemokratischer Ökologiebegriff. Trotzdem hatte ich immer gehofft, daß es uns gelingen würde, ihn in seiner Persönlichkeit so weit zu öffnen, daß er unser demokratisches Ökologieverständnis begreift. Dann hätten wir ihn verkraften können. Insofern gehörte ich zu denen, die sich bis zuletzt um ihn bemühten.

War das Parteitaktik, oder ging es dir um Gruhl persönlich?

Ich war daran interessiert, Herbert Gruhl als Persönlichkeit zu halten. Aber natürlich hatte ich noch ein viel stärkeres parteitaktisches Interesse bei meinen Bemühungen um Gruhl. Und ich denke, das war legitim und mußte sein. Denn als Gruhl ging, spaltete sich der Landesverband Niedersachsen nur noch ganz schwach am Rande. Wäre er früher gegangen, dann hätte sich der Landesverband in der Mitte gespalten, was unabsehbare Folgen gehabt hätte. Niedersachsen hatte damals eine Brückenfunktion zwischen der Bunten Liste Hamburg, der Alternativen Liste Berlin und den süddeutschen Grünen Listen. Wenn wir uns durch einen zu frühen Abgang von

Gruhl in der Mitte entzweit hätten, dann wäre es bundesweit wahrscheinlich zu zwei grünen Parteien gekommen, und dann hätten wir es nie zu was gebracht.

Da drängt sich eine gewisse Parallele zu Otto Schily auf. Hatten DIE GRÜNEN an ihm nicht auch nur ein parteitaktisches Interesse, nämlich ihn als Aushängeschild einer bestimmten Richtung zu halten?

Nein. Das war kein parteitaktisches Interesse. Ich sagte bereits, daß DIE GRÜNEN immer ein breites Spektrum sein wollten, in dem auch und gerade das linksliberale Bürgertum, wie Otto es repräsentiert, seinen Platz hat. Insofern ergab sich die Verbindung der GRÜNEN mit ihm aus ihrem Selbstverständnis. Eine Parallele zwischen Gruhl und Schily, so unterschiedlich die beiden auch sein mögen, liegt vielleicht in gewissen Ähnlichkeiten ihrer Persönlichkeitsstruktur. Beide hatten bzw. haben es offenbar unendlich schwer, zu Formen des Teamworks und der gleichberechtigten Zusammenarbeit zu finden. Beide haben immer einen Anspruch vor sich hergetragen, der DIE GRÜNEN daran gehindert hat, Arbeitsformen zu entwickeln, die wir brauchen, wenn wir dem Druck der anderen Parteien standhalten wollen.

Besteht eine Parallele vielleicht auch in dem Sinne, daß, wäre Otto Schily früher gegangen, die Folgen für DIE GRÜNEN verheerender gewesen wären?

Das mag schon so sein. Vor zwei Jahren hätte das gewiß andere Folgen gehabt. Es ist ja bekannt, daß es damals innerhalb der Bundestagsfraktion der GRÜNEN Spaltungstendenzen gab, die allerdings nur indirekt von Otto Schily ausgingen.

Du glaubst nicht, daß Otto Schily heute der Auslöser für weitere Übertritte von den GRÜNEN zur SPD sein wird?

Nein, auf gar keinen Fall.

Und wenn die SPD weiteren GRÜNEN lukrative Angebote macht?

Ich glaube nicht, daß die SPD das tun wird. Sie wird genug Ärger mit ihren regionalen Untergliederungen haben, um Otto Schily irgendwo unterzubringen, was sie mit einem Kraftakt der Führung gegenüber der Basis wahrscheinlich schaffen wird. Die SPD wird am Problem Schily sehr zu schlucken haben.

Otto Schily ist der erste prominente GRÜNE, der von den GRÜNEN direkt zur SPD zurückgeht, also zu der Partei, von der sich DIE GRÜNEN 1980 mühsam abgenabelt haben. Ist das nicht ein für die GRÜNEN außerordentlich gefährliches Signal dafür, daß die SPD es schafft, DIE GRÜNEN zurückzuholen?

Das glaube ich nicht. Dazu ist Ottos Entscheidung zu stark von Elementen des persönlichen Scheiterns geprägt, die er nach außen hin noch glänzend als Probleme der GRÜNEN zu kaschieren versteht. Ich glaube eher, daß sich innerhalb der SPD das persönliche Drama Ottos fortsetzen wird, als daß sich überhaupt ein Prozeß des Eindringens der SPD in DIE GRÜNEN entwickelt. Ich glaube, Ottos Abgang entspringt einem sehr persönlichen Problem: Er konnte sich seinen grünen Freunden nicht gleichberechtigt zuordnen, weil er sich ihnen überordnen wollte, und nun sieht er möglicherweise in einzelnen SPDlern Leitfiguren, denen er sich eher unterordnen kann.

Du sagst, zum Spektrum der GRÜNEN gehören Leute wie Gruhl und Schily. Nach

zehn Jahren sind beide weg, und sie sind sicher nur die bekannteren. Wird die Bandbreite der GRÜNEN immer enger?
Der Eindruck täuscht. Ein dermaßen interessanter Parteibildungsprozeß, wie DIE GRÜNEN ihn hinter sich haben, zieht immer auch Exzentriker an. Und in gewissem Sinne sind Otto Schily und Herbert Gruhl Exzentriker. Es wird sich zeigen, daß es gerade im linksliberalen bürgerlichen Spektrum noch eine Menge Leute gibt, die die Diszipliniertheit parteipolitischer Arbeit bei den GRÜNEN mit ihrem linksliberalen bürgerlichen Habitus verbinden können.
Letzter Anlaß für Schilys Austritt war der Beschluß der NRW-GRÜNEN, ihn nicht wieder für die nächste Legislaturperiode zu nominieren. Beweist Schilys Weggang die Sinnlosigkeit oder die Notwendigkeit des Rotationsprinzips?
Das Rotationsprinzip hat seine guten Funktionen, muß andererseits aber auch immer weiterentwickelt und diskutiert werden. Ich finde es bedauerlich, daß die nordrhein-westfälischen Bundestagsabgeordneten der GRÜNEN diese Diskussion mit der Basis nicht geführt haben. Und Otto selber hat leider auch nichts dazu getan. Insofern denke ich, daß sich Ottos Fall überhaupt nicht dazu eignet, über Sinn und Unsinn des Rotationsprinzips zu spekulieren, auch wenn er noch sosehr mit diesem Problem verbunden wird.
Die Rotation gehörte neben anderen Vorschriften zu den neuen Strukturen, mit denen sich DIE GRÜNEN von den etablierten Parteien abheben wollten. Die von dir mitbegründete GLU in Niedersachsen hatte auf dem Gebiet eine gewisse Vorreiterrolle. Welche Überlegungen standen dabei Pate?
Die GLU war aus den Bürgerinitiativen heraus gegründet worden und stand deswegen von Anfang an unter dem Anspruch der Bürgerinitiativen, insbesondere der radikalen großstädtischen Bürgerinitiativen, die sagten: Ihr verdient jetzt Staatsknete, und das ist eigentlich unser Geld. Diesen Anspruch hielten wir für berechtigt. Deswegen haben wir ihm durch die Gründung eines Öko-Fonds, in den die grünen Abgeordneten einen Teil ihrer Diäten abführen mußten, Rechnung getragen. Und zur Rotation haben wir schon in unserer Wahlkampfplattform vom April 1978 gesagt: Wir setzen uns ein für das Prinzip der Rotation, »das heißt, die zeitliche und numerische Beschränkung von Ämtern und Funktionen«. Nun müssen solche Prinzipien immer näher bestimmt werden. Wir hatten damals nicht die Rotation innerhalb einer Legislaturperiode im Auge. Diese radikale Zuspitzung habe ich von Anfang an für unsinnig gehalten. Insofern war ich immer in einer seltsamen Situation: Einerseits befürwortete ich diese Prinzipien, andererseits wollte ich sie so gestalten, daß sie die Kraft zur politischen Veränderung durch DIE GRÜNEN nicht behindern.
Wie hätte eine sinnvolle Handhabung des Rotationsprinzips nach deiner Meinung aussehen können?
Ich hatte gehofft, daß mit der Rotation auch ein kleines bißchen rätedemokratisches Gedankengut in DIE GRÜNEN einfließen würde, und das heißt ja immer Mandatierung auf Zeit, Rechenschaft ablegen und dann aufgrund des Rechenschaftsberichts erneute Mandatierung, wenn die Basis das für richtig hält. Das Erstaunliche

ist, daß mir meine Basis kaum Rechenschaftsberichte abfordert, obwohl ich immer so gerne Rechenschaft geben will. Statt dessen ist eine seltsame Form von »Kopf-ab-Rotation« auch gegenüber Leuten vollstreckt worden, die ihre Sache gut gemacht und nach außen hin enorm viel Vertrauenskapital für DIE GRÜNEN aufgebaut haben. Solche Leute brauchen wir ja.

Es hat nicht den Anschein, daß diese hehren Prinzipien als Sicherungen gegen die Etablierung und Anpassung der GRÜNEN viel genützt haben.

Ich habe immer zu denen gehört, die es für notwendig gehalten haben, daß DIE GRÜNEN sich innerhalb des Parteiensystems und in der Gesellschaft etablieren und sich in die Bürokratien hineinschieben müssen. Ich war insofern von Anfang an realpolitisch gesinnt. Das Problem war, wir durften dennoch keine Partei werden wie die anderen. Wir mußten andere Strukturen haben, und das hieß für mich, daß die ganze Gedankenwelt partizipatorischer Demokratie in die Strukturen der GRÜNEN Eingang finden mußte. Das war das Problem, nicht das der Etablierung.

Man hat heute eher den Eindruck, DIE GRÜNEN seien dabei, gerade diese neuen Strukturen abzulegen. Die Rotation ist schon weitgehend zu den Akten gelegt.

Wenn ich vorausgesehen hätte, wie der Streit um die Rotation sich entwickeln und welche Erschütterungen dies mit sich bringen würde, wäre ich in diesem Punkt am Anfang wahrscheinlich sehr viel kürzer getreten. Die Rotation ist sicherlich der Punkt, der uns die meisten Schwierigkeiten bereitet hat, während ich andere Strukturelemente wie Diätenabführung, Öko-Fonds, offene Wahllisten oder die ganz frühe Verankerung der Frauenparität als sehr geglückt wahrnehme. In der SPD kämpft man seit fünfzig Jahren gegen die Ämterhäufung. Bei uns ist die Trennung von Amt und Mandat doch ganz unbestritten.

Ganz unbestritten ja wohl nicht.

Ich weiß, gewisse rechte Realos möchten es abschaffen. Aber das halte ich innerhalb der GRÜNEN für nicht mehrheitsfähig. DIE GRÜNEN haben sich ganz bewußt dafür entschieden, daß man Mandate nicht über den Machtapparat, also über Funktionen innerhalb der Partei, absichern darf. Deswegen haben sie die Ausübung von Parteiamt und Parlamentsmandat strikt voneinander getrennt. Dieses Element halte ich für gelungen und für eminent wichtig, und deswegen werde ich mich weiterhin für seine Beibehaltung einsetzen.

Wie erklärst du dir die Probleme mit der Rotation? Ist das Prinzip schlecht, oder war es menschliches Versagen?

Natürlich spielt das Menschliche dabei eine sehr große Rolle. Ich weiß nur nicht, ob menschliches Versagen der richtige Begriff dafür ist. Mir wird immer klarer, was ich am Anfang nicht erkannt habe: nämlich daß Leute, die in die Politik gehen, zu einem hohen Grade Neurotiker sind. Sie stehen unter dem Zwang, sich öffentlich durchsetzen zu müssen, und das ist eines der grausamen Gesetze, unter denen man hier in Bonn lebt. Man muß Ellenbogen entwickeln, was schlimme Folgen haben kann. Und insofern ist das alles sehr menschlich. Um so mehr spielt eine Rolle, was ich anfänglich erwähnte: Wer zumindest ein wenig berufliche Erfahrung hat oder gar durch ein, zwei Berufe gegangen ist, wer also weiß, daß er vom Mandat nicht abhängig wird, der ist als Politiker stabiler und standfester. In dieser Art des Wechsels zwischen Beruf und Mandat sehe ich den Grundgedanken der Rotation, und daran würde ich sehr gerne festhalten. Mir graut vor denen, die Politik als Beruf von der Schulbank her oder vom abgebrochenen Studium her begreifen und nicht bereit oder in der Lage sind, sich den alltäglichen Anstrengungen im Beruf auszusetzen. Davon gibt es zu viele, auch bei den GRÜNEN. Das ist das eigentliche Problem.

Du hast gesagt, du seist von Anfang an der Überzeugung gewesen, daß DIE GRÜNEN sich als Organisation etablieren müßten. Aus manchen deiner Äußerungen auf dem Gründungskongreß in Karlsruhe klingt eher so etwas wie ein schlechtes Gewissen darüber, nun neben den Bürgerinitiativen eine neue Organisation, und dazu noch eine Partei, aufzubauen.

Das müßte ich mal wieder im Kontext nachlesen. Ich leugne überhaupt nicht, daß man im politischen Leben, gerade beim Aufbau einer Partei, oft Stimmungen entsprechend redet. Und es herrschte ja auch eine gehörige Portion Skepsis gegenüber der Parteiform.

Sind DIE GRÜNEN eine »Partei wider Willen«, wie es mal jemand formuliert hat?

Ja, in dem Sinne, daß das Wahlgesetz die Parteiform auf Bundesebene vorschreibt. Nein, wenn damit gemeint ist, wir hätten eine stabile Organisation nicht für nötig gehalten, oder DIE GRÜNEN nähmen den Parlamentarismus nicht ernst. Ich habe meine ersten Bürgerinitiativerfahrungen im Organisationskomitee der großen Gorleben-Demonstration von 1979 gesammelt und hatte damals große Schwierigkeiten, diese basisdemokratischen Formen der Willensbildung zu verstehen. Aber als ich einmal begriffen hatte, daß dies unsere Stärke war, bin ich überall dafür eingetreten, unterhalb der Parteiform anzutreten, wo die Wahlgesetze das erlauben. So ist zum Beispiel die hannoversche GABL, die »Grün-Alternative Bürgerliste«, auch auf mein Betreiben zustande gekommen.

DIE GRÜNEN wollten zumindest am Anfang beides sein: Bewegung und Partei. Was ist aus diesem Anspruch geworden? War das überhaupt realistisch?

Bei uns in Hannover hatten wir den Anspruch: Wer in der Partei mitmacht, muß gleichzeitig noch in einer Initiative sein. Ich war damals in der Stromzahlungsboykott-Initiative und habe bei der Organisation der Gorleben-Demo mitgearbeitet. Trotzdem entsteht zwischen beidem eine enorme Spannung, die unvermeidlich ist. Wenn du hier in Bonn gute Arbeit leisten willst, Außenpolitik machen mußt und dazu noch im Fraktionsvorstand sitzt, dann hast du ja einen solchen Arbeitsdruck, daß du dich von solchen Vorstellungen natürlich wieder entfernst. Im Moment könnte ich mich höchstens alle Vierteljahre einmal in einer hannoverschen Basisinitiative blicken lassen. Aber es ist mittlerweile so, daß meine hannoverschen Freunde Verständnis dafür haben.

Demnach war der Anspruch, Bewegung und Partei zu sein, also illusorisch?

Ich finde, es lohnt sich, immer wieder zu versuchen, beides miteinander zu verbinden. Man muß aber auch wissen, daß man bei der Arbeit innerhalb der Partei in

Zwänge hineingerät, die bedingt sind durch die Erfordernisse der politischen Auseinandersetzung mit den anderen Parteien. Aber ich halte es für müßig, Krokodilstränen darüber zu vergießen, daß es nicht mehr geht. Für die, die neu anfangen, geht das zweifellos weiterhin.

Wie denn, wenn DIE GRÜNEN sich stillschweigend dafür entschieden haben, eine richtige Partei zu werden? Die dritte Generation, von der du zu Beginn gesprochen hast, erkennt diesen Konflikt doch gar nicht mehr.

Das mag schon sein. Als Lehrer, der zwischen einer Rotationsperiode auch wieder ein paar Jahre in der Schule war, habe ich diesen Stimmungswandel innerhalb der jüngeren Generation sehr deutlich zu spüren bekommen. Anfang der siebziger Jahre hatten wir eine sehr stark ökologisch orientierte Generation an den Gymnasien und an den Gesamtschulen. Das ist heute ganz vorbei. Heute werden die GRÜNEN ganz cool als ein Angebot neben den anderen betrachtet. Wir haben in dieser Generation keinen natürlichen Vorschuß mehr und müssen durch unsere politischen Inhalte überzeugen. Aber ich stelle immer wieder fest, daß sich wegen dieser Inhalte dann auch wieder starke Bindungen entwickeln.

Wie würdest du den Gründungskonsens der GRÜNEN in Karlsruhe beschreiben?

Ich erwähnte bereits, daß DIE GRÜNEN zu Beginn einen weiten Bogen spannten, der von wertkonservativ bis linkssozialistisch reichte oder von Gruhl bis Dutschke. Und dazu gehörte die Offenheit für den Dialog über diese breite Spanne hinweg.

Gab es einen inhaltlichen Gründungskonsens?

Das ist eine viel schwierigere Frage. Ich neige zu der Ansicht, daß es diesen inhaltlichen Konsens nicht gab, daß es mehr inhaltliche Gegensätze als Gemeinsamkeiten gab.

Mir scheint, es hat zumindest einen inhaltlichen Konsens gegeben, nämlich das Selbstverständnis als grundlegende Oppositionspartei gegenüber allen anderen. Manche meinen, DIE GRÜNEN hätten diesen Anspruch zu früh aufgegeben und sich aufs Mitregieren eingestellt, noch bevor sie richtig Opposition betrieben haben. Was sagst du dazu?

Zumindest für Niedersachsen bestreite ich das energisch. Wir haben im niedersächsischen Landtag konsequente Opposition betrieben, und zwar mit der Bewegung zusammen, gerade gegen das Atomprogramm, insbesondere gegen die Wiederaufarbeitungsanlage im Landkreis Lüchow-Dannenberg, und später zusammen mit der Friedensbewegung gegen die Nachrüstung. Wenn man die Jahre vor unserem Einzug in den Landtag dazurechnet, dann haben wir sogar seit 1976 außerparlamentarische Opposition gemacht. Als ich 1984, also zwei Jahre vor den Landtagswahlen von 1986, mit einem von anderen gezielt an die Öffentlichkeit lancierten Papier die Debatte über eine Regierungsbeteiligung auf Landesebene in Gang brachte, hatten wir unsere Formen fundamentaler Opposition auch im Landtag von vorne bis hinten durchdekliniert, Redepulte besetzt und dergleichen. Wenn du das alles durchprobiert hast, dann kommst du an den Punkt, wo du merkst: Das Parlament ist in vieler Hinsicht ja nur eine vordergründige Bühne. Und dann hast du zwei Möglichkeiten. Entweder du sagst, Parlamente taugen eh nichts, und ziehst dich zurück in die außerparlamentarische Bewegung. Oder du sagst, die Auseinandersetzung reicht ja viel weiter, sie geht sogar weit über die Ministerien hinaus. Gerade bei den scharfen Auseinandersetzungen um die Atomenergie haben wir das sehr deutlich erlebt. Da ist es uns an einzelnen Punkten gelungen, durch geschickte Fragestunden den Entscheidungsablauf im Atomministerium zu decouvrieren und Widersprüche aufzudecken, so daß sich der Minister nicht anders zu helfen wußte, als uns ins Ministerium einzuladen. Dort haben wir dann gesehen, wie dünn die Aktenlage und wie stark der Einfluß der Atomlobby ist. Und an solchen Punkten merkst du dann, daß die eigentliche Auseinandersetzung nicht im Parlament, sondern im Ministerium stattfindet und daß das Ministerium Handlanger der Lobbyverbände ist statt Aufsichtsbehörde. Wenn du das erkannt hast, dann bist du an einem Punkt, wo du sagst: Bevor eine ganze Generation, mit der wir zusammen angetreten sind, wieder mal ins Abseits gerät, weil wir ihnen keine beruflichen Sicherheiten anbieten können, gehen wir rein in die Ministerien und setzen unsere Leute in die Sessel. Und wenn die sich dazu noch der Diätenkommission unterstellen: hervorragend.

Der erste Satz der in Karlsruhe verabschiedeten Präambel lautet: »DIE GRÜNEN sind die grundlegende Alternative zu den herkömmlichen Parteien.« Gilt dieser Satz noch, oder müssen DIE GRÜNEN nicht zumindest in diesem Punkt ihre Satzung an die Wirklichkeit anpassen?

Ich weiß auch nicht, ob wir heute noch diese grundsätzliche Alternative sind, zumal die anderen Parteien einen Teil unserer Inhalte aufgenommen haben, wenn auch nur aus wahltaktischen Gründen. Aber ich denke immer noch, daß der politische Gegensatz zwischen GRÜN und CDU verläuft. Eigentlich können wir jetzt sogar sagen, daß er zwischen Rot-Grün und CDU verläuft, weil der Widerspruch zwischen SPD und GRÜNEN ein Nebenwiderspruch geworden ist. Uns steht heute nicht mehr dieser einheitliche Block der Etablierten gegenüber. Den haben wir in einigen zentralen Fragen, etwa in der Friedenspolitik und der Atomenergiefrage, aufgebrochen, auch wenn die SPD unsere Inhalte nicht völlig übernommen hat, was ja auch gar nicht zu erwarten war. Insofern sind wir nicht mehr die grundsätzliche Alternative zu allen herkömmlichen Parteien, wohl aber gegenüber der CDU immer noch die entscheidende Alternative.

Es sieht so aus, als ob DIE GRÜNEN in einem mühsamen Prozeß dabei sind, sich von dem ursprünglichen Fundamentalismus der Gründungsphase zu verabschieden. Ist dieser Prozeß eigentlich umkehrbar?

Ich bezweifle, daß DIE GRÜNEN sich vom Fundamentalismus verabschiedet haben. Bei vielen unserer neuen jungen Mitglieder bemerke ich immer wieder einen ganz ursprünglichen Fundamentalismus. Das ist zwar oft unangenehm, weil es zu unheiligen Allianzen kommen kann zwischen diesem ursprünglichen, aber doch diffusen Fundamentalismus der Neuen und dem zum Dogmatismus geronnenen Fundamentalismus der Alten. Aber das gehört nun mal zur politischen Praxis, und das macht die Sache ja auch immer wieder spannend. Ich empfinde es als ein sehr gutes Zeichen, wenn neue Leute aus fundamentalistischen Überzeugungen zu uns kommen, und sehe nichts Negatives darin, wenn sie infolge eines politischen Lernprozesses ihre Haltung differenzieren. Ich glaube, es muß so sein, wenn man politisch etwas durchsetzen will.

Sind die GRÜNEN heute das, was sie am Anfang gerade nicht sein sollten, nämlich eine Weltanschauungspartei?

Ich denke, daß wir einige leitende Ideen haben und daß ökologisches Bewußtsein unsere bleibende Philosophie ist oder jedenfalls sein sollte. Wer das zur Weltanschauung erklären will, soll es tun. Für mich ist ökologisches Bewußtsein eine Notwendigkeit. Aber wahrscheinlich ist es im historischen Prozeß unvermeidbar, daß etwas, was man ursprünglich nur als Notwendigkeit empfunden hat, von später Kommenden und Außenstehenden zur Weltanschauung erklärt wird.

Sind zehn Jahre GRÜNE ein Grund zum Feiern?

Ach Gott, das weiß ich nicht. Bei uns in Niedersachsen haben wir auch zehn Jahre GLU gefeiert, das war eine sehr künstliche Angelegenheit und nicht gerade die geglückteste Veranstaltung.

Fehlt es an Erfolgen, die man feiern kann?

Das kann man nur dann bejahen, wenn man Erfolge in traditioneller Weise versteht. Ich denke, DIE GRÜNEN haben einiges erreicht. Ich will nicht behaupten, daß der Abrüstungsprozeß auf Druck der GRÜNEN entstanden ist; das hat seine Gründe ganz zweifellos in anderen Faktoren. Aber daß das Gesicht der Bundesrepublik sich für das Ausland zum Positiven verändert hat, das hat schon etwas mit den GRÜNEN zu tun. Ich glaube, im Ausland registriert man mit großer Erleichterung, daß zunächst DIE GRÜNEN entstanden sind und nicht etwa die REPs: In umgekehrter Reihenfolge wäre es verheerend gewesen. Ich denke immer noch, daß mit den GRÜNEN eine stabile ökologische Partei entstanden ist, links von der Mitte und antifaschistisch, die ein wesentlicher Ausdruck der politischen Kultur dieses Landes wird. Darin liegt für meine Begriffe der eigentliche Erfolg der GRÜNEN: Daß wir in diesem Lande einen eigenen Ausdruck von politischen und geistigen Möglichkeiten gefunden haben, das ist schon was.

Du hast zu Beginn gesagt, die Entwicklung einer Partei ließe sich nicht mathematisch berechnen. Willst du trotzdem eine Prognose über die nächsten zehn Jahre der GRÜNEN abgeben?

Ich glaube, daß die Zeit des großen Wachstums der GRÜNEN vorbei ist. DIE GRÜNEN befinden sich in einer Phase der Stabilisierung, die ihnen bei Wahlen zwischen 8 und 10 Prozent der Stimmen einräumt. Die enormen Veränderungen, die jetzt in Europa vor sich gehen, werden das gesamte Parteiensystem auch bei uns nicht unbeeinflußt lassen. Deshalb werden auf DIE GRÜNEN, ganz unabhängig davon, ob sie wachsen oder nicht, politische Aufgaben zukommen. Und ich denke, daß sie sich auch in diesen Aufgaben bewähren werden.

Bist du sicher, daß es DIE GRÜNEN in zehn Jahren noch geben wird?

Aber ja! Aber ja!

Thomas Ebermann:
»Ich und meine Freunde sind bei den GRÜNEN gescheitert«

Thomas Ebermann hat das, was manche naserümpfend eine »K-Gruppen-Vergangenheit« nennen. An der Frage, ob es sinnvoller sei, am Hamburger Konzept »Bunte Liste« festzuhalten oder bei den GRÜNEN mitzuarbeiten, überwarf er sich, wie viele seiner damaligen Mitstreiter auch, mit dem Kommunistischen Bund. Neben dem früheren Vorstandssprecher Rainer Trampert wurde er zu einem Wortführer der Öko-Sozialisten bei den GRÜNEN. Bis 1985 war er Bürgerschaftsabgeordneter der Grün-Alternativen Liste (GAL) in Hamburg. Von 1987 bis 1989 gehörte er dem Deutschen Bundestag an. Sein politisches Interesse an den GRÜNEN hat inzwischen stark nachgelassen; mit um so größerer Aufmerksamkeit verfolgt er die Diskussionen um die Bildung einer parteiunabhängigen »Radikalen Linken«.

***Michael Schroeren:** Du bist aus einer sogenannten »K-Gruppe«, dem Kommunistischen Bund, zu den GRÜNEN gekommen. Eure Mitarbeit bei den GRÜNEN war die beherrschende Frage auf dem Gründungsparteitag in Karlsruhe. Welche Erinnerung hast du an diese Versammlung?*

Thomas Ebermann: Das war eine Streßsituation, weil wir quasi an zwei Fronten kämpften. Unsere Hamburger Delegation war politisch an einer zentralen Frage gespalten: Soll man in die GRÜNEN hineingehen oder in Konkurrenz zu ihnen die Bunten und Alternativen als Gegenmodell aufbauen? Ich gehörte zu denen, die für Mitmachen bei den GRÜNEN plädierten. Wir sahen, daß die Bunten und DIE GRÜNEN das gleiche gesellschaftliche Potential repräsentierten, und wollten verhindern, daß sich extrem rechte Positionen bei den GRÜNEN durchsetzten. Bei unseren Widersachern in Hamburg waren DIE GRÜNEN schon als rechter Haufen abgeschrieben. Das ergab für uns in Karlsruhe eine extrem brisante taktische Konstellation. Ein Teil der Hamburger saß als ordentliche Delegierte im Saal, und ein anderer Teil saß zusammen mit Leuten aus Hessen und Berlin ohne Stimmrecht als Zuschauer auf der Empore und verlangte, daß zunächst einmal jeder Gedanke an Unvereinbarkeitsbeschlüsse aufgegeben werden müsse, bevor sie bei den GRÜNEN mitarbeiten. Unsere Rolle war also eine klassisch unangenehme: Bei den Beratungen der Linken am Rande des Parteitags betonten wir, daß wir gute Chancen für eine Mitarbeit bei den GRÜNEN sahen, und warnten vor nicht erfolgsträchtigen Sonderwegen der Bunten und Alternativen. Im Saal dagegen waren wir bei einem großen Teil der Versammlung äußerst ungeliebte Mitglieder. Da gab es viele, denen es sehr recht gewesen wäre, wenn wir nicht mitgemacht hätten. Da gab es auch massive Bestrebungen, uns schlicht und einfach rauszuschmeißen oder uns Bedingungen zu diktieren, unter denen wir die weitere Mitarbeit nicht hätten durchhalten können. Wir saßen also, jedenfalls für einige Tage, zwischen den Stühlen.

Wie hast du die Situation in Karlsruhe persönlich empfunden?
Ich fühlte mich außerordentlich unsicher, viel unsicherer als heute. Man traf auf Menschen, mit denen man bis dahin politisch nichts zu tun gehabt hatte. Ich war damals schon über zehn Jahre politisch aktiv gewesen, aber in einem linken bis linksradikalen Milieu, das mir vertraut war. Betriebsarbeit, Anti-AKW-Initiativen usw. waren Domänen linker Politik. In unserem Bürgerinitiativmilieu waren wir gewohnt, uns mit Autonomen und anderen Linksradikalen zu streiten, weniger mit Vertretern zum Beispiel vom »Weltbund zum Schutze des Lebens« oder mit sogenannten Wertkonservativen. Als wir die kennenlernten, empfanden wir eine große inhaltliche und rhetorische Unsicherheit, die immer dann entsteht, wenn man weder die Ambitionen und Motive von Mitstreitern noch die von politischen Gegenspielern kennt.
Der große Streit ging in Karlsruhe um die Frage der Doppelmitgliedschaft. Warum war es euch eigentlich so wichtig, neben der Mitgliedschaft bei den GRÜNEN auch noch Mitglied in eurer Partei bleiben zu können?
Wir hatten einen ausgeprägt fraktionellen Ansatz. Wir wollten als Kommunisten bei den GRÜNEN mitarbeiten und gleichzeitig die Möglichkeit behalten, organisiert, aber nicht geheimbündlerisch praktische und theoretische Probleme unserer Mitarbeit bei den GRÜNEN untereinander zu diskutieren. Wir waren dann – und das sehe ich sehr selbstkritisch – so fasziniert von den Möglichkeiten bei den GRÜNEN, daß wir dieses Planen unserer Politik aufgegeben haben zugunsten vordergründiger praktischer Notwendigkeiten. Ich bedaure rückblickend, daß es keine linke Fraktion bei den GRÜNEN gab mit einer eigenen Theorieproduktion, einer eigenen Zeitung oder zumindest einem eigenen Zirkular. Entschuldigend muß man allerdings sagen, daß der Druck auf uns enorm groß war, immer wieder zu beteuern, daß wir keine geheimbündlerische Politik betreiben würden.
Das Gegenargument lautete, Doppelmitgliedschaft führe zu doppelten Loyalitäten.
Damals war das Wort »Fraktion« noch extrem negativ belegt. Paradoxerweise reproduzierten DIE GRÜNEN mit diesem Argument ausgerechnet eine bestimmte Dogmatik der DKP und der K-Gruppen, die da heißt: Richtungskämpfe organisierter Art sind etwas Negatives, und eine doppelte Loyalität ist etwas ganz Schreckliches. Es wurde im Handumdrehen verlangt, daß alle Bestandteile der GRÜNEN so etwas wie »grüne Identität« haben müßten. »Grüne Identität« ist ein Wort, das bis heute schweren Schaden anrichtet, weil es ein emanzipatorisches Verhältnis zur Partei schlicht und einfach verunmöglicht. Auch wenn meine Freunde bei den GRÜNEN sagen, daß eine politische Position von Otto Schily, Joschka Fischer, Waltraud Schoppe oder von wem auch immer »ungrün« sei, ist das extrem antiemanzipatorisch, weil dieser Vorwurf den Blick auf die Partei, ihre Entwicklungsmöglichkeiten und ihre Kräftekonstellation verbaut.
Rudolf Bahro ist damals ganz demonstrativ in die GRÜNEN eingetreten und hat in einer flammenden Rede die Mitglieder der K-Gruppen aufgefordert, ihre Organisationen aufzulösen und ebenfalls den GRÜNEN beizutreten. Wie hat dieser Appell auf euch gewirkt?

Das war für mich ein ganz mieser Zeitgeistappell. Denn Bahro sagte nicht nur, löst eure Organisationen auf. Da schwang auch dieser Tenor mit: Vergeßt alles! Ab jetzt gilt eine neue Epoche, alles alte Denken ist passé! Wir fanden das ganz schlimm und haben das abgelehnt. Trotzdem ist leider ein Stück der Prognose von Rudolf Bahro eingetreten, denn unseren Ansatz haben wir, wie gesagt, nicht durchgehalten.

Man wirft den Linken und den Bunten und Alternativen Listen vor, sie seien auf den Zug der GRÜNEN erst aufgesprungen, nachdem er in Fahrt gekommen war. Seid ihr die Zuspätgekommenen bei den GRÜNEN?

Nein. Wir sind Leute der ersten Stunde gewesen, haben dann aber ein bestimmtes Ereignis verpaßt.

Das waren die Europawahlen 1979.

Ja. Wir sind insofern Leute der ersten Stunde, als wir schon 1978 in Hamburg als Bunte Liste kandidiert haben. Das war neben der Kandidatur der Grünen Liste in Niedersachsen die erste landesweite Kandidatur aus der Alternativszene.

Warum habt ihr die Europawahl verschlafen?

Wir hatten ein gesundes und gutes linkes Motiv, diese Wahl nicht sonderlich zu beachten: Was interessiert uns Europa? Keine Wahl ist banaler, unwichtiger und fördert deutlicher den ideologischen Gedanken an eine Supermacht Europa. Wir sagten uns, damit haben wir nichts zu tun. Nun vollzog sich die Konstituierung der GRÜNEN zufälligerweise an dieser Europawahl, und wir mußten viel Gemecker und ätzende Kritik einstecken, daß wir dabei nicht mit angefaßt hätten. Petra Kelly schickte uns einen bitterbösen Brief, daß wir am Beispiel der Europawahl versagt hätten, daß wir den Zug verpaßt hätten usw. Heute würde ich mir wünschen, daß wir dieses Motiv der Ignoranz gegenüber der Europawahl viel vehementer vertreten würden. Wir haben damals die Europawahl weniger aus einem großartigen politischen und strategischen Kalkül heraus ignoriert, sondern weil wir gewohnt waren, uns nicht dafür zu interessieren. Insofern waren wir in der Tat Zuspätgekommene, die gegen dieses schon wieder antiemanzipatorische Bewußtsein bei den GRÜNEN anlaufen mußten, das in den Vorwurf mündete: »Wir GRÜNEN haben schon eine Schlacht gemeinsam geschlagen, und da wart ihr nicht dabei!«

Die wahlpolitische Orientierung der Bürgerinitiativen war ja eigentlich keine Selbstverständlichkeit. Viele, die auf Autonomie statt auf Parteiform pochten, sahen darin einen Rückschritt. Euch in den K-Parteien, die ohnehin wahlpolitisch orientiert waren, kam diese Entwicklung eher entgegen. Was sagst du zu dem Vorwurf, ihr hättet die Bürgerinitiativen quasi instrumentalisiert, um ein alternatives Wahlbündnis durchzudrücken?

Wenn man das alles noch mal tun dürfte, würde ich das sicher nicht wieder so machen wie in Hamburg mit der Bunten Liste. Wir waren damals einfach zu sehr darauf erpicht, eine möglichst langen Liste von Bürgerinitiativen vorweisen zu können, die als Organisationen die Bunte Liste unterstützen – ich glaube, wir kamen auf 117. Das Törichte daran war, daß dadurch diejenigen in den Bürgerinitiativen, die dagegen waren, übergangen wurden. Wenn etwa in einer Initiative von 30 Leuten 25 dafür stimmten, wurden die restlichen fünf in einen Weg gezwungen, den sie für falsch hielten. Darin liegt der spezifische Fehler, den wir damals nicht gesehen haben. Was einem manchmal die Krätze macht bei der DKP, diese Mißachtung der Motive und der Autonomie von politischer Arbeit und Organisation anderer, das haben wir zumindest tendenziell auch gemacht. Das hat für viel böses Blut gesorgt. An sich war der Gedanke an eine alternative Wahlbeteiligung in den Hamburger Bürgerinitiativen und im linksradikalen Milieu durchaus mehrheitsfähig.

War dieser Gedanke denn genügend reflektiert? Oder war er nicht vielmehr Ausdruck einer gewissen Ratlosigkeit darüber, daß man jahrelang auf die Bauplätze der Atomkraftwerke gestürmt war und nun feststellen mußte, daß sie uneinnehmbar geworden waren?

Was uns in der Bunten Liste betrifft, glaube ich schon, daß der Gedanke der Wahlbeteiligung gut reflektiert und begründet war, gerade unter dem Gesichtspunkt: Welches »Feindesland« betreten wir da? Haben wir eigentlich bedacht, daß ein solches Parlament ein ideologisches Instrument der herrschenden Klasse ist? Haben wir die Gefahren der Integration und die Chancen für ein Aufbrechen gesellschaftlicher Widersprüche über das Parlament gegeneinander gewichtet? Wir plädierten für eine durchaus ernsthafte Parlamentsarbeit und ganz stark dafür, etablierte Politik und bürgerliche Parteien zu entlarven. Und nachdem wir 1978 in die Bezirksvertretung von Eimsbüttel gekommen waren und dort recht emsig und detailliert arbeiteten, mußten wir viel Spott ertragen von Leuten, die sagten: Ihr geht lieber in den Ausschuß, als einer alten Oma über die Straße zu helfen. Es mag sein, daß eine ganze Reihe von Leuten sich damals mit dem Gedanken anzufreunden begannen, der gesellschaftliche Kampf bringt's nicht, also müssen wir eine neue Form des langen Marsches durch die Institutionen einschlagen. Ich habe am Anfang diese Gefahr gar nicht gesehen. Wie ich überhaupt glaube, daß wir das, was wir später als Verparlamentarisierung der sozialen Bewegungen beklagt haben, damals eher unterschätzt haben.

War diese Entwicklung eigentlich eine zwangsläufige Dynamik, der unter den gegebenen Verhältnissen keine Partei ausweichen kann, oder hätte es auch anders kommen können?

Mein Abstand zu den GRÜNEN ist noch nicht groß genug, um darauf definitiv antworten zu können. Meine vorläufige Antwort ist: Wenn die gesellschaftliche Ruhe so lähmt und so massiv ist wie in der Bundesrepublik Deutschland, dann ist es wahrscheinlich ein illusionärer Traum zu sagen, wir machen gegen diese gesellschaftliche Ruhe trotzdem eine rebellische, provokante und destruktive – im positiven Sinne destruktive – Parlamentspolitik, dann werden die Mechanismen des Respektes vor dem Wahlvolk und der widerliche Verantwortungsethos, demzufolge man ja auch immer zur Regierung bereit sein muß, letztlich siegen. Aber ich traue mich deswegen noch nicht zu sagen: Meidet für immer die Parlamente! Wenn es ein gesellschaftliches Gegengewicht zu dem Mediendruck und Parlamentsdruck auf Anpassung gäbe, dann könnte so etwas wie Erziehung der Parlamentarier möglich sein. Ich sehe einen riesigen Unterschied zwischen einer gesellschaftlichen Situation, wo ein Parlamentarier oder eine ganze Fraktion öffentlich ausgebuht und isoliert werden, weil sie zu rechts sind, und der Situation, in die wir als grüne Abgeordnete gekommen sind, nämlich sich in der Öffentlichkeit eher dafür rechtfertigen zu müssen, mal wieder nicht vernünftig genug gewesen zu sein. Joschka Fischer konnte auf Anti-AKW-Demos behaupten, der sofortige Ausstieg aus der Atomenergie sei illusorisch, und mußte nicht fürchten, dafür gesellschaftlich kritisiert zu werden. Was er fürchten mußte, waren faule Eier von ein paar Autonomen, und die haben ihm wahrscheinlich eher genützt als geschadet, weil er den Spießbürgern damit beweisen konnte, daß er mit den Autonomen gebrochen hat.

Wo lag deiner Meinung nach der Gründungskonsens der GRÜNEN?

Es gab nur einen einzigen Gründungskonsens bei den GRÜNEN, der lautete: Wenn wir zu sehr gespalten sind, dann schaffen wir die 5-Prozent-Hürde nicht. Also eine kräfteanalytische Akzeptanz, daß man zur Zwangseinheit verdonnert war. Das ist der negative, ganz miese und niederträchtige Aspekt des grünen Gründungskonsenses. Darüber hinaus gab es natürlich erste Formen und Ideen davon, daß man trotz großer Differenzen in Einzelfragen auch viel voneinander lernen kann. Es wäre eine große Geschichtsfälschung, wenn ich nicht zugeben würde, daß ich von Leuten, von deren politischem Gesamtkonzept ich gar nichts halte, viel gelernt habe.

Zum Beispiel?

Alle Kommunisten – ich behaupte sogar, fast alle Linksradikalen – waren in bezug auf den Kampf gegen die Atomkraftwerke nicht Avantgarde, von verdienstvollen Ausnahmen bei Autonomen und Libertären abgesehen. Die Gefährlichkeit der Atomanlagen ist von Leuten popularisiert worden, die in anderen Auffassungen teilweise sehr konservativ waren. Und wir Linken – auch diejenigen, die das jetzt nicht mehr so gerne hören – hielten das am Anfang eher für Maschinenstürmerei. Da waren eher bürgerliche Leute Avantgarde. Das gilt auch für andere Gebiete. Die Infragestellung von Konsumgewohnheiten in den imperialistischen Metropolen, die Problematisierung der gewaltigen Nahrungsmittelimporte aus der dritten Welt, all das war kaum zentraler Bestandteil des linken und linksradikalen Antiimperialismus.

Kann man sagen, bei Gründung der GRÜNEN waren alle Fundis? Oder wie ist es deiner Meinung nach erklärbar, daß die Karlsruher Satzungspräambel damit beginnt: »Wir sind die grundlegende Alternative zu den herkömmlichen Parteien«?

Das würde ich nicht so interpretieren. Das halte ich für typisch deutsches Wortgerassel. Das gibt inhaltlich nicht viel her. Das zeigt nur, daß man damals viele Beschlüsse fassen konnte, die noch keinerlei praktische Bedeutung hatten, und insofern war ein bestimmter kulturrevolutionärer Gestus, den DIE GRÜNEN vor sich hertrugen, schlicht billig erkauft. Damals fiel es keinem schwer, sich darauf festzulegen, daß die Abgeordneten der GRÜNEN einen Großteil ihrer übermäßigen Diäten an die Partei und dann an den Öko-Fonds abführen sollten, denn noch gab es keinen einzigen grünen Abgeordneten. Das Motiv, nun habe ich das schöne Geld, nun will ich es auch behalten, war real noch nicht existent. Das gleiche gilt auch für die Rotation. Ich kenne keine Rotationsgegner aus der Gründungszeit der GRÜNEN.

Glaubst du nicht, daß Rotation, Basisanbindung, Verbot der Ämterhäufung usw. inhaltlich ernstgemeinte Zugeständnisse waren, die DIE GRÜNEN gegenüber dem weitverbreiteten Unbehagen an jeglicher Parteipolitik machen mußten?
Natürlich gab es in den GRÜNEN ernsthafte Träger dieser Ideen, und diejenigen, die nichts davon hielten, taten gut daran, nicht allzuviel darüber zu reden, weil es ihre Wahl- und Nominierungschancen enorm verringert hätte. Insgesamt war das GRÜNE Milieu damals viel freakiger als etwa heute, und in diesem Milieu waren solche Prinzipien auch viel konsensfähiger.
Wie würdest du dieses »Freakige« beschreiben? Worin liegt der Unterschied zwischen damals und heute?
Bei den GRÜNEN konnte man von Jahr zu Jahr einen doppelten Wandel spüren. Auf der einen Seite verschob sich die Politik der GRÜNEN nach links. Nach dem Parteitag in Saarbrücken konnte man die Frage, ob das eine Partei wird, in der Gruhl und Springmann das Sagen haben, positiv abhaken. Gemessen an den Erwartungen konnte man sich über das Saarbrücker Programm als Linker eher freuen. Je mehr sich aber die Politik der GRÜNEN nach links verschob, desto mehr wich merkwürdigerweise dieses Freakige aus der Partei. Wenn man Anfang der achtziger Jahre auf Veranstaltungsreise für die GRÜNEN ging, mußte man meistens auf irgendwelchen Sitzecken in der Küche von Wohngemeinschaften nächtigen. Es war auch nicht selten, daß einem angetragen wurde, sich zum Gastgeber zu legen, das Bett sei ja breit genug. Man traf oft auf extrem sparsame und konsumkritische Menschen, die sich von extrem wenig Geld ernährten, °as ich nie geschätzt habe. Es war nicht außergewöhnlich, irgendwo schlafen zu müssen, wo einem erklärt wurde, daß man selbstverständlich nachts nicht heize, und das konnte einem im Januar passieren. Auf grünen Parteitagen waren diejenigen in der Minderheit, die ein Hotel aufsuchten. Auf Veranstaltungsreisen gab es in den ersten Jahren wie selbstverständlich kein Hotel. Und heute? Als ich vor einem Jahr eine Vortragsreise machte, meinten viele Gastgeber, sie könnten mir ein Privatquartier nicht zumuten. Und wenn man ausnahmsweise zu Hause untergebracht wird, bekommt man heutzutage ein ziemlich gutes Gästezimmer. Es gibt mehr und mehr Kreisverbände, wo ein Thomas Ebermann gesiezt wird vom Veranstalter, bei der Ankunft, bei der Vorstellung, während der Veranstaltung, beim Essen danach.
So wie damals beim Gründungsparteitag in Karlsruhe.
In Karlsruhe war es noch gemischt zwischen duzen und siezen. Dann haben, glaube ich, die Freaks das Heft in die Hand genommen, und dann hat man gemerkt, wie viele Freaks eigentlich nur Zukurzgekommene der bürgerlichen Welt sind.
Du hast gesagt, gemessen an den Erwartungen habe man als Linker mit dem Saarbrücker Programm ganz gut leben können. Ein paar Monate vor Saarbrücken hatten sich die Bunten und Alternativen Listen in Frankfurt getroffen und Essentials für ihre Mitarbeit bei den GRÜNEN formuliert. Da hieß es: »Das Programm der GRÜNEN darf die Tatsache des Klassenkampfes nicht leugnen.« Kam das Saarbrückener Programm dieser Forderung entgegen?

Nein. Ich habe bei diesem Treffen der Bunten und Alternativen gegen diese Haltung plädiert und war deswegen in Frankfurt ein echter Störenfried. Ich war dafür, ohne Vorbedingungen bei den GRÜNEN mitzumachen und so eine Dynamik zu befördern. Diese Essentials sind eine Schematisierung linker Politik, eine törichte Herangehensweise, wie man sie in Stalins kurzem Lehrgang über die Geschichte der KPdSU findet; da gibt es auch nur Gute und Böse, und alle machen mal einen Fehler, nur Lenin nie. Wenn ein Mensch an einer bestimmten relevanten Frage mit der etablierten Politik über Kreuz gekommen ist, aber weder eine klassenkämpferische Biographie hat noch diese Diktion überhaupt geläufig findet, was nützt es dann, ihm so was abzuquetschen? Ich glaube, das war ein sehr unfruchtbarer Weg. Hätten meine damaligen Gegenspieler prognostiziert, was bei den GRÜNEN an linker Politik im Laufe von zehn Jahren unmöglich wird, dann wären sie sehr klug gewesen und mir ein Stück voraus. Da sie aber in bloßem Taktizismus und Essentialhuberei ertrunken sind, steckte in dieser Haltung unheimlich viel Willkür, denn es standen viel wichtigere Fragen an.

Welche Fragen waren das?

Hätten DIE GRÜNEN in Saarbrücken beispielsweise einen reaktionären Beschluß zum Paragraphen 218 gefaßt, was durchaus zu befürchten war, dann wäre der Zustrom der Frauenbewegung verunmöglicht worden. Hätten sie einen reaktionären Beschluß zu Arbeitszeitverkürzung und Lohnausgleich gefaßt, dann wäre eine linksgewerkschaftliche Schiene den GRÜNEN wahrscheinlich verlorengegangen. Es war klug zu sagen, es gibt fünf, sechs Punkte, die sind extrem relevant und an denen wollen wir als Linke kämpfen. Ein zweites muß man sehen: Die Bunten und Alternativen hatten samt und sonders selber kein Bekenntnis zum Klassenkampf in ihrer Programmatik. Diese Forderung war also eine Art Kunstprodukt, eine Wiederbelebung des Thälmann-Vermächtnisses auf Bunt-Alternativ. Die Gretchenfrage: »Sage mir, wie du zur Sowjetunion stehst, und ich sage dir, ob du Kommunist bist«, wurde transformiert in die Frage: »Sage mir, was du vom Klassenkampf hältst, und ich sage dir, ob du korrekt bist.« Die Akteure der Essentialpolitik wurden bei mir den Geruch nicht los, die wahrscheinliche Niederlage der Linken bei den GRÜNEN antizipieren zu wollen und darauf ihre Essentials zu schreiben, anstatt zu gucken, was die wirklichen Aufgaben des Argumentierens und Überzeugens sind.

Haben die Linken die Möglichkeiten und Perspektiven der GRÜNEN überschätzt?

Wenn man so spottet, wie ich das jetzt tue, dann muß man eines selbstkritisch sagen, sonst darf man nicht spotten. Die Möglichkeiten, Ökologiepolitik volksgemeinschaftlich, nationalistisch und wahrscheinlich auch faschistoid zu instrumentalisieren, sind damals von Leuten wie mir schlicht und einfach unterschätzt worden. Auch ich habe mich gedanklich und theoretisch gefangennehmen lassen von den teilweise überwältigenden Erkenntnissen der ökologischen Dramatik und hatte gehofft, daß daraus auch eine neue Schiene von Gesellschaftskritik und Verlangen nach Umwälzung der gesellschaftlichen Verhältnisse erwachsen könnte. Diejenigen, die gesagt haben, das kann ganz rechts kommen, haben in vielfältiger Hinsicht recht behalten, auch wenn ihre Argumente damals teilweise in dem Geruch standen, die gewaltige ökologische Krise zu leugnen. Klüger wäre es gewesen, wenn wir die wirkliche Diskussion darüber geführt hätten, welche volksgemeinschaftliche und konservative Politik kann möglicherweise unter dem Etikett »neuer Anlauf« und »Ökologiepolitik« daherkommen? Denn die Momente des Rassismus, vor allem der Gedanke des Verzichts zugunsten der Volksgemeinschaft, waren bei den GRÜNEN von Anfang an massiv vorhanden. Die Deutschtümelei, die sich später darin ausdrückte, daß die baden-württembergischen GRÜNEN ihre Sonnenblume schwarz-rot-gold verzierten, gehörte von Anfang an zu den GRÜNEN. Ich glaube, daß wir das unterschätzt haben.

Wie sieht deine Bilanz nach zehn Jahren GRÜNEN aus? Gibt es Grund zu feiern?

Nein, ich und meine politischen Freunde sind bei den GRÜNEN gescheitert.

Inwiefern?

Wir sind insofern gescheitert, als eine rebellische, gesellschaftlichen Konsens aufbrechende, Kapitalismus, Militäreinbindung und bürgerliche Welt angreifende Partei nicht entstanden ist. Wir befinden uns heute am Rande der GRÜNEN, und es ist eine unendlich langweilige und formale Frage, ob wir da noch drin sind oder nicht, weil wir die Entwicklung der Partei nicht mehr maßgeblich beeinflussen.

Nicht mehr beeinflussen oder nicht mehr beeinflussen können?

Nicht mehr beeinflussen können. Wir können dafür kämpfen, daß uns auf grünen Kongressen angemessene Redezeit eingeräumt wird. Aber wir können nicht mehr das beeinflussen, was wir für zentral halten. DIE GRÜNEN haben das staatliche Gewaltmonopol faktisch akzeptiert. In Berlin haben sie sogar noch mehr akzeptiert, nämlich die Präsenz der alliierten Truppen. Die Bereitschaft zur Koalition, der ganze Verantwortungsethos ist bei den GRÜNEN praktisch durchgesetzt. Das Eingebundensein in die westliche Welt und damit in die NATO ist praktisch akzeptiert. Die Akzeptanz marktwirtschaftlich verfaßter Wirtschaftsweise, also des Kapitalismus, ist durchgesetzt – noch nicht in dem Sinne, daß man jetzt für den Öko-Kapitalismus ist, sondern eher in der Weise, daß man Umbauprogramme schreibt, in denen suggeriert wird, was unter marktwirtschaftlicher Verfaßtheit alles möglich ist.

War es ein historischer Irrtum der Linken, bei den GRÜNEN mitzuarbeiten?

Nein. Ich neige dazu, zu sagen, ja, es war trotzdem richtig. In solch zähflüssigen politischen Zeiten, in denen wir nun mal leben, werden einem als Linksradikalem wahrscheinlich immer nur Chancen begegnen, die neun Anteile wahrscheinlichen Scheiterns und einen Anteil von »Vielleicht klappt's doch!« enthalten. Ich weigere mich, aus einer Niederlage immer gleich eine Zwangsläufigkeit der Niederlage zu konstruieren. Dann könnte ich gleich die Finger von der Politik lassen. Als Linksradikaler Politik zu machen, setzt immer übermäßigen Optimismus und ein wenig die Bereitschaft voraus, die Augen vor der Wirklichkeit zu verschließen. Ich befürchte, daß diejenigen, die damals gesagt haben: Es ist falsch, zu den GRÜNEN zu gehen, das Projekt wird insgesamt zu weit rechts rauskommen, auch diejenigen sein können, die jede Chance verschlafen. Die mit gestandenem Realismus vielleicht dafür sorgen können, daß ihr Verein nicht gänzlich untergeht. Aber ich möchte lieber siebenmal scheitern als irgendwo in einem kauzigen Verein zu enden, der das Erbe von Brandler und Talheimer hochhält, aber gesellschaftlich nicht mehr interveniert.

Siehst du denn Perspektiven linksradikaler Politik?

Ich bin fest davon überzeugt, daß in absehbarer Zeit links neben den GRÜNEN ein politisches Vakuum in der Gesellschaft entstehen wird. Wenn Normalität wird, was jetzt in Frankfurt und Berlin mit den GRÜNEN läuft, dann wird es auch eine Desillusionierung dessen geben, was Georg Fülberth so wunderbar zutreffend rot-grüne Besoffenheit genannt hat. Es werden in der Gesellschaft Potentiale entstehen, ähnlich wie sie in den siebziger Jahren zwischen den »Willy-Willy«-Rufen und dem deutschen Herbst 1977 entstanden sind. Wo viele Menschen sagen werden, nein, das ist nicht unser Hoffnungsträger. Ich glaube, daß wir zunächst noch eine Zeitlang relativ isoliert sein werden, denn die rot-grüne Besoffenheit hat ihren Höhepunkt noch nicht erreicht. Aber ich bin sicher, daß es diese Desillusionierung geben wird. Und dann vielleicht auch wieder eine massenfähige Chance, linksradikale Politik zu machen.

Es gibt eine ganze Menge Leute bei den GRÜNEN, die sich zur Linken zählen und nach wie vor mitarbeiten.

Ich bin überrascht davon, wie viele Linke sich mit einer subalternen Rolle bei den GRÜNEN bescheiden. Das hat nicht nur mit materieller Ausstattung von Politik zu tun, sondern auch mit der Mystifikation von Partei, von Treue und von Unlust, schon wieder ungewohnte Bahnen betreten zu müssen. Diesen Weg in die subalterne Mitarbeit halte ich für falsch. Die GRÜNEN feiern gegenwärtig einen großen Sieg angesichts der Tatsache, daß linke Drohungen nie wahrgemacht werden. Nach der Abwahl des linken Bundesvorstands 1988 in Karlsruhe drohten die Linken abzureisen und sind dann doch geblieben. Hätte ich noch mal die Chance, wäre ich tatsächlich abgereist.

Bist du verbittert?

Nein. Darin sehe ich die zweite falsche Möglichkeit, daß Leute verbittert und zynisch reagieren und nichts mehr glauben und nichts mehr hoffen. Außerdem, wenn man soviel erleben durfte, weil es die GRÜNEN gab, dann darf man sich sowieso nicht rausnehmen, allzu verbittert zu sein. Denn DIE GRÜNEN haben mir eine wahnsinnige Sightseeingtour ermöglicht durch die Welt von Parlamenten, Zeitungsredaktionen und Fernsehanstalten. Also ich bin reich entschädigt worden, nur eben politisch bankrott.

Jutta Ditfurth: **»... dann ist die Partei kaputt!«**

Schon als Schülerin, sagt Jutta Ditfurth von sich, »faszinierte mich das Aufbrechen verknöcherter Strukturen«. Vielleicht ist dies eine treffende Erklärung dafür, warum sie, die keinem politischen Disput und Konflikt aus dem Wege zu gehen pflegt, später bei den GRÜNEN in den Ruf einer streitlustigen und polarisierenden Persönlichkeit geriet. Die diplomierte Soziologin hatte sich während des Studiums in studentischen Basisgruppen engagiert, an den Protestaktionen der Anti-AKW-Bewegung teilgenommen und war beim »Sozialistischen Büro«, dem sie 1976 beitrat, mit dem Versuch gescheitert, die Genossen für ökologische Fragen zu begeistern, bevor sie sich ab 1978 an den Diskussionen über ein alternatives Wahlbündnis beteiligte. Bei der hessischen Landtagswahl desselben Jahres scheiterte die von ihr mitgegründete »Grüne Liste – Wählerinitiative für Umweltschutz und Demokratie«, die als »Grüne Liste Hessen« (GLH) antrat, ebenso wie die Konkurrenzkandidatur von Gruhls »Grüner Aktion Zukunft« (GAZ) an der 5-Prozent-Hürde. Als undogmatische Sozialistin mit einer eher kritischen Haltung zum bürgerlich verfaßten Parlamentarismus sah sie dennoch Möglichkeiten, die Parlamente für die Durchsetzung ökologischer und sozialer Politik zu nutzen. Zwischen 1981 und 1985 machte sie als radikalökologische grüne Stadtverordnete im Frankfurter Römer auf kommunaler Ebene die Probe aufs Exempel. 1984 wurde sie, die den Annäherungskurs der hessischen GRÜNEN an die SPD entschieden kritisierte, als Sprecherin in den Bundesvorstand der GRÜNEN gewählt, überstand ein Jahr später einen Mißtrauensantrag und wurde 1987 mit einer stattlichen Mehrheit erneut in ihrem Amt bestätigt. Vor dem Hintergrund zugespitzter Flügelauseinandersetzungen innerhalb der Partei führten gezielt lancierte Vorwürfe finanzieller Manipulationen und persönlicher Bereicherung gegen sie und andere Vorstandsmitglieder Ende 1988 zum vorzeitigen Rücktritt des gesamten Bundesvorstands. Alle Vorwürfe der »Unterschlagung« und »Selbstbereicherung« sind inzwischen von Wirtschaftsprüfungsunternehmen widerlegt. Seit ihrem Rücktritt arbeitet Jutta Ditfurth wieder als einfaches Mitglied in ihrem Frankfurter Kreisverband – scheinbar unverdrossen wie eh und je.

***Michael Schroeren:** Die Radikalökologen sind innerhalb der GRÜNEN in der Minderheit. Im hessischen Landesverband haben euch die Realos aus allen Parteigremien und aus der Landtagsfraktion ausgegrenzt, auf Bundesebene sind die Realos im Vormarsch, und als Bundesvorstandsmitglied wurdest du vor Jahresfrist zum Rücktritt gezwungen, nachdem dir innerparteiliche Gegner unter anderem finanzielle Machenschaften und sogar persönliche Bereicherung vorgeworfen hatten. Wieviel Masochismus muß man aufbringen, um trotz ständiger Niederlagen und persönlicher Diffamierungen bei den GRÜNEN bleiben zu können?*

Jutta Ditfurth: Ich bin nicht bei den GRÜNEN um meines persönlichen Wohlbefindens willen, sondern aufgrund meiner politischen Einstellung, daß diese Partei immer noch ein geeignetes Feld ist, um Politik zu machen. Das heißt nicht, daß mich

Intrigen wie der von dir erwähnte »Finanzskandal« unberührt oder kalt lassen. Aber die Verarbeitung dieser Vorgänge läuft über den Kopf.

Andere haben den Stil der Auseinandersetzung innerhalb der GRÜNEN nicht mehr aushalten können und sich entnervt, zum Teil auch sehr verbittert zurückgezogen. Hast du ein besonders dickes Fell?

Ich ziehe mir Schweinereien von Leuten, die ich weder politisch noch persönlich schätze, nicht persönlich an. Das wäre dumm. Ich weiß ja, warum sie es machen. Wer ein bißchen Geschichtskenntnis hat, weiß, daß in unserer Gesellschaft mit radikalökologischen oder überhaupt mit linksradikalen oder auch linken Positionen immer so verfahren worden ist. Solche Diffamierungen sind ja durchaus auch eine Reaktion auf Erfolg in der Politik und nicht etwa auf die von dir unterstellte Erfolglosigkeit.

Du meinst, daß es radikalökologische Erfolge gibt?

Durchaus. Unsere Politik hat sich immer sowohl auf DIE GRÜNEN als auch auf Bereiche außerhalb der GRÜNEN bezogen. Wenn jetzt zum Beispiel in Frankfurt massiver Protest von Bürgerinitiativen gegen den Neubau von Hochhäusern und die damit verbundene Stadtzerstörung, Klimaverschlechterung, mehr Smog und Mietervertreibung den rot-grünen Magistrat aufmischt, dann ist das natürlich auch einer der radikalökologischen Erfolge, die sich aber nicht unbedingt in Abstimmungsergebnissen innerhalb der grünen Partei messen lassen.

Noch vor zwei Jahren hast du gesagt: »DIE GRÜNEN sind keine linke Partei, aber eine Partei, die linke Politik zuläßt und die teilweise linke programmatische Positionen hat.« Stimmt das noch?

Immer weniger, und es geht ziemlich steil bergab. DIE GRÜNEN befinden sich im Moment auf einer rasanten Talfahrt in die Anpassung an die herrschenden Verhältnisse. Einerseits weisen sie dabei immer noch Widersprüche auf, die man für politischen Spielraum nutzen kann. Andererseits wird die Verlagerung in Bereiche außerhalb der GRÜNEN immer größer, weil DIE GRÜNEN so eindimensional werden, daß immer weniger linke Politik, geschweige denn eine radikalökologische Politik, möglich ist.

Läßt sich definieren, was du unter »linker Politik« verstehst, die bei den GRÜNEN möglich war bzw. immer weniger möglich wird?

Nur zwei Beispiele. DIE GRÜNEN haben eine lange Zeit hindurch einen breiten Raum für feministische Politik geboten, und zwar in einem Maße, wie es bei herkömmlichen linken Gruppen nicht möglich war. Dieser Raum wird rapide enger zugunsten von bürgerlicher Gleichstellungspolitik. Zweites Beipiel: Es war über einen langen Zeitraum hinweg selbstverständlich, daß DIE GRÜNEN sich als eine antikapitalistische Partei verstehen. Inzwischen bekommt selbst eine offensive Pro-Kapitalismus-Position immer mehr Gewicht, die mit dem Begriff »Ökokapitalismus« nur verschleiert wird, weil sie mit Ökologie nichts zu tun hat.

Wieso nicht?

DIE GRÜNEN schrauben ihr Verständnis von ökologischer Politik immer weiter herunter auf die Ebene von Verbraucherberatung und wirkungsloser Umweltreparatur. Politische Ökologie und damit eine linke Position in dieser Frage wird bei den GRÜNEN immer mehr an den Rand gedrückt. Der strukturelle Gegensatz zwischen einer auf Profitmaximierung ausgerichteten Wirtschaftsordnung und einer ökologischen Politik, einst eine selbstverständliche Erkenntnis, wird kaum noch thematisiert. Kapitalismus ist immer mit unbegrenztem Wachstum, brutaler Konkurrenz verbunden und kann ohne Ausbeutung von Mensch und Natur nicht funktionieren. Die zunehmende Verdrängung dieser Tatsachen ist für mich einer der deutlichsten Belege dafür, daß DIE GRÜNEN immer mehr zu einer absolut verwechselbaren Kleinkopie von Sozialdemokraten oder Liberalen verkommen.

Ist denn die Alltagsökologie so unwichtig? Gerade im Alltag kommt es doch darauf an, konkrete Verbesserungen zu erreichen, die Ansatzpunkte für weitere Veränderungen schaffen können, zum Beispiel durch getrenntes Müllsammeln.

Ich habe nichts dagegen, wenn Müll getrennt gesammelt wird. Im Gegenteil. Ob aus solchen Dingen Ansatzpunkte für weitergehende Veränderungen werden, hängt von der Perspektive ab, die damit verbunden wird. Mich stört, daß DIE GRÜNEN – genau wie die anderen Parteien auch, bis hin zur CDU – solche Reformen immer mehr als Dauerbefriedigung betreiben und damit von den Ursachen der Naturvernichtung ablenken. Wenn Menschen sich nach diesen neuen Richtlinien »grün« verhalten, können sie sich ein Leben lang damit beschäftigen, ihren Müll fein säuberlich zu sortieren, ohne darüber nachzudenken, woher dieser Müll kommt und wer zum Beispiel durch seine Produktion die gesundheitlichen Lebensbedingungen beeinträchtigt. DIE GRÜNEN haben es in Frankfurt fertiggebracht, eine Koalition mit der SPD zu vereinbaren, ohne gleichzeitig den größten Vernichter und Vergifter in dieser Region, nämlich die Hoechst AG, auch nur beim Namen zu nennen. Geschweige denn zu problematisieren, wieviel hundert oder tausend Chemikalien dieser Chemiegigant jedes Jahr erfindet, wieviel Tonnen Gift er in die Luft bläst, was er an neuen Gefahren durch Gentechnologien bringt usw. Mit anderen Worten: Wenn die Verbindung zwischen Alltagsverhalten und den politischen Bedingungen der Ökologie und des Lebens nicht mehr stimmt, dann sackt jeder Ansatz von radikaler Reformpolitik in den plattesten, dumpfesten und wirkungslosesten Reformismus ab. Und das ist im Moment der Kurs der GRÜNEN.

Wie hätte demgegenüber radikalökologische Politik auszusehen?

Unter Umweltpolitik wird in der Regel Umweltreparatur verstanden. Im Unterschied dazu geht ökologische Politik den Problemen an die Wurzel. Das Wirkungsgefüge der Naturzusammenhänge ist so umfassend, daß isolierte Problemlösungen sogar negative ökologische Folgen haben können. Um beim Beispiel Müll zu bleiben: Wenn Müll getrennt gesammelt wird, ohne gleichzeitig die Abfallberge zu reduzieren, ohne die Logik der verschwenderischen Produktion zu ändern, ohne in die Giftproduktion einzugreifen und bestimmte Stoffe, Produkte und Herstellungsverfahren zu verbieten, dann bleibt diese Fleißarbeit der KonsumentInnen letztlich wirkungslos, vergleichbar der Arbeit des Herrn Sisyphus. Sie wird sogar kontraproduktiv, wenn sie der Stabilisierung des herrschenden Konsummodells dient und die notwendige Auseinandersetzung mit dem Kapital befriedet.

Du meinst, ökologische Politik muß gleichzeitig antikapitalistisch angelegt sein?

Ja. Es gibt innerhalb des Kapitalismus nur begrenzte Möglichkeiten für ökologische Politik, weil eine Wirtschaftsordnung, die auf dem privaten Profit weniger beruht, sich nicht verträgt mit den Lebens- und Überlebensinteressen aller Menschen. Es kann überhaupt keine ökologische Perspektive geben, wenn man nicht gleichzeitig zum Beispiel die Entflechtung und Vergesellschaftung solcher multinationalen Chemiekonzerne wie Hoechst, Bayer oder BASF ins Auge faßt. Der nahezu grenzenlose Einfluß der Konzerne kann nur durch den Aufbau gesellschaftlicher Gegenmacht beschnitten werden. Soziale Bewegungen wie die Anti-AKW-Bewegung sind ein Beispiel dafür. Nach unserem Verständnis muß eine ökologische Politik gleichzeitig radikaldemokratisch und sozial sein. Deswegen versuchen wir, in einem sehr engen und aktiven Verbund mit vielen Initiativen in und um Frankfurt beispielsweise diejenigen, die von der Wohnraumzerstörung betroffen sind, so zu organisieren, daß nicht nur auf der Ebene des persönlichen Protests gehandelt, sondern ein gemeinschaftlicher Widerstand entfaltet wird, der unter Umständen auch zur Besetzung von Hochhausbauplätzen führen kann. Gleichzeitig versuchen wir Konzepte zu entwickeln, die sich zwangsläufig gegen die Kapitalinteressen an und in dieser Stadt richten, Konzepte, die mit den Stichworten »kommunaler Wohnraum« und »selbstbestimmtes Leben und Arbeiten« grob skizziert sind.

Du hast von einem Anpassungsschub bei den GRÜNEN gesprochen. Welche Erklärung hast du dafür?

In einer Gesellschaft gibt es immer eine bestimmte Form von Anpassungsdruck gegenüber oppositionellen Bewegungen. Ob dieser Anpassungsdruck wirksam wird, hängt nicht nur von Charakterfestigkeit und persönlichen Faktoren ab, sondern immer auch von äußeren gesellschaftlichen Bedingungen. Die Frage ist, ob eine politische Bewegung eine so stabile Widerstandskultur besitzt, daß sich ihre Mitglieder gegenseitig tragen und Anpassung aus Resignation oder Einsamkeit über soziale Zusammenschlüsse auffangen können. DIE GRÜNEN waren und sind diesem Anpassungsdruck schutzlos ausgeliefert, weil sie sich einerseits von der außerparlamentarischen Widerstandskultur, aus der sie hervorgegangen sind, weitgehend abgekoppelt und distanziert und andererseits kein eigenständiges Bewußtsein entwickelt haben. Wenn ihnen dann Angebote gemacht werden, sich ins soziale Gefüge besser einzufinden, wenn ihnen Sozialprestige oder gar Ministerposten versprochen werden usw., dann bleibt das nicht ohne Wirkung.

Kennzeichnend für DIE GRÜNEN war immer ihre Zerstrittenheit. Während alle anderen Parteien auf Einigkeit Wert legen, pflegen DIE GRÜNEN ihre Streitlust. Was bringt dich zu der Behauptung in einem jüngst erschienenen Artikel der »Zeit«, DIE GRÜNEN hingen am »Tropf der Harmoniesucht«?

Das hat mit der Abhängigkeit und Hörigkeit der GRÜNEN gegenüber den Medien zu tun. Es hat in den vergangenen zehn Jahren verschiedene Phasen der öffentlichen

Darstellung der GRÜNEN durch die Medien gegeben, mit jeweils unterschiedlichen Wirkungen. In der ersten Phase mußten DIE GRÜNEN ihr Selbstbewußtsein und ihre Identität gegen einen Großteil der Medien herausbilden, die sie totschweigen wollten oder ihnen gleich nach der Gründung das Sterbeglöcklein läuteten. In der zweiten Phase bemühte man sich, DIE GRÜNEN als skurrilen Haufen abzustempeln. Das war die Zeit, als man im Fernsehen und in Zeitungen Bilder von strikkenden Männern, stillenden Müttern und rumlaufenden Hunden auf Bundesversammlungen sah. In der dritten Phase ging man dazu über, DIE GRÜNEN als Streitende zu zeigen, die sich über NATO, Abtreibung, Atomausstieg, Demokratie, Kapitalismus und alles mögliche zankten. Und der Erfolg für DIE GRÜNEN war, daß sie dadurch für eine ganze Menge von Leuten zu einer lebendigen und spannenden Partei wurden, die sich über diese Auseinandersetzungen mit den GRÜNEN identifizierten. Die letzte Phase schließlich war die erfolgreiche für die politischen Gegner der GRÜNEN. Jetzt wurde nur noch der Streit gezeigt, ohne zu vermitteln, worum es dabei ging. Dabei wurden sehr gezielt Positionen der Linken in den GRÜNEN verfälscht und diejenigen aufgebaut, die der bürgerliche rechte Flügel der GRÜNEN sind. Das hat DIE GRÜNEN zu einem ganz großen Teil an den Tropf gebracht, also abhängig gemacht. Man wollte nicht sehen, daß diese Form von Anerkennung durch bestimmte Medien, etwa durch den »Spiegel« und andere Blätter, nicht etwa eine Bestätigung der eigenen politischen Position war, sondern dem Interesse folgte, rosa-grüne Bündnisse, zumindest aber die Anpassung der GRÜNEN und ihr Machtlos-Werden zu featuren. Infolgedessen laufen DIE GRÜNEN nahezu allem hinterher, was bestimmte Journalisten in ihren Medien vortragen. Diese Form von Medienabhängigkeit ist eigentlich der Tod jeder politischen Opposition, weil sie die Preisgabe jedes Selbstbewußtseins, jeder eigenständigen Informationsarbeit und jeder eigenen Gegenöffentlichkeit bedeutet.

Du glaubst, DIE GRÜNEN streiten sich zuwenig?

Ja. Es waren ja fast herrliche Zeiten, als Joschka Fischer noch mit der Brechstange versuchte, einzelne Punkte aus dem Programm der GRÜNEN herauszubrechen, etwa die Forderung nach dem sofortigen Atomausstieg oder nach dem NATO-Austritt der Bundesrepublik. Das war wenigstens noch ein offener Krach. Wenn ich mir angucke, wie Antje Vollmer heute als subtile Vollstreckerin der gleichen Positionen, allerdings noch weiter rechts stehend, DIE GRÜNEN zu Tode versöhnt, wird mir ganz schlecht. Streit ist verboten, weil er angeblich die Versöhnung aufhält. Versöhnung findet bei den GRÜNEN aber nur insofern statt, als nach links ausgegrenzt wird.

Glaubst du nicht, daß der Streit, den DIE GRÜNEN über Jahre hinweg gepflegt haben, völlig unproduktiv war und die Partei gelähmt hat, weil es nicht um Inhalte ging, sondern um abstrakte Fragen wie Regierungsbeteiligung ja oder nein?

Nein. Ich halte es bis heute für eine bewußte Verschleierung und für eine Lüge, die Koalitionsfrage als eine abstrakte Frage abzutun. Wenn ich in einem hochentwikkelten kapitalistischen Land wie der Bundesrepublik über Koalition rede und begründe, warum ich gegen eine solche Regierungsbeteiligung bin, dann komme ich in jedem einzelnen Punkt auf ganz konkrete inhaltliche Fragen, die mich zu der Schlußfolgerung führen: In der gegenwärtigen Phase, bei den gegenwärtigen Herrschaftsverhältnissen in diesem Land heißt Koalition immer Unterwerfung gegenüber der anderen Seite und kann nie heißen, daß ich auch nur einen kleinen Hauch von substantiellen Reformen durchsetzen kann. Guck dir das Berliner Experiment und die Frankfurter Erfahrung mit Rosa-Grün an! Wie schnell sind DIE GRÜNEN dort innerhalb von sechs Monaten in ihrer politischen Praxis lächerlich geworden!

Du hast eben davon gesprochen, daß DIE GRÜNEN ihre eigene Identität herausbilden mußten. Ich weiß bis heute nicht, was eigentlich »grüne Identität« ist. Kannst du es mir sagen?

Ich kann dir zumindest andeuten, was ich mir darunter vorstelle. Ein ganz wichtiger Aspekt grüner Identität liegt für mich erstens darin, daß es in einer bestimmten historischen Phase gelungen ist, verschiedene politische Teilbereiche thematisch und programmatisch zusammenzuführen, die in der bundesrepublikanischen Opposition bis dahin voneinander getrennt waren: daß zum Beispiel Ökologie sich mit einer Ökonomiekritik verband, daß sich Erfahrungen und Positionen aus traditionellen linken Gruppen mit denen undogmatischer Sozialisten trafen, daß sogenannte Wertkonservative und NaturschützerInnen mit linken Ökologen und Feministinnen zusammengingen usw. Zweitens gingen diese unterschiedlichen programmatischen Positionen, anders als bei bisherigen Bündnissen, nicht nur eine sehr kurze und begrenzte Verbindung ein, etwa für eine einzige Demonstration an einem bestimmten Tag für ein bestimmtes Ziel, sondern unbefristet und mit umfassendem politischem Anspruch. Drittens fanden unterschiedliche Aktionsformen zusammen: Eine eher traditionelle Praxis von Demonstrationen traf auf die Erfahrung mit phantasievollen, kämpferisch-gewaltfreien Aktionen, und viele mußten erst einmal lernen, was das überhaupt ist. Diese drei Ebenen kamen zusammen zu einer neuen Qualität, aus der dann so etwas wie eine »grüne Identität« entstand.

Worin bestand diese neue Qualität? Glaubst du, daß damals alle Beteiligten etwas von ihrem alten Ballast abwarfen und etwas Neues dazulernten?

Die neue Qualität bestand vor allem in der Art und Weise des Umgehens und Diskutierens miteinander. Ich erinnere mich an Wochen und Monate voll nächtelanger Diskussionen zwischen dogmatischen Linken aus K-Gruppen und eher liberalen und christlichen Leuten aus Umweltverbänden. Da ging es heftig und kontrovers zu, aber nie wurde mit dem Knüppel gedroht: »Wenn du dich nicht beugst, dann bist du draußen!« Es gab für jeden mehr Raum zum Lernen als heute. Wer dabei wieviel von seinen überkommenen Vorstellungen ablegte, ist schwer zu sagen. Vielleicht mußten manche mehr dazulernen als andere. Dies ist eine Ebene dieser neuen Qualität, die den GRÜNEN verlorengeht, seitdem sich innerhalb der Partei die Auffassung breitmacht: »Wir verzichten auf die Erfahrung und den Wunsch, daß wir prinzipiell in der Lage sein müssen, es miteinander auszuhalten. Wir fühlen uns jetzt stark genug und durch die bürgerliche Öffentlichkeit so bestätigt, daß wir DIE

GRÜNEN zugunsten einer neuen Eindimensionalität zerschlagen können.« Seitdem ist der soziale Druck, der diese Lernprozesse ermöglich hat, weg.

Du hast früher DIE GRÜNEN sehr viel nüchterner als »Zweckbündnis« beschrieben. Das hört sich mehr danach an, daß ein ganz banaler technischer Zweck dieses Bündnis zusammengehalten hat: »Zusammen schaffen wir die 5-Prozent-Hürde, jeder allein für sich nicht.«

Wieso ist das nur ein technischer Zweck? Ich halte das für eine vernünftige politische Einschätzung. Alle politischen Organisationen sind im Grunde genommen Zweckbündnisse . . .

. . . solange sie sich über einen gemeinsamen politischen Zweck einigen können.

Richtig, das ist die Voraussetzung.

War das bei den GRÜNEN der Fall? Haben DIE GRÜNEN sich über mehr verständigen können als über das Ziel, nur gemeinsam die 5-Prozent-Hürde schaffen zu können?

Natürlich stand dies als der große Konsens im Hintergrund. Das Entscheidende daran ist aber: Wenn man einsieht, daß man es nur miteinander schaffen kann und für einen langen Zeitraum eine gewisse Loyalität zueinander braucht, um es überhaupt schaffen zu können, dann ist das Ergebnis dieses Prozesses mehr als ein technisches Zweckbündnis. Das war bei den GRÜNEN so. Aus dem Zwang, miteinander arbeiten zu müssen, entstand eine Offenheit für gegenseitige Anregungen, die alle Beteiligten tatsächlich weitergebracht hat. Zumindest von mir selber kann ich das behaupten. Die Anfangsjahre der GRÜNEN habe ich als eine der wichtigsten Phasen in meinem politischen Leben empfunden, nicht weil es etwas Neues war und Pionierphasen immer besonders anregend sind, sondern vor allem deswegen, weil da eine Form von politischem Lernen stattfinden konnte, die in der Gesellschaft und auch in einzelnen politischen Gruppen praktisch nicht möglich war. Was ich im »Sozialistischen Büro« gelernt habe, ist ein Furz im Vergleich zu dem, was ich später bei den GRÜNEN gelernt habe, obwohl das SB von seinem Selbstverständnis her eine viel einheitlichere und gleichförmigere Organisation war. Eine vergleichbare Offenheit und Lernbereitschaft gab es eigentlich nur in der Anti-AKW-Bewegung.

Du hast behauptet, diese Offenheit und Vielfältigkeit der GRÜNEN sei gezielt zerschlagen worden. Das hört sich sehr nach einer politischen Verschwörung gegen DIE GRÜNEN an.

Das war keine Verschwörung, sondern eine ganz offen und unverbrämt vorgetragene Intervention. Nachdem Willy Brandt 1982 von einer möglichen Mehrheit links von der CDU gesprochen hatte, beschlossen Joschka Fischer und seine Frankfurter Freunde, in die schon existierende und immer erfolgreicher werdende Partei hineinzugehen, und zwar mit dem Ziel des eigenen Machterwerbs. Und um dieses Ziel zu erreichen, mußten sie alles daransetzen, DIE GRÜNEN insgesamt auf ihren Kurs zu zwingen, und der hieß von Anfang an: Koalition mit der SPD.

Ist es nicht eine zu einfache Erklärung, die Anpassung der GRÜNEN ein paar Leuten in die Schuhe zu schieben?

Im Gegenteil, es ist eine sehr genaue Erklärung für einen Vorgang, den ich persönlich miterlebt habe, weil er sich zuerst in Hessen und erst später auf Bundesebene vollzog. Es geht dabei um die Sammlung von Kräften für die Organisierung und Beschleunigung eines Anpassungsprozesses, der von gewichtigen gesellschaftlichen Kräften erwünscht war – über die Medien und Kapitalinteressen haben wir ja schon gesprochen. Es fing damit an, daß eines Abends im Oktober 1982 im Frankfurter Kreisverband ein Club von Spontis aufkreuzte, die ihren Aufnahmeantrag grinsend damit begründeten: »Wir sind Joschkas Freunde.« Ein halbes Jahr später saß Fischer im Bundestag. Und wenn man die Entwicklung der letzten sieben Jahre fein analysiert, läßt sich Punkt für Punkt belegen, daß sämtliche strukturellen und programmatischen Veränderungen der GRÜNEN – angefangen von der Abschaffung der Rotation bis hin zur Distanzierung von außerparlamentarischen Bewegungen – nur diesem einen Ziel dienten: DIE GRÜNEN schrittweise regierungsfähig zu machen und – koste es, was es wolle – Fischer, Cohn-Bendit und ihre GesinnungsfreundInnen irgendwann einmal in Regierungsämter zu hieven.

Es gab auf den Versammlungen eindeutige Mehrheiten für solche Beschlüsse, und ihr wart in der Minderheit.

Ja, aber wie sind diese Mehrheiten zustande gekommen? Fischer tut heute ganz erschrocken, wenn man ihm vorhält, daß er da auch mit ganz rechten Leuten im Landesverband Bündnisse geschlossen hat, die zum Beispiel von der Überfremdung deutscher Kultur reden. Natürlich haben wir eine ganze Menge Fehler, auch in der Struktur der GRÜNEN, gemacht. Ich glaube, wir waren strukturell nicht gefeit gegen Leute, die die Offenheit dieser neuen Partei sehr zielgerecht und rücksichtslos für ganz andere Zwecke benutzen wollten. Man hat wirklich sehenden Auges ganze Gruppen von Leuten aufgenommen, die nicht einmal begründen mußten, welches Interesse sie an den GRÜNEN hatten oder sogar frechweg sagen konnten: Wir wollen, daß Joschka in den Bundestag kommt, deshalb wollen wir Mitglied werden. Darin lag ein struktureller Masochismus, der sicher sehr leichtsinnig war.

Vorhin hast du gesagt, es sei kaum noch linke Politik bei den GRÜNEN möglich, es gäbe aber noch einige Widersprüche, die man nützen könne. Was meinst du damit?

Ich will es mal grundsätzlich sagen. Der Anpassungskurs verläuft nicht linear. Es ist eine Talfahrt über viele Hügel, manchmal auch Berge. Die Widersprüche stecken in den Köpfen der meisten Basis-GRÜNEN und vieler Menschen in der Gesellschaft: Sie wollen radikale Veränderungen, sie wissen um die weltweite Dramatik der ökologischen und sozialen Situation, und sie wollen gleichzeitig rosa-grüne Bündnisse. Die Ohnmacht, diese radikalen Veränderungen heute nicht durchsetzen zu können, läßt sie verdrängen, daß Rosa-Grün ohne den Aufbau gesellschaftlicher Gegenmacht und ohne Veränderung der Sozialdemokratie dazu verdammt ist, den zerstörerischen Modernisierungskurs fortzusetzen. Die Hoffnung auf die Logik der kleinen Schritte ist das Herz von Rosa-Grün, und dies schlägt gegen die Erkenntnis, wie dramatisch die Situation bei uns und weltweit ist. Diese Widersprüche müssen zum Tanzen gebracht werden. Der Vollzug der Anpassung ist zeitlich offen. Die Anzahl der Köpfe, die sich anpassen, ebenfalls.

Seid ihr nicht trotzdem bei den GRÜNEN das, was die Jusos bei der SPD sind?
Hast du jemals erlebt, daß die Jusos diese Rolle bei der SPD gespielt hätten?
In den siebziger Jahren zum Beispiel.
Nein. Das ist nicht vergleichbar. Die Jusos haben doch nie grundsätzlich die Richtung der SPD in Frage gestellt. Wir haben keine Spielwiese bei den GRÜNEN, sondern sind innerhalb der grünen Widersprüche ein agierender Teil. Eine Mitarbeit der Linken bei den GRÜNEN ist auch aus einem anderen Grund nicht unwichtig: Stell dir einmal vor, was mit dieser kleinen Partei passiert, wenn es – was immer wahrscheinlicher wird – 1990 keine rosa-grüne Koalition gibt? Welche Rolle spielen dann DIE GRÜNEN? Was passiert dann mit den ganzen Opportunisten, die mit rosa-grünen Träumen in DIE GRÜNEN eingetreten sind und dann ihr Ziel nicht mehr durchsetzen können? Mit anderen Worten: Bei den GRÜNEN sind innerhalb der nächsten Monate bis zur nächsten Bundestagswahl Entwicklungen möglich, die manche einfach unterschätzen.
An welche Entwicklungen denkst du?
Den GRÜNEN wird einerseits ihre Anpassung an die SPD nicht gut bekommen, weil die WählerInnen immer das Original der Kopie vorziehen. Andererseits erleben wir im Zuge der Entwicklungen in der DDR so etwas wie einen deutschnationalen Rausch, was sich noch nie zugunsten kleiner linker Parteien ausgewirkt hat. Mit anderen Worten: Den GRÜNEN drohen in der nächsten Zeit auf Bundesebene, möglicherweise auch in Ländern und Kommunen, Mißerfolge bei Wahlen. Ganz abgesehen davon, daß die Gesamtpartei an gesellschaftlichem Einfluß drastisch verliert. DIE GRÜNEN erregen keine besondere Aufmerksamkeit mehr. Wenn du zum Beispiel mitbekommst, wie in linken Gewerkschaften und in anderen gesellschaftlichen Bereichen über DIE GRÜNEN geredet wird, dann merkst du, daß da ein Prozeß im Gange ist, der langsam, aber sicher in die Richtung läuft: DIE GRÜNEN sind uninteressant für uns. Das wird sich irgendwann auch in Wahlergebnissen oder in der Verweigerung von Zusammenarbeit, in der Qualität von Zu- und Mitarbeit usw. ausdrücken. Ich will das nicht überschätzen. Ich sage nur, daß sich diejenigen, die auch in der Vergangenheit an bestimmten Punkten dachten, jetzt ist es vorbei, immer wieder fürchterlich getäuscht haben.
Heißt das, daß du diesen mühsamen Abschied von den fundamentalen Grundsätzen der Gründungsphase letzten Endes doch für umkehrbar hältst?
»Umkehrbar« heißt immer zurück zu irgend etwas. Das gibt es nicht. Es geht um etwas anderes. Ich habe den Eindruck, wir leben gegenwärtig in einer Zeit, wo es eine ganze Reihe kleinerer politischer Erdbeben gibt, wo politische Kräfte neu sortiert werden: So entsteht links von den GRÜNEN ein Vakuum, weil DIE GRÜNEN dort größtenteils freiwillig Positionen räumen. Gleichzeitig finden im Zuge der Vollendung des Europäischen Binnenmarktes bestimmte ökonomische Verschiebungen statt. Hinzu kommen ideologische Verschiebungen, daß zum Beispiel zum Nord-Süd-Konflikt ein neuer West-Ost-Konflikt – der Osten als Armenhaus Europas – kommt, der noch zusätzlich überlagert wird von der Frage der deutsch-deutschen

Beziehungen. Es ist zum Beispiel noch vollkommen offen, wie sich die Entwicklungen innerhalb der linken Opposition in der DDR auf uns auswirken. Es könnte durchaus passieren, daß Anregungen von dort zu uns überspringen und zu Veränderungen hier führen, die auch DIE GRÜNEN nicht unbeeinflußt lassen oder in einer verschärften Auseinandersetzung mit dem Mehrheitsflügel der GRÜNEN sogar dazu führen, daß das Vakuum links von den GRÜNEN noch größer wird. Auch ich halte es für sehr wahrscheinlich, daß irgendwann ein Zeitpunkt kommt, an dem wir sagen: Es hat nun wirklich keinen Sinn mehr bei den GRÜNEN, wir gehen da raus. Aber wenn ich mich dafür entschieden habe, mein Leben lang politisch aktiv zu sein, dann muß ich doch vor einem solchen Schritt sehen, daß ich mir möglichst gute Startchancen baue für die Politik, die ich danach machen will.

Du siehst die Alternative zu den GRÜNEN noch nicht?

Nein. Wenn ich mir ganz pragmatisch anschaue, was im Moment neben den GRÜNEN existiert und wo ich ein wenig Einblick habe – von Gewerkschaften bis hin zu den Initiativen gegen Gentechnik –, dann kann ich keinen dieser Bereiche, und schon gar nicht das, was sich im Moment als »Radikale Linke« formiert, besonders überhöhen und sagen: Das ist es! Die fangen wirklich bei Punkt Null an. Man muß dort noch um bestimmte Selbstverständlichkeiten kämpfen, an die ich durch DIE GRÜNEN inzwischen längst gewohnt bin.

Zum Beispiel?

Das äußert sich an ganz kleinen, fast lächerlichen Sachen: daß man erst durchsetzen muß, daß Redelisten im Reißverschlußverfahren zwischen Frauen und Männern zusammengestellt werden; daß man begründen muß, warum bei einer Sitzung nicht geraucht werden soll oder warum es nicht angeht, daß einer, nur weil er angeblich erfahrener ist, ganz lange reden darf und andere möglichst das Maul halten sollen. Oder daß Sprache was mit Vermittlung zu tun hat, sich auf die gesellschaftliche Realität beziehen muß; oder daß Ökologie nicht nur so eine Pflichtübung ist, die mensch mitschleppt und Fachleuten überläßt usw.

Wie sieht deine Bilanz des ersten Jahrzehnts der GRÜNEN aus?

Zwei Aspekte halte ich für ganz wichtige Punkte in der Erfolgsbilanz der GRÜNEN. Erstens glaube ich, daß es mit den GRÜNEN besser als je zuvor mit linken Gruppen gelungen ist, radikale Positionen über Sprache, Aktionsformen und eigene Praxis so zu popularisieren, daß sie selbstverständlich wurden und eine Basis in der Bevölkerung bekamen. Das gilt vor allem für ökologische, radikaldemokratische und feministische Themen. Die große Wirkung etwa der feministischen Politik der GRÜNEN besteht ja nicht nur darin, daß sie mit ihrem Frauenstatut anderen Parteien und Verbänden mit gutem Beispiel vorangingen und Anstöße zu ganz bürgerlichen Formen von Emanzipation gaben. Sondern der Haupterfolg bestand in dem enormen Bewußtseinsschub, der von den GRÜNEN ausging, als sie ihre Ämter und Mandate zu mindestens 50 Prozent für Frauen quotierten, als sie in Bonn den ersten reinen Frauenfraktionsvorstand wählten und in Hamburg mit einer reinen Frauenliste zur Bürgerschaftswahl antraten. Zweitens haben wir durch die Gründung der

GRÜNEN für nahezu ein Jahrzehnt die Entstehung einer neofaschistischen oder rechtsradikalen Umweltpartei verhindert. Heute wird vielfach vergessen, daß damals eine reale Gefahr bestand, daß aus den grünen Listen eine rechte bis rechtsradikale Partei hervorgehen würde. Wenn wir dieses breite Bündnis unter Einschluß der Linken nicht hingekriegt hätten, dann wäre eine populistische, rechte Theorie von Ökologie, eine Modernisierung der alten Blut- und Bodenideologie mit einer gesellschaftlichen Breitenwirkung für neofaschistische Gruppen die wahrscheinliche Folge gewesen. Dies wäre gefährlicher gewesen als die heutige Entwicklung der »Republikaner«.

DIE GRÜNEN sind jetzt zehn Jahre alt. Wird es sie in zehn Jahren noch geben?

In welcher Form?

Sagen wir als politische Organisation.

(nachdenklich) Das weiß ich nicht. Zuerst wollte ich darauf antworten: Ja, als irgendeine Organisation mit völlig beliebigen Inhalten und Strukturen wird es sie auch in zehn Jahren noch geben. Aber selbst das würde ich im Moment anzweifeln.

Du kannst dir vorstellen, daß DIE GRÜNEN insgesamt kaputtgehen?

Ja. Merkwürdigerweise ist es das erste Mal, daß ich mir diese Möglichkeit bewußtmache. Ich habe immer gedacht, DIE GRÜNEN werden irgendwie weiter existieren. Ich weiß nicht, ob sie in dem Sinne kaputtgehen werden, daß sie sich auch als Organisation formal auflösen. Aber ich halte es durchaus für möglich, daß sie andauernde Mißerfolge bei Wahlen haben und deswegen nicht mehr nennenswert parlamentarisch vertreten sind. Nicht jetzt, aber nach einer Reihe von Jahren könnte das schon passieren, und zwar wegen der ganz offensichtlichen persönlichen Karriereinteressen vieler einzelner Realoführer. Ich bin immer davon ausgegangen, daß es bei den Realos eine Art kollektives Interesse gibt, DIE GRÜNEN auf einen bestimmten Kurs zu bringen. Daß in Wirklichkeit ein ganz massives persönliches Interesse dahintersteht, habe ich mir nicht vorstellen können. Das heißt natürlich irgendwann auch, daß man den Laden nicht mehr braucht.

So wie Otto Schily den Laden nicht mehr braucht?

Ja. Ich finde es hochinteressant, daß Otto Schily gerade zu dem Zeitpunkt geht, wo selbst ein Teil der bürgerlichen Medien etwas beschämt fragt: »Wieso geht er gerade jetzt, wo doch DIE GRÜNEN auf seinen Kurs eingeschwenkt sind?« Schily beweist mit seinem Abgang, daß DIE GRÜNEN für einen großen Teil der Realo-Funktionäre wie auch der Realo-Spielart »Aufbruch« lediglich Mittel zum persönlichen Gebrauch sind und nicht eine historische Chance, als die man sie hätte nutzen können.

Vor zwei Jahren hatte man eigentlich eher damit gerechnet, daß Otto Schily austritt und andere mit ihm. Glaubst du, daß ihm jetzt weitere Realos folgen werden?

Wenn sich in den nächsten Monaten immer deutlicher abzeichnet, daß es nach den nächsten Bundestagswahlen Rot-Grün nicht geben wird, dann kann es durchaus sein, daß weitere GRÜNE in Ottos Fußstapfen zur SPD gehen. Ob es dazu kommt, hängt nicht von politischen Entwicklungen bei den GRÜNEN ab, sondern nur von einer einzigen Frage: Sind noch genug Posten bei der SPD frei? Daß Otto nicht schon vor zwei Jahren übertrat, hat nach meiner Kenntnis nur damit zu tun, daß Peter Glotz ihm damals noch keinen sicheren Listenplatz versprechen konnte. Den hat er diesmal bieten können.

Du glaubst, die SPD braucht nur entsprechende Angebote zu machen, um weitere GRÜNE zu sich herüberzuziehen, obwohl die Signale bei den GRÜNEN inzwischen voll auf Rot-Grün stehen?

Ja. Aber das wird natürlich keine »Massenflucht« von GRÜNEN in die SPD sein, denn so viele freie Posten gibt es in der SPD gar nicht, wie es bei den GRÜNEN pöstchengeile Realos gibt. Aber Schily hat insofern ein Signal gegeben, daß ein bißchen Unruhe in DIE GRÜNEN einkehrt und daß ihm über kurz oder lang vielleicht noch zwei oder drei folgen. Und für die SPD ist die ganze Entwicklung der GRÜNEN in den letzten Jahren doch hervorragend gelaufen! Wenn sich vor drei oder vier Jahren ein kleiner Kreis von Sozialdemokraten zusammengesetzt hätte, um zu überlegen, wie machen wir DIE GRÜNEN kaputt, die hätten nicht zu träumen gewagt, daß es so gut für sie laufen würde. Wenn sie es jetzt noch schaffen, drei, vier oder fünf bekanntere Realos zu sich herüberzuholen, dann reicht das doch völlig aus! Kurzum: Erst haben die Realos die Linken in den GRÜNEN erledigt, und dann erledigen sich die Realos als GRÜNE selber, und dann ist die Partei kaputt.

ANHANG

Die Karlsruher Satzung der Bundespartei die Grünen

I. PRÄAMBEL

1. DIE GRÜNEN sind die grundlegende Alternative zu den herkömmlichen Parteien. Sie streben eine Gesellschaft an, die ihre Entwicklung an den Lebensbedingungen der Naturzusammenhänge sowie am individuellen und sozialen Wesen des Menschen orientiert.
2. DIE GRÜNEN haben erkannt, daß eine grundlegende Änderung der bisherigen Politik notwendig ist. Wir wenden uns gegen Mißachtung der Menschenrechte, Hunger und Armut in der dritten Welt, wachsende Arbeitslosigkeit, Verschärfung der Umweltkrisen und militärische Konfrontationen. DIE GRÜNEN wissen, daß es für diese fällige Wende der Mobilisierung aller ökologischen und demokratischen Kräfte im parlamentarischen und außerparlamentarischen Bereich bedarf.
3. Das Ziel der grünen Alternative ist die Überwindung gesellschaftlicher Verhältnisse, in denen kurzfristiges Wachstumsdenken, das nur Teilen des Bevölkerung zugute kommt, Vorrang hat vor den ökologischen, sozialen und demokratischen Lebensbedürfnissen der Menschheit.
4. Der Weg zu diesem Ziel führt über die Umgestaltung des wirtschaftlichen, staatlich-politischen und kulturellen Lebens der Gesellschaft. Dabei streben wir auch eine neue Form der Beteiligung der Bürger und ihrer Initiativen an politischen und parlamentarischen Planungs- und Entscheidungsprozessen an.
5. Die Grundrichtung dieser Erneuerung soll ökologisch, sozial, basisdemokratisch, gewaltfrei und durch das Selbstbestimmungsrecht des Menschen geprägt sein. Die Arbeit der GRÜNEN vollzieht sich im Rahmen des Grundgesetzes der Bundesrepublik Deutschland. Insofern diese grundgesetzliche Ordnung oder Bestimmungen der Landesverfassungen keine hinreichenden Voraussetzungen für die Verwirklichung ihrer Ziele bieten, werden sich die GRÜNEN für die Weiterentwicklung der verfassungsrechtlichen Grundlagen einsetzen.
6. Die Methode der politischen Arbeit der GRÜNEN ergibt sich aus dem neuen Geist, der sie trägt: Aktive Toleranz ist gekennzeichnet durch Gewaltfreiheit und Fähigkeit zum Dialog.
7. Nur durch die Bereitschaft für eine Evolution in diesem Sinne können Kriege und Zerstörung in Zukunft verhindert werden. Die grüne Alternative ist der umfassende Ausdruck dieser Bereitschaft. Indem sie für den Schutz des Lebens und die Freiheit des Menschen kämpft, sind ihre Bemühungen sowohl auf das Wohl des einzelnen als auch des sozialen Ganzen gerichtet.

§ 1 NAME UND SITZ

(1) Die Partei führt den Namen DIE GRÜNEN, die Kurzbezeichnung lautet GRÜNE.
(2) DIE GRÜNEN sind eine Partei im Sinne des Grundgesetzes, ihr Arbeitsgebiet ist die Bundesrepublik Deutschland einschließlich Westberlin.
(3) Sitz der Partei ist Bonn.
(4) Landesverbände führen den Namen DIE GRÜNEN mit dem Zusatz des jeweiligen Ländernamens.

§ 2 MITGLIEDSCHAFT

(1) Mitglied der Partei kann jeder werden, der sich zu den Grundsätzen der Partei und ihrem Programm bekennt und keiner anderen Partei angehört.

§ 3 AUFNAHME VON MITGLIEDERN

(1) Über die Aufnahme entscheidet der Vorstand des für den Wohnsitz oder gewöhnlichen Aufenthaltsortes zuständigen Gebietsverbands der jeweils untersten Ebene. Gegen die Zurückweisung eines Aufnahmeantrages kann der Bewerber bei der zuständigen Mitgliederversammlung Einspruch einlegen. Die Mitgliedervollversammlung entscheidet mit einfacher Mehrheit.
(2) Die Zurückweisung durch den Vorstand ist dem Bewerber gegenüber schriftlich zu begründen.
(3) Die Mitgliedschaft beginnt mit der Zustimmung des zuständigen Gremiums gegenüber dem Antragsteller.

§ 4 BEENDIGUNG DER MITGLIEDSCHAFT

(1) Die Mitgliedschaft endet durch Austritt, Ausschluß oder Tod.
(2) Der Austritt ist gegenüber dem zuständigen Gebietsverband zu erklären.

§ 5 RECHTE UND PFLICHTEN DER MITGLIEDER

(1) Jedes Mitglied hat das Recht:
1. An der politischen Willensbildung der Partei in der üblichen Weise, z. B. Aussprachen, Anträge, Abstimmungen und Wahlen, mitzuwirken.
2. An Parteitagen als Gast teilzunehmen.
3. Im Rahmen der Gesetze und der Satzungen an der Aufstellung von Kandidaten mitzuwirken, sobald er das wahlfähige Alter erreicht hat.
4. Sich selbst bei diesen Anlässen um eine Kandidatur zu bewerben.
5. Innerhalb der Partei das aktive und passive Wahlrecht auszuüben.
6. An allen Sitzungen von Arbeitsgruppen, Ausschüssen und Parteiorganen teilzunehmen.
7. Sich mit anderen Mitgliedern in Fachgruppen eigenständig zu organisieren.

(2) Jedes Mitglied hat die Pflicht:
1. Die Grundsätze der Partei und die im Programm festgelegten Ziele zu vertreten.
2. Die satzungsgemäß gefaßten Beschlüsse der Parteiorgane anzuerkennen.
3. Seinen Beitrag pünktlich zu entrichten.

(3) 1. An der politischen Willensbildung beteiligen sich DIE GRÜNEN auch durch Teilnahme an Wahlen.
2. Die Programme und Wahlplattform der GRÜNEN haben den Zweck, die Bürger darüber zu informieren, für welche Ziele DIE GRÜNEN in den Parlamenten eintreten werden und welche Wege sie dabei einschlagen wollen.
3. Die Programme der GRÜNEN gliedern sich in zwei Teile. Der erste Teil ist das Programm im engeren Sinne (gemäß § 1 Parteiengesetz). Dieser Teil ist Ausdruck des gemeinsamen politischen Willens der GRÜNEN. Er ist als solcher verbindliche Handlungsgrundlage für die Partei. In einem zweiten Teil können verschiedene, bei den GRÜNEN vorhandene Strömungen ihre zusätzlichen oder weiterführenden Auffassungen der Mitgliedschaft und der Öffentlichkeit bekanntmachen. Auch dieser Teil bewegt sich im Rahmen der in der Präambel festgelegten Grundsätze. Er dient der Information der Öffentlichkeit und der Anregung der Diskussion innerhalb der GRÜNEN. Über die Aufnahme von Positionen in diesem Teil entscheidet die Bundesversammlung. Näheres regelt ein Abstimmungsmodus.

II. GLIEDERUNG UND ORGANE

§ 6 GLIEDERUNG

(1) Die Bundespartei gliedert sich in Orts-, Kreis- bzw. Bezirks- und Landesverbände. Mehrere Kreisverbände können sich zu einem Bezirksverband zusammenschließen.
(2) Der räumliche Geltungsbereich der Verbände sollte sich mit der entsprechenden politi-

schen Gliederung in Gemeinden, Landkreisen, Regierungsbezirken und Ländern decken. In Groß- bzw. Samtgemeinden können sich die Ortsverbände an den gewachsenen Ortszusammenhängen orientieren. Ortsverbände sollten mindestens 7 Mitglieder umfassen.

§ 7 ORGANE (Bundesorgane)

(1) Organe im Sinne des ParG sind
- die Bundesversammlung
- der Bundeshauptausschuß
- der Bundesvorstand
- das Bundesschiedsgericht und das oberste Schiedsgericht

(2) Die Organe der Landesverbände und ihrer Untergliederungen werden durch die Satzungen der Landesverbände festgelegt

(3) Alle Parteigremien, Vorstand, Kommissionen und besonders die Wahllisten sollen möglichst paritätisch von Frauen und Männern besetzt sein.

§ 8 DIE BUNDESVERSAMMLUNG

(1) Die Bundesversammlung findet mindestens einmal im Kalenderjahr statt. Jeder Kreisverband wird durch eine/n stimmberechtigte/n Delegierte/n und ab 20 Mitglieder für jede weitere angefangene 20 Mitglieder durch eine/n weitere/n Delegierte/n vertreten. Der Bundesvorstand beruft eine Mandatsprüfungskommission. Übersteigt die Delegiertenanzahl 750, so setzt die Bundesversammlung einen neuen Delegiertenschlüssel fest.

(2) Der Bundesvorstand beruft die Bundesversammlung – in der Regel 6 Wochen vorher – durch schriftliche Ladung der gewählten Delegierten unter Beifügung der vorläufigen Tagesordnung ein. Bei besonderer Dringlichkeit kann die Frist verkürzt werden.

(3) Die Bundesversammlung ist oberstes Organ der Partei. Zu ihren Aufgaben gehören:
1. Die Beschlußfassung über
   a) den Rechenschaftsbericht des Bundesvorstandes
   b) den Rechnungsprüfungsbericht
   c) die Entlastung des Vorstandes
2. Die Wahl des Bundesvorstandes, des Sprechers, der Bundesschiedsgerichte und zweier Rechnungsprüfer.
3. Die Beschlußfassung über die Geschäftsordnung, die Schiedsgerichtsordnung, die Beitragsordnung und die Kassenordnung.
4. Die Aufteilung des Beitrags- und nichtgebundenen Spendenaufkommens sowie der Wahlkampfkostenerstattungsbeträge aus Bundestags- und Europawahlen zwischen den Landesverbänden und dem Bundesverband.
5. Die Beschlußfassung über die ihr ordnungsgemäß vorgelegten Anträge und die Zulassung von Dringlichkeitsanträgen.
6. Die Bestätigung eines vom Bundesvorstand angestellten Bundesgeschäftsführers.
7. Die Beschlußfassung über die Auflösung der Partei oder die Verschmelzung mit einer anderen Partei.

(4) Eine außerordentliche Bundesversammlung ist einzuberufen:
1. Auf Beschluß der ordentlichen Bundesversammlung
2. Auf mit $^{2}/_{3}$-Mehrheit gefaßten Beschluß des Bundesvorstandes
3. Auf Antrag eines Zehntels der Mitglieder oder eines Zehntels der Kreisverbände
4. Auf Antrag von zwei Landesversammlungen

(5) Anträge zur Bundesversammlung sind mit einer Frist von 4 Wochen beim Bundesvorstand einzureichen. Antragsberechtigt sind die Orts- und Kreisverbände sowie 20 Mitglieder, die gemeinschaftlich einen Antrag stellen. Dringlichkeitsanträge im Lauf der Bundesversammlung sind möglich, wenn ihre Behandlung von der Mehrheit der Delegierten nicht abgelehnt wird.

(6) Beschlüsse und Wahlergebnisse der Bundesversammlung sind zu protokollieren und außer vom Protokollführer von mind. 2 Versammlungsleitern zu unterzeichnen.

(7) Die Bundesversammlung ist in der Regel öffentlich.

§ 8 a DER BUNDESHAUPTAUSSCHUSS (Ländervertretung)

(1) Der Bundeshauptausschuß (BHA) ist das oberste Organ zwischen den Bundesversammlungen; er tritt mindestens 1 × pro Vierteljahr zusammen. Seine Beschlüsse sind für den Bundesvorstand bindend.
(2) Der BHA besteht aus den Delegierten der Landesverbände und den Mitgliedern des Bundesvorstandes.
(3) Jeder Landesverband entsendet 3 Delegierte. Übersteigt die Mitgliederzahl am Jahresende 1 000, so entsendet der Landesverband für je angefangene 2 000 Mitglieder einen weiteren Delegierten. Die Delegierten werden von den Landesversammlungen gewählt.
(4) Übersteigt die Zahl der Delegierten am Jahresende 40, so setzt die nächste Bundesversammlung den Delegiertenschlüssel neu fest.

§ 9 DER BUNDESVORSTAND

(1) Der Bundesvorstand besteht aus 17 Mitgliedern. Diese werden nach dem rotierenden System gewählt, d. h. die Hälfte der Vorstandsmitglieder ist jedes Jahr neu zu wählen. Die Wiederwahl in das gleiche Amt ist einmal möglich, danach scheidet das Vorstandsmitglied obligatorisch bis zur nächsten Wahl aus.
(2) Von diesem Wiederwahlverbot ist der Bundesschatzmeister ausgenommen.
(3) Der Bundesvorstand besteht aus drei gleichberechtigten Vorsitzenden, dem Bundesschatzmeister, dem Bundesschriftführer (Geschäftsführender Vorstand) sowie 12 weiteren Vorstandsmitgliedern. Es wird empfohlen, Frauen paritätisch sowie Minderheiten angemessen zu beteiligen.
(4) Die Abwahl von Vorstandsmitgliedern ist jederzeit durch die Bundesversammlung mit absoluter Mehrheit möglich, jedoch nicht aufgrund eines Dringlichkeitsantrages.
(5) Mandatsträger der Partei im Europaparlament, im Bundestag oder in Länderparlamenten können nicht Mitglied des Bundesvorstandes sein.
(6) Mandatsträger oder Parteimitglieder, die in einem beruflichen oder finanziellen Abhängigkeitsverhältnis zur Partei stehen, können kein Vorstandsamt bekleiden.
(7) Wer im Vorstand auf Kreis-, Stadt-, Landes- oder Bundesebene ein Amt innehat oder wer als Abgeordneter im Landes-, Bundes- oder Europaparlament bzw. in den Ausschüssen ein Amt übernimmt, darf für diese Amtszeit keine Aufsichtsratsposten sowie Beraterverträge annehmen oder innehaben.

§ 10 STRUKTUR

(1) Um eine dezentrale Parteigliederung und Basisdemokratie zu entwickeln, regelt die Satzung eine größtmögliche Autonomie der Orts-, Kreis- und Landesverbände. Entscheidende Organe sind die jeweiligen Mitgliederversammlungen.
(2) Die Kreis- und Landesverbände haben Programm-, Satzungs-, Finanz- und Personalautonomie. Programm und Satzung dürfen den programmatischen Grundsätzen und Zielen der Partei nicht widersprechen.

§ 11 SCHIEDSGERICHTE

(1) Beim Bundesverband und bei den Landesverbänden werden Schiedsgerichte gebildet. Ihre Aufgabe ist es:
   1. Streitigkeiten zwischen Parteimitgliedern oder zwischen Parteiorganen zu schlichten, soweit dadurch Parteiinteressen berührt werden.
   2. Ordnungsmaßnahmen gegen Parteiorgane oder gegen einzelne Mitglieder zu treffen.
   3. Über Ausschlußanträge zu entscheiden.
(2) Die Schiedsgerichte entscheiden in der Besetzung mit einem Vorsitzenden und vier Beisitzern. Der Vorsitzende und zwei Beisitzer sowie für jeden einen Vertreter werden von der Bundesversammlung bzw. Landesversammlung für zwei Jahre gewählt. Je einen weiteren

Beisitzer benennen von Fall zu Fall der Antragsteller und das Organ oder Mitglied, gegen das sich das Verfahren richtet.

(3) Mitglieder des Bundesvorstandes einer örtlichen Parteigliederung und Parteimitglieder, die in einem beruflichen oder finanziellen Abhängigkeitsverhältnis zur Partei stehen, können nicht Schiedsrichter sein. Alle Mitglieder der Schiedsgerichte sind unabhängig und an Weisungen nicht gebunden. Sie können nicht abgewählt werden.

(4) Das Landesschiedsgericht entscheidet über Ordnungsmaßnahmen gegen Verbände und Organe unterhalb der Landesebene und gegen Parteimitglieder des Landesverbandes sowie über Ausschlußanträge.

(5) Das Bundesschiedsgericht entscheidet:

1. Als zweite und letzte Instanz über Beschwerden gegen Entscheidungen der Landesschiedsgerichte.
2. Als einzige Instanz über Ordnungsmaßnahmen gegen den Bundesvorstand und dessen Mitglieder, gegen einen Landesverband und einen Landesvorstand und dessen Mitglieder sowie gegen Mitglieder von Landesschiedsgerichten, ferner über Ausschlußanträge gegen Mitglieder der hier genannten Organe, solange diese noch im Amt sind.

(6) Berufungsinstanz für das Bundesschiedsgericht ist das Oberste Schiedsgericht.

(7) Antragsberechtigt sind alle Parteiorgane. Werden Ordnungsmaßnahmen oder der Ausschluß eines Mitglieds von einem für den Betroffenen örtlich nicht zuständigen Organ beantragt, so ist der zuständige Kreisvorstand vom Schiedsgericht zu hören.

(8) Näheres regelt die Schiedsgerichtsordnung.

§ 12 ORDNUNGSMASSNAHMEN

(1) Gegen ein Mitglied, das gegen die Satzung oder das Parteiprogramm verstößt oder in anderer Weise das Ansehen der Partei in einem Maße beeinträchtigt, das einen Ausschluß noch nicht rechtfertigt, kann das gebietlich zuständige Landesschiedsgericht folgende Ordnungsmaßnahmen verhängen:

1. Verwarnung
2. Enthebung von einem Parteiamt bzw. Aberkennung der Ämterfähigkeit bis zur Höchstdauer von 2 Jahren
3. Das zeitweilige Ruhen der Mitgliedsrechte bis zu 2 Jahren

(2) Gegen Gebietsverbände oder Organe der Partei, die Bestimmungen der Satzung mißachten, insbesondere auch Beschlüsse übergeordneter Parteiorgane nicht durchführen oder sich weigern, begründete Beschwerden aufzugreifen und an ein Schiedsgericht heranzutragen, oder in wesentlichen Fragen gegen die politische Zielsetzung der Partei handeln, können folgende Ordnungsmaßnahmen verhängt werden:

1. Ein Verweis, ggf. verbunden mit der Auflage, eine bestimmte Maßnahme innerhalb einer gesetzten Frist zu treffen.
2. Die Amtsenthebung von Vorständen oder einzelner Mitglieder derselben; in diesem Fall kann das Schiedsgericht auf Vorschlag des Bundes- oder Landesvorstands ein oder mehrere Parteimitglieder mit der kommissarischen Wahrnehmung der Vorstandsgeschäfte bis zur – unverzüglich satzungsgemäß einzuleitenden – Neuwahl des Vorstandes beauftragen.
3. Die Auflösung eines Gebietsverbandes, wenn der Vorstand der nächsthöheren Verbandsstufe es beantragt.

III. VERFAHRENSVORSCHRIFTEN

§ 13 BESCHLUSSFÄHIGKEIT DER ORGANE

(1) Der Vorstand ist beschlußfähig, wenn mindestens die Hälfte seiner Mitglieder, darunter einer der drei Vorsitzenden, anwesend sind.

(2) Bundesversammlungen sind beschlußfähig, wenn und solange mehr als ein Drittel der stimmberechtigten Delegierten anwesend sind.

§ 14 WAHLVERFAHREN

(1) Die Wahlen der Vorstandsmitglieder, der Wahlbewerber und der Vertreter zu Vertreterversammlungen sind geheim. Bei den übrigen Wahlen kann offen abgestimmt werden, wenn sich auf Befragen kein Widerspruch erhebt.
(2) In den geschäftsführenden Vorstand ist gewählt, wer mehr als die Hälfte der abgegebenen Stimmen erhält. Bei einem erforderlichen zweiten Wahlgang gilt als gewählt, wer die Mehrheit aller Stimmen erhält. Bei Stimmengleichheit findet eine Stichwahl statt, bei neuer Gleichheit entscheidet das Los.
(3) Wahlen in gleiche Ämter können in einem Wahlgang erledigt werden. Zur besseren Vertretung von Minderheiten kann dabei das Stimmrecht so geregelt werden, daß die Stimmzahl auf zwei Drittel der in einem Wahlgang zu wählenden Bewerber beschränkt wird; bei einem derartigen Wahlverfahren ist gewählt, wer die meisten Stimmen erhält.

§ 15 SATZUNG

(1) Für Satzungsänderungen ist eine Mehrheit von zwei Drittel der Stimmberechtigten erforderlich. Sie können nicht Gegenstand eines Dringlichkeitsantrages sein.

§ 16 URABSTIMMUNG

(1) Auf Antrag eines Drittels der Kreisverbände findet über Fragen des Programms und der Satzung eine Urabstimmung statt.

§ 17 AUFLÖSUNG

(1) Über die Auflösung oder die Verschmelzung der Partei entscheidet die Bundesversammlung mit zwei Drittel Mehrheit. Dieser Beschluß bedarf der Bestätigung durch eine Urabstimmung der Mitglieder. Sofern die Bundesversammlung nicht anders beschließt, wird das Vermögen anerkannten Wohlfahrtsverbänden überwiesen.

§ 18

(1) Diese Satzung tritt am Tage der Beschlußfassung hierüber in Kraft.
(2) Gleichzeitig tritt die bisherige Satzung der SPV DIE GRÜNEN außer Kraft.
(3) Doppelmitgliedschaft in AUD, GAZ, GLU, GLSH ist bis zum 30. 4. 1980 zulässig.
(4) Die Regelung von § 9 (5) gilt erst ab 1. 1. 1981.
(5) Die in § 2 getroffene Regelung berührt nicht die Mitgliedschaft in der AL Berlin, die den Zwängen des Berliner Wahlgesetzes folgend sich als Partei konstituieren mußte.
(6) Bis zur Verabschiedung der Schiedsgerichtsordnung gelten die Vorschriften der Zivilprozeßordnung über das Schiedsgerichtsverfahren (§§ 1025 bis 1048) entsprechend.
(7) Diese Satzung ist ab § 3–§ 17 während der nächsten zwei Bundesversammlungen mit einfacher Mehrheit änderbar.
(8) Das bisherige Programm der SPV DIE GRÜNEN (Europawahlprogramm) bleibt bis zur Beschlußfassung über ein neues Programm der Partei in Kraft. Die Beschlußfassung hierüber erfolgt mit einfacher Mehrheit. Bis zum 31. 3. 1980 ist eine Bundesversammlung abzuhalten.
(9) Die Mitglieder des Bundesvorstandes und des Schiedsgerichts sowie die Kassenprüfer der SPV DIE GRÜNEN bleiben bis zur satzungsmäßigen Neuwahl im Amt.
(10) Übergangsregelung zu § 2: Die Landesverbände beschließen autonom Übergangsregelungen.

Karlsruhe, den 13. Januar 1980